Dieter Hildebrandt
Was aber bleibt

Dieter Hildebrandt

Was aber bleibt

Texte aus fünf Jahrzehnten

Zeichnungen von Dieter Hanitzsch

Blessing

Herausgegeben von Dr. Rolf Cyriax, München

Verlagsgruppe Random House FSC® N001967

1. Auflage
Copyright © 2017 by Karl Blessing Verlag, München
in der Verlagsgruppe Random House GmbH,
Neumarkter Str. 28, 81673 München
Umschlaggestaltung: Geviert Grafik & Typografie, München
Satz: Buch-Werkstatt GmbH, Bad Aibling
Druck und Einband: GGP Media GmbH, Pößneck
Printed in Germany
ISBN: 978-3-89667- 575-0

www.blessing-verlag.de

Inhalt

Zu diesem Buch
oder
Mit 90 in die Kurve

Dieter Hildebrandt hat immer alles genau geplant, mit Blick aufs Machbare, weit in die Zukunft hinein, und so erstaunte es mich auch nicht, als er mir Anfang 2013 eröffnete, er plane zu seinem 90. Geburtstag im Mai 2017 ein neues Programm, das er sich auch sehr gut als Buch vorstellen könnte. Der Titel »Mit 90 in die Kurve« gefiel mir, und ich war mir sicher, dass die Kollegen im Verlag gleich mir sehr erfreut wären, den illustren Autor wieder im Programm begrüßen zu können. Ich bat ihn, mir seine Gedanken zum geplanten Buch auf zwei, drei Seiten aufzuzeigen, damit ich auch die wichtigen Entscheidungs- und Bedenkenträger im Verlag rechtzeitig informieren könnte. Dies zu tun versprach er, und bald darauf hielt ich den gewünschten Text in Händen. Das Buch konnte er nicht mehr schreiben, aber der zugesandte Text soll zeigen, was der Autor sich so vorgestellt hatte.

Mit 90 in die Kurve

Renate, meine Frau, hält es für eine besondere Marotte, Schrulle oder Grille oder eine fixe Idee von mir, bei gemeinsamen Spaziergängen auf ihre Frage »Drehen wir um?« immer zu antworten: »Lass uns noch bis zu der Kurve da vorn gehen, ich bin neugierig, wie es weitergeht.«

In der Tat beschäftigt mich diese Frage in zunehmendem Maße. Wie sieht es hinter der Kurve aus?

Geht es runter, geht es rauf?

Wie wird die Aussicht sein?

Mein langes Leben lang lag ich in der Kurve, immer neugierig, wer oder was mir entgegenkommt.

Beginnend bei dem Kind, das relativ langsam in die Kurve ging, weiter dann auf zwei Rädern mit wachsender Geschwindigkeit oder zu Pferde mit einem PS bis zu vier Rädern mit 70 Pferden.

Aber je schneller ich zur Kurve kam, umso schneller kam die ernüchternde Erkenntnis, dass sich nichts verändert hatte und dass das, was kam, lediglich die nächste Kurve war.

Mein Gott, wie viele Kurven hat man schon vorsichtig überstanden, natürlich der Gefahr gewiss, in die man sich immer wieder begibt. Durch das Entgegenkommen.

Ein vermeintliches Entgegenkommen kann auch ein Zusammenprall sein. So kam Hitler nach Böhmen.

So fing der Krieg an, so lauert der Tod hinter der Kurve. Und so sehe ich uns, schräg in der Kurve liegend, in die Zukunft schlittern.

Was mich betrifft, so bin ich voller Spannung, wie es hinter meiner Kurve aussehen wird. Komme ich ohne PIN-Code in den Himmel?

Muss sich meine Seele die Nummer meiner Scheckkarte merken? Und wie mutig werde ich noch sein, wenn ich all jene, die ich beschimpft habe, wiedersehe?

Also schnell noch nachdenken, wie alles gekommen ist, Rechtfertigungen ausdenken, bevor man mich im Himmel zur Hölle wünscht.

Natürlich habe ich vor längerer Zeit schon mein Testament gemacht, aber das ist ja noch nicht alles.

Dabei handelt es sich um Immobiles, um Europhiles, um Habseligkeiten. Ein Wort, das Haben und Seligsein unzulässig zusammenführt.

Es wird gewiss Sachbearbeiter hinter der Kurve geben, die genau Buch geführt haben und ebendiese Rechtfertigung abfordern. Habe ich meine inneren Werte veräußert? Mich verkauft? Was habe ich dafür bekommen?

Soll ich beichten oder lügen?

Ich versuch's mal mit Lügen. Wenn man erst weiß, wie es hinter der Kurve aussieht, kann man's ja immer noch mit der Wahrheit versuchen. Man sollte sparsam mit ihr umgehen.

Ich bin einverstanden mit dem Versuch der Mächtigen dieser Welt, die Entklugifizierung der regierten Völker voranzutreiben. Und zwar durch verstärkte Information. Wenn die Zahl der Informationsquellen immer mehr zunimmt, die Prognosen und Gutachten, die Forschungsergebnisse sich überstürzen und das Tempo angezogen wird, mit dem man die Mitteilungen abfeuert, bricht der Widerstand des gutwilligsten Zweiflers zusammen.

Darum habe ich mir vorgenommen, das Verblödungsgeflecht zu entzerren und kurz vor der Kurve das Gesehene zu schildern, was meiner Ansicht nach dazu führen könnte, dass wir aus der Kurve getragen werden. Es wäre, was mich betrifft, das erste Mal nach meiner Kleinkinderzeit, dass ich getragen würde.

Und noch etwas: Auf die Gefahr hin, naseweis zu wirken, möchte ich behaupten, dass alle jene, die unser Schicksal in den Händen halten, nicht neugierig genug sind, was hinter der Kurve kommt.

Für uns im Verlag war klar, dass wir mit einem großen Erinnerungsband dem verehrten Autor wohl am besten würden gerecht werden können. Beauftragt wurde ich, der ich Dieter Hildebrandt seit 1985 als Lektor begleitet habe, aus dem Gesamtwerk Hildebrandts eine Auswahl zu treffen, die alle Facetten seiner Arbeit spiegeln würde, und war über Monate hinweg aufs Schönste beschäftigt. Ich musste die Spreu vom Weizen, falsch, den Weizen vom Weizen trennen, und bei der Lektüre der frühen Texte aus den legendären »Lach- und Schieß«-Zeiten, der »Notizen aus der Provinz« und jenen aus dem »Scheibenwischer« wurde mir erneut bewusst, welch großer Autor

»Der Dieter« – so sprachen und sprechen noch immer alle von ihm – war.

Es kam, wie schon angedeutet, viel Arbeit auf mich zu, bei der ich eingehend und kräftig von Holger Kuntze, dem Verlagsleiter des Karl Blessing Verlags, unterstützt sowie kenntnisreich und liebevoll vom gemeinsamen Freund Dieter Hanitzsch begleitet wurde. Selbstverständlich waren Till Hofmann und seine Mannschaft von der »Lach- und Schieß« hilfreich dabei, auch Gerti Schmidt, lange Jahre der gute Geist im »Laden«, stellte sich ein, und von Uwe Römhild, dem Redakteur beim »Scheibenwischer«, erfuhr ich wertvolle Hilfe, und natürlich war Renate Küster, Dieters Ehefrau, mir stets eine wertvolle Gesprächspartnerin.

So waren wir alle noch einmal vereint im Freundschaftsdienst für Dieter Hildebrandt, dessen 90. Geburtstag wir natürlich feiern werden. Dafür werden wir uns ins Zeug legen, nicht in die Kurve.

Rolf Cyriax
München, im März 2017

Studentische Anfänge

Als Student der Germanistik und der Theaterwissenschaften an der Ludwig-Maximilians-Universität München hörte Dieter Hildebrandt natürlich die angesagten Professoren, beschäftigte sich aber vorrangig mit den Werken der in der Nazidiktatur verbotenen und von den Hochschullehrern wenig beachteten Dichter. Und wie es sich für einen kritischen Studenten mit eigenem Kopf und viel Phantasie gehört, schrieb er schon sehr früh kritische, witzige und satirische Texte. Aus den vier Programmen des Studentenkabaretts mit dem schönen Namen »Die Namenlosen« seien hier die wohl bekanntesten zwei Nummern aus dem Jahr 1956 vorgestellt.

Die gebrannten Kinder

Fünfundvierzig warn wir achtzehn,
achtzehn Jahre auf der Welt.
Älter waren wir als achtzehn,
denn mit siebzehn warn wir Held.

Wer so früh in einem Haufen
mitgebrüllt und mitgelaufen,
hat noch Zeit zu überlegen:
Warum – Wofür – Wogegen?

Wer ein Kind ins Wasser stößt,
muss sich überlegen,
dass es schwimmen lernt im Strom,
und zumeist dagegen.

Reißend ist der Strom geworden.
Elf Jahre gingen erst ins Land.
Alte Helden tragen Orden.
Wer Verstand hat, bleibt am Strand.

Neues gibt es nicht im Westen.
Elf Jahre gingen erst ins Land.
Wieder hält man uns zum Besten:
Wer Verstand hat, bleibt am Strand.

Und Ströme werden wieder überlaufen,
elf Jahre gingen erst ins Land.
Als Männer kann man uns heut nicht mehr kaufen –
wir waren einst die Kinder – und wir sind gebrannt.

Jauche fahren, aber wie?

Aus dem Alltagsleben der Arbeiter- und Bauernrepublik

REPORTER: Liebe Hörerinnen und Hörer in unserer Arbeiter-
und Bauernrepublik.
Wir befinden uns mit unserem Mikrofon auf dem Hof der
Ackerbrigade Walter Ulbricht. Hier bricht der Tag an. Um
mich herum stehen die Frauen und Männer der Brigade und
beraten den Arbeitsplan für diesen Tag, denn hier wird nicht
mehr planlos in den Tag hineingearbeitet, wie es zu Zeiten
des feudal-kapitalistischen Junkertums üblich war. Hier wird
zuerst geplant und dann gearbeitet. Neben mir steht der Genosse Hempel, und nun sage mal, Genosse, was ihr heute geplant habt.
HEMPEL: Also, der Plan sieht so aus, dass wir alle jemeinsam
den janzen Tach über an einem Strick ziehen wollen, weil wir
ja alle in einem Boot …
REPORTER: Sehr gut, Genosse. Aber welche Arbeit habt ihr
euch vorgenommen, und wie soll sie vor sich gehen?
HEMPEL: Ja, die Sache ist so … zuerst haben wir alle ein jemein-
sames Bekenntnis zu den Zielen unseres 5-Jahres-Planes, den
der Jenosse Walter Ulbricht …
REPORTER: Natürlich. Aber was macht ihr heute? Pflügen, eg-
gen, Rüben verziehen oder was?
HEMPEL: Nee. Jauche fahren.
REPORTER: Gut. Und dann? Was wird danach gemacht?
HEMPEL: Moment mal, Jenosse! So einfach is diss nich. Da hat
der Jenosse Krause jestern Abend erst mal einen Arbeitsplan
jemacht …
REPORTER: Na ja, so genau wollen wir das ja nicht …
HEMPEL: Nee, nee, da sind wir janz jenau!
Also, der Jenosse Krause hat Folgendes vorjeschlagen:

Jauche fahren, aber wie?
Zuerst Jauchewagen holen
denn Jauchefass holen
denn Jauchefass auf Jauchewagen laden
denn Jauchewagen zu Jauchegrube fahren
denn Jauchepumpe holen
denn Jauche in Jauchefass pumpen
und denn Jauche fahren.

REPORTER: Sie sehen, liebe Hörerinnen und Hörer, hier wird nichts dem Zufall überlassen. Hier wird geplant. Aber, Genosse Hempel, ich sehe die Brigade etwas ratlos herumstehen. Stimmt an dem Plan etwas nicht?

HEMPEL: Nischt hat jestimmt? *Mein* Plan stimmt. Und der heißt: Jauche pumpen, aber wie?

REPORTER: Ich denken, Jauche *fahren*, aber wie?

HEMPEL: Da ist heute jar nich mehr dran zu denken.
Also Jauche pumpen, aber wie?
Erst Jauchewagen pumpen
denn Jauchefass pumpen
denn Jauche pumpen
denn Jauchepumpe pumpen
und *denn* Jauche pumpen!

Frühe Triumphe
oder
Münchner Lach- & Schießgesellschaft

Im Herbst 1956 erhielten – salopp gesprochen – die »Namen-losen« einen Namen: »Münchner Lach- und Schießgesell-schaft«. Das Paragramm auf »Wach- und Schließgesellschaft« stammt von Oliver Hassencamp. Sammy Drechsel war erneut Motor des neuen Unternehmens, und Dieter Hildebrandt wurde neben Kabarettgrößen wie Ursula Herking, Hans Jürgen Died-rich und Klaus Havenstein zum eigentlichen Zugpferd. In al-len 19 Programmen war er der unangefochtene Frontman des Ensembles und neben Klaus Peter Schreiner Hauptautor aller Programme, die vom Publikum gefeiert und von den Feuille-tons wohlwollend-kritisch bis enthusiastisch begleitet wurden. Ab 1963 konnte man die Truppe im Fernsehen erleben, zu Sil-vester unter dem Titel »Schimpf vor Zwölf«.

Aus dem Programm
Denn Sie müssen nicht, was Sie tun (1956)

Mit liegenden Fahnen

STIMME: Hausmeister! Hausmeister! Warum läuten Sie die Pause nicht ein?

HAUSMEISTER: *(Kommt mit einem Bündel Fahnen aller Art und Zeiten unter dem Arm und einer großen Glocke und läutet.)* Jajaaa! Der Lehrkörper will seine Atzung zu sich nehmen. Nicht mal zu seine ureigensten Bedürfnisse kommt man. Und der Mensch muss ja auch hin und wieder mal was arbeiten, nich?

Jetzt is unsere Schulfahne weg vom Mast – vom Winde verweht – oder von einem Re-Emigranten als Andenken mitgenommen – und morgen ist wieder so ein nationaler freier Feiertag, und da muss der Lappen hoch – sagt der Seemann. Woher nehmen und nich nähen? Die tragen ja die Nase alle wieder so hoch, dass sie die Fahne gleich sehen, wenn sie nich da is. Früher hatten sie alle die Köpfe unten wegen die Kippen, und da ham wir manchmal unsre Wäsche zum Trocknen an den Mast gehisst – schön trocken geworden von der frischen Luft – damals ... da war die Fahne auf dem Speicher – die Wäsche am Mast – heute ham wir ja wieder Verhältnisse!! Also morgen muss das Gesinnungstransparent wieder an die Stange!

Muss ich halt mal in unsern Fundus greifen! Is ja alles da. Stinkt alles schon ein bisschen – aber je höher sie hängt, umso weniger riecht man's. Kinder, so 'ne Fahne is aus gutem Stoff. Sozusagen der Treibstoff der Nation. Je öfter man die Fahne wechselt, umso besser ist der nationale Stoffwechsel.

Also im Moment brauchen wir Schwarz-Rot-Gold. Schwarz ham wir genug da … rot schneiden wir uns eine Scheibe von hier ab *(nimmt die Hakenkreuzfahne)*, Gold ham wir nich … Also – wenn *die* Fahne mal weg is, hat's immer Schwierigkeit, sie wieder zusammenzukriegen. Aber irgendwas muss flattern – und zwar knatternd und elementar – und mahnend wie eine Ratenzahlungsaufforderung … meint unser Direktor. Neulich hat er eine Art pädagogische Fahnenweihe gehalten! Oweia – oh wie –, dachte ich mir. Das ging an die Nieren, dachte ich – denkste, ans Kultusministerium ging's – und zwar positiv!

Wie sagt' er doch? *(Nimmt die Pose des Direktors ein und karikiert ihn.)*

»Eine Fahne ist wichtig
und ganz unentbehrlich,
ist wichtig und richtig
und keineswegs nichtig –
wer das sagt, ist gefährlich.
Die Fahne ist herrlich, heilig und ehrlich
Und symbolisch gewichtig.«

So rief Herr Direktor Oberstudienrat Spärlich.

»Eine Fahne ist Ausdruck der Reinheit des Wollens
und nolens – ›Volens‹ vollends des Sollens,
im Verband mit der Tugend
und speziell für die Jugend
soll die Fahne anal sein
und ideal-national sein.«

»Unsere Jugend«, sagt Herr Direktor dann noch,
»soll kämpfen für sie bis zum vorletzten Loch.
Und pfeift auf dem letzten der Fahnenträger,
dann ›reiß‹ sie ihm ›ent‹ –
und trag sie voran
bis zum End-
oder Weder-
Sieg oder
Krieg.
Die Fahne ist Ausdruck und Symbol jeder Richtung,
Leider steht das nirgends in unsrer klassischen Dichtung.
Die Fahne ist höher als Frau, Kind und Brot.
Ja, die Fahne ist mehr –
oder weniger – hehr,
und drüben im Osten ist sie noch mehr,
nur ist sie da eben rot
und für uns mehr als tot.
Drum tragt die Fahne im Herzen
und Standarten im Bauch,
habt Fahnen im Kopfe,
doch die Farben stets auch.
Verachtet Profane
und achtet die Fahne
und haltet sie hoch,
wenn's bei uns wieder brennt,
damit ihr bequem drunter sterben könnt!«

… sagte unser Direktor zu die Schüler … und das war mir
auch peinlich, weil doch meine Frau schon öfter mal, wenn's
mal wieder Fahnenwechsel gegeben hat, sich aus der alten
Fahne ein neues Fähnchen gemacht hat. Und da lag sie ja meiner Frau quasi auch am Herzen, aber woanders eben auch
überall, und das ist mir jetzt schon sehr peinlich. Aber ich

entschuldige mich immer bei mir und sage mir: Helmfried – sage ich zu mir, denn ich kenne mich unter dem Namen –, die Farben wechseln, aber du bleibst Hausmeister. Kann ja nischt passieren! Hauptsache, es werden immer die Richtigen zur richtigen Zeit aufgehängt – die richtigen Fahnen –, und Hauptsache, ich werde nich farbenblind! Aber wo ist denn die Schwarz-Rot-Goldene? Moment mal – was hatte meine Alte gestern an? Schwarzen Rock, rote Bluse, goldnes Halstu… Else, möchte ich sagen, aus die paar Pannen braucht man doch nicht gleich solche Schlüsse zu ziehn!!

Schiffchenspielen will gelernt sein

(Zwei Buben sitzen sich gegenüber. Der eine von ihnen hat einen wunderschönen Spielzeugdampfer in der Hand, der andere ein Stück Holz, das an einem Ende etwas verbrannt ist.)

HANSPETER: So einen schönen Dampfer wie ich hast du aber nich. Haste jar nich.

HELMUT: Na und? Aber mit dem Ding trauste dir ja jar nich, richtig zu spielen.

HANSPETER: Warum denn nich?

HELMUT: Weil det jar nich wie 'n richtijet Spielzeug aussieht.

HANSPETER: Sondern wie wat?

HELMUT: Wie 'n Andenken zum uff de Kommode.

HANSPETER: Du bist ja bloß neidisch – biste ja bloß. Sieh's dir mal lieber richtig an.

HELMUT: Brauch' ick nich. Je mehr ick hinsehe, umso schneller weeß ick, wie't aussieht.

HANSPETER: Du hast ja bloß 'n altet Stück Holz, haste ja bloß.

HELMUT: Jaa! Aaber … wenn ick will, is es 'n Auto.

HANSPETER: Na, dann will doch mal.

HELMUT: Nöö. Ick hab' keen Führerschein.

HANSPETER: Da drüben in den Jeschäft, in den Spielwarenladen, jibts ooch richtije Führerscheine für Kinder zu koofen.

HELMUT: Damit kann man mein Auto nich fahrn.

HANSPETER: Ja, weil du gar keen Auto draus machen kannst. Kannste jar nich!

HELMUT: Nee, weil nur der mit den Auto fahren kann, der weess, det diss 'n Auto is.

HANSPETER: Da drüben jibts ooch richtije Autos zu koofen.

HELMUT: Mag ich nich. Aus denen kann man wieder keen Schiff machen.

HANSPETER: Nu mach doch mal 'n Auto aus den Schiff. Bloß so zum Spaß.

HELMUT: Ick spiel nich mit Kindern, die bloß so zum Spaß spieln.

HANSPETER: Wie soll man *denn* spieln?

HELMUT: Richtig ernsthaft, sonst macht's keen Spaß.

(Pause)

HANSPETER: Du?

HELMUT: Ja?

HANSPETER: Du, hör mal.

HELMUT: Nun sag doch!

HANSPETER: Warum is 'n dein Schiff so schwarz da hinten?

HELMUT: Meine Mama hat's beinah verbrannt. Da hab ick es wieder aus'm Ofen jeholt. Sie hat ooch nich jejloobt, det diss 'n Ozeandampfer war, die hat jedacht, det is 'n Holzscheit.

HANSPETER: Na ja und? Wenn sie's verbrannt hätte, kannste dir ja 'n andret Holzscheit nehmen.

HELMUT: Wat mach ick denn mit'm Holzscheit?

HANSPETER: Ick hätt's ooch in den Ofen jesteckt. Wie soll man denn sehn, det so was 'n Dampfer is?

HELMUT: Weil man mit dir jar nich spieln kann. Mit meine

Mama ooch nicht. Und mein Papa hat jeschimpft, weil ick jeheult hab über den Schiffsbrand. Det wär bloß Holz, hat er jesagt. Dabei hat mein Schiff jrade in Hafen jelejen, und die vielen Leute, die alle nach Amerika wollten, standen hier an der Reling, nu kick hin, hier an der Jeländer! Da oben am Schornstein hat die Bordkapelle jesessen und hat jespielt: »Muss i denn – Muss i denn …«

Und die Schornsteine haben jeraucht, und auf der Kommandobrücke hat der Kapitän jestanden. In eine weiße Uniform, und det war ick, verstehste? Unten standen meine Eltern und haben jewinkt. Die Schiffssirene hat jeheult. Und meine Mama ooch. Meine janzen Schullehrer waren anjetreten. Mein Rechenlehrer ooch, der immer jesagt hat, aus mir wird nischt. Der hat richtige Bullaugen jemacht vor Staunen! Na ja, und jrade will ick in See stechen … da hat meine Mama det Schiff in' Ofen jestochen. Jetzt hab ick den Dampfer umjebaut. Als U-Boot. Damit versenk ick alle jroßen Schiffe. Und deinen blöden Blechdampfer ooch!

HANSPETER: Aber die vielen Menschen, die dabei ertrinken!

HELMUT: Uff dem Ding da kann ick mir keene Menschen vorstelln.

HANSPETER: Mein Dampfer hat 100 Mann Besatzung. Und … und der Kapitän kann nich schwimmen.

HELMUT: *(Schaut Hanspeter lange an.)* Wolln wir Dampfer spieln! Ick versenk deinen nich. Mein U-Boot jeht uff Tauchstation. Flutäään!

HANSPETER: Du?

HELMUT: Ja?

HANSPETER: Du …

HELMUT: Wat is denn? Nu sag doch!

HANSPETER: Wolln wa tauschen?

Aus dem Programm
Bette sich, wer kann (1957)

Titel sucht

ALLE: In deutschen Betten schläft sich's gut,
in deutschen Betten ruht sich's gut,
in deutschen Federn liegt man weich,
in deutschen Federn schläft man gleich.
Gute Nacht, gute Nacht, gute Nacht, gute Nacht.
Denn wie man sich bettet, so schallt es heraus.
Schnarch, schnarch, schnarch, schnarch.
Und Schlaftabletten, die brauchen wir nicht,
wir brauchen die Nacht nicht, wir schnarchen bei Licht.
Bett us go – Bett us go –
Bett vorm Kopp und Bett vorm Po,
Bettsucht ist hier comme il faut –
Es ist schon so, es ist schon so.
HERKING: Kommen da noch mehr so kleine Wortspielchen?
Ich bin es leid!
DIETSCH: Es ist doch kein besserer Titel da. Ich verstehe nicht,
was du willst? »Bette sich wer kann« geht doch, oder hast
du einen besseren?
DIETER: Ich hätte noch einen anderen in betto.
ALLE: Äääääh!
KLAUS: Ich habe ja gesagt, es liegt am Titel, betten wir?
HERKING: Ich bette nicht.
DIETER: Zu spät, du bettest den Freund nicht mehr.

HERKING: Schluss damit!

KLAUS: Das ist auch kein Titel, das wär was für 'ne Zeitung.

DIETSCH: Hättet ihr meinen genommen: »Bledel sei der Mensch …«

HERKING: Ich kenne das, gleich fängt das Gesellschaftsspiel an.

DIETER: Ich habe einen Titel.

HERKING: Na bitte, ich habe es ja gleich gesagt.

DIETER: Zur Wahl in der DDR: »Euer Wort sei ja!«

ALLE: Ja, ja, ja, ja …

KLAUS: Wie wär's mit dem: »Nun danket alle ab«.

DIETSCH: Nein, mit so einem Titel haben wir uns schon einmal Feinde geschaffen, denk doch an den letzten.

HERKING: »In der Nacht ist der Mensch nicht gern alleine«.

DIETER: Hab ich einen besseren. Über Kruschkopp: »Requiem für eine Tonne«. Oder was Originelleres: »Die Wildschweinplage in der Lüneburger Heide«.

HERKING: Liegt ein bisschen weit weg.

KLAUS: »Wiener Wut«.

DIETSCH: »Drei Miezen im Brunnen«.

HERKING: Wir brauchen doch etwas zur politischen Situation.

DIETER: »Unsere Ahnen tattern uns voran«.

KLAUS: »Kleiner Mann ganz bloß«.

DIETER: Man sollte unserem Kanzler die Göttinger Atomgeschichte mit dem Hahn nicht dauernd übel nehmen. Er ist doch jetzt fünfmal nach Amerika geflogen – da wüsste ich einen schönen Titel: »Wer einmal fliegt, dem glaubt man nicht«.

KLAUS: Hier: »Die Schwulen der Diktatoren«.

DIETSCH: Wir sollten es uns nicht mit den Theaterintendanten verderben.

HERKING: Wie wär's, wenn wir was gegen den Rundfunk machen würden: »Grober Unfunk«.

KLAUS: Wo ich mir dort meinen ganzen Lebenslauf verdiene. Lieber den: »Der Wolf und die lieben Greislein«.

HERKING: Bitte, nichts gegen Bonn.

DIETSCH: »Ein Schwein kommt selten allein«.

KLAUS: Dann aber auch nichts gegen Pankow.

DIETER: Einen harmlosen: »Leih'sten Bruch, dann haste einen«.

HERKING: Über den Münchner Verkehr: »Der Stachus quo«.

DIETER: Über unsere Volksvertreter: »In Homburg sind die Nächte lang«.

DIETSCH: »Snobby, snobby Reiter«.

HERKING: Geht nicht, geht doch gegen das Publikum.

KLAUS: »Warten auf Niveau«.

DIETER: Geht gegen uns.

DIETSCH: »Keiner kann, was nun?«

HERKING: Geht erst nach der Wahl, wenn die SPD gesiegt hat.

KLAUS: »So bange du da bist«.

HERKING: Lasst endlich den alten Herrn in Ruhe. Ich mache euch einen Vorschlag: Wer von nun an etwas gegen unseren Kanzler oder gegen Bonn und die umliegenden Ortschaften sagt, muss eine Mark in unsere Kasse zahlen, hier in dieses Sparschwein. *(Sie wirft einige Geldstücke in das Sparschwein.)*

KLAUS: Also, wenn es klappert – *(Wirft auch ein Geldstück ein.)* – dann war es eine Mark zur Strafe, weil irgendetwas gegen den Kanzler oder gegen Bonn gesagt wurde.

DIETSCH: Dann darf ich nachträglich für vorhin rasch noch ein paar Märker – kollektiv sozusagen – einwerfen. *(Wirft Geld ein.)*

HERKING: Bette!

DIETER: Ich habe einen Titel: »Bette sich wer kann«.

KLAUS: Der geht, der sagt so gar nichts, da können wir nirgends mit anecken.

HERKING: Und nun lasset uns diesen Titel erklären und auswalzen – in einer schönen langen Szene! *(zu Dietsch)* Du gehst raus, dein Stichwort kennst du ja!

(Dietsch ab)

ALLE: Bett us go – Bett us go,
   Bett vorm Kopp und Bett am Po.
   Bettsucht ist hier comme il faut –
   Es ist schon so, es ist schon so.
(Dietsch kommt wieder.)
HERKING: Sie sind also der kleine Mann auf der Straße: Was
   haben Sie uns zu sagen?
DIETSCH: Ich hab' noch einen Titel!

Zehn Minuten zu spät

HERKING: Es kann möglich sein, dass es jetzt ein bisschen sentimental wird – aber es ist nicht gesagt – vielleicht lässt sich
   noch was draus machen. Eigentlich fing das so an:

Wenn Frauen nachts in Kissen weinen,
von zehn bis zwölf, von zwölf bis zwo,
und ihre Männer in Vereinen
beim Bier sind oder irgendwo.
Wenn Frauen dann auf jene warten,
von zehn bis zwölf, von zwölf bis zwo,
und diese sind bei Politik und Karten,
dann warten sie von zehn bis zwölf, von zwölf bis zwo
meist auf Godot –

Nein, das Problem beschäftigt mich an sich sehr oft … von
zehn bis zwölf, von zwölf bis zwo … aber ich möchte nicht
ins Kissen weinen … wenn's sein muss …
Wollen Sie sich vorstellen, dass wir uns jetzt auf einem Bahnhof befinden? Ja, dieses Mal ist es richtig, wenn Sie Bahnhof verstanden haben! Es ist 10.00 Uhr abends. Sehen Sie,

das hab ich gewusst, dass Sie jetzt alle auf die Uhr schauen, aber nehmen wir an, es ist 10.00 Uhr. Um 10.05 Uhr – um 5 nach 10 soll er kommen – der Zug – und mit dem Zug – mein Mann.

BLUMENVERKÄUFER: Blumen gefällig? Blumen für liebe Erwartete?

HERKING: Bitte drei davon. Wie viel?

VERKÄUFER: Drei Mark, bitte.

HERKING: Das ist doch nicht Ihr Ernst? *(zahlt)*

VERKÄUFER: Der schon … aber nicht meine Blumen … ich bezieh sie vom Bahnhofsblumenladen – der von einem Laden in der Stadt – die vom Großhandel – die Großhandlung vom Gärtner aus Holland – – Wollen Sie Bananen? Nee? – – Blumen für freundliche Menschen, Blumen – Blumen –

LAUTSPRECHER: Herr Dr. Schneider wird gebeten, sich umgehend auf der Bahnhofswache zu melden!

HERKING: Herr Dr. Schneider? Weilen Sie unter uns? Schnell – schnell – umgehend wurde befohlen!

LAUTSPRECHER: Der Schnellzug aus Hamburg über Hannover – Göttingen – hat voraussichtlich fünf Minuten Verspätung!

HERKING: Fünf Minuten. Da bleibt mir noch Zeit. Ihr Zug geht auch erst später? Habe ich wenigstens eine Ansprache. Also genau 10 nach 10 kommt er. Nun ist er wieder ziemlich lange weg … gewesen – mit seinen dauernden Geschäftsreisen. In Hamburg. Aber das wäre kein Grund zur Eifersucht – meint er. Vielleicht. Aber dann warte ich und warte ich – das geht nun schon Jahre so – diese blödsinnige Angewohnheit. Dabei ist er wirklich treu und charakterfest … Dabei freu ich mich, wenn er kommt, und stell mir immer vor, was ich ihm alles Nettes sagen möchte. Und dann kommt er – und schon ist er selber da, und es ist alles viel nüchterner, und dann krieg ich immer nur raus:

Da bist du ja,
da bist du ja,
da bist du also wieder da.
Du hast den schwarzen Anzug an?
Wo warst du denn und wie und wann?
Der Gasableser war heut da.
Der Martin Nüsslein wird Papa.
Uns gegenüber wird gebaut.
Du, magst du heute Saucrkraut?
Du wirst ja sicher hungrig sein –
Wir steigen gleich in'n Sechser ein.
Nun bleib doch nicht so lange stehn,
komm – lass uns gehen.

Zu albern – aber heute will ich mich, wenn er kommt, so verhalten, dass er gleich merkt, ich habe die dumme Eifersucht
auf den Nagel oder auf den Bügel gehängt – und dann will
ich ihm sagen, dass überhaupt alles anders werden soll …

Lautsprecher: Der Schnellzug aus Hamburg – Hannover –
Göttingen hat voraussichtlich weitere fünf Minuten Verspätung!

Herking: *(Sieht auf die Uhr, wird sauer.)* Man muss eben immer auf ihn warten! Immer kommt er zu spät! *(Zerpflügt die
Blumen nervös.)* Wer weiß, was wieder los war! Vielleicht hat
er die Reeperbahn mit der Bundesbahn verwechselt. Warum
hat er eigentlich die Sache mit der Sekretärin, diesem ver-
knautschten Sofakissen, so ausführlich erzählt? Da ist doch
was dran …? Sicher war er aus mit dieser … diese verstimmte
Hafensirene und mein Mann – dieser Mistgockel! Natürlich
ham sie gesoffen – die Hälfte vom Geld weg – kann ich unsere Urlaubsreise gleich abmelden! Dann sitzen sie in irgendeinem intimen Schmus-Kabinett – mit Händchenhalten und
Etüden für Fortgeschrittene – er und diese Pute – dann sind

se ins Hotel. Der Portier hat die Augen zugedrückt und die Hand aufgehalten – wieder 20 Mark weg. Eisschrank kann ich auch gleich abbestellen.

LAUTSPRECHER: Achtung am Bahnsteig! Der Schnellzug aus Hamburg läuft ein!

HERKING: Da bist du ja,
da bist du ja,
da bist du also wieder da.
Du hast den schwarzen Anzug an?
Wo warst du denn und wie und wann?
Du wirst wohl sicher hungrig sein?
Wir steigen gleich in'n Sechser ein.
Nun bleib doch nicht so lange stehn.
Komm – lass uns gehen …
(Wendet sich halb um.)
Nun ist doch wieder nichts geschehn,
ja – wäre es jetzt noch 10 nach 10.

Besuch eines alten Herrn

REDNER: Haben Sie? … »Und wollen die Interessen der Heimatvertriebenen in diesem Sinne … immer und ewig …« und so weiter … wie immer … Absatz … BHE … Beifall und Hochrufe einkalkulieren … »Schlesische Landsleute! Wir sind eine große Einheit« – nein, schreiben Sie »niederschlesische und oberschlesische Landsleute«, damit wir niemanden vor den Kopf stoßen! Haben Sie Einheit? *(trinkt)*

SEKRETÄR: Ich habe Einheit aus Versehen kleingeschrieben!

REDNER: Macht doch nichts! Fällt beim Sprechen nicht auf! Weiter: »Unser Bund trägt seit Langem den Heiligenschein persönlichen Kampfes und Opfers eines jeden von uns um seine führenden Köpfe … diesen Schein, heiligen zu wollen …« *(trinkt)*

SEKRETÄR: Zusammen oder in einem Wort?

REDNER: Egal – die Hauptsache, ich lerne es nicht falsch – »haben wir uns zu unserer Interessengemeinschaft zusammengeschlossen. Wir haben die Interessen, und ihr seid die Gemeinschaft.« *(trinkt)* »Eure Interessen sind bei uns gut aufgehoben. Und jenes alte Mütterchen, das mich da neulich am Arm fasste« – Hatte ich das mit dem alten Mütterchen nicht schon mal?

SEKRETÄR: Nein, das letzte Mal hatten Sie ›armes Flüchtlingskind‹!

REDNER: Wunderbar! *(trinkt)*

SEKRETÄR: Gar nicht wunderbar – nachher stellte sich heraus, dass es die Tochter von Ihrem Vertriebenen-Kollegen Hanke war.
Frau Hanke hat sich beschwert, dass man ihr Kind als armes Flüchtlingskind bezeichnet hat.

REDNER: Dass auch die Herren ihre Familien immer unter das Volk lassen! Die können doch im Wagen sitzen bleiben! Und die Damen sollten sich auch lieber ein bisschen passender anziehen! Kopftuch und Pelzmantel – das fällt doch auf! *(trinkt)* Weiter: »Ich konnte diesem Mütterchen versichern, dass viele verdienstreiche Vertriebenen-Funktionäre sich aufreiben im Kampf um ihr Liebstes! Und sollte es diesem oder jenem schlecht gehen – wir werden immer ein Wort für ihn übrighaben. Denkt doch an das schöne Wort …« – jetzt brauche ich irgendein passendes Wort von einem Vertriebenen-Dichter …

SEKRETÄR: Heinrich Mann.

REDNER: Quatsch – einen von uns!

SEKRETÄR: Paul Alverdes.

REDNER: Haben Sie von dem was im Kopf?

SEKRETÄR: Nein, das musste ich mir 45 alles aus demselben schlagen.

REDNER: Gerhart Hauptmann! Der wird durch den Film jetzt langsam bekannt! *(trinkt)* So – und jetzt kommt's langsam zur Kulmination: »Landsleute! Wer von euch nur den Gedanken erwägt, Schlesien und die herumliegenden kleineren Ländchen könnten höherer Einsicht zufolge aufgegeben werden müssen, wird von uns als landesverräterischer Konjunktivist aus unseren Reihen ausgeschlossen! Die Straße frei nach dem Osten – die Reihen fest geschlossen ...«

SEKRETÄR: Ich komme nicht mehr mit! *(Er gibt auf und hört zu.)*

REDNER: *(in Ekstase)* »... wollen wir den Kampf beginnen. Das ist eine bombensichere Sache! Im Geiste Friedrichs, des Alten Fritzen und seinem kleinen Häuflein der Aufrechten, der heute sofort aufbrechen würde, um Schlesien wiederzugewinnen. Wie sagte doch Friedrich der Zweite vor der Schlacht bei Leuthen? ›Ich würde glauben, nichts getan zu haben, ließe ich die Feinde im Besitz von Schlesien. Ich muss diesen Schritt wagen, oder es ist alles verloren! Ist einer oder der andere unter Ihnen, der sich fürchtet, alle Gefahren mit mir zu teilen, der kann noch heute seinen Abschied erhalten. Leben Sie wohl, meine Herren, in kurzem haben wir den Feind geschlagen – oder wir sehen uns nie wieder!‹«

(Der Alte Fritz erscheint – beide fahren entsetzt hoch.)

ALTER FRITZ: Verdreh er mir nicht die Worte! – Will er wohl grüßen, Kerl?

(Beide stehen auf.)

ALTER FRITZ: Weiß er, zu wem ich diese Worte gesprochen habe, Kerl?

(Beide schweigen.)

ALTER FRITZ: Zu braven, anständigen Männern und nicht zu Hundsfötten, Viehhändlern und Totengräbern ... Habt *ihr* nicht Schlesien verspielt? Ihr seid Narren und Hanswürschte!

Ich habe mit euch nichts mehr gemein. Lasst meinen Geist endgültig in Ruhe und sagt das weiter. Hat er verstanden? Endgültig!!

REDNER: Jawohl, Majestät!

ALTER FRITZ: In meinen Kriegen starben 180000 preußische Soldaten. Mach er einen Vorschlag auf den nächsten schlesischen Krieg und behalt er die Zahlen für sich! Nun schlaft wohl! *(ab)*

(kleine Pause)

REDNER: So stellt sich der kleine Fritz den großen Fritz vor.

SEKRETÄR: Sie werden furchtbar lachen, so war er auch!

REDNER: Es ist entsetzlich!

SEKRETÄR: Was – die Rechnung?

REDNER: Nein, die Erkenntnis!

SEKRETÄR: Welche?

REDNER: … nicht zu fassen … der Alte Fritz ein Landesverräter!

Die Enthüllung

HERKING: Tags Geschäfte – abends Feste,
zahlungskräft'ge beste Gäste.
Ist der Reichtum auch nicht alt,
das lässt die Gesellschaft kalt.
Gleich – woher der Rubel rollt,
Reichtum ist von Gott gewollt,
Reichtum stammt, wie manch Banause,
meistens nie aus gutem Hause.
Wir vom steinzeitalten Adel,
geistig wie auch finanziell,
sind zwar außer Lob und Tadel,
heulen aber prinzipiell

mit im Chor der Geldbarone,
Herrscher sind die ohne Krone.
Unsereiner zog draus Nutzen,
kann sein Wappen Hochglanz putzen.
Alle: Wir woll'n für unser Geld
Kultur und Affen tanzen sehn,
wir woll'n für unser Geld
die ganze Welt zu Füßen sehn.
Guten Abend, guten Abend,
guten Abend!

HERKING: Guten Abend!

HAVENSTEIN: Alles wieder vollzählig zu Ihrer Party erschienen,
Frau von Freiheit – Hehehe …

DIETER: Freifrau von Haid –

DIETSCH: Er ist wieder in Form, wird wieder ein lustiger Abend!

HERKING: Heute ist ein denkwürdiger Abend. Eine Bedenk-
Party, meine Herren.

HAVENSTEIN: Wieso? Ist irgendwer gestorben? Vielleicht 'n alter Adelsspross?

DIETSCH: Jemand aus Ihrem Familienalbum – aus diesem Go-
thaer Adressenverzeichnis?

DIETER: Frau Wirtin *von* der Lahn?

HERKING: *(gezwungen)* Ja, alte Linie aus den holländischen
Erbfolgekriegen.

ALLE: Hahahaha …

HERKING: Meine Herren! Heute vor zehn Jahren haben wir geschworen, später einmal ein Denkmal zu bauen dem, der uns
zu unserem öffentlich ruchbaren Wohlstand verholfen hat.
Denn heute haben wir es ja nun geschafft!

ALLE: Jawohl – jawohl, die ganze Stadt,
die sieht, dass man Moneten hat,
und nicht zu knapp,

und nicht zu knapp!
Die Ober laufen nur im Trab,
die Bürger ziehn die Hüte ab,
Parteien ziehn die Köpfe ein,
wir zahlen alles – alles
kurz und klein.
HERKING: Damals hatte ich kein Häuschen,
15 Häuser sind heut mein,
damals arm wie Kirchenmäuschen
heut ein eignes Kirchlein klein.
HAVENSTEIN: Damals lag ich auf der Straße,
heut' stehn meine Kinos dran.
Wegen meiner Auto-Maße
baun sie bald am Stachus an.
DIETER: Ick – wat ick bin – hatte Muße,
heut' nur Zeit – doch wohl geleitet,
groß bei Kasse und bei Fuße,
fünf Espressos – Tochter reitet!
DIETSCH: Also, was meine Persönlichkeit betrifft, so hatte ich
ja schon lange vor euch sehr viel gehabt!
HERKING: Ja, ich weiß, Sie hatten ein Rittergut neben dem Rat-
haus von Kattowitz!
DIETSCH: Nein – ich konnte mal sechs Sprachen perfekt auswendig. Sind mir alle im Krieg verbrannt.
HAVENSTEIN: Den hab' ich noch nicht gekannt! *(Schreibt ihn
auf.)*
HERKING: Aber ich!
HAVENSTEIN: Wunderbar – brauchen Sie ihn nicht aufzu-
schreiben!
HERKING: Ich behalte Witze nicht im Kopf – höchstens Ge-
dichte. Kennen Sie den großen chinesischen Dichter ... wie
heißt er doch?
DIETER: Laotse-tung.

DIETSCH: Kinder – Kinder – ich trödele hier rum – quatsche über hochgeistige Literatur – verdiene keinen Pfennig, und meine Kinder schrein nach Austern.

HERKING: Meine Herren … vergessen wir nicht den Zweck unserer Party heute. Wir wollten heute unserem Wohlstand ein Denkmal setzen. Ich habe mir erlaubt, dieses Monument nach eigenen Entwürfen bauen zu lassen. Schreiten wir zur Enthüllung!

ALLE: Du allein warst Antriebswelle,
unsres Glückes lautre Quelle.
Heute danken wir dir alle,
Hülle – Hülle – falle!
(Herking zieht die Hülle mit einem mokanten Lächeln weg – es erscheint eine übergroße Statue einer »Lucky-Strike-Packung«.)

Die Tante aus Amerika

Meine lieben Freunde!

Mancher von Ihnen wird gar nicht mehr gewusst haben, dass es noch ein Amerika-Haus in Germany gibt. Das ist zwar eine alte Haus und terrible baufällig – neubaufällig –, aber wir haben immerhin die ganze nice junge Menschen eine ganze big Haufen life vermitteln können. Wir konnten die German boys and girls zwar nicht zeugen – überzeugen –, but wir haben zwölf Jahre hart an ihnen gearbeitet. Amerika is the Ursprungsland of all the wonderful little Kultur und andere viele Erfindungen. Wir haben immer wieder auf unsere cool Toleranz und unsere fantastic Cloudskratzer verwiesen – auf die Wolkenkratzer. Yes – Wolken sind überall – but no Kratzer! We told the Jugendlichen of Germany, that Amerika is the Country of the most possibilities … strip-tease … five-Uhr-teas … and other teases.

(albern) Wir haben in unsere Amerika-Haus immer together gesungen – American Volkslieder – oh, we have Lieder in hilly and billy – and because wir talken about teas. Wir have the best teas in Amerika. Ich habe letzte Urlaub gehabt – zu besuchen meine christliche Sister, und sie hat wonderful teeth. Yes – and she did sing alle Weil: Tooth for tea and teeth for two! – O, German boys could learn a big Menge, yes. Wir machen viel Theater hier und spielen uns auf – diese Weise in die Herzen von die reizende deutsche Minderjährige … yes, wie unsere amerikanische Guys and Dollars in diese Land gesiegt worden sind – war hier die Springfield für American Pioniere – und all the other Waffengattungen. Oooch – mit diese Buschmesser sind wir in die deutsche Kulturwald eingefallen. Und die deutsche Jungens, die halb ungebildet und schwach waren – damals – wir haben sie halb gebildet und halb stark gemacht. Yes – und nun sie benehmen sich wie unsere GIs, das heißt, sie benehmen sich kein Blatt vor den Mund, und es hat sich erfüllt, was wir die Eltern versprochen haben: »Gebt uns zwölf Jahre Zeit, und ihr werdet sie nicht wiedererkennen!«

Und die deutsche Stubenhocker – sie sind geworden zu richtige Youngsters. Aus Buben sind geworden boys – aus deutschen Gretchen weltoffene Gatechen, day and night geöffnet. Aus Lauslümmels wir formten Rotz- and Roll-Kommandos. Aus des deutschen Knaben Wunderhorn ist geworden Teenager-Big-Band-Blech. Yes – wir haben sie alle gemacht zu Primiteen-agers. Viele tausend haben wir beigebracht, wie man muss ein Filmstar verehren, wir haben getan, was wir konnten, nur – wir konnten nicht liefern die Stars dazu. Sorry! – Wir haben viel Freude angestiftet, ich will nicht sagen, unsere Amerika-Haus ist eine reine Freudenhaus – oh no! Es ist eine offene Tür zu Amerika, eine open door to the funny side of the street. German Jugend – sie ist gewesen zu

strong aufgezogen – zu gezogen – nun haben wir sie umerzogen –
nun sie ist ungezogen und muss werden eingezogen. Sie merken,
dass ich Ihnen reinen Wein einschenke? Amerika-Haus-Marke!

Look, wir haben vor einige drei Monate junge nice deutsche
boys nach Amerika geschickt – und heute sie sind kommen und
werden berichten, was sie haben in unsere herrliche country erlebt: Sie werden ganz andere Menschen geworden sein. Amerika macht alle Menschen stark, clever, klug und weise. Wer bei
uns gewesen ist, ist stark und frech! Als die freche Ollenhauer in
Amerika war und sie haben ihn gefragt, was er die Konrad ge-
genüberzustellen hat – und wie sein Wahlschlager heißt, da hat
ihm eine Stimme etwas eingeflüstert, die uns alle gut bekannt ist.
Sie wissen, welche Stimme ich meine: »Die Stimme Amerikas«!

Diener seines Herrn

*(Ein russischer Diener kommt mit Koffer auf die Bühne, stellt
ihn hin und macht ihn auf, dabei singt er:)*

> Rein mit Koffer,
> raus mit Koffer,
> russisch Botschaft ganz verrickt.
> Voll die Koffer,
> leer die Koffer,
> hingeschickt – hergeschickt,
> ganze Koffer ganz zerdrickt,
> weil ist Politik verzwickt.
> Meine Chef die Botschafter,
> was Genosse Smirnow – der
> muss in Bonn aus Koffer leben,
> weiß man nicht, was wird es geben!

Ich – was ist Genosse Diener,
Koffer herhin – Koffer hinher,
rein mit Koffer,
raus mit Koffer,
russisch Botschaft ganz verrickt.
Voll der Koffer,
leer der Koffer,
hingeschickt – hergeschickt,
ganze Politik verzwickt,
Bonn verrickt – Berlin verrickt,
Moskau hat uns hergeschickt.

Nu, wass, soll ich richtig auspacken? Ganze Koffer hab ich voll.
Ich vorsichtig: Nu weiß man nicht –
(Packt aus, dabei Toilettengegenstände.)
Deutscher sehr lustig hier mit Angriff – angriffslustig – alles
hier wie Ballon! Aufgeblasen und jeden Moment kann platzen,
dass fliegen Fetzen! Nur – ich bin bloß Genosse Diener von Genosse Botschafter, aber ich weiß, Diener kriegen immer größte Fetzen! Darum ich immer ganze Tag mit Koffer, bei Essen,
Trinken, Schlafen und – wie sagt man in Deutsch? … nu …
egal. Hier –
(Packt Kopfhörer aus.)
Ich habe Anlage zu Schwarzhörer – kann ich alles überwachen – weiß ich genau, ob Partei – die mit die große Kirchentag –
ob sie will wieder eine Radierung von UdSSR machen – oder
vielleicht wieder deutsche Wunderwaffen – dann ich weg! Hier
Russki egal Verbrecher – nix Amnestie. Alle – wie sagt man –
Nussknacker-Diplomatka – knacken jede Nuss – aber immer mit
große Krach! Nu – hier ich hab bekommen Schlafanzug – Menschen hier schlafen mit Anzug – ich weiß, Männer hier immer
träumen von hohe Ämter und Vorgesetzte – und vielleicht treffen
Diplomaten die Matka von Pappiritz – muss immer angezogen.

Ich träumen von Familie! –
(Hört im Kopfhörer, antwortet russisch, flucht.)
Einpacken! Die Franz Josef von Bayern hat wieder große
Hund losgelassen ...
(Packt hastig ein.)
Ah – nix! Die alte große Mann hat ihn kurz angebunden –
auspacken!

Ich hab noch eine Koffer in Berlin,
und eine Aktentaschka ist in Wien,
in ganz Europa,
hab ich noch Koffer,
weil ich ein Diener von die Sowjetbotschaft bin.

Jaaa – ich hier hab viele deutsche Schläger kennengelernt. Oh,
hier viele Rot-Schläger – gefährlich. Vor zwei Tage ich war sprechen mit ein große DP – ein deutsche Partei-Patriotoste. Hat zu
mir gesagt: »Du Bolschewik!« Ich sagen: »Njet – ich kleine Russki – nix große Bolschewik!« Er sagen: »Bolschewik lügen – du
Bolschewik!« Ich sagen: »Du Nazi!« Nu – ich nicht gewisst –
er wirklich eine gewesen! Er hat geschaut mit eine Gesicht von
Meerkatz, er hat aber nicht gehängt an große Globke, weil hat
schon große Bagage gehängt. Da kann man doch nur ... einpacken! Weg! In Sonderministerium singen sie:
    »Nach Ostland geht unser Ritt ...«
    Eine schöne deutsche Ländler – eine Oberländler – viel-
leicht sie haben damals noch vergessen Kiste Krimsekt ... nix
so schlimm ... sie haben nur gewusst eine Strophe.
(Er packt wieder aus.)

Rein mit Koffer,
raus mit Koffer,
voll die Koffer,

43

leer die Koffer,
ich – ich bin schon ganz verrickt,
Politik ist so verzwickt!
Geh' ich auch nicht gerne weg,
Leben hier ist wunderscheen,
kenn ich doch schon jeden Fleck,
viel gelernt – und viel gesehn.
Englisch kann ich schon paar Brocken:
›Thank you – please – I am – you are –
oh there are you von die Socken!‹
Ich glaub, dass Lehrer in Berlin gewesen war.
Bayrisch kann ich auch paar Brocken:
›Brotzeit – Saupreiß – Maß für Maß‹.
Hofbräuhaus und Bier mit Bocken,
beides macht mir sehr viel Spaß.
Kann ich schon wie Kanzler sprechen:
›De Dulles hat det auch jemeint,
de Sowjets könnt man ganz zerbrechen,
wenn man Deutschland später eint!‹
Oh – wirklich scheen hier – ich pack wieder aus …
Moment!
Was?
(Er hört wieder in seine Kopfhörer.)
Einpacken! Einpacken! – Schnell – schnell! Moskau ruft:
zurückkommen. Schade, ich haben gedacht – ich hier
Vorkommando.

Etwas zum Aufhängen

Haben Sie was zu wechseln? Ich bin nämlich Wechsler von Beruf. Den Beruf habe ich mir ausgedacht. Nachdem ja so viel und

alles wechselt, habe ich mir gedacht, wechselst deinen Beruf, wirst Wechsler. Also, jetzt denken Sie mal gut zu! Jetzt gehe ich also in die Amtszimmer und wechsle überall, wo was wechselt, die Bilder, die Abzeichen, Embleme, Parteibücher und was eben alles so öfter wechselt. Den Tipp habe ich von einem Freund, der hat das in Paris gemacht bei der französischen Regierung, fünf Jahre hat er's gemacht, jetzt hat er 50 Wechsler unter sich.

In Dings – *(Er wirft eine Münze in das Sparschwein.)* – geht's nicht. Würde ich ja arm werden, da wechselt ja nischt. Eine Zeitung hat doch neulich behauptet, in Bonn sind alle Westen weiß. Na, warum? Als die Besichtigung kam, habe ich die Westen gewechselt. Bloß was drin war in den Westen, konnte ich nicht wechseln. In Westen nichts Neues! Dummer Scherz, wie?

Franz Josef der Füllige – übrigens, der wollte ja seinen Beruf an den Zwicknagl hängen. Ich dachte, dass der seine Bierbraut – sein Bier braut ... wäre schlecht gewesen für meinen Beruf. Ist ja mein bester Kunde, bei dem wechselt ja so viel. Der Wechsel darf mir nicht platzen! Er würde wahrscheinlich ganz gerne haben, wenn ich ihm den Albert Schweitzer in seinem Zimmer aufhängen würde. Aber ich habe ihn hier im Bilde, das heißt, ich trage das Bild von ihm mit herum – *(Setzt sich auf den Bilderrahmen.)* ich werde doch wohl nicht darauf sitzen bleiben! Na ja, es will ihn keiner haben. In den Bonner Bundessälen soll er ja jetzt abgehängt werden, weil er zu weit links hängt, und unser Kanzler wollte ihn zurechtrücken, bloß er hat nicht ganz raufgereicht. Tja, in den Schulen konnte ich ihn auch nicht anbringen. Sie meinen, Afrika hätten sie erst später. Auch Amerika hat ihn mir nicht abgenommen. Dort hängt er seit Wochen in der Fahndungsgalerie des Ausschusses für unamerikanische Umtriebe. Wissen Sie, was? Ich behalt ihn für mich privat! Bekommt später sicher noch mal großen Wert!

Aus dem Programm
Im gleichen Schrott und Trott (1957)

Lasst Eisen sprechen

Das Eisenstück in meiner Hand,
es kann auch alter Stahl sein,
ich weiß nicht mehr, wo ich es fand,
das soll hier auch egal sein,
erzählte mir von früh'ren Jahren
so quasi seine Memoiren.
Es sprach:
»Ich ward geboren nah am Rhein
und war erst flüssig und dann fest.
Schon als ich aufwuchs, fiel mir ein,
wär' lieber überflüssig, zart und fein,
statt dass ihr mich in Formen presst.
Der Gott, der Eisen wachsen lässt,
der lässt's in Deutschland lieber sein.
Nur dem, der mich einst hergestellt,
bedeutete ich nichts als Geld.
Dann ging es los – ich ward gegossen
und mit verschied'nen Artgenossen
zusammen auf den Feind geschossen.
Ich splitterte mich ab – ich floh
und blieb dann liegen irgendwo
und war nur Schrott, nicht mehr kv,
bis dann ein kleiner Eisenklau

mich auflas – und für wenig Geld
ward ich der Welt zurückgestellt.
Ein Russe schmolz mich schnellstens ein
und schoss mich in ein deutsches Bein.
Dort war ich nur ganz kurze Zeit,
dann hat ein Arzt mich schnell befreit.
Und wieder war ich Schrott. Doch Frieden
Ward mir noch lange, lange nicht beschieden.
Es war wohl 50 in Berlin,
als sie in Ost und Westen schrien,
man solle gegen West und Osten ziehn.
Und die Geschäfte waren abgeschlossen.
Ich ward im Westen umgegossen
und für viel Geld verkauft – nach Ostberlin.
Kurz drauf ward an der Zonengrenze
ein Flüchtling auf der Flucht erschossen,
dann wurd' ich wieder umgegossen …«
So sprach's;
dann war es still,
das kalte Eisen in der Hand,
dann hat sich's noch mal umgewandt:
»Ach, ganz PS – was ich noch sagen will:
das eine, dass ihr's nicht vergesst,
wenn's auch der Dichter anders möchte,
der Gott, der Eisen wachsen lässt,
der wollte auch die Knechte.«
Woran es liegt, was meinen Sie,
dass mancher Knecht daraus Millionen schürft?
Weil man das alte Eisen nie
zum alten Eisen wirft.

Manöverball

ALLE: Es tönt ein Ruf von Stall zu Stall:
in Murksdorf ist Manöverball!
Das ganze Dorf ist auf dem Bein,
lieb Vaterland darfst ruhig Schwein
und Hammel dafür schlachten
und unsern Dorfsaal pachten.
DIETSCH: Gut Freund in Murksdorf! Tapfres Heer
und unsere Mädchen noch viel mehr.
NOACK: Ach, Einquartierung, bitte sehr,
es ist ja schon so lange her,
legt Offiziere mit hinein,
bei mir kehrt sonst nur Murksdorf ein.
KLAUS: Wir Metzger Murksdorfs knoten,
denn wir sind Patrioten,
das wird man uns verzeihen,
denn schließlich stammt der große Franz,
der Strauß, aus unsern Reihen.
Wir knoten euch aus Würsten ganz
ein Transparent so groß:
Heil dir – heil dir – im Würste-Kranz.
NOACK: Die Würste wirste doch nicht los,
drum wurstelst du den Kranz für Franz.
DIETER: Als Kantor sei es mir erlaubt,
euch wackren Streitern ruf' ich zu:
Wenn wann ihr wem die Unschuld raubt –
KLAUS: Dann lasst des Pfarrers Köchin doch in Ruh!
NOACK U. KLAUS: Oh Murksdorf hoch in Ehren,
hier ist Manöverball
der neuen Bundeswehren,
so tönt's von Stall zu Stall.
DIETSCH: Männer! Wir heißen euch willkommen! Ihr habt uns

in Murksdorf gerade noch gefehlt! Wir wissen, wie wichtig es ist, dass es Soldaten gibt! Denn gerade wir haben in unserem Dorf einige junge Buschen gehabt, nicht wahr, Herr Kantor?

DIETER: Gehabt, Herr Bürgermeister, gehabt!

DIETSCH: Die der Dorfgemeinschaft zur Last gefallen sind, indem wir sie bezahlt haben, indem sie alle unter Hintanstellung ihrer Arbeitslust derselben nicht gefrönt haben. Was sind sie nun? Sie haben es zu etwas gebracht! Was wir uns nicht haben träumen lassen: Sie sind Unteroffiziere! Und in diesem Sinne seid uns willkommen! Auf geht's zum Manöverball! *(ab)*

(Tusch)

NOACK: *(knickst)* Damenwahl!

DIETER: Herr Major – Sie gestatten – Leutnant Kleine!

DIETSCH: Ah, Sie sind der Mann, der seine Truppe mit Pädagogik exerziert? Na ja, junger Freund, muss ja auch mal ausprobiert werden, aber – was ist Ihre Meinung zum Manöver?

DIETER: Das Bemerkenswerteste war, dass es gar nicht stattgefunden hat!

DIETSCH: Warum?

DIETER: Weil die beiden Feinde sich verfehlt haben!

DIETSCH: Ach – es hat gar kein Gefecht stattgefunden?

DIETER: Sie haben das gar nicht mitgekriegt?

DIETSCH: Nein, es hieß bei Beginn: Verhalten Sie sich wie im Ernstfalle. Und da habe ich hinten nach Drückebergern gesucht – wie damals bei unserem verehrten Freund, dem prächtigen alten Schörner!

DIETER: Sie haben aber im Prozess gegen ihn so scharf ausgesagt, warum?

DIETSCH: Da muss ich zu weit ausholen … Je mehr gegen ihn aussagen, umso weniger scheinen mit ihm gewesen zu sein, die heute mit uns sind!

DIETER: Dann gehören Sie also auch zur Firma »Heldenklau und Söhne«?

DIETSCH: Natürlich! Hahaha ... der Sündenbock ist abgeschossen – jetzt sind wir die Rehlein! Köpfchen! Was denken Sie nun von mir? Sagen Sie's ruhig!

DIETER: Da muss ich zu weit ausholen ... *(holt aus)*

NOACK: Herr Major, ich komme vom Bayerischen Rundfunk, der Herr Intendant versichert Sie meines sowohl Wollens als auch Sollens und lässt Ihnen, wie allen, die es wissen wollen, mitteilen, dass er auch gedient hat!

DIETSCH: Danke – hat er uns schon mitteilen lassen. Ein Mann ohne Fehl und Tadel – Maier ist sein Name – den Namen wird man sich merken müssen!

NOACK: Er möchte seinen Hörern gerne beweisen, dass unsere neue Bundeswehr ganz neu und modern geworden ist ...

DIETSCH: Bitte! Ordonanz!

(Zwei Soldaten in Drillich erscheinen, mit Flaschen und Serviertüchern.)

NOACK: Meine lieben Bürgerlichen in Uniform! Was ich von euch will, wisst ihr vielleicht ...

KLAUS: Jawohl! Wir sollen Ihnen reinen Wein einschenken!

NOACK: Nein – nein, ihr sollt ja zu den Hörern sprechen!

DIETER: Ach so – das ist was andres!

NOACK: Leute! Wird aus unserer Armee das, was wir uns versprochen haben?

KLAUS: Da müssen wir erst einmal die Flaschen absetzen! *(Setzt Flaschen ab:)*

NOACK: Ich meine – sind es neue ...

DIETER: Nein, das sind die alten!

NOACK: Ich meine – sind es neue, moderne Ausbildungswege, die angewendet werden ...

DIETSCH: *(von hinten)* Natürlich! Passen Sie mal auf! Mal herhören, Jungs! Wer kann Klavier spielen? Vortreten!

KLAUS: *(strahlend, tritt vor)* Hier! Wo steht das Klavier? Wo soll's hin? Auf den Boden oder in den Keller?

DIETSCH: Und das ist jetzt anders als damals! Bei uns muss er spielen!

NOACK: Und wenn er's nicht kann?

DIETSCH: Wird er das Klavier so lange vom Boden in den Keller schleppen, bis er's kann!

NOACK: Die jungen Leute sind gute Soldaten?

DIETSCH: Unverbesserliche.

KLAUS: Jawohl! Ein ausländischer Manöverbeobachter hat gesagt: Die deutschen Soldaten sind heute so gut, dass sie keiner Fliege etwas zuleide tun können, weil sie sie gar nicht treffen.

NOACK: Was ist das?

DIETER: Sympathisch, Fräulein! Schon wegen dem Tierschutz, nicht?

DIETSCH: Diese Bemerkung ist ohne Gewähr!

DIETER: Mit Gewehr, hat der Beobachter gesagt, wär's noch schlimmer!

Er meinte: Schießen sie – hat's nischt drinne,

hat's was drinne – kommt's nich raus,

kommt's raus – sehn sie's nich,

sehn s' es – ziel'n se nich,

ziel'n se – treffen se nich,

treffen se – sind's wir.

NOACK: Und was wird nach diesem Manöver das nächste sein?

DIETSCH: Eine Generalüberholung!

NOACK: Und wie steht es hier mit dem Humor und der freien Kritik am Werk?

DIETSCH: Dazu holen wir uns meistens den bayerischen Volkskomiker, den Roider Jackl, der zieht uns ganz schön durch den Kakao.

KLAUS: *(Tritt auf mit Gitarre als Roider Jackl.)*

Und der Heusinger hat … *(Rest unverständlich)*

Und der Strauß Franzl is … *(Rest unverständlich)*

DIETER: Das war scharf!

NOACK: Aber man kann gar nichts verstehen!

DIETSCH: Eben! Darum holen wir ihn ja!

ALLE: Militär muss auch taristisch sein,
    wenn nicht heut', dann aber morgen,
    und ziehn sie uns übermorgen ein,
    ham wir schon die alten Sorgen.
    Dann geht's im gleichen Schrott und Trott,
    wenn nicht heut – dann aber morgen,
    könn' Se nich bis übermorgen flott
    uns 'nen Krankenschein besorgen?
    Das Ganze halt!

Aus dem Programm
Eine kleine Machtmusik (1958)

Staatsbesuch

(Richter sitzt am Tische vor einem Buch und streicht sich eine Stelle im Buche an. Man hört ein Geräusch.)

RICHTER: Ja? Wer ist da? *(Geräusch)* Kommen Sie rein.

KOMMISSAR: Guten Abend.

RICHTER: Guten Abend.

KOMMISSAR: Sie heißen Franz Werner?

RICHTER: Das steht draußen an der Tür.

KOMMISSAR: Gewiss. – Sie sind Dichter! *(Nimmt ein Notizbuch heraus.)*

RICHTER: Sagen wir – Schriftsteller.

KOMMISSAR: Wir machen keine Unterschiede.

RICHTER: Wer ist wir?

KOMMISSAR: *(notiert)* Also: Franz Werner – Dichter.

RICHTER: Wer sind Sie – und was wollen Sie?

KOMMISSAR: *(lächelt)* Vielleicht will ich gar nichts.

RICHTER: Darauf kann ich mich nicht verlassen.

KOMMISSAR: *(lächelt)* Stimmt, das können Sie nicht.

RICHTER: Hören Sie, wenn Sie hier einen Einbruch so auf die Sanfte vorhaben – verlassen Sie sich nicht auf meine bekannt pazifistische Einstellung. Ich kann sehr unangenehm werden.

KOMMISSAR: Sehr richtig. Deswegen bin ich hier. Es gibt

53

manche Intellektuelle, die trotzdem unangenehm werden können ... erstaunlich!

RICHTER: Wie sind Sie hier überhaupt hereingekommen? Es war verschlossen.

KOMMISSAR: Ihre Hausangestellte hat mich reingelassen!

RICHTER: Nanu, die ist wohl nicht ganz da ...

KOMMISSAR: Nein, die ist nicht mehr da!

RICHTER: Was?

KOMMISSAR: Wir haben ihr gesagt, dass Sie eine Art Landesverräter sind. Einfache Menschen muss man aufklären.

RICHTER: Und sie hat es geglaubt?

KOMMISSAR: Sofort!

RICHTER: Also, wer sind Sie?

KOMMISSAR: Kriminalpolizei!

RICHTER: Und da brechen Sie nachts in ein fremdes Haus ein?

KOMMISSAR: Wir brechen niemals ein – wir tun nur unsere Pflicht!

RICHTER: Aha!

KOMMISSAR: Es tut mir leid. Wir müssen eine Hausdurchsuchung vornehmen. Sie gestatten?

SCHNÜFFLER: *(Kommt mit einem Stapel Bücher.)* Chef! Da ist ein ganzer Haufen Bücher von einem gewissen Brecht!

KOMMISSAR: Tun Sie's in den Wagen.

RICHTER: Ich gestatte diese Hausdurchsuchung nicht! ... Wenn Sie mich schon fragen!

KOMMISSAR: Das war auch nur eine rhetorische Frage. Wir können uns Ihre Ablehnung gar nicht leisten. Sie gestatten also ... *(geht ab)*

SCHNÜFFLER: *(Hat inzwischen ein Buch aufgeschlagen und liest.)* Sie, hörn Se mal, da sind ja dicke Hunde, da! Eeh, da fehlen ja eine ganze Reihe Seiten. Na – wo sind sie?

RICHTER: Das ist noch von der letzten Hausdurchsuchung.

SCHNÜFFLER: Ach? Wann?

RICHTER: 1934.

SCHNÜFFLER: So! Also damals schon ein Querulant! Tut mir leid, ich muss das Zeug mitnehmen, zur Untersuchung!

RICHTER: Nehmen Sie – Sie werden keine Freude daran haben! Das Nachspiel verlieren *Sie*!

SCHNÜFFLER: Sehen Sie mal, ich will ja nicht, ich muss! Mein Chef – wissen Sie! *(ab)*

(Richter nimmt den Telefonhörer und wählt / von rechts kommt Kommissar leise und drückt den Hebel wieder hinunter.)

KOMMISSAR: Keinen Zweck – die Leitung ist gestört!

RICHTER: Das Gefühl habe ich auch.

KOMMISSAR: Herr Werner, Sie müssen mich verstehen. Das sind nicht wir … mein Chef hat es angeordnet! Ich habe da ein Hundehalsband gefunden. Haben Sie einen Hund? Soweit ich informiert bin, haben Sie doch in den letzten drei Jahren keine Hundesteuer bezahlt?

RICHTER: Er ist vor drei Jahren gestorben.

KOMMISSAR: Haben Sie eine Sterbebescheinigung?

RICHTER: Suchen Sie doch – vielleicht finden Sie die auch noch?

(Kommissar ab)

SCHNÜFFLER: *(von der anderen Seite)* Da haben Sie im Bücherschrank 220 Mark versteckt gehabt, warum?

RICHTER: Um sie vor eventuellen Einbrechern zu sichern.

SCHNÜFFLER: *(grient)* Ist aber doch nicht sicher genug! Wo haben Sie die her?

RICHTER: Ost …

SCHNÜFFLER: Aha … gut, dass Sie gestehen!

RICHTER: Ostentativ würde ich Ihnen sagen, das geht Sie einen Dreck an. Aber nachdem ich sehe, dass Sie sich um jeden Dreck kümmern, sage ich: Es sind Spenden!

SCHNÜFFLER: Was? He, Chef, wir haben es!

KOMMISSAR: Ja?

SCHNÜFFLER: Ich habe Geld gefunden.

KOMMISSAR: Gut, beschlagnahmt! Suchen Sie weiter.

RICHTER: Sie können Ihrem Chef sagen, dass ich mich in aller Öffentlichkeit beschweren werde.

KOMMISSAR: Aber, aber … mein Chef tut doch nur seine Pflicht. Der Herr Staatsanwalt hat das doch …

RICHTER: Dann sagen Sie es dem!

KOMMISSAR: Aber der hat doch auch nur die Anweisung vom Justizministerium … vom Herrn Oberregierungsrat …

RICHTER: Dann richten Sie's dem aus …

KOMMISSAR: Sie irren – der hat doch den Auftrag vom Minister persönlich.

RICHTER: Also, dann werde ich zu diesem Minister gehen …

KOMMISSAR: Zwecklos – der hat die Anweisung vom Verfassungsschutzamt … vom Kommissar Nr. 13/2b. Aber der hat den Auftrag von seinem Chef. Dieser wiederum von Karlsruhe und Karlsruhe vom Innersten, was es in unserer Bundesrepublik gibt, vom Innenministerium, vom Ministerialrat Radler …

RICHTER: Und von wem hat der den Befehl?

KOMMISSAR: Ja, ich nehme an, der hat ein Gespräch von zwei Bundesministern abgehört.

RICHTER: Aha! Ein langer Dienstweg. Merkwürdig, dass es trotzdem so schnell geklappt hat!

KOMMISSAR: Aber, Herr Werner, Sie sind Autofahrer: Sie wissen doch, von oben nach unten geht es immer schneller!

RICHTER: Und deswegen sind Sie nun hier eingebrochen?

KOMMISSAR: Sie sind Vorsitzender des Komitees gegen Atomrüstung.

RICHTER: Ja, und?

KOMMISSAR: Sie haben freiwillige Spenden angenommen zur Gründung dieser zweifelhaften Organisation?

RICHTER: Ja, und?

KOMMISSAR: Das ist verboten! Laut Gesetz vom Jahre 1934.

SCHNÜFFLER: Chef! Der Mann ist vorbestraft!

BEIDE: Was?

SCHNÜFFLER: Hier: Verstoß gegen das Spendengesetz – am 1. April 1934!

KOMMISSAR: So! Sieh mal an. Welcher staatsgefährdenden Organisation haben Sie denn damals angehört?

RICHTER: Der Katholischen Jugend!

SCHNÜFFLER: Ich hab's doch geahnt, dass der mal gesessen hat.

KOMMISSAR: Die Sache kann böse Folgen für Sie haben. Tut mir leid um Sie!

RICHTER: Wer bekommt das Geld?

KOMMISSAR: Der Staat braucht Geld, mein Lieber, um Ihresgleichen mit Ihren Mitteln zu bekämpfen.

SCHNÜFFLER: Da sehen Sie mal, was Sie den Staat für Geld kosten!

KOMMISSAR: Aber eins muss ich Ihnen noch sagen.

RICHTER: Bitte?

KOMMISSAR: Würden Sie nicht dauernd Ihre Meinung ändern, wäre das nicht passiert! Wären Sie lieber bei der Katholischen Jugend geblieben.

(Er geht ab, Schnüffler hinterher.)

RICHTER: Hallo, warten Sie!

SCHNÜFFLER: Ja?

RICHTER: Sie dürfen dies nicht vergessen. Untersuchen Sie das auch gleich!

SCHNÜFFLER: Was ist das?

RICHTER: *(Gibt ihm das Buch.)* Das Grundgesetz.

Aus dem Programm
Warten auf Niveau (1959)

Warten auf Niveau

*(Ensemble mit Blumen in der Hand, Klaus als Schaffner mit
Fahrkartenzwicker und Kursbuch, Brille usw.)*

ALLE: Da sind wir wieder,
  da sind wir wieder,
  da sind wir wieder umsonst hier.
  Da ham wir gedacht,
  das wär' doch gelacht,
  nu stehn wir wieder umsonst hier.
  Sie warten, erwarten,
  dass wir endlich starten,
  nu warten Se wieder umsonst hier!
  Ja, Damen und Herren,
  wir täten's recht gern,
  doch der Zug ist bis jetzt nicht gekommen!
  In dem Zug soll es sein,
  doch der Zug kommt vom Rhein,
  und da hat es wohl Schaden genommen!
  Schaaade drum ...
KLAUS: Drum schade ... dem Niveau nicht, lieber Freund, indem du sinnlos auf es wartest, wisse, Niveau kommt nicht an!
ALLE: Warum nicht?
KLAUS: Weil es keiner fahren lässt, der's hat!

NOACK: Und wer hat's?

KLAUS: Keine Ahnung! Wer's hat, sagt's nicht.

DIETER: Vielleicht erkennt man's an der Brille?

KLAUS: *(mit Blick auf Dieter)* Kaum. Es gibt so viel Gegenbeispiele.

NOACK: Also, gehen wir wieder.

DIETSCH: Haaalt! Wenn's nun mit dem nächsten Zug kommt?

DIETER: Wir müssen's jetzt haben!

KLAUS: Haben sollten's viele, die's nicht haben wollten. Ja, wo war das Niveau während des bayerischen Wahlkampfes?

NOCK: In Berlin.

KLAUS: Und wo war das Niveau während des Berliner Wahlkampfes?

NOACK: In Bonn.

KLAUS: Warum?

NOACK: Weil der Kanzler in Berlin war.

KLAUS: Und wo war das Niveau damals bei der Wahl des Bundespräsidenten?

DIETER: In flagranti.

KLAUS: Na siehste, und hat der 'ne Brille?

DIETSCH: Nein, aber humanistische Grundausbildung.

KLAUS: Und wir kommen zu dem Schluss:

NOACK: Niveau ist eine Zeitfrage.

KLAUS: Und, Freund, wie kommst du dir dagegen vor?

DIETER: Wie ein Schachspieler.

KLAUS: Wieso?

DIETER: Ich warte auf den nächsten Zug.

KLAUS U. DIETSCH: Warte, warte nur ein Weilchen,
bald kommt das Niveau zu dir –
mit Fritz Schäffers kleinen Feilchen
schlägt dein letztes Stündchen hier.

NOACK U. DIETER: Warte, warte viele Stündchen,
München ist noch weit vom Schuss,

noch ist Löwe ja kein Hündchen,
der zu Kreuze kriechen muss.

DIETSCH: Wenn ihr mich fragt, Kinder, die Bahnsteigkarten haben wir gelöst. Das Niveau muss ja mit dem nächsten Zug kommen. Also warten wir. Es muss ja kommen!

DIETER: Godot ist auch nicht gekommen!

KLAUS: Das lag an den Kammerspielen.

DIETER: Wieso?

KLAUS: Hamse wieder mal keine Besetzung für gehabt.

NOACK: Also, ein Münchner Stadtrat hat mir gesagt, das Niveau kommt erst nach München, wenn die 800-Jahr-Feier endgültig vorbei ist.

DIETSCH: Da können se lange warten.

DIETER: Sag mal, Kollege Schaffner, woher kommt der Zug?

KLAUS: Weiß nicht. Das kommt von den offenen Türen.

NOACK: Steht noch jemand draußen vor der Tür?

DIETER: Da steht keiner mehr dahinter.

DIETSCH: Ich geh in den Wartesaal.

NOACK: Was willste denn da?

DIETSCH: Ich denk mir mal zusammen, was wir noch schnell machen können, bevor das Niveau kommt. *(ab)*

NOACK: Das ist 'ne Möglichkeit! Schnell alles, was wir ohne Niveau machen können!

DIETER: Gut. 'n paar Wortspiele mit Bonn. Damit das erledigt ist.

NOACK: In-Bonnderabilien.

KLAUS: Du meinst die politischen Richtungen der SPD?

DIETER: Zur Wiedergutmachung: Bonn-stopverfahren.

NOACK: Zu der Tatsache, dass die deutsche Diplomatenexpedition nach England ihre Kriegsorden angelegt hat, um die Beziehungen der Länder zu verbessern: Bonn-Takt.

KLAUS: Ein Wort für die Staatsform des Staatenbundes der Länderstaaten: Bonn-föderation.

DIETER: Bonnerwetter!
(Dietsch kommt mit einem Hula-Hoop-Reifen über die Bühne gerollt, mit Zipfelmütze und Ohrenschützer.)
KLAUS: Was soll der Quatsch?
DIETSCH: Damit wir das Thema noch schnell über die Bühne rollen lassen.
KLAUS: Weswegen?
DIETSCH: Wegen dem Niveau.
KLAUS: Wegen *des* Niveaus!
DIETSCH: Wohl blöd! Solange wir noch drauf warten, kann ich mir den Genitiv ooch schenken!
ALLE: Wartet, wartet noch ein Weilchen …
LAUTSPRECHER: Achtung! Der für 21.15 Uhr erwartete Zug hat voraussichtlich zwei Stunden und zehn Minuten Verspätung!
ALLE: Was ist los!?
(Dietsch kommt wieder.)

DIETSCH: Tja. In Bonn war großer Bahnhof, um das Niveau abzufangen, der Lautsprecher sagte: Zurücktreten! Und weil das keiner will, muss er auf der Strecke bleiben und langsam verrotten!
ALLE: Da sind wir wieder,
da sind wir wieder,
da sind wir davongekommen.
Da haben wir wieder,
da haben wir wieder
den Mund ein bisschen zu voll genommen!
Sie warten. Wir starten
auch ohne Niveau.
Doch wenn Sie erwarten,
wir hätten's auch so?!
Da sind Sie aber,

61

da sind Sie aber
auf den ganz falschen Bahnsteig gekommen.
Wir sind ja nicht so,
wir sind ja nicht so,
wir hätten's auch gar nicht genommen!
Wir steh'n auch bloß hier
zum bloßen Pläsier,
damit das Programm mal gestartet.
Niveau ist – mal ehrlich –
in Deutschland gefährlich,
und wir haben's auch gar nicht erwartet!
Schischischischi!
Oder Sie?

Bundesposten

(Zwei Posten mit geschultertem Gewehr / Dieter will sich verstohlen am Bein kratzen.)

KLAUS: Haste Juckkrankheit?
DIETER: Man kann sich ja wohl mal kratzen, nich!
KLAUS: Das ist eine Ehrenwache, mein Lieber. Ein ehernes Standbild hast du zu sein! Kratzen is nich – bei dem Verein. Eher darfste abkratzen.
(Klaus pfeift durch die Zähne, will präsentieren.)
DIETER: Äh. Zivilisten.
KLAUS: Stillhalten.
DIETER: Nicht mehr lange.
(Altes Ehepaar kommt / Dietsch, sehr kurzsichtig, geht an Dieter heran, klopft an das Gewehr und sagt:)
DIETSCH: Ja ja, Mutter! Der Thorak!

NOACK: Aber Vater, die leben!

DIETSCH: *(schnuppert)* Hä? Ich kann se nicht riechen, Mutter.

NOACK: Aber Vater! Das sind Ehrenposten. Die *müssen* sich tot stellen.

DIETSCH: Warum?

NOACK: Weiß ich nicht. Aber sie müssen.

DIETSCH: Und wenn se mal müssen?

NOACK: Das sind Ehrenposten. Die müssen nicht.

DIETSCH: Versteh ich nicht.

NOACK: Musst ja auch nicht.

DIETSCH: So 'ne Zeitverschwendung. Warum stehen die hier?

NOACK: Zur Repräsentation. Eben Wachtposten.

DIETSCH: Aha. Machtposten.

NOACK: Ich denke, du siehst bloß schlecht. Jetzt hörst du auch noch schwer.

DIETSCH: Ach Mutter, wenn man mal über 70 ist, kommt eins nach dem andern.

NOACK: Na ja, Vater. Denk mal an deinen Klassenkameraden. Der ist jetzt immer noch Kanzler.

DIETSCH: Ich kann mich schlecht erinnern. Der hat überall Einser in der Zensur gehabt, da verliert man das Interesse.

NOACK: Aber die beiden Ehrenposten hier stehen doch für ihn Posten. Und jedes Mal wenn einer zu ihm will, müssen die Soldaten das Gewehr präsentieren.

DIETSCH: Ah ja. Jetzt erkenn ich ihn wieder. Er wollte damals schon immer einrücken. Aber er hat's nie geschafft.

(Pfiff und Soldaten präsentieren / Ehepaar erschrickt und geht eilig ab.)

DIETER: Wenn das der Kanzler wüsste!

KLAUS: Was er nicht weiß, das hält ihn jung.

DIETER: Als Ehrenposten würde ich ja keine Kritik üben!

KLAUS: Ja, aber Gewehrgriffe musste üben. Dein Griff ist hundsgemein demokratisch.

DIETER: Demokratisch? Du weißt genau, dass ich ein leidenschaftlicher Soldat bin … und Christ.

KLAUS: Weiß ich, aber Gewehrgriffe kannste nich!

DIETER: Und du bist ein Pazifist und Sozi!

KLAUS: Genau! Aber ich kann se!

(Griff)

DIETER: Dass man als Posten nie sehen kann, was durchgeht.

KLAUS: Auf dem Posten sein heißt bei uns: nicht links und rechts gucken.

DIETER: Kamerad, du bist verdächtig. Ich weiß, was ich tun muss!

KLAUS: Ich auch. Gewehrgriffe üben.

DIETER: Bist du schon lange Sozi?

KLAUS: Ja. Seit 1863.

DIETER: Wie?

KLAUS: Sozi sein ist eine Erbfolgeangelegenheit.

DIETER: Und warum biste dann bei der Bundeswehr?

KLAUS: Das ist unser Trick.

DIETER: Welcher Trick?

KLAUS: Alles genauso machen wie die Gegner, nur alles 'n bisschen später.

(Griff, Dieter verbeugt sich dazu.)

KLAUS: Wahnsinnig geworden?

DIETER: Wieso? Das war doch Herr Erler. Ich dachte, der legt keinen Wert drauf.

KLAUS: Der Erler hat auch ein Recht drauf. Immer wird die Opposition unterdrückt!

DIETER: Der geht nun zum Kanzler. Worüber wird er sich nu beschweren?

KLAUS: Darüber, dass wir nicht vor ihm präsentiert haben!

(Griff)

(Beide wollten präsentieren, haben aber das Gewehr wieder sinken lassen und schauen flüchtig hinterher.)

KLAUS: Kilb auf Urlaub.

DIETER: Der Geist in der Truppe ist ja unbestechlich.

KLAUS: Ach – hältste auch die Soldatenzeitung?

DIETER: Eine tapfere Zeitung.

KLAUS: Der Halbstürmer für Mitläufer.

DIETER: Die haben den Mut zu schreiben, was keiner mehr hören will!

KLAUS: Junge, weshalb schreiben die so was?

DIETER: Wes das Herz voll ist ...

KLAUS: Des war der Kopf stets leer und die Hose nie voll genug.

DIETER: Si vis pacem parabellum!

KLAUS: Sagt die Soldatenzeitung?

DIETER: Nein, die alten Römer.

KLAUS: Was heißt das auf Deutsch?

DIETER: Wählt Adenauer.

(Griff)

KLAUS: Hoppla!

DIETER: Was ist?

KLAUS: Den kannte ich. Er kann's aber nicht sein.

DIETER: Wer war das?

KLAUS: Sah aus wie ein alter Bekannter. – NS-Führungsoffizier. Hat meinen Kommandeur damals angeschrien: »Sie sind ein Offizier des Führers und nicht des Kaisers!«

DIETER: Und was passierte mit ihm?

KLAUS: Er wurde erschossen.

DIETER: Von den Amis? Am 8. Mai?

KLAUS: Nein. Von den Deutschen am 20. Juli.

DIETER: Wer?

KLAUS: Der Kommandeur.

(Griff)

DIETER: Vielleicht war er's doch, der NS-Offizier?

KLAUS: Natürlich war er's.

DIETER: Aber warum haste denn dann gesagt ...

KLAUS: Ich wollte dich nicht beunruhigen.

DIETER: Beunruhigen?

KLAUS: Na ja, wenn ich dir sage, dass die letzten Nazis die ersten Soldaten waren …

DIETER: Daran ist nur ein Mann schuld!

KLAUS: Ich weiß, Adolf …

DIETER: Nein. Der Chefpsychologe Schneider!

KLAUS: Aha. War der Nazi?

DIETER: Nein – aber Österreicher.

(Schlampiger Griff)

KLAUS: Aber als Sozi muss ich doch anerkennen: Sozial ist die Bundeswehr! Aus wie vielen asozialen Elementen hat sie wieder Stützen der Gesellschaft gemacht!

DIETER: Jawohl! Sogar Sozialdemokraten können wieder Offiziere werden.

KLAUS: Es geht vorwärts.

DIETER: Der Offiziersberuf ist doch der schönste!

KLAUS: Vor allem, wenn man keinen anderen hat!

(Griff)

KLAUS: Kiesinger!

DIETER: Johanna geht, und nie mehr kehrt er wieder.

KLAUS: Die west-östliche Diva.

DIETER: Liest du etwa?

KLAUS: Ein deutscher Soldat liest nicht.

DIETER: Immerhin hat jener versucht, sich mit der Opposition auszusöhnen. Er hat gesagt …

KLAUS: Ich weiß: Man muss die Bande knüpfen …

DIETER: Und zwar auf …

(Griff)

DIETER: Und zwar auf der Stelle …

KLAUS: Musste er gehen.

DIETER: Na ja, sie hätten ihn gern für die Fernsehsendungen behalten.

(Beide verbeugen sich.)
KLAUS: Unser Papa Heuss.

Der Schrankenwärter

(Der Schrankenwärter vor seinem Häuschen.)

Tiefste Provinz hier. Das Einzige, was mich unterhält, sind meine Hühner. Hin und wieder mache ich die Schranken auf, dann wieder zu. Nicht viel los hier an der Strecke.

Es ist ja bloß eine eingleisige ... unsere Bundesregierungsbahn. Das zweite Gleis ist wegen der Russen abgebaut worden. Mit Recht. Stellen Sie sich vor, die wollen uns wirklich mal entgegenkommen!

Im Moment lassen sie gerade Dampf ab, weil ihr Lokomotivführer, Chruschtschow heißt er, glaube ich, der Mann mit dem glänzenden Kopf, der Breitwand-Brynner vom Kreml, weil der Angst hat, er könnte auf der Strecke bleiben. Nur nicht den Kopf verlieren, sagt er sich. Man weiß nie, wo man ihn wiederfindet.

So denkt auch Genosse Ulbricht. Ist der Kopf erst mal ab, sagt sich Walterchen, ist der Bart auch mit ab.

An dem Bart hängt der *Mann*.

Deswegen die eingleisige Bahn. Damit es, wenn die Russen uns einmal ganz kopflos entgegenkommen sollten, auch bestimmt einen Zusammenstoß gibt. Dabei kommt man sich gewöhnlich am nächsten.

Die Zeit wird lang hier. Kommt selten ein Zug.

Rundfunk hören macht mir auch keinen Spaß mehr. Der Bayerische Rundfunk macht immer mehr, was er will. Genauer, nämlich gar nichts mehr. Jedenfalls nicht das, wobei ich die Ohren gespitzt habe.

Die Zeit vergeht. Wie die Zeit vergeht, sieht man am Zeit-funk. Waren das noch Zeiten, als die Reporter noch in die Ka-sernen gingen und ein Pfiff in der Sendung war. Jetzt genügt ein Pfiff, und die Reporter sind in der Kaserne. Dahin zieht's die jungen Leute wieder. Volk ans Gewehr. Kerls, wollt ihr denn ewig sterben?

Sie wollen.

Man muss sie gewähren lassen. Na ja, man ist nur ein Mal tot.

Ob hier heute noch mal ein Zug durchfährt, kann ich Ihnen nicht versprechen, aber wenn er kommt, schauen Sie sich den mal ganz genau an. Ziemlich heruntergekommen. Müsste mal überholt werden, die schwarze Puffpuff. Aber wer soll sie über-holen? Bei einer eingleisigen Strecke? Der alte Lokomotivführer, der eiserne Kondrauer, Sprudel vom reinsten Wasser, überfährt sowieso schon sämtliche Signale. Er ist zum Lokomotivführer geboren. Das muss man ihm lassen. Hat eine Bescheinigung über zehn Jahre unfallfreies Entgleisen. Die Weichen, und dar-an liegt's, kann er einfach nicht ausstehen! Was immer er auch versucht, er kommt dadurch nie auf den richtigen Bahnsteig.

Immer rumpelt er auf den Güterbahnhof.

Ehe er sichs versieht, sind die heiligsten Güter der Nation ver-laden, und der Packwagen ist voll Pack.

Und dann braust er einfach drauflos.

Kein Wunder, dass die Leute überall ihr Kreuzchen machen, wenn dieser Geisterzug durchs Land fährt. Die Lokomotive macht ja nicht mal so einen Krach. Aber die Anhänger!

Dahinten sammelt sich was. Hallo, meine Herren! Zurück-bleiben.

Aha, das ist die Opposition.

Aber bloß die linke Hälfte. Die will aufspringen. Die andere Hälfte fährt schon mit dem Zug.

Die Genossen sehen ja so finster aus. Wollen die etwa den Zug überfallen?

Vorsicht, Genossen, der Alte hat euch doch schon ein paar Mal überfahren. Sehen Sie, da ziehen sie den Kopf ein. Nee, tun sie nicht einmal. Sie ziehen die Beiträge weiter ein und stellen sich an. Mein Gott, wie die sich anstellen. Und jetzt? Was machen sie denn jetzt?

Jetzt gehen sie in die Wirtschaft.

Ja, ja, Genossen, man kann eben nicht mit der Faust auf den Tisch hauen, wenn man die Finger überall drin hat.

Feierabend!

Aus dem Programm
Der Widerspenstigen Lähmung (1959)

Soldat Schwejk jr.

ÜBER LAUTSPRECHER: Jaromir Schweig! Sie werden aufgefordert, umgehend im Vorzimmer der Musterungskommission zu erscheinen! Jaromir Schweig!
(Schwejk erscheint mit Persilkarton, vor sich Takte des Egerländer Marsches hinträllernd.)
SCHWEJK: Man hat gefragt nach mir, her ich? Dass die Deitschen und sie kennen nich aussprechen, wie man heißt. Mein werter Name ist Schwejk und nich Schweig. Aber sie nehmen immer, was ihnen lieber is!
SCHWESTER: Warten Sie hier. Ich rufe Sie, wenn es so weit ist.
SCHWEJK: Wenn Sie dem Herrn Stabsarzt wollen meine Karte geben?
SCHWESTER: Was soll das?
SCHWEJK: No, weißt du, Schwester, fier Name hat das Geld nich mehr gelangt. Aber es is vornehm, her ich.
SCHWESTER: Für solche Scherze hat der Herr Stabsarzt keinen Sinn. *(ab)*
SCHWEJK: Ich hab immer gesagt: Ein Stabsarzt hat ieberhaupt keinen Sinn. Ich hab amal einen gekannt, das war ein Viechdoktor aus Brüx. Das war ein Spezialist fier Schweine, und als sie einen »akuten Mangel« hatten, is er ein Stabsarzt geworden. Der hat die Soldaten immer auf Rotlauf untersucht. Und wenn's keinen hatten, hat er ihnen tauglich geschriem.

No, ich frag Sie, wie kommt man zu an Rotlauf, wenn ma
kein Schwein in der Familie gehabt hat?

Warten Sie auch, dass man Ihnen mustert? Oder sehen Sie
sich das bloß an? No, ich frag Sie, wie lange wolln Sie sich
das noch ansehen? Ich glaub, Sie halten das fier an Spaß?

Ich hab amal ein gekannt, das war ein Weiser ... ein Budwei-
ser. Der hat immer alles fier an Spaß g'halten. Das war erst
ein Österreicher. Als die Tschechen kamen, is er ein Böhm
worden, als die Deitschen kamen, ein Deitscher, als die Nazis kamen, da war er ein Nazi. Dann kamen die Neger. Da
hat er gesagt: Alles kann man nicht mitmachen ... und hat
sich nach Deitschland vertrieben. Heit ist er ein Schwarzer.
Es braucht eben alles seine Zeit.

(Melodie »Egerländer Marsch«)

> Viele kleine Henlein fein
> sitzen in den Staatskanzlei'n
> und sie baun sich Stain um Stain
> vis-à-vis vom Wendel ein –
> Ach, was muss das herrlich sein,
> vis-à-vis vom Wendelstain,
> schade, dass der Henlein,
> und er ist schon lange tot.
> Täätäterrää – Tätäteräätäterää!

Mein Vadda, der alte Schwejk, der sitzt im Bayerischen Wald
und wartet auf sein Lastenausgleich – der hat amal dem Konrad Henlein die Hand g'schüttelt. Jooo! Das war 1936. Er hat
ihm nämlich verpriegelt, und dann hat er ihm an der Hand
geschüttelt, ob er noch lebt. Es war ihm unvergesslich, hat er
gesagt. Hee! Was is, Herr Stabsarzt, ich will zu den Fahnen
eilen! Da darf man keinen Menschen nicht warten lassen.
Sonst ieberlegt sich das so ein Mensch noch.

Ich hab amal einen gekannt, das war ein Tschech aus Komotau. Das war ein guter Deitscher. Der wollte ein braver Soldat werden. Aber die Deitschen haben gesagt … Tschech is Tschech, und alles, was ist kein deitscher Mensch, das ist ein Aff mit Bewährungsfrist. Da ist er wieder ein Tschech geworden. Aber als sie den Krieg zu Ende verlieren wollten, da brauchten's alle Affen, nur jetzt hat der aus Komotau nich mehr wollen. Da ham s' ihn derschossen. Dann kam der Tschech und hat die derschossen, die den derschossen, dann wieder die Deitschen, die ham den derschossen, der die derschossen und wieder die Tschechen und so weiter und so weiter.

Und … her ich … der Tschech aus Komotau hat einen Bruder, und der is jetzt beim BHE. Und so weiter und so weiter …
Schwester! Sagn S' dem Stabsarzt, wenn er mich nich bald ruft, geh ich zur Fremdenlegion. Das is mir jetzt powidl!
Ja, sie haben mir an Musterungsbefehl g'schickt. Weil, sie haben geheert, dass mein Vadda is gwesen der »brave Soldat Schwejk«. No, ich weiß nich, ob sie das Stick ieberhaupt oder das Buch gelesen haben. Ich glaub nich. Militärpersonen lesen immer erst nach Niederlage. Weil dann haben sie Zeit. Aber die Zeit zwischen Niederlage und Bewusstlosigkeit wird immer kürzer. Und so sie haben mich einberufen, bewusstlos. Ich kann nur sagen: Bürger, schont eure Niederlagen!
Ich hab amal einen Tschechen gekannt, das war ein Pole aus Prag. Der ist jetzt ein Deitscher in Bonn. Der hat a Unterschlagung gemacht in einer Bank. Als ihm draufkommen sind, hat er dem Direktor eins über den Nüschel geschlagen und ist politisch geflüchtet. Jetzt ham s' ihn zum Agenten gemacht, weil er Ost-Erfahrung hat.

> Ach, Herr Stabsarzt, nehm S' mich, bitte,
> nehm S' mich bitte nich so ernst,

wenn ich Kind mit Bad ausschütte,
was sollst machen, wenn's das lernst?
Denn mein Vadda sagte immer,
man muss gehen mit die Sieger,
Vadda war noch bisschen dümmer,
mitverlieren is heit klüger.

Siehste, und darum ich will zu die Fahnen! Man muss dem
Russ zeigen, wo seine Harke is! Denn der Russ ist dumm,
läuft barfuß und hat dort, wo anständige Westmenschen ein
Gewissen haben, nur Läuse. Der Pol' ist dreckig, redet wie die
Russen, und die Tschechen haben auch keine Kultur.
Ja, wir werden den Russ einklammern. Von vorn die Kultur
und von hint Tschiang Kai-schek. Na, wird er laufen!

Ach, Herr Stabsarzt – bitte scheen,
ich weiß, dass Sie mich gut verstehn,
bin im Kopf zwar nicht ganz recht,
aber das ist nie nicht schlecht.
Wenn ein Mensch – er weiß, was macht er,
macht er, was er weiß – dann lacht er,
und wird niemals nicht Soldat,
und das wär' doch ewig schad.

Leite, Leite, ihr müsst viel klüger werden. Werdet dümmer,
das ist das Klügste.
Da hab ich amal einen gekannt aus Leitmeritz. Den ham s'
gemustert, der hat an Tick gehabt, der hat immer das Gegenteil gemacht von dem, was er hat sollen. Der Stabsarzt hat
ihm gesagt, dass er is ein Depp und nicht tauglich, weil er is
ein Psychopath. Also ein Mensch mit einer unanständigen
Krankheit. Da hat der das Gegenteil gemacht und ist ein General geworden, also ein Soldat, der wo hat rote Streifen an

den Hosen, damit der Feind nicht auf ihn schießt. 10 000 Soldaten hat der g'habt. Die hat er alle verbraucht ... bis auf 250. Das hat ihn geärgert! Weil ... er hat gesagt, wenn er etwas macht, er macht es ganz. Und darum er ist jetzt wieder ein General, damit er es nächstes Mal besser macht.

> Ach, Herr Stabsarzt, bitte sehr,
> lassen Sie mich rein ins Heer,
> Lunge, Niere, Herz und Hintern
> sind zwar noch vom Überwintern
> und vom Vor- und Rückwärtsmarsch
> sozusagen noch im Argen,
> doch ich muss mich ja beeilen,
> die Erfahrung mitzuteilen.

Da hab ich amal einen gekannt aus Brünn. Der ist jetzt tot. Gegen seinen Willen. Der hätte eine Erfahrung gehabt. Schad ... um die ... Erfahrung.
Ich freu mich schon richtig. Schwester! Los! Ich will was tun fiers Abendland! Die Ostgebiete müssen zurück! Die Lage ist ernst, aber günstig! Der Russe wird in der Mitte zerquetscht. Von vorn kommen wir mit dem Atomkarabiner 98, von hinten die Chinesen – und dann treffen wir uns eines Tages ... in Dünkirchen!

Der Scharfmacher

Herr Klein! Ich habe Ihren Television gleich fertig! Vielleicht können Se sich mal mit was anderem beschäftigen? Was? Na, vielleicht mit Ihrer Frau? ... Er unterhält sich nicht gern mit fremden Menschen. – Oder vielleicht gehen Se ins Kino?

Kennen Sie den Unterschied zwischen Fernsehen und Film? Der Unterschied ist, dass sie beide Konserven machen.

Der Apparat von Herrn Klein ist nämlich unscharf. Und ich bin der Scharfmacher. Der Einsteller. Wenn an Ihrer Einstellung etwas nicht in Ordnung sein sollte ... ich komme ins Haus. Ganz gleich, welches Haus. Funkhaus, Amerikahaus, Gasthaus des Sports ...

Ihre Einstellung ist in Ordnung? Da muss ich ja richtig zweifelnd lächeln, muss ich ja da.

Und bei dem Television hier ist auch alles verdreht. Kein Wunder, wenn da jeder dran drehen kann, der nichts davon versteht.

Unsereiner dreht da ja vorsichtig dran, damit man keine bleibenden Eindrücke hinterlässt. Eine dumme Bemerkung und schon heißt es: Hinterlassen Sie das ... im Büro.

Das ist ganz einfach. Gucken Se mal, wenn Se jetzt hier die Tastatur des Fernsehens haben, dann müssen Se bloß an Ihr Auto denken. Das habe ich schon ein paar Rundfunkräten beigebracht. Die haben jetzt eine prima Einstellung. Die machen nichts anderes als kuppeln und bremsen.

Ich weiß, jetzt werden die meisten von Ihnen denken, gleich kommt er damit, dass das alles Schwarzseher sind ... nee, nee, das liegt so auf der Hand. Das lehne ich ab. – Außerdem geht meine Tochter bald zur Schule. Sie soll dann keinen Namen dorthin tragen, den sich die Lehrer so schnell merken. Ich hab einen Bruder, der leidet heute noch unter mir.

Ganz abgesehen davon: Sehn Se mal, die Fernsehverantwortlichen zahlen ja auch ihre fünf Mark für die Fernsehlizenz. Natürlich nicht so wie die großen Zeitungsbesitzer. Die haben damals einen Pappenstiel für die Lizenz bezahlt, und heute haben sie für den Pappenstiel einen Piepenstall! Ja ja: Quod lizenz Jovi non lizenz Bovi! Zu Deutsch: Was einem Friedmann erlaubt ist, geht uns einen Dreck an. Damit will ich nicht sagen, dass die Fernsehverantwortlichen die Bovis sind. Aber für ihr Geld können sie verlangen, dass sich da einer vor die Kameras stellt und sagt: Das Volk sieht schwarz und schweiget – dass das unterbleibt. Dafür hat so ein Verantwortlicher seine Mattscheibe nicht. Fünf Mark ist viel Geld. Dafür kann man schon mit einem Bein in Bayreuth bei den Festspielen stehen. Er muss sich sein Geld auch sauer genug – genehmigen. So mancher von ihnen muss jeden Groschen umdrehen, bevor er bei ihm fällt.

Herr Klein: Bringen Sie mir eine Zange. Ich muss mir ein paar Namen verkneifen.

Stellen Sie sich vor: Die ganze Familie starrt immer noch auf den leeren Fleck. Die haben gar nicht gemerkt, dass der Apparat weg ist. So sehr kann man sich an das Programm gewöhnen.

Da lobe ich mir die Schölermanns. *Die* deutsche Fernsehfamilie! Die haben überhaupt keinen Apparat. Aber sehen kann man sie nur, wenn man einen hat. Frau Wirtin hatt' auch einen … nana, ich hab' schon wieder Millowitsch im Kopf.

Tja, das Fernsehen verändert das Zeitbild. Vor allen Dingen, wenn Sie mal über die Dächer der Stadt gucken. Also, wie sprießender Spargel. Jedes Haus hat seinen Dachschaden … Antennen, Antennen. Ein Kollege von mir, der ist Antennenzähler. Der hat mir erzählt, dass die Programmplanung sich jetzt nach der Anzahl der Antennen richtet. Prozentual natürlich. Den höchsten Prozentsatz hat ein Einödhof in der Nähe von Kleindingharting. Einhundert Prozent. Danach richtet sich jetzt das Fernsehprogramm.

Und weil dieses Einödprogramm auf die Dauer … nichts gegen die Wetterkarte, aber man will ja schließlich auch mal was fürs Hirn, ein bisschen Ars, ein bisschen was vom Himmel. Kurz: Himmel, Ars und Hirn, eine Sendung mit Politik, Literatur, Unterhaltung: Der alte Mann, die Zigarre und das Meer von Ludwig Erhard Hemingway … anschließend das Wort … zum Munde des Alten.

Was heißt hier übrigens Alten? Wenn man die rechte Einstellung hat, wirkt er jünger als Helmuth M. Brockhaus. Denn die Weisheit eines Quizmasters ist nur von einem trainierten Methusalem zu überbieten. Und als Methusalem ist unser Alter eigentlich noch'n bisschen frühreif!

Im Gegenteil: Er braucht guten Rat. Nein, nicht den Bundesrat, den verbraucht er langsam. Er braucht geistigen Zuspruch. Vor jeder Entscheidung ruft er seinen Zuspruch an und fleht: Klerus, Klerus, gibt mir meine Lektionen wieder!

Herr Klein! Stecken Sie amal die Finger in die Steckdose, ich hab den Anschluss verloren! So! Sind Sie unter Strom? Gut, nun sagen Sie mir, ob es ein katholischer oder ein evangelischer Strom ist? Wie? Strom ist Strom, sagen Sie? Ja, Sie haben gut reden, Sie haben ja auch die Finger in der Steckdose und nicht in der Politik!

Übrigens, große Schweinerei passiert! Kulenkampff soll neulich das Wort DDR ganz laut zum zweiten Male über den Schirm gedacht haben! Hier kann doch nicht jeder denken, wann er will! In seinen Augen soll ganz klar der blanke Hohn gestanden haben. Hier kann doch nicht jeder in den Augen zu stehen haben, was er will! Nee, nee!

Also, wenn heute einer im Fernsehen denken will, dann muss er halt englisch denken. Da kann ihm nicht mal unser Kanzler folgen. Ich denke oft an Piroschka, da denke ich an was Anständiges. Sonst komme ich womöglich noch auf den Gedanken und denke an meine Frau, und das ist vor 9 Uhr schon unanständig.

Ja, dieser Fernseh-Apparatschik hat eine Karriere gemacht wie die Pompadour. Erst ein kulturelles Kellerkind und heute die Mätresse der Konzernmeister.

Herr Klein! Haben Sie auch so eine lange Leitung, bis Sie sich hier ein Bild machen können? Bringen Sie mir doch einen Zwiefachstecker. Dabei denke ich an den Kardinalfehler unserer Politik. Dieser Kardinal steckt seine Nase in seine eigenen

Angelegenheiten und in unsere auch. Ein sogenannter Doppelstecker.

Allerdings, sprach die Sphinx, rück das Dings mehr nach rechts und mit einem Mal ... so fing's ja immer an ... und das Ende vom Liede ist die erste Strophe des Deutschlandliedes. Ich habe mich schon manchmal gefragt, was macht so ein armer Dorfkaplan, der in gutem Glauben einer Kanone seinen Segen gegeben hat, und er sieht später die Kanone auf einem Schrotthaufen wieder? – Na ja, er wird sagen: Meinen Segen hast du, aber Gott sei Dank wissen das die meisten nicht mehr.

Jetzt verstehe ich auch, warum man als Soldat immer gesagt hat, wenn die Artillerie anfing: Jetzt kommt der Segen wieder runter!

Und darum muss das Fernsehen sehen, dass die jungen Leute nicht verdorben werden: Wo kämen wir denn da hin, wenn da jeder sagen könnte, was er weiß.

Mancher weiß gar nichts! Zum Beispiel ... Herr Klein! Im Moment habe ich hier eine richtige sexy Ansagerin ... ach so, nee, es ist Luxembourg.

Tja, mancher weiß gar nichts vom Fernsehen, zum Beispiel ... die Fernsehkritiker haben ganz recht: Sex darf nur zwischen 10 und 11. Ist schon genug, dass die Kleinen von 5 bis 12 zwischen halb und acht dürfen. Was sollte sich so ein Kind denken, wenn da ein Mann auftrat, der forderte »Alles oder Nichts« – und für Geld!

Dafür haben wir ja unseren Koordinator, der dafür sorgt, dass Kunst und Erotik, also Brunst und Maegerlein, nicht durcheinanderkommen. Was ein Koordinator ist, wissen Sie ja, nicht? Koordinaten, das ist eine Kreuzung von Linien ... ein Koordinator ist also ein Linienkreuzer, der die Linie München-Bonn-Rom und zurück befährt und der nie genau weiß, wie er die Strecke bewältigen soll. Entweder er fährt Rad, oder er fliegt. – Und man soll nie alle Möglichkeiten ausnutzen! Das ist das, was ein Koordinator übers Fernsehen so alles weiß.

Fernsehkritiker wissen natürlich alles. Überhaupt ein Problem, mit denen. Da zwingt man Leute Tag und Nacht in ihre vier Wände, kein Wunder, dass sie muffig werden. Und kein Wunder, dass man manchmal denkt, die Kritiken hat ein Student vom Schnelldienst geschrieben.

Auf jeden Fall, man kann es kritisieren, das deutsche Fernsehen, aber eines ist sicher: Als das Rundfunkgesetz mal gemacht wurde, haben die Macher gesagt: Der geringste Widerstand gegen Übergriffe des Bundes ist immer noch besser als gar keiner, und wenn heute einer sagt, die Fernseh-Stationsvorsteher leisten nicht den geringsten Widerstand, dann ist das falsch: Sie leisten den geringsten! ... Widerstand.

So ... Herr Klein ... das ist jetzt die schärfste Einstellung, die Sie vom Fernsehen erwarten können.

Aus dem Programm
Tour de Trance (1960)

Der Gärtner platzt

Wasser marsch! – Die Flora hat Durst!

Aqua avanti, wie die modernen Lateiner sagen. Aber tu 'n Schuss Parfum ins Wasser – das Wachstum riecht etwas. Merken Sie's nicht auch? So nach Kunstdünger, Stickstoff und so. Keine Angst, wir kriegen das Wachstum schon kaputt, das Gemüse soll sich jedem im Magen umdrehen. Riechen Se mal. Na? Es ist was faul im Staate D-Mark, gell?

Jaja, es müsste viel mehr gesprengt werden bei uns. Aber das kommt! Es werden Versammlungen gesprengt werden und Demonstrationen … muss ja auch. Wir leben ja in einem ausgesprochenen Notstand.

Was ist aber Notstand?

Notstand ist, wenn Geschäftsleute – wenn also eine Messe ist, dann machen die Verkäuferinnen in der Ludwigstraße Notstände auf. Das ist Notstand, vom kulturpolitischen Standpunkt aus.

Was ist aber Notstand vom Politischen? Das ist, wenn ich zu meinem Gehilfen, dem Jockel, sage: Du jätest jetzt Unkraut, und er sagt: Haha, und plombiert den Löwenzahn oder so was. Da bin ich im Notstand. Und weil ich da nicht genug Autorität habe, brauche ich ein Gesetz, damit der Jockel Angst kriegt, und das ist das Notstandsgesetz.

Ja, und weil nun unser politischer Kleingärtner, unser großer

Kollege, der Bundesgarteninnenarchitekt, sämtliche Schröder-gärtner auf seiner Seite hat ... das ist wahr!

Sehn Sie, ich lese jetzt den *Merkur*. Da weiß man doch, was man hat. Da lacht wenigstens keiner. Wenn man heute *Süddeutsche Zeitung* sagt, lacht gleich alles. Dabei ist noch gar nicht klar, ob im Grundgesetz was von Frühreife steht. Ich sage immer, ein Gärtner muss wissen, was er züchtet. Wir können doch auch nicht quer durch den Gemüsegarten!

Das ist Inzucht mit abhängigen ... Trieben. Das ist Aufzucht mit Unzucht. Wir können doch nicht unsere Triebe derart verschleudern. Immer schön auf dem Boden bleiben. Die Hängenden Gärten der Semiramis ... das ist vorbei. Die Triebe haben dort zu sein, wo sie hingehören, nämlich in jede Familie. Sehen wir uns doch unsere oberen Gartenbauer an. Die wären froh, wenn sie sie hätten. Die sind immun. Die schlafen ruhig. Und kein Mensch weiß, wo.

Aber Vorsicht, sage ich immer: Man muss sogar beim Schlafen vorsichtig sein, dass man auf der richtigen Seite liegt.

Sie werden die ganze Zeit schon denken: Kabarett – Gärtner – Rosen – Kohl – Mist – Aden... Nein. Unseren vielfachen Doktor Hormonis Causa lassen wir heute da, wo er hingehört ... nämlich in jede Familie.

Sehn Se mal da, was vor Jahren da mal gesät wurde und was heute aufgeht! Man kann eben nicht mit alten Trieben neue Knospen züchten. Man kann aus einem alten Esel auch keinen Lipizzaner machen. Der Nachwuchs von einem alten Esel ist ein junger Esel, es sei denn, er ist veredelt worden, dann wird es allerhöchstens ein Maultier.

Was wollen Sie hier veredeln? – Junge Bäume sind gepflanzt worden, und Gartenzwerge sind gewachsen. Und die wachsen weiter. Ja, das gibt's. Lauter Gartenzwerge mit Couleurbändern und silbergrauer Krawatte.

Das Einzige, was sich hier noch erhalten hat, das sind die alten Wege. Die sind jetzt richtig schön ausgelatscht. Nur hier, der Weg der Jugend – das ist ein völlig neuer. Aber er führt leider immer noch unter dem Radieschenbeet durch. Aus lauter Platzmangel. Und wegen der Pädagogie!

Wer sich nicht einmal wenigstens die Radieschen von unten angesehen hat, der kennt das Leben nicht. Keine Angst, die Jugend geht schon ihren Weg. Nicht, dass ich irgendwas Nettes über unseren Verteidigungsminister sagen will, aber dafür wird er schon sorgen.

Der Weg hier ist nämlich ganz neu. Der Weg zur Bundeswehr. Der ist mit guten Vorsätzen gepflastert. Nur muss irgendeiner diese Pflastersteine geklaut haben und damit Denkmäler gebaut haben. Na, und nu tapsen sie wieder im alten Dreck herum. Das heißt die Rekruten … also das ist anders. Die werden heutzutage vorsichtig angefasst. Wie rohe Eier werden die behandelt. Und was macht man mit rohen Eiern? Man haut sie in die Pfanne!

Sehn Se zum Beispiel, mein Jockel. Angriff ist die beste Verteidigung, habe ich gesagt, melde dich freiwillig. Aber mach keinen Quatsch, sage ich. Und was macht der? Als Offiziersanwärter kommt der zurück. Nun kann ich ihn natürlich zu nischt mehr gebrauchen.

Ja, und dann hat der Jockel jetzt so einen gläubigen Blick gekriegt, seit er Reservedingsbums ist, so etwas Unterirdisches, so einen glasigen Respekt. Fraktionspupillen.

Jetzt aber muss bald das Wasser marschieren, es wird zu trocken. Keine Angst, Sie werden nicht nass werden, wir müssten sonst das Wassergeld auf die Eintrittspreise draufschlagen, wie die Hausbesitzer den abgefallenen Stuck auf die Miete.

Auf Regen kann ich auch nicht hoffen. Und dann kommt womöglich wieder Atomregen, und mein Gemüse ist nicht mehr zum Essen, sondern zum Bestrahlen.

Habe ich doch gehört: Auf der Welt existieren 200 000 Atombomben. Wenig, nicht? Da kriegt ja nicht einmal jeder eine.

Aber das macht nichts. Mit 3000 davon ist die Erde schon schön kaputt. Bleiben 197000 Bomben übrig. Eine Verschwendung, was? Na ja, die kann man ja aufheben, vielleicht gleich fürs nächste Mal. In der Südsee, haben die Wissenschaftler festgestellt, soll's ja nach einem Krieg noch Lebensmöglichkeiten geben.

Das trifft sich gut. Da wollte ich sowieso schon immer mal hin. Da soll es Schwarze geben, die damit kein Geld verdienen … und das will ich sehen.

Die Letzten beißen die Fische

(Klaus und Ursel mit Rettungsring »SMS Schlamm«, Ursel trägt eine Schiffsplanke, Klaus trägt eine Schwimmweste.)

BEIDE: Wehe, wehe, oh, ihr Deutschen!
Unser Schiff ist arg gestrandet,
und es sind die letzten Deutschen
hier am Südseestrand gelandet.
Hoahooo! Hoahooo!
Keine Antwort! Grabesstille.
Keine Seele weit und breit.
Das war unser letzter Wille,
na, nun sind wir ja so weit!
Hoahooo! Hoahooo!
Über allen Gipfeln ist nun Ruhe
und von Menschlichkeit kein Hauch,
durchgeweicht sind Strümpf und Schuhe,
nichts am Leibe – nichts im Bauch.
Hoahooo! Hoahooo!
Aus der Erde wachsen Pilze,

Pilze hab' ich nie gemocht,
und man hört ein lautes Pfeifen,
Zeichen, dass das Wasser kocht.
Schlimmes ist zwar zu beklagen,
doch das ist ja nicht so schlecht,
denn wir können freudig sagen:
Unser Kanzler hatte recht!!

(Dietsch tritt auf. Korrekt gekleidet, aber sehr demoliert. Homburg verbeult, aber Haltung tadellos. In der Hand ein abgebrochenes Ruder.)

DIETSCH: My master's voice!

KLAUS: Nein, nein, gut Freund!

DIETSCH: Sind Sie auch mit diesem Schiff gekommen?

URSEL: *(Zeigt auf die Planke.)* Mit einem Bruchteil desselben.

DIETSCH: Gestatten: Staatssekretär Preuss von Beruf … rechte Hand.

URSEL: Kommen noch mehr?

DIETSCH: Ich bin wohl der Letzte. Ich hoffe, Sie hatten eine gute Reise?

KLAUS: Oh danke, bei so einer Fahrt ins Blaue ist man ja immer froh, wenn man überhaupt irgendwo ankommt.

DIETSCH: Schlechter Tag heute. Erst schneide ich mich heute Morgen beim Rasieren, dann Pellkartoffeln zum Mittagessen, dann wurde mir beim Alarm der Hut vertauscht und nun noch der Schiffbruch.

URSEL: Was schleppen Sie denn da mit?

DIETSCH: Ein Ruder. Ich wollte schon immer mal ans Ruder, aber unsereiner schafft das ja immer erst, wenn es keiner mehr will.

KLAUS: Sie sehen etwas käsig aus, mein Lieber.

URSEL: Viel Wasser geschluckt, was?

DIETSCH: Ja, leider. Nichtschwimmer! Und dann die seelische Belastung.

URSEL: Ach, ist die schwerer als Wasser?

DIETSCH: Ständig die Apokalypse vor Augen …

KLAUS: *Wie* heißt die Insel hier?

DIETSCH: Ich meine, den Weltuntergang.

URSEL: Donnerwetter, Nichtschwimmer und dann noch mit Apokalypse, wie sind Sie denn dann an Land gekommen?

KLAUS: Eben. Dienstboote waren auch nicht da …

DIETSCH: Ich kam auf einer Türe. Zuerst kam eine Aborttüre. In höchster Not kletterte ich hinauf und was sehe ich? Es stand »Damen« drauf. Natürlich bin ich sofort wieder heruntergesprungen.

URSEL: Und dann kam die Herrentüre?

DIETSCH: Nein, die Tür zur Kapitänskajüte. Und wer saß drauf?

KLAUS: Der Kapitän.

DIETSCH: Eben nicht. Der Koch!

URSEL: Unerhört.

DIETSCH: Ich habe ihn natürlich sofort zum Tode verurteilt.

KLAUS: Hat sich denn der Koch nicht gewehrt?

DIETSCH: Ich war stärker.

URSEL: Sie?

DIETSCH: Ich hatte das Recht auf meiner Seite.

URSEL: Ach so. Aber wie ich den Koch kannte … der hatte doch Schmalz in den Armen?

DIETSCH: Nein, Fleischkonserven und Schnapsflaschen. Das ist im Ernstfall verboten.

KLAUS: Und wo sind die Konserven?

URSEL: Und die Schnapsflaschen?

DIETSCH: Die habe ich natürlich sofort verschwinden lassen. Ich wollte dem Manne nicht allzu viel schaden.

KLAUS: Sie! Sie, wissen Sie, was Sie getan haben?

DIETSCH: Ich? Ich habe nur meine Pflicht getan. – Und jetzt habe ich Hunger.

URSEL: Kochen Sie sich doch was!

DIETSCH: Ich? Bin ich Koch? Ich bin Spezialist für Staatsrecht! Jeder muss bei uns tun, was er gelernt hat. Kochen Sie doch!

URSEL: Ich? Ich bin Spezialistin für Interpunktion in einem angesehenen Verlag. Kochen Sie doch mal mit Interpunktionen!

DIETSCH: Was weiß ich? Staatsrechtlich gesehen wäre es zulässig.

URSEL: Na, und Sie?

KLAUS: Ich bin Berufsberater.

ALLE: Oje.

DIETSCH: Können Sie nicht irgendwas nebenbei?

KLAUS: Ja, Mundharmonika.

URSEL: Davon kann man nichts abbeißen.

KLAUS: Weiß überhaupt jemand, wie man Feuer macht?

DIETSCH: Bei uns im Ministerium war das immer verboten. Ich kenne nur die Löschvorschriften. § 213 b besagt, dass alle Angehörigen im Ernstfalle …

KLAUS: … ihr Löschpapier zu ergreifen haben …

DIETSCH: Ich gehe wohl recht in der Annahme, dass Sie einen kleinen Scherz machen wollten?

URSEL: Nee, am besten gehen Sie, wenn Sie jetzt ein bisschen Holz holen gehen für das Feuer.

DIETSCH: Ich? Hören Sie, ich bin hier der dienstälteste Schiffbrüchige …

KLAUS: Geben Sie doch gleich mal Ihr Ruder her …

DIETSCH: *(Drückt es ans Herz.)* Sind Sie wahnsinnig? Das ist im Moment das letzte heilige Gut der Nation.

KLAUS: Wenn Sie jetzt nicht sofort Holz holen gehen, haue ich Ihnen diesen alten Hut der Nation so lange um die Ohren, bis Sie die Marseillaise singen!

URSEL: Los, gehen Sie schon sammeln … das ist doch eine furchtbare Drohung!

DIETSCH: Ich sammle, aber unter Protest.

KLAUS: Nee, lieber dort unter Palmen, da ist es dürrer.

(Dietsch ab mit Ruder.)

URSEL: Ich hab mal gehört, die Wilden machen ihr Feuer so, die reiben zwei Stücke Holz aneinander. Aber wie geht's weiter?

KLAUS: Sie waren doch in einem Verlag. Sie müssen doch diesen Robinson gelesen haben.

URSEL: Eben nicht. Ich bin Spezialistin für Interpunktion, ich habe nur die Interpunktion darin untersucht.

KLAUS: *(Springt auf.)* Sie! Da! Sehen Sie was?

URSEL: Da schwimmt einer!

KLAUS: Wir sind gerettet!

URSEL: Hat der den Robinson gelesen?

KLAUS: Nein! Viel besser! Das ist ein Schiffsheizer! Hierher! Hier sind wir!

DIETSCH: *(Schaut aus dem Vorhang.)* Das weiß ich doch! Aber nicht weglaufen.

URSEL: Was ist mit dem Holz? Ein Feuermacher kommt!

DIETSCH: Da hinten stehen nur Gummibäume … das stinkt doch zu sehr!

KLAUS: Ein Wort noch, und wir verbrennen Ihr Ruder!

(Dietsch ab)

DIETER: *(mit Overall und Bademütze)* Petri Heil! *(Lutscht am Finger.)* Es gibt Gewitter, die Fische beißen.

URSEL: Oh, ein Hai?

DIETER: Nein, drei.

KLAUS: Und da leben Sie noch?

URSEL: Die hatten heute Diät.

DIETER: Nein, die mögen uns nicht in Öl.

DIETSCH: *(Legt ein winziges Stückchen Holz hin.)* So. Das Holz.

KLAUS: Das reicht für ein paar Monate.

DIETSCH: Wer sind Sie?

DIETER: Neptun.

DIETSCH: Darf ich Ihren Pass sehen?

DIETER: Wie? … Den, ja den habe ich im Schiff gelassen.

DIETSCH: Dann holen Sie ihn gefälligst! Sie können doch nicht ohne Ausweispapiere herumschwimmen.

DIETER: Aber das Schiff ist doch untergegangen.

DIETSCH: Haben Sie Zeugen?

DIETER: Ich hab erst mal mein Leben gerettet.

DIETSCH: Was ist ein Leben ohne Pass?

KLAUS: Mensch, Ministerialrat, der Mann ist ein Heizer!

DIETSCH: Ein Heizer?

URSEL: Der macht uns ein Feuer!

DIETER: Ich? … Ich bin Ölheizungsspezialist!

Funktionäre billig abzugeben

(Drei Männer mit Umhängewerbeplakaten. Aufschrift: »Total-ausverkauf«.)

ALLE: Wer nimmt uns Funktionäre ab?
  Das Lager wird geräumt,
  die Konjunktur geht steil bergab,
  der Traum ist ausgeträumt.

DIETER: Greifen Se zu. Funktionäre billig abzugeben!

DIETSCH: Jelegenheitskauf. Funktionäre jut erhalten mit klei-nen Fehlern – nich unter 100 Kilo!

KLAUS: Funktionäre zu stark reduzierten Preisen. Auf Wunsch wird Chauffeur mitgeliefert!

DIETSCH: Jreifen Se zu – das Lager wird jeräumt!

DIETER: Koofen Se schnell …

KLAUS: Die müssen weg!

DIETSCH: Sehen Sie sich die Auslagen an.

DIETER: Da sind Se bedient!

KLAUS: Kaufen Se bei der Firma Lodgmann und Aue!

DIETSCH: Manteuffel und Szoege!

DIETER: Linus und Kater!

ALLE: Wer nimmt uns Funktionäre ab?
Die Firma löst sich auf,
die Mittel des Betriebs sind knapp,
und keiner zahlt gern drauf!

(Ursel als Zeitungsverkäuferin tritt auf.)

URSEL: Der Sudetendeutsche! – Der Schlesier! – Die Soldatenzeitung!

KLAUS: Sie, Fräulein, hier können S' nicht bleiben!

URSEL: Aber wir sind doch Landsleute – wir müssen zusammenstehn!

KLAUS: Mir können zusamm Lieder sing, gut ... aber beim Geschäft heert sich das auf!

URSEL: Was habt ihr denn für ein Geschäft?

DIETSCH: Wir verkaufen unsere Funktionäre ...

URSEL: Die nimmt Ihnen doch keiner mehr ab!

DIETER: Da hat se ooch wieder recht – nu bleib halde stehn, Frau.

ALLE: Wer nimmt uns Funktionäre ab?

URSEL: Der Schlesier! – Der Sudetendeutsche! – Die Soldatenzeitung!

DIETSCH: Sag mal, Landsmann, was ist eijentlich ein sojenannter Verzichtpolitiker?

KLAUS: Ein Kommunist.

DIETER: Wer erzählt dir denn den Quatsch?

URSEL: Der Schlesier! – Der Sudetendeutsche! – Die Soldatenzeitung!

DIETSCH: Ich hab ja immer jeahnt, dass der de Jaulle, der MacMillan und der Adenauer Kommunisten sind!

DIETER: Nee nee, nu heer amal Landsmann: Ein Verzichtpolitiker is eener, der uff die Ostpolitik verzichten tut.

KLAUS: Barbarossa und Ollenhauer?

DIETER: Nu sei amal nich so zynisch. Nee, das is eener, der wo sich ieberlegt, ob er uns Vertriebene weiter beschwindelt, dass mir noch amal nach Hause kumm, oder nich.

KLAUS: No, wer mecht sich das nicht überlegn?

URSEL: »Seebohm beim Bundestreffen der Vertriebenen!« – Die Soldatenzeitung!

KLAUS: Landsmann, sag mir jetzt ehrlich, glaubst, dass mir noch amal in unser Dorf zurückkomm?

DIETSCH: Nää – Aber sag's nicht weiter, dass der andere nich den Mut verliert.

KLAUS: Landsmann, glaubst vielleicht, dass mir noch amal in unser Dorf zurückkomm?

DIETER: Nee, aber sag's nich weiter – die Ostpreußen sind immer gleich so sensibel.

KLAUS: Ja, da mecht ich fragen, wer glaubt denn ieberhaupt noch dran?

URSEL: *(Räuspert sich.)* Können Sie mir sagen, wie spät es ist?

DIETER: Pimp Minuten por Piertel pimfe.

URSEL: *(Schaut auf die Uhr.)* Zehn nach vier.

DIETER: Nee, dann geht Ihre Uhr nach.

ALLE: Wir geben Funktionäre ab,
mit zehn Prozent Rabatt,
wer nimmt uns Funktionäre ab,
wer hat noch nicht, wer will noch wat?

URSEL: Der Schlesier! – Die Sudetendeutsche! – Die Soldatenzeitung!

DIETSCH: Sag mal, Landsmann, warum werden die Funktionäre eijentlich verscherbelt?

KLAUS: Weil die Vertriebenen … und sie sind ja jetzt alle eingegliedert!

DIETSCH: Ach? … Ich auch?

KLAUS: Ja.

DIETSCH: Das ist eine Freude! Das muss ich jleich meiner Lotte sagen!

DIETER: Deine Alte?

DIETSCH: Ja, meine Alte. Die frisst ja nun schon ihr Jnadenbrot.

KLAUS: Wie alt ist's denn?

DIETSCH: 22. – Ein jutes Pferd jewesen.

DIETER: Mensch, Lerge, was machst denn du mit am Pferde in der Stadt?

DIETSCH: Mannchen, die haben uns 15 Jahre gesagt, dass wir eines Tages nach Hause kommen.

KLAUS: Wer hat das gesagt?

DIETER: *(Sieht sich nach Ursel um.)* Die ist nicht mehr da.

KLAUS: Landsmann, nu mecht ich doch wissen wollen, was du mit dem Pferdchen machst?

DIETSCH: Ich hab mir jedacht – kommst nach Haus, hast dein Acker, aber kein Pferdchen. Da hab ich mir ein Schreberjarten besorgt und eine Hütte jebaut, und da wohnt meine alte Lotte. Aber nu is se 22, hat keine Zähne mehr, und mit dem Magen hat se's auch und noch mit der Jalle.

KLAUS: Aber warum haste nich für Nachwuchs gesorgt? Warum bist nicht zum Hengst mit ihr gegangen?

DIETER: Ja freilich, er hätt ja zu die VW-Werkstätten gehen kenn, hättstes halt amal mit einem Karmann probiert – oder mit'm Porsche … hättste a prima Rennpferd gehabt.

KLAUS: In die Brauereien haben's doch noch Pferdchen.

DIETER: Bleedsinn. Wennste jemanden einheiraten lässt, wills dann nich mehr weg hier, das Fohlen!

DIETSCH: Hat ja alles keinen Sinn … meine Lotte is ja ein Wallach.

DIETER: Na ja, wir haben ja alle unsere Fehler.

ALLE: Wer kauft uns Optimismus ab?
Wer denkt dabei nur an die Wahl?
Wer lügt uns noch ins Grab hinab?

Wer hat noch nicht – wer lügt noch mal?

URSEL: Der Schlesier! – Der Sudetendeutsche! – Die Soldatenzeitung!

KLAUS: Ihr könnt sagen, was ihr wollt, ich krieg schon wieder
einen klein' Bauernhof.

DIETER: Kriegste kein Lastenausgleich?

KLAUS: Nee, den krieg ich erst, wenn ich 60 bin.

DIETSCH: Kriegst du einen Kredit?

KLAUS: Nee, den krieg ich bloß, bis ich 60 bin.

DIETSCH: Kriegst du also Wiederjutmachung?

KLAUS: Nee, die krieg ich erst, wenn ich 80 bin.

DIETSCH: Und wann kriegste 'n Hof?

KLAUS: Wenn mein Sohn fünfzig ist.

ALLE: Wer nimmt uns Funktionäre ab?

URSEL: Der Schlesier! – Der Sudetendeutsche! – Die Soldatenzeitung!

ALLE: Wer kann schon Funktionäre überzeugen,
dass die Funktion inzwischen abgelaufen ist?
Wer wird sich jemals bessrer Einsicht beugen,
das macht ja nicht einmal ein Sozialist!
Und selbst gesetzt den Fall, wir sind zu Hause,
und Breslau ist schon wieder deutsche Stadt,
dann gibt's für Funktionäre keine Pause,
weil man schon wieder neue Ziele hat.
Noch keiner hat den Rücktritt angeboten,
das wäre ja die reinste Idiotie.
Im Kaukasus da wohnten einst die Goten,
und Tschingtau war mal deutsche Kolonie.
Und hat die Welt einmal den großen Frieden,
mag's über- oder unterirdisch sein.
Und alle Funktionäre sind verschieden,
dann fangen sie im Himmel an zu schrei'n:

URSEL: Adam und Eva – ein Vertriebenenschicksal!

Professor Glücks Geheimnis

(Ursel kommt mit Doktorhut auf die Bühne. In der Hand hält sie ihr Diplom.)

Habe nun mit Ach und Krach
Meinen Doktor unter Fach,
wurde Doktor gar der Philosophie,
aber fragen Se nicht,
aber fragen Se nicht,
aber fragen Se nicht, wie.

Es ist so Sitte auf der Alma Mater,
wer doktoriert, hat einen Doktorvater.
Doktorvater, unser bestes Stück,
war Professor Dr. Dr. Glück.

Ich schrieb sehr lange an dem hohen Werke:
»Die Dreiphasigkeit in der Dichtung von Kleist«.
Sein Anblick gibt dem Doktorvater Stärke,
das ist sein Tick, dass er alles in drei Phasen zerreißt!

Studieren war bei uns sehr kleingeschrieben,
wir waren nur auf drei Phasen dressiert.
Ansonsten ist nicht sehr viel hängen geblieben.
Da hab ich den Glück in drei Phasen studiert.

Professor Glück war einer von den Pädagogen,
die stolz behaupten können, dass sie nie gelogen.
So mutig war er, dass er nie PG gewesen ist.
Professor Glück war ja ein toller,
Professor Glück war ja ein toller,
ein toleranter Germanist!

Professor Glück hat immer nur die Kunst betrieben,
wich mit Geschick der Politik stets aus,
hat über Werther, Tasso und Claudel geschrieben
und war integer,
und war integer,
und war in Tegernsee zu Haus.

Als er erfuhr, dass man die andersrassigen Kollegen
aus Amt und Hörsaal trieb mit Mann und Maus,
da war er ehrlich und bestimmt dagegen
und nahm den Kolben,
und nahm den Kolben,
den Kolbenheyer aus dem Bücherschrank heraus.

Ach, für die Literatur ist's schon ein Segen,
dass sie zu Glück und Glück zu ihr gekommen ist.
Man nennt ihn Phasenschlächter zwar und ist dagegen.
Es kann ihm keiner … gesetzt den Fall, er ist kein
Kommunist.

Was wär' ein Dichterleben ohne die drei Phasen,
die einst Professor Glück politisch sehr gestärkt?
Denn so entging's ihm, dass wir Thomas Mann
vergaßen,
das hätte er womöglich sonst gemerkt!

Aber sonst hat er schon alles in drei Stücken:
den Billinger, den Schiller, jetzt den Kleist.
Bei manchem wollte es nicht richtig glücken,
weil sich ein kurzes Leben schlecht zerreißt.

Neulich kam Glück mit freudigem Blick,
er hat im Seminar übernachtet.

Da rief er voll Pathos und zitternd vor Glück:
»Ich hab meinen Dante geschlachtet!«

Ja, Professor Glück war einer von den Pädagogen,
die stolz behaupten können, dass sie nie gelogen.
Und niemals damals jemals bitte Nein!
Ein Literarhistoriker wird nie was,
ein Literarhistoriker wird nie was,
nie was Böses sein!

Er war Professor und als solcher literarisch.
Na und wenn's sein muss, war die Dichtung eben arisch.
Wenn auch die Schüler weder Barlach, Brecht noch Kafka
lasen,
er teilte Rosen,
er teilte Rosen,
er teilte Rosenberg als Dichter in drei Phasen.

Professor Glück zerdrittelt heute noch die Dichtung,
von der Donau bis zur Elbe und vom Rhein bis hin zum
Harz.
Schlachtet weiter in der vorgeschriebenen Richtung,
schlachtet Meinung,
schlachtet Meinung,
schlachtet meinungslos wie immer – diesmal schwarz.

Ach ja, ich weiß nicht, ob Sie's kürzlich lasen,
die Fachwelt ist des Lobes voll:
Er teilt gerade in drei Phasen
Professor Huber und Geschwister Scholl.

Aus dem Programm
Wähl den, der lügt (1961)

Machtasyl

(Drei Männer in weißem Hemd mit schwarzer Schirmmütze und Kinnriemen singen trutzig.)

> Ein dummes Volk steht auf,
> zum Sturm bereit –
> reißt die Schranken doch zusammen, Patrioten!
> Wir fühlen langsam unsere Zeit,
> die Zeit der jungen Soldoten –

DIETER: *(unterbricht)* Soldoten! Blödsinn. Meint ihr vielleicht, die angeblichen Neo-Nazisten sind noch so arm, dass se sich nich mal 'n richtigen Reim leisten können?

KLAUS: Meckern kann jeder. Dann sag doch mal 'n Reim auf Patrioten!

DIETER: Id… Id… Idealisten.

DIETSCH: *(Fühlt den Puls.)* Puls normal, es sind die Nerven.

DIETER: Außerdem muss man das Thema ganz anders packen. Das mit dem Neo-Nationalismus. Man muss in die Keimzellen gehen!

DIETSCH: Wohin müssen wir gehen?

KLAUS: Er meint, wir müssten in medias res gehen!

DIETSCH: Ah, nach Algerien.

KLAUS: Quatsch. En detail.

DIETSCH: Na ja, ich sag ja, nach Frankreich.

KLAUS: Du bist wie ein Patriot.

DIETSCH: Wieso?

KLAUS: Du denkst immer nur an das Nächstliegende.

DIETER: Ich hab's.

KLAUS: Was hat er?

DIETSCH: Er hat das Nächstliegende.

KLAUS: Was?

DIETSCH: Er hat Angst.

DIETER: Nein. Ich habe eine Idee.

KLAUS: Schon schlecht. So fing bei uns jede Schweinerei an.

DIETER: Sei doch mal zu … hör doch mal stille … ein richtiger Nazi heißt ja heute anders.

BEIDE: Aha.

DIETER: Er arbeitet still und reuevoll bei Papa Staat und Papa lässt'n.

KLAUS: Palästen, jawohl.

DIETSCH: Justizpalästen.

DIETER: Er ist ein Nationalchrist geworden.

DIETSCH: Ein Nazi … was?

DIETER: Ein Natio-nal-christ.

KLAUS: PP – prima Pseudonym.

DIETER: Seht ihr, und die ungefährlichen Nationalisten, das sind nun die, womit das Kabarett immer die meisten Erfolge mit hat.

DIETSCH: Warum?

DIETER: Weil die das Publikum kennt!

KLAUS: Und die gefährlichen?

DIETER: Das sind Persönlichkeiten, und die werden jetzt geschützt – vor uns …

BEIDE: Und jetzt?

DIETER: Und jetzt spielen wir die Figuren, Nazis, Chauvinisten und sonstigen geistigen Nudisten, die die Öffentlichkeit für gefährlich hält. – Titel: »Parteitag der Reste« oder »Adolf verpflichtet«.

KLAUS: Fahneneinmarsch!!

ALLE: (singen) Bauch rein – Brust raus,
den Kopf gradeaus
und den Hintern in der Mitte zusammengeknifft.

DIETER: Achtung! Wegen schlechten Wetters findet der Parteitag in der Wohnküche unserer Altmutter Mathilde von Tutzing, geborene Nudeldorf, statt. – Mathilde, tritt herfür.

(Auftritt Ursel Noack als Mathilde)
Die große Mathilde ist die Stiefmutter vieler großer Ideen. Sie wurde die lästige Witwe des Dritten Reiches genannt. Ihre Ideen, die sie im letzten Kaiserreich entwickelt hatte, sind noch immer recht rüstig.

MATHILDE: Heil.

DIETER: Als Nächsten sehen Sie Herrn Oberlehrer Wirrgang. Alte Schule.

DIETSCH: Verbindlichstes Heil!

DIETER: Und in dieser alten Schule unterrichtet er noch immer.
(Auftritt Klaus mit schäbigem Anzug, Schillerkragen.)
Das ist Paul Biedermann. Ein schlichter deutscher Mensch. Ein einfacher Mensch. Dieser Mensch ist so einfach, dass er einfach alles tut, was man von ihm verlangt. Er kann einen Nagel genauso gut einschlagen wie eine Nase, die dem Verein nicht passt, weil er so ungeheuer praktisch ist.

KLAUS: Heil!

DIETER: Der Letzte im Bund ist stud. rer. pol. Wiesel, ein Pubertätsintellektueller. Sein bohrender Geist, aber vor allem seine Pickel treiben ihn zur Revolution und an die nationale Front. Gestatten Sie, dass ich das bin.
Heil nun – äh – nun Heil. – Der Parteitag ist eröffnet.

ALLE: Unsre Ahnen tattern uns voran,
tattatataa,
und wir tattern, weil man's wieder kann,
tattatataa.
Kameraden, wir sind zwar noch leise und klein,
aber morgen, da werden wir lauterer sein.
Ja, Mathilde knattert uns voran,
knattatataa,
und sie schreckt die Feinde Mann für Mann,
knattatataa,
denn wir sind Deutschlands einzigste Hoffnung im Land,
dazu ham wir uns selber ernannt.

MATHILDE: Brüder, Freunde in Rasse und Geist. Immer wieder
schlug mir Justitia die Feder aus der Hand …
KLAUS: Wo ist das Schwein?
DIETSCH: Justitia! Weiblich. Femininum! *Die* Justitia!
KLAUS: Ach so, eine Olle.
MATHILDE: Inzwischen sind meine Ideen fast 70 Jahre alt ge-
worden, und noch immer ist kein Ende abzusehen. Drum rufe
ich euch zu: Bringt sie unter das Volk!
KLAUS: Wen?
DIETER: Die Idee.
KLAUS: Welche?
DIETER: Unsre.
DIETSCH: *(Zeigt auf Mathilde.)* Nein, ihre.
KLAUS: Meine?
DIETER: Unsere!
KLAUS: Ist ja auch egal. Hauptsache, wir haben eine.
MATHILDE: Aber Bruder, du kannst nicht mit uns kämpfen,
wenn du nicht verstehst, was wir sollen. Wir kämpfen um
das große Los. Und was ist das große Los?
DIETER: Los von Rom.

KLAUS: Jawoll, wir wollten schon immer unsre eigenen Olympischen Spiele!

MATHILDE: Eines Tages werden die Edelgesinnten wieder vom Siegestor, an der Feldherrnhalle vorbei …

KLAUS: Geht nich. Da ist jetzt Einbahnstraße.

DIETSCH: Halten Sie den Mund. Darüber setzen wir uns hinweg!

KLAUS: Nee – mit der Polizei will ich nischt zu tun haben! Die können Judo!

DIETER: Nehmen Sie das Wort aus dem Mund!

DIETSCH: Jawohl! Setzen!

MATHILDE: … werden wir jedenfalls auf irgendeiner Straße durch die Straßen der Stadt marschieren! Und dabei werden wir Transparente mit uns tragen … das heißt, wir werden uns einige Gepäckträger vom Bahnhof mieten, auf denen geschrieben steht …

KLAUS: Amtlicher bayerischer Gepäckträger!

MATHILDE: Nein! Auf den Transparenten steht: Wir sind keine Nazis.

DIETSCH: Nein! Wir wollen nur das Dritte Reich rehabilitieren!

DIETER: Damit unsere Kinder nicht mehr das von uns denken, was sie denken!

MATHILDE: Wir sind keine Revanchisten!

MATHILDE: Nein und nimmer nie! Wir wollen nur die Grenzen von 1941 wiederhaben.

DIETER: Und was hatten wir da für schöne Grenzen!

MATHILDE: Wir sind keine Gegner der bestehenden Kirchen.

DIETSCH: Wir wollen nur eine andere!

KLAUS: Wir sind nicht gegen die Demokratie.

DIETSCH: Cum laude, mein Sohn. Wir wollen nur eine andere.

DIETER: Gegen Demokraten helfen nur Soldaten!

KLAUS: Aber nur andere …

MATHILDE: Wir sind nicht gegen rassisch Verfolgte.

DIETER: Wir wollen nur ... unser gutes Recht!

MATHILDE: Jawohl, denn wir sind geistig Verfolgte!

DIETSCH: In diesem Sinne werden wir weiterhin unsere Kinder im Geiste erziehen und ihnen zu denken geben:

MATHILDE: Die Vergangenheit ist unsere beste Zukunft!

DIETER: Rache für Versailles!

KLAUS: Jawohl, hängt ihn auf!

DIETSCH: In diesem Sinne wollen wir weiterhin mutig anonyme Briefe schreiben.

DIETER: Unter Lebensgefahr Handzettel in den öffentlichen Kloaken verteilen.

DIETSCH: Und an die Toilettenwände Hakenkreuze zeichnen!

KLAUS: Flugzettel in den Bordells verteilen! – Das mach ich!

DIETSCH: Cum laude.

KLAUS: Nee, das mach ich allein.

MATHILDE: Bravo! Denn da verkehren die interessantesten Leute. Und wenn es so weit ist, dann werden wir durch die Straßen marschieren. Vorneweg reiten einige Lieblinge des Volkes, die wir engagieren. Sportler, Schauspieler ... An der Spitze reitet: Willy Birgel auf Deutschland!

DIETER: Elly Ney auf Elektrola!

MATHILDE: Zarah Leander auf Verdacht!

KLAUS: Bundesminister Seebohm auf jeden Fall!

Stein oder nicht Stein

URSEL: Hammurapi – König von Babylon
Machte aus Babylon wieder ein Reich.
Hammurapi – König von Babylon
Ist ein Modellfall für einen Vergleich.
Man schrieb das Jahr 1728 vor Christi Geburt,

da gab es in Babylon Beamte – jawohl!
Beamte, die so waren, wie sie sind
und noch so sind, wie sie waren.
Man schrieb das nämliche Jahr,
da erhob Hammurapi das blühende
nichts ahnende, kleine Städtchen
Babylon, das unschuldig am Tigris
lag und kein Talent zur Hauptstadt hatte,
erhob Hammurapi zur Metropole Babyloniens.
Das hätte er nicht tun sollen.
Man schob in Hammurapis Ministerien
die Kugel, die man ruhig nennt zurzeit.
Man kannte sich nicht aus in den Materien,
es stank von Babylon bis nach Kuweit.

Das stank auch König Hammurapi im Jahre 1728 ante, und
er beschloss, die Wasser des Tigris umzuleiten mitten durch
die Ministerien – in Babylon! – und eine Säuberung aller Ämter zu bewirken.
Die Wasser des Tigris waren fruchtbar und zeugten immer
mehr Beamte, die sich gegenseitig auf die Kompetenzen tra-
ten, und so wurde aus dem Kopf Babels durch die Fruchtbar-
keit des Tigris – ein Wasserkopf.
Aus dem Wasserkopf eine Partei, aus der Partei eine Religion
und aus der Religion wieder eine Partei. Aus der Partei wiederum ein Wasserkopf und so fort.
Als alle Söhne und Neffen Hammurapis durch die Frucht-
barkeit des Tigris zusammen 65 zählten, galt die Säuberung
als abgeschlossen. Alle Posten waren besetzt. Der Staat war
gegründet.

Dann rief man alle Götter, die man hatte,
aus gutem Grund zusammen zum Geschwätz.

Die setzten sich auf eine Kokosmatte
und schufen dann ein gutes Grundgesetz.
Und König Hammurapi sprach:

KLAUS: Gleiches Recht für alle ... die guten Willens sind. Das
Gesetz ist gut. Lasst es uns aufschreiben! Schreiber!
(Dieter kommt mit Meißel und Hammer.)
URSEL: Und es kam der Steinmetz des Königs, und der König
diktierte ihm das Gesetz in die Meißel.
KLAUS: Du haust es mir in alle Steine ein:
»Frei soll der Mensch in Babylonien sein.«
Du nimmst den festesten vom festen Stein
Und schlägst dort das Gesetz hinein.
DIETER: Mit zwei Durchschlägen?
KLAUS: Original, denn niemand soll es ändern.
Wir unterwerfen uns dem Grundgesetz.
URSEL: So sprach der König auch zu seinen Ländern,
und niemand hielt es nur für ein Geschwätz.
KLAUS: Meißel es dir hinter die Ohren:
»Wir sollen friedlich sein und keine Waffen tragen,
die Todesstrafe und Zensur entfällt.
Es darf ein jeder seinem König sagen,
was er für schlecht und ungesetzlich hält.«
DIETER: Soll ich es auf Schmierstein klopfen oder gleich ins
Reine?
KLAUS: Eile!
DIETER: Ich eile mit Feile! Bis gleich! *(ab)*
URSEL: Der Steinmetz schlug 's Gesetz in Stein,
da fiel dem König etwas ein.
KLAUS: Mir bindet das Gesetz die Hand.
URSEL: Schon kam der Steinmetz schnell gerannt.
KLAUS: Wie steh ich da vor meinen Ländern?
URSEL: Und er beschloss, es gleich zu ändern.

DIETER: *(beiseite)* So was Blödes … hätte ich's lieber ins Unreine gehaun!

KLAUS: Wie hieß der Text des Gesetzes?

DIETER: »Wir sollen friedlich sein und keine Waffen tragen.«

KLAUS: Nur eine kleine Änderung:
»Wir sollen friedlich sein und kleine Waffen tragen!«

DIETER: Neue Zeile: »Die Todesstrafe und Zensur entfällt.«

KLAUS: Nur eine kleine Änderung:
»Die Todesstrafe und Zensur, die fehlt.«

DIETER: »Es darf ein jeder seinem König sagen,
was er für schlecht und ungesetzlich hält.«

KLAUS: Was wagst du da zu sagen?

DIETER: Nichts. Das stand im Ge… so ging es weiter.

KLAUS: Kleine Änderung:
»Es darf ein jeder seinen König fragen,
was er für schlecht und ungesetzlich hält.«
Nun gehe hin und schlage das Gesetz um.

DIETER: Wird ja nicht schön aussehn, wenn das Gesetz so beklopft ist, aber ich ändere, bitte! *(ab)*

URSEL: Er schlug voll Wut auf das Gesetz in Stein,
da fiel dem König noch was ein.
Der Steinmetz war mit Recht schon sauer,
da hörte man ein lautes

DIETER: Auaaa!

(mit verbundener Hand)
So was Dummes, ich hab mir auf die Hand gehaun. Kann ich nicht was Weicheres nehmen?

KLAUS: Was fällt dir ein, es wird in Stein
das Grundgesetz geschlagen.
Und schlägst nicht du die Ändrung ein,
muss ich es selber wagen. *(ab)*

DIETER: So ein Quatsch, wo er die Rechtschreibung gar nicht beherrscht!

URSEL: Der König schlug in Zornesglut
und litt in seinem Schweiße,
dann tönte laut ein Schrei der Wut,
ein unterdrücktes
KLAUS: Auaaaa!
(mit verbundener Hand)
KLAUS U. DIETER: Wir lassen das Gesetz, wie es gedacht war,
man schlägt sich viel zu schmerzhaft auf die Hand.
URSEL: Und weil der Stein so furchtbar hart gemacht war,
war das Gesetz noch unverletzt, als man es fand.
DIETER: Man schrieb das Jahr 105 nach Christi Geburt.
URSEL: Und ein Chinese erfand das Papier.
KLAUS: Und 1350 war es schon hier.
DIETER: Und das Gesetz war nur noch Papier.
URSEL: Und man änderte in allen Ländern.
DIETER: Denn es war nun ziemlich leicht zu ändern.

ALLE: Man kann ja mit Papier fast alles machen,
ein Armloch macht schon ein Gesetz entzwei.
Was schlimmer ist – Sie werden furchtbar lachen:
URSEL: Man tut sich nicht mehr richtig weh dabei.

Nimm's Gas weg

Am Abend geht mein Selbstbewusstsein schlafen.
Es lässt mich mit mir selbst total allein.
Die Dinge, die am Tage mich nicht trafen,
die fallen mir jetzt plötzlich alle ein.

Der Alkohol macht mutlos melancholisch,
der AFN verswingt einen Choral –

Man lächelt grundlos, dümmlich, diabolisch –
die Möbel wirken fast sentimental.

Am Tage ging schon alles glatt daneben.
Ein Freund hat mich beim Grüßen übersehn.
Man möchte plötzlich so nicht weiterleben,
und wenn man Pech hat, ist dazu noch Föhn.

Ich möchte fast vor Mitleid mit mir sterben,
vorausgesetzt, es tut nicht allzu weh.
Mit Gift könnt' man den Magen sich verderben,
ins Wasser gehen ist schon längst passé.

Wie würden alle Leute mich beklagen –
und wird es dann in jeder Zeitung stehn?
Will ich zum Augenblicke weinend sagen:
Verweile doch, du bist so traurig schön!

Es würden irgendwo die Glocken läuten.
Man flüsterte und spräche über mich,
verzweifelt würde man Motive deuten,
nur einer hätte nichts von allem: Ich!

Ich dreh' den Gashahn wieder zu – es wird zu teuer.
Ich pfeife auf das Kilo Veronal.
Ein Selbstmord kostet doch Vergnügungssteuer.
Vielleicht versuch ich's später noch einmal.

Die Messer müsste ich erst schleifen lassen,
durchs Fenster springen wär' mir heut zu kühl.
Pistolen würden gar nicht zu mir passen,
da hätte ich ein unsich'res Gefühl.

Man weiß ja nie, ist so etwas geladen?
Da kann so ungeheuer schnell etwas passieren.
Ein Selbstmord ohne körperlichen Schaden,
das würde mir am meisten imponieren.

Ich könnte noch den Nachbarn rüberbitten,
der müsste mich erwürgen irgendwie.
Nur habe ich mich jüngst mit ihm zerstritten,
und der denkt christlich und würgt sonntags nie!

Ich glaube fast, ich lasse mir das Leben …
Ich tue mir auch längst nicht mehr so leid.
Fast hätte ich mir einen Ruck gegeben,
doch Selbstmord kostet wahnsinnig viel Zeit.

Das Mitleid mit sich selbst ist höchst gefährlich,
gefährlicher als bei den Hühnern Pips.
Man fühlt sich völlig überflüssig und entbehrlich,
verkürzt den Lebensfaden und macht: knips.

Ich dreh' den Gashahn wieder zu, das ist zu teuer,
ich hasse außerdem auch den Geruch.
Ein Selbstmord kostet doch Vergnügungssteuer.
Im Grunde reizt uns ja nur … der Versuch.

Im Ernstfall würden viele Trauer zeigen,
denn wirksam ist das öffentliche Leid.
Sie würden ihre Köpfe leidvoll neigen
und dächten schnell an die vertane Zeit.

Nur was ich wollte, dass sie alle trauern,
das sähe man nur flüchtig im Gesicht.
Sie würden sich am Ende wieder selbst bedauern,
und das Vergnügen … gönn' ich ihnen nicht!

Zollologie

Haben Sie was zu verzollen?

Fahren Sie bloß schnell weiter, ich bin Grenzer und kein Filzer! Komisch, dass die Leute immer so merkwürdig sind, wenn sie an die Grenze kommen. Wie Schüler, die die Hausaufgaben nicht gemacht haben. Und immer machen se die falschen Gesichter! Wenn sie was zu verzollen haben, gucken sie aus ihren Autos so harmlos raus, dass ich sofort feststelle: Aha. Sechs italienische Pullover übereinander …

Schöne Gegend hier. Vorne Berge, hinten Berge. Da vorne ist ein Berg, der hat jetzt seine 11. Erstbesteigung hinter sich. Ja, einmal im Sommer, einmal im Winter, einmal nachts, einmal mit verbundenen Augen und einmal rückwärts mit Anlauf. Jetzt will einer eine Letztbesteigung machen.

Haben Sie was zu verzollen? Fahren Sie schnell weiter, ehe mein Assistent kommt. Wenn der erst mal da ist, muss ich filzen. Da fahre ich Ihnen mit einem Hechtsprung ins Gepäck. Das ist klar. Weil wir Angst voreinander haben. Ein uraltes System. Und wenn Sie mal an der Grenze so richtig gefilzt werden, es liegt nie am Arm des Gesetzes, sondern immer an der Mattscheibe des Kollegen.

Heee, Kinder! Das ist keine Turnstange, das ist hier ein Schlagbaum. Habt Respekt vor dem Äußersten, was unser Land besitzt, vor der Grenze!

Warum heißt das Ding eigentlich Schlagbaum? Mein Assistent weiß es auch nicht. Obwohl der Assessor ist. Na ja, aber der weiß ganz andre Dinge nicht. Gestern habe ich ihm erklärt, dass Frauen Wesen sind, die es auch schon vor dem Examen gibt. Das war ihm neu. Er meinte, sie wären nur zur Erhaltung der Art da.

Wie gesagt, der meint, ein Schlagbaum wäre der Punkt, von wo aus losgeschlagen wird, wenn es siegreich ins Feindesland ginge. Er kann nichts dafür, er ist beim Geschichtsunterricht bloß bis Sedan gekommen, dann kam ihm das Abitur dazwischen.

Ich habe gesagt, Schlagbaum ist der Punkt, wo mit einem Schlag die Vernunft im Eimer ist. Erstens war er gegen das Wort Eimer und dann überhaupt. Seitdem leidet unser Dienstverhältnis unter Kontaktarmut. Kontaktarmut ist, wenn man einen zum Kotzen findet. Aber das kann ich mir wieder nicht leisten. Ich bin zwar sein Chef, aber man muss heute nach oben *und* nach unten buckeln. Gar nicht so einfach. Da muss man sich dauernd drehen und wenden. Ich bin ein Beamter am Grill.

Ja, mein Assessor ist nämlich karriereträchtig. Und er wird auch bald niederkommen … in Bonn. Die alten Herren mit den Lücken im Teint haben es ihm in der Wiege gesungen, und zwar so laut, dass er heute noch einen Schaden davon hat. Damit das nicht so auffällt, haben sie sich ja auch zu Verbindungen zusammengeschlossen. Darum müssen sie auch vom Bundesjugendplan unterstützt werden, sonst müsste die Krankenkasse einspringen. Auf jeden Fall, der Kabinettkommilitone Schröder zahlt Kindergeldzulagen für die schlagenden Verbindungen, damit sie sich Pflaster kaufen können für ihre Charakterfalten. Diese Sachen sind doch auch schöne Andenken an die Studienzeit. So was bleibt einem doch! Aber wenn die hier durchkommen, dann zahlen die! Andenken sind ja zu verzollen.

Mein Assessor jedenfalls wird gleich als Leutnant eingezogen. Ich dachte immer, man muss einen Marschallstab im Tornister haben. Gar nicht wahr. Ein Bundesbruder in Bonn langt auch.

Haben Sie was zu verzollen? Aber, gnädige Frau! Unterwäsche oben!! Es heißt doch extra Unter … Danke. Viel Vergnügen in Italien.

Die deutschen Frauen sind nicht so, wie die deutschen Frauen denken. Es ist auch undenkbar. Das faustische nordische Weib und der Touropa-Romeo! Welche Niederlassung des Niveaus!

»Wer ewig strebend sich bemüht, den können wir erlösen«,

sagen die Romeos, und schon vergessen die Gretchens ihre Frage. Ja, und dann kommen sie zurück, und wenn ich frage: Haben Sie was zu verzollen, Reiseandenken oder so?, werden sie rot, wissen's nicht genau, und ich habe meinen Amtskonflikt!

Herr Assessor! Fertigen Sie doch mal den Wagen dort ab. *(Dreht sich um.)* Wenn ich mich umdrehe, wird er menschlich. Neulich hat er einen Vergaser auseinandergenommen, weil er den Verdacht hatte, dass der Fahrer eine italienische Mutter einschleppt! Das Benzin hat er schon mal abgeschmeckt, um zu sehen, ob's zollpflichtig ist.

Zoll muss ja sein. Das schon! Stellen Sie sich mal vor, wo der deutsche Bauer wäre ohne Einfuhrzoll!! Der wäre ... auf dem Feld. Wie früher. Heute? Heute ist er auf der Bank.

Haben Sie was zu verzollen? Oh, gnädige Frau, das ist interessant. Sie haben 15 Finger an zwei Händen? Nein? Ich dachte, für so viel Ringe langen doch die herkömmlichen nicht.

Da kann man Sachen erleben ... neulich kam eine Walzwerksgattin. Wie ein Schellenbaum! Ich habe sofort einen neuen Zoll erfunden: den Klunkerzoll. Hat sie bezahlt!

Haben Sie was zu verzollen? Was? Einen Literaturpreis? Nobel oder den Förderungspreis der Städtischen Feuerwehr? Wer sind Sie? Böll? Oh, ein Herr Schlamm hat für Sie angerufen. Wollen Sie rückrufen? Lohnt sich nicht? Danke, mein Herr.

Das war Heinrich Böll. Er hat zwar einen Preis bekommen, aber der Schlamm war dagegen. Er meinte, Böll sei ein ewig junger Primaner, der sich für die deutsche Literatur hält. Das darf der Schlamm sagen, er schreibt ja auch ... ja, im *Stern*. Und zwar jede Woche! Jede Woche was Neues! Und das Buch von Böll? Manchmal jahrelang dasselbe! Es kommt mir vor wie der Unterschied zwischen Goethe und Kotzebue. Wer bei dem Vergleich Kotzebue ist, ist ja egal, aber Kotzebue hieß nur so, während ... er kann ja im *Stern* schreiben, aber doch nicht öffentlich!

Haben Sie was zu verzollen? Sie können doch nicht mit einem Borgward über die Grenze! Wo wollen Sie denn hin? In den Teutoburger Wald? Richtig, da spielen sie jetzt die Schlacht im Teutoburger Wald nach. Täglich dreimal werden die Römer geschlagen. Es gibt so wenig Kriege, die wir gewonnen haben, obwohl – man sagt ja, die Cherusker wären später alle nach Amerika ausgewandert und hätten uns später wieder von den Germanen befreit. Auf jeden Fall, wo irgendwo ein Krieg verloren wurde, haben wir spätestens nach zehn Jahren wieder gewonnen.

Hören Sie mal, Sie können doch nicht ohne Pass hier durch! Das kann Frau Wilhelmine, aber kein Sterblicher!

Ein tragischer Fall, der Mann. Er leidet so sehr unter seiner unbewältigten Vergangenheit. 1937 hat er eine Annonce aufgegeben: »Tannenbergkämpfer mit Siedlungsabsicht wünscht männliche Nachkommenschaft mit gesundem, altarisch anspruchslosem, auch für grobe Arbeit geeignetem Weibe – mit breiten Absätzen, ohne Ohrringe.« – Die Frau hat er heute noch! Und jetzt will er dauernd über die Grenze.

Da gibt es noch ganz andere Fälle! Kommt hier einer an und will nach München, er habe einen tollen Plan für die Münchner U-Bahn. Ich habe ihm erklärt, wie's da ist, und jetzt baut er sie in Rosenheim.

Na, und seit sie in Bayern eine Zensur von Bildungsgütern planen, werden hier Sachen geschmuggelt! Filme werden gleich hier auf künstlerische Verdachtsmomente untersucht. Da kommt immer ein Ordinar vom Ordinariat, der schneidet sich aus ausländischen Filmen raus, was er braucht, übergroße Busen werden sofort von den hiesigen Dorfjungfern synchronisiert, und Klassiker werden seitenweise überklebt. Einen italienischen Film haben wir mal so gekürzt, dass er im Fernsehen nur noch als Werbespot laufen konnte. So schlimm ist es aber nicht, in der Literatur gibt es eine Möglichkeit, das unanständige Schrifttum wird einmal mit und einmal ohne gedruckt. Da gehn Sie einfach in die Bücherei und verlangen: einmal Kinsey pure … einmal Bibel ohne.

Mir macht's nichts aus, ich war ja mal Schlafwagenzöllner. Ich kann Ihnen sagen … da fuhr immer eine Dame, die fuhr da chronisch. Ich dachte mir, was schmuggelt die? Was glauben Sie? Herren! Und zwar in ihre Kabine. Der Sperrbezirk hier trieb sie auf die Schienen! Sie hatte nur eine Eigenart. In Kufstein hisste sie immer die Flaggen der beteiligten Länder. Einmal hatte sie einen Herrn vom AA, den sie loswerden wollte. Was macht sie? Sie hisst die Flagge der DDR! Was passierte? Nichts. Das Gewöhnliche. Es focht den Herrn nicht an. Später hat er sich allerdings sehr geschämt vor seiner Frau und seinen Kindern. Wegen der Flagge!

Gehen Sie weg vom Schlagbaum … mit Ihrem Hund. An dieser Grenze lüftet man den Hut und nichts anderes. Aber Instinkt hat das Vieh.

Der Assessor hat ja einen Riesenrespekt vor der Grenze! Er meint, es wäre »traditionsgetränkter Boden«. Ich halte das hier mehr für ein Sumpfloch. Und dann im Sommer die Schnaken! Wie die Touristen. Der Assessor lässt sich lieber stechen, als nach einer traditionsgetränkten Bremse zu schlagen. Er sagte, Deutschland ist der Nabel der Welt. Ich meinte, der Fall liegt tiefer. Da wurde er böse und schrie: Wir müssen bereit sein, den Kopf hinzuhalten für Europa!

Und das Echo kam zurück: Opa, Opa, Opa.

Dann schrie er: Wir sind die Repräsentanten …

Tanten, Tanten, Tanten – machte das Echo.

… der westlichen Welt, ja der Erde.

Merde, Merde, machte das Echo.

Das Echo kann sich ja auch mal verhören!

Aus dem Programm
Überleben Sie mal (1962)

Überleben Sie mal

ALLE: Über…kleben Sie Plakate, Transparente,
wo geschrieben steht, es ist nun alles aus,
überlassen Sie das bitte dem Talente,
der Voraussicht unsrer Herrn im Bundeshaus.

Über…geben Sie suspekte Elemente,
die das sagen, der Verfassungspolizei.
Auch der Untergang der Welt war eine Ente,
Pazifismus ist nur leere Rederei!

Weil alles halb so wild ist,
wenn man nur recht im Bild ist,
weil man nur angeschmiert ist,
wenn man nicht informiert ist,
weil alles halb so schwer ist,
weil alles kein Malheur ist,
weil jeder Amateur ist,
der sich dabei empört!

Über…heben Sie sich sämtlicher Bedenken,
eine Bombe kostet nicht gleich jeden Kopp,
und die Kirche sagt, der Herr wird sie schon lenken,
und der lenkt sie in den Osten – na und ob …

DIETER: … sie aber über Oberammergau
oder aber über Unterammergau
oder aber überhaupt nicht fällt,
ist nicht gewiss.

ALLE: Über…geben Sie die Sorgen den Behörden,
die Sirenen sind ja bitte schön schon dran,
und die Frage: Was soll nachher aus uns werden,
ja das geht doch die Behörden nur was an!
Über…legen Sie sich, was Sie überlegen …

JÜRGEN: Moment mal, Augenblick mal …

DIETSCH: Hö hö – det stört aber jetzt, nu war'n wir so schön im Zug …

DIETER: Du kannst doch nicht einfach unterbrechen, wo wir noch vier Strophen zu singen haben, wozu haben wir die denn gelernt?

JÜRGEN: Schön, aber ich muss mal was fragen: Ihr redet dauernd von überkleben, überheben, übergeben – wann reden wir denn nun eigentlich von überleben?

DIETER: Überhaupt nicht, weil davon keine Rede sein kann.

URSEL: Wieso denn? Glaubt ihr vielleicht, unsere Regierung lügt, wenn sie sagt, jeder kann, wenn er will?

DIETSCH: Das wäre schön, wenn alle könnten, die wollten!

DIETER: Der Kapfinger …

ALLE: Was?

DIETER: Wegen dem Kapfinger …

DIETSCH: Wegen des Kapfingers …

DIETER: Ah, das ist der niederbayerische Genitiv. Ach was, wegen dem Kapfinger werd' ich mich nicht in grammatikalische Unkosten stürzen. Wegen Kapfinger ist also ein ganzer Reiterclub für Jungjuristen nach Passau umgezogen.

ALLE: Ha? Warum denn?

DIETER: Weil er mal gesagt hat: An meinen Prozessen können sich 20 Rechtsanwälte die Sporen verdienen!

JÜRGEN: Was Strauß auch nicht aus dem Sattel hebt!

DIETSCH: Es sei denn, man nagelt ihn fest.

URSEL: Aufs Pferd?

DIETSCH: Nee, auf den Esel, der ihn da reingeritten hat.

ALLE: Es lebe hoch
es lebe hoch
es lebe Hochparterre
der Mensch in seinem Neubau!

JÜRGEN: Was hat denn das mit Strauß zu tun?

URSEL: Hat ja keiner gesagt. Wir haben gesagt: Der Mensch von heute soll nicht höher als höchstens im Hochparterre wohnen. Je höher der Stand der Technik, umso tiefer muss der Mensch wohnen.

JÜRGEN: Weswegen denn?

URSEL: Damit er's nicht so weit in den Keller hat.

DIETSCH: Ihr vergesst ja unser hochentwickeltes Warnsystem!

DIETER: *(liest vor)* »Eine moderne Fernrakete hat eine Geschwindigkeit von 28 000 Stundenkilometern. Die Flugzeit von Kiew bis München würde also fünf Sekunden betragen.«

DIETSCH: Sagst du.

DIETER: Nee, sagt der Fachmann.

DIETSCH: Moment, da hab ich was anderes gelesen. *(Hat die Broschüre herausgeholt.)* »Bei einem drohenden Angriff wird die Bevölkerung durch den Rundfunk über die allgemeine Lage, über notwendige Schutzmaßnahmen und über richtiges Verhalten laufend unterrichtet!«

JÜRGEN: Sagst du.

DIETSCH: Nee, sagt die amtliche Broschüre »Jeder hat eine Chance«.

JÜRGEN: Moment, das will ich wissen! Jetzt gehe ich raus und spiele Fernrakete.

DIETER: Was spielst du?

JÜRGEN: Fernrakete.

DIETER: Dolle Rolle.

JÜRGEN: Einer sagt: Los! und zählt dann bis 25, und einer spielt den Bayerischen Rundfunk –

DIETSCH: Dolle Rolle!

JÜRGEN: – und wer übrig ist, versucht, den zu spielen, der übrig bleiben will, und bei 25 schlage ich ein. *(geht ab)*
Also ich bin jetzt in Kiew!

DIETER: Wenn du aber 'n Blindgänger bist, dann sag's vorher, damit wir nicht zu lange warten.

JÜRGEN: Wenn du persönlich werden willst, dann sage ich, dass du schon angefangen hast zu buddeln. *(ab)*

DIETER: Ja und? Ich buddle ja nicht selbst, ich hab' ja dafür einen Butler. – Und jetzt leg dich auf die Abschussbase und red nicht so viel.

DIETSCH: Ich merk schon an eurer Verzögerungspolitik, keiner will den Bayerischen Rundfunk spielen. Also gut – ich bin der Bayerische Rundfunk, ja? Nicht, dass mich jetzt einer für 'nen normalen Menschen hält, gell?

URSEL: Und was bin ich? An mich denkt kein Mensch.

DIETER: Du? Du bist doch in dem Falle Volk?

URSEL: Ach so.

DIETER: Achtung! 0 – 21 – 22 – 23 – 24 – 25.

DIETSCH: Rrrhhhm – Hier ist der Bayerische …

(Alle rasen von der Bühne ab.)

JÜRGEN: … 27 … 28 … 29 … wo seid ihr denn?

(Die Übrigen kommen mit Aktentaschen wieder.)

DIETSCH: Im Keller! Das heißt, wir wollten, aber wir sind nur bis zur Treppe gekommen.

JÜRGEN: Du warst doch der Rundfunk! Du musstest doch das Volk warnen.

DIETSCH: Ja schön, und wer warnt mich? Der Rundfunkrat – und der tagt nur alle acht Wochen, was?

JÜRGEN: Und was soll der Quatsch mit der Aktentasche?

DIETSCH: Das ist gar kein Quatsch. Das steht in der amtlichen Broschüre.

URSEL: Jawohl, das schützt gegen Strahlung und herabfallende Trümmer.

DIETER: *(liest vor)* »Bei einer Oberflächenexplosion berührt der Feuerball die Erdoberfläche. Dabei werden Gestein, Erde und andere Materialien verdampft und in den Feuerball aufgesogen.«

DIETSCH: Sagst du.

DIETER: Sagt der Fachmann.

URSEL: Und was sagt die Broschüre?

DIETSCH: »Die Hitzestrahlung breitet sich mit ungeheurer Geschwindigkeit aus. Sie wirkt aber wegen ihrer kurzen Dauer nur auf die jeweils getroffene Oberfläche. In der Nähe schützen davor bereits Mauervorsprünge und größere Gegenstände.«

JÜRGEN: Aha, darum die Aktentasche. Das sehe ich ein.

URSEL: Man müsste vielleicht noch was reintun, dann schützt es noch mehr.

DIETER: Ja, die Broschüre.

DIETSCH: Über die Broschüre lasse ich nichts kommen. Die Leute haben sich schließlich was gedacht dabei.

DIETER: Das schon. Aber was?

URSEL: Bitte! Hier schreiben sie: »Kellerdecken aus Holz sind ungeeignet.« Das leuchtet mir ein!

JÜRGEN: Und hier: »Ein Schutzraum soll Möglichkeiten zum längeren Sitzen oder Liegen enthalten!«

DIETER: Haben sie auch geschrieben, was sie mit längerem Liegen meinen?

URSEL: Die Broschüre soll doch beruhigen.

DIETER: »Eine Wasserstoffbombe bewirkt nach den Erfahrungen von Bikini eine Verseuchung von 20 000 Quadratkilometern.«

DIETSCH: Haha! Da lese ich doch lieber die Broschüre. Hier: »Die sogenannte Anfangsstrahlung dauert etwa 60 Sekunden und reicht nie weiter als 3 – 5 Kilometer vom Explosionspunkt.«

JÜRGEN: Ja, das ist uns auch lieber so.

DIETSCH: Und ich wohne genau 5,5 Kilometer vom Marienplatz entfernt, was soll mir also passieren?

URSEL: Wir wollen sowieso auch aufs Land ziehen.

DIETSCH: Nein! Das geht wieder nicht. Da steht: »Flucht bringt keine Rettung!«

JÜRGEN: »Wer sich auf die Flucht begibt, kann nicht rechtzeitig gewarnt werden.«

URSEL: Vom Rundfunk.

DIETSCH: Nein, das ist anders begründet hier. Weil, wer sich auf die Flucht begibt, ist Kälte und Regen ausgesetzt.

DIETER: Bei mir steht, dass es recht heiß sein soll nach einer Explosion.

JÜRGEN: Wissenschaftler verstehen davon nichts, das überlasse den Behörden, die sich damit beschäftigen. Weiter!

DIETSCH: Wer flüchtet, kann in kämpfende Truppen geraten.

DIETER: Verzeihung – wo kämpfen da noch Truppen?

DIETSCH: … oder er läuft auf Straßensperren oder sonstige Hindernisse auf.

DIETER: ›Sonstige Hindernisse‹ ist mir klar! – Wenn eine 1-Megatonnenbombe aus der Luft abgeworfen wird und explodiert, entsteht ein 60 Meter tiefer Krater mit einem Durchmesser von 400 Metern. Da kann man leicht drüberstolpern.

URSEL: Er will uns nur irritieren.

DIETER: Nachdem es jetzt 50 Megatonnenbomben gibt, könnte es ja sein, dass der Krater 50-mal größer ist, es muss aber nicht sein. Wenn es aber wäre, dann wäre er 3000 Meter tief, und dann könnte man die Zugspitze umdrehen und den entstandenen Krater damit dübeln.

URSEL: Das ist mir zu tief. Am besten, ich baue mir einen völlig sicheren Bunker.

JÜRGEN: Hier steht nämlich auch, dass man das lieber freiwillig tun soll, bevor es gesetzliche Pflicht wird.

DIETSCH: Ich weiß gar nicht, was ihr wollt, wir haben doch unsere Broschüre, unsere Aktentasche, unser Selbstvertrauen – uns kann doch gar nichts passieren.

URSEL: Und außerdem schmeißt keiner die Bombe, wenn sie wissen, dass wir uns jetzt gar nichts mehr draus machen.

DIETSCH: Eben, wo wir doch die ganzen Alpen haben.

DIETER: Und damit kann man eine ganze Menge dübeln.

ALLE: Über…leben werden wir's auf alle Fälle,
weil die Seele immer noch unsterblich ist.
Keinen Fußbreit rückt der Deutsche von der Stelle,
wie ihr alle noch vom letzten Krieg her wisst.

Weil alles halb so wild ist,
wenn man nur recht im Bild ist,
weil man nur angeschmiert ist,
wenn man nicht informiert ist,
weil alles halb so schwer ist,
weil alles kein Malheur ist,
weil jeder Amateur ist,
der sich dabei empört!

Über…heben Sie sich sämtlicher Bedenken,
eine Bombe kostet nicht gleich jeden Kopp.
Und die Kirche sagt: Der Herr wird sie schon lenken,
und der lenkt sie in den Osten! Na und ob –

DIETER: … sie aber über…haupt möchte ich jetzt wissen: Wer hat denn eigentlich diese Broschüre verfasst?

DIETSCH: Herausgegeben im Auftrage des Bundesministers des Innern.

JÜRGEN: Gerhard Schröders innerer Nachlass.

URSEL: Was ist denn der Schröder heute?

DIETSCH: Außenminister.

DIETER: Genügt das als Schlusspointe?

Der Prügelknabe

(Klaus kommt als russischer Polizist mit Transistorgerät und Wodkaflasche.)

Wuod Sarasa iech in Wut,
mach iech Radio gleich kaputt,
hör ich wieder Sprecher sagen,
Yankee hat sich dumm betragen,
wieder schießt Amerikanski
auf die falschen Vietnamski,
weiß ich doch schon ganz genau,
morgen wieder Auge blau,
denn iech steh mit meine Mannschaft
Posten vor US-Gesandtschaft.

Iech … Sosa Saborod … kleine Polizajsky in Moskwa muss amerikanische Bottschaft schietzen vor Demonstration! Immer wenn Yankee macht Dummheit in Politik: vor Bottschaft Demonstration. In letzte Zeit viel Demonstration! Dann Studenten und so … sie werfen Äpfel, Eier und Obst … und alles auf miech! So man kann sagen: Iech Sosa Saborod ernte Früchte von amerikanische Politik!

Wuod Polizia,
Polizia,
Polizia kaputt,
Polizajski
beschmeißki
Polizia nix gutt.
Wuod Tomaten,
Tomaten,
Tomaten kaputt,
für Vereinigte Staaten
Tomaten am Hutt!

Nix Musik! Schluss! Sosa nix mehr singen! Sosa jetzt Prosa!
Verstehn? Iech kleine Sosa muss mit große Gummiknüppel auf
Genossen priegeln! Dabei *(sieht sich vorsichtig um)* … iech …
iech … man darf niecht laut sagen in Moskwa … dabei iech lie-
ben Sowjetregierung! Da! Sowjets beste Demokraten in ganze
Welt! Warum? Weil beste Kosmonauten. Und iech muss priegeln
auf so gute Genossen, auf meine besten Freunde, wenn sie de-
monstrieren vor Bottschaft. Gestern iech habe Demonstrant mit
Gummiknüppel … verstehn? Iech kucken: war meine Polizajski-
Kollege Timofei Ditinitch in Zivil! Warum? Weil er muss machen
Demonstration. Er muss wiegeln! Aufwiegeln! Iech … abwiegeln.

Ach, ich weiß nicht mehr genau
bin ich Mann – bin ich Frau?
Muss ich auf Genossen schlagen,
darf ich mich mit Feind vertragen?

Soll ich auf Kossygin schwören
oder mehr auf Breschnew hören?
War Stalin ein Väterchen,
Chruschtschow ein Verräterchen?

Oder hab ich mich verhört –
war es grade umgekehrt?
Was ich heut tu – morgen richtig,
morgen falsch – was gestern wichtig!

Kommt … was wir in Prawda lesen …
Sowjetbürger auch zu Wagen?
Grundstück, Geld und vollem Magen?
Oder kommen die Chinesen?

Ach, ich schlafe nicht mehr ruhig,
weiß nicht mehr genau, was tu ich.
Morgen sing ich ein Tedeum
vor dem Lenin-Mausoleum!

Mein Freund Oleg eingezogen zu Rote Armee. Freiwillig. Heute
in Vietnam. Er weiß nicht, was machen. So er schreibt: »Lieber
Sosa! Iech bin sehr verwirrt. Ich frage meine Offizier: Wohin soll
ich schießen? Er mir gesagt: In Vietnam schießen Amerikaner
auf Vietkong! Schlecht! Vietkong schießt auf Amerikaner! Gut!
Chinese schießt auf Amerikaner! Gut! Amerikaner schießt auf
Chinese! Auch gut! Lieber Sosa! Ich bin sehr verwirrt! Jetzt wir
hier warten, bis alle zu Ende geschossen … dann wir schießen
auf was übrig bleibt!« So ich kann froh sein, dass ich hier stehe
vor amerikanische Bottschaft. Niecht so schlecht.

Schlecht ist, wenn Genosse Ditinitch macht Demonstration,
und chinesische Studenten machen mit. Weil … sie verstehen
immer alles falsch und machen wirklich Demonstration! Werfen Bomben und faule Eier, und man kann nicht wissen, wen
man soll verhaften, weil alle Chinesen sehen aus wie viele Zwil-
linge. Da, da, wenn man sitzt mit Hinterteil in Ameisenhaufen,
man kann auch nicht sagen nachher, welche Ameise hat … ich
Angst vor Ameisen!

Weil Chinesen haben noch keine Kino, kein Fernsehen, wenig Buch und so ... so sie machen immerfort neue Ameisen! Vielleicht sie haben neues System für Vermehrung? Vielleicht sie legen Eier, und Regierung lässt ausbrüten?

Ich fürchten Chinesen ... weil ... ich glaube ... ich glaube ... sie sind Kommunisten!!

An der Mauer

(Andeutung einer Mauer – vor der Mauer ein kleines Podest.)

DIETSCH: Mädels und Jungens! Wir haben unseren Schulausflug nicht umsonst hierher gerichtet. Wir stehen vor der deutschen Schicksalsmauer, und was denken wir dabei?

URSEL: Dass wir nächste Woche darüber einen Schulaufsatz schreiben müssen.

DIETSCH: Nein. Sondern?

DIETER: Dass es eine Schande ist.

DIETSCH: Gut. Und was denken wir noch?

JÜRGEN: Dass sie wieder wegmuss.

DIETSCH: Richtig. Und warum?

URSEL: Weil sie wegmuss.

DIETSCH: Sehr richtig.

DIETER: Ja, aber ...

DIETSCH: Was heißt aber? Bist du der Ansicht, dass sie gut ist?

DIETER: Nein, nein, aber ...

DIETSCH: Na siehst du! Das ist die offizielle Stellungnahme aller Parteien: Die Mauer muss weg!

DIETER: Ja ja, aber wie?

DIETSCH: Was? Wie? – Na ja, das ist nicht unsere Aufgabe! Wir haben sie ja auch nicht hingemacht.

URSEL: Überhaupt, sagt mein Onkel, geht uns das alles gar nichts an. Die Amerikaner sind an allem schuld.

DIETSCH: Da ist was dran. Hätten sie uns damals machen lassen, brauchten wir keine italienischen Fremdarbeiter, dann hätten wir Russen.

JÜRGEN: Und so haben wir Angst, dass sie kommen.

DIETSCH: Unsinn. Die Russen haben Angst, dass *wir* kommen. Darum die Mauer.

URSEL: Und darum haben die Amerikaner die Mauer nicht weggemacht!

JÜRGEN: Aus Angst vor den Russen.

URSEL: Nee, aus Angst vor uns.

DIETSCH: Richtig! Und darum ist de Gaulle so eigenwillig!

JÜRGEN: Und Tito manchmal so westlich.

DIETSCH: Und Macmillan so freundlich.

DIETER: Und die Tiroler so lustig.

URSEL: Und Nehru so rüstig.

DIETSCH: Alles aus Angst vor uns.

DIETER: Na, dann wird's ja Zeit.

ALLE: Was?

DIETER: Dass wir langsam Angst vor uns selber kriegen! *(ab mit Ursel)*

DIETSCH: *(Sieht ihm kopfschüttelnd nach.)* In meiner Jugend war sie anders!

JÜRGEN: Lassen Se mal, Herr Studienrat, das ist die Pubertät.

DIETSCH: Was?

JÜRGEN: Na ja, der eine kriegt Pickel, der andere wird Playboy, und der dritte denkt 'ne Zeit lang links.

DIETSCH: Aha, soso, hmhm ... So sehen Sie also die SPD? *(ab)*

URSEL: *(Ruft nach hinten.)* Fahren Sie den Wagen des Herrn Ministers ein paar Schritte vor ... wir besichtigen die Mauer! Berliner! Wir danken dem Herrn Minister für sein Kommen. Es ist eine gute Sitte geworden, dass Minister, die ihr neues

Amt antreten, zunächst einmal ihre Verbundenheit betonen kommen. Wie sind Ihre Eindrücke hier vor der Mauer?

DIETER: *(Steigt auf das Podest.)* Ich bin erschüttert. *(Steigt wieder herunter.)*

URSEL: Der Wagen bitte! (ab)

JÜRGEN: Hallo! Hier! Hier ist es, Schleierkorn! Na? Habe ich Ihnen zu viel versprochen?

DIETSCH: Fabelhaft.

JÜRGEN: Hier tut sich was.

DIETSCH: Beklemmend.

JÜRGEN: Eben. Da muss uns doch was einfallen. Hier Deutschland – drüben Deutschland – in der Mitte die Mauer. Ist das ein deutscher Film, was?

DIETSCH: Doller Stoff.

JÜRGEN: Aber hart.

DIETSCH: Macht nichts, das verträgt's.

JÜRGEN: Da läuft es einem kalt den Rücken herunter!

DIETSCH: Wieso, ich habe ja noch gar nischt geschrieben!

JÜRGEN: Nein, ich meine überhaupt!

DIETSCH: Ach so, ja. Gehen wir 'n Grog trinken.

JÜRGEN: Nein, nein, ich meine, wenn man das so sieht, wenn man sich das überlegt …

DIETSCH: Natürlich. Wenn ich mir das so überlege … wie schief das gehen kann.

JÜRGEN: Mit Berlin?

DIETSCH: Nee, mit dem Stoff.

JÜRGEN: Schleierkorn! Das ist ein Stoff, der sich von selber schreibt.

DIETSCH: Hahahaa. Der Billy Wilder hat einen Ost-West-Stoff gemacht, der war heiter. Dann kam die Mauer dazwischen. Stellen Sie sich vor, wir machen 'n harten Stoff ganz ernst, und inzwischen ist die Mauer weg!

JÜRGEN: Maln Se nich den Teufel an die Wand! *(ab)*

DIETER: Berliner! Wir freuen uns, das darf ich im Namen des Senats sagen, dass die verehrte Frau Ministerin zu uns gekommen ist, um sich außerhalb der Besuchszeit nach unserem Befinden zu erkundigen. Frau Ministerin, wie sind Ihre Eindrücke von der Mauer?

URSEL: *(Steigt auf das Podest.)* Ich bin erschüttert.

DIETER: Der Wagen bitte. *(ab)*

(Dietsch und Jürgen mit Fackeln als Jugendgruppe.)

BEIDE: »Flamme empor, Flamme empor.«

DIETSCHE: Lied aus! Rührt euch. Hinter uns Westberlin. Vor uns die Mauer. Hinter der Mauer: der Russe! Die Lage ist klar. Stillgestanden! Die Mauer muss weg! Rührt euch! Es spricht Pfarrer Lei.

JÜRGEN: Jungmänner! Bis zum heutigen Tage hat es keine nationalen Jugendgruppen gegeben. Es ist so weit. Die Kirche gibt ihren herzlichen Segen.

DIETSCH: Wegtreten!

JÜRGEN: Da ist Disziplin in der Einheit.

DIETSCH: Beschissen gegen damals.

JÜRGEN: Stimmt! Dein Bann war immer der zackigste.

DIETSCH: Ich habe lange gebraucht, um darüber hinwegzukommen.

JÜRGEN: Was meinst du?

DIETSCH: Na ja, '45 und so. Als alles zusammenbrach. Die ganze Existenz, die Brücke nach hinten und meine Ideale. Ich wollte mich ja erschießen.

JÜRGEN: Ich weiß. Du wusstest zum Glück nicht, wie man den Revolver entsichert.

DIETSCH: Aber jetzt geht's wieder aufwärts. Wir kommen wieder.

JÜRGEN: Tja, ich hielt das hier auch erst für die Brandmauer der alten Welt, aber es ist eure neue Grundmauer.

DIETSCH: Ja, hähähä, hätte ich ja nie gedacht, dass wir uns noch mal bei Ulbricht bedanken müssen. *(ab)*

DIETER: *(zückt Fotoapparat)* Liebling! Stell dich doch mal so, dass ich die Mauer mit draufkriege.

URSEL: Das haste vor der Hagia Sophia auch gesagt, und dann war weder die Hagia noch die Sophia drauf, und ich stand ohne Kopf da.

DIETER: Aber ich fand's prima getroffen.

URSEL: Knipste jetzt, oder machen wir Konversation?

DIETER: Lach doch mal ein bisschen.

URSEL: Bitte, aber ein schönes Bild wird das auf keinen Fall.

DIETER: Wieso denn nicht?

URSEL: Weil ich nicht beim Friseur war! *(ab)*

JÜRGEN: Und du bist sicher, dass der heut Nacht rüberspringt?

DIETSCH: Ganz sicher. Er hat einen Zettel rübergeschmuggelt. Heut Nacht um 1 Uhr 20 springt er. Dort oben aus dem 3. Stock. Von dem geräumten Haus. Sprungtuch ist schon vorbereitet.

JÜRGEN: Warum denn vom dritten Stock?

DIETSCH: Im 1. und 2. sitzen die Vopos.

JÜRGEN: Hoffentlich haben sie uns nicht angeschmiert und schmeißen uns Lenins gesammelte Werke runter.

DIETSCH: Quatsch. Also, wir kriegen die Kameras vom Regionalfernsehen, Beleuchtung is klar, hinten steht ein Ü-Wagen für das Interview gleich nach dem Sprung, jetzt brauchen wir noch den Punktscheinwerfer, den wir aufs Fenster halten, wenn der Knabe springt, die Presse is informiert …

JÜRGEN: Was ist los? Seid ihr wahnsinnig? Ihr wollt hier mit Riesenbeleuchtung und Funkwagen und Feuerwehr, Mensch, in Nullkommanischt sind doch die Vopos wach und ballern los!

DIETSCH: Na und? Was meinste, wie echt das wirkt!

JÜRGEN: Ich würde ja noch 'n paar Vopos bestechen, dass se auch wirklich schießen!

DIETSCH: Schon dran gedacht, aber ich trau den Burschen nicht, es gibt welche, die haben Skrupel.

JÜRGEN: Und wenn einer schießt … und trifft?

DIETSCH: Schon dran gedacht … da haben wir 'n Kranz mit, den legen wir hin … und fotographieren ihn mit Chopin-Effekt. *(ab)*

DIETER: *(als Zeitungsausrufer)* Springers Front-Illustrierte! 10 Pfennige. Junger Mechaniker wagt Todessprung in der Bernauerstraße!

JÜRGEN: Achtung! Das Springer-Hauptquartier meldet: Löcher in Ulbrichts Mauer! Arzt flieht durch Gulli in Kreuzberg!

URSEL: Bild in BILD! 10 Pfennige! Junger Taucher durch den Teltow-Kanal entkommen! Schickt Taucherausrüstungen nach drüben!

JÜRGEN: Reinickendorf! Kind entdeckt Tunnel nach Westberlin!

URSEL: Ulbricht baut zweite Mauer! Doppelmauer senkt Flüchtlingsziffer!

JÜRGEN: Springer erhöht Auflage! *(ab)*

(Dietsch und Dieter sitzen als Vopos an der Mauer.)

DIETSCH: *(liest Bild-Zeitung)* Die letzten Löcher sind zu.

DIETER: Springers alte Devise: Seid nett zueinander!

(Jürgen kommt und steigt auf das Podest.)

URSEL: Wie sind Ihre Eindrücke von der Mauer?

JÜRGEN: Ich bin … Berliner.

Aus dem Programm
Halt die Presse (1963)

Halt die Presse

ALLE: Hört den Artikel fünf des Grundgesetzes, Doppelpunkt!
Jeder hat das Recht, Komma,
seine Meinung in Wort, Komma,
Schrift und Bild
frei zu äußern
und zu verbreiten
und sich aus allgemein
zugänglichen Quellen
ungehindert zu unterrichten. Punkt.
Die Pressefreiheit
und die Freiheit
der Berichterstattung
durch Rundfunk und Film
werden gewährleistet. Punkt.
Eine Zensur findet nicht statt.

URSEL: Warum sagen wir das?
DIETER: Das kann man gar nicht oft genug sagen.
URSEL: Na schön, aber warum singen wir das?
JÜRGEN: Weil sagen nichts mehr nützt.
DIETSCH: Wieso, ist was?
JÜRGEN: Sag mal, hörst du schwer?
DIETSCH: Ja, das stört mich sehr.

URSEL: Wir kämpfen für die Pressefreiheit.

DIETSCH: Dämpfen die Pressefreiheit! Sehr gut! Dämpfen!

DIETER: Hast du Tomaten auf'n Ohren?

DIETSCH: Zum Diplomaten geboren? Bloß, weil ich schwer höre?

URSEL: Hast du gar nicht mitgekriegt, was du eben so schön gesungen hast?

DIETSCH: Doch, ich hab meine Stimme gesungen: Jeder hat das Recht – frei zu richten – die Pressefreiheit findet nicht statt.

URSEL: Komm, setz dich schön hin, stör nicht, lies das *Augsburger Bistumsblatt*, das lenkt ab.

DIETSCH: Von der Pressefreiheit.

DIETER: Er versteht doch.

DIETSCH: Von der Pressefreiheit, meine ich, will ich nichts wissen.

DIETER: Na ja, deswegen sollst du ja das *Augsburger Bistumsblatt* lesen.

URSEL: Wir singen Ihnen jetzt das Lied von der Lex Simulantia …

JÜRGEN: Wieso Simulantia?

DIETER: Simulantia kommt von simulieren, und simulieren heißt vorschützen.

JÜRGEN: Kann man das Wort Lex nicht wenigstens abmildern?

ALLE: Von Flensburg bis nach Kufstein fällt
für manche noch vom Etsch zum Belt
ein lexueller Schatten.
Doch was davon die Presse hält,
stets ausgenommen *Christ und Welt*,
verschweigen die Debatten.

URSEL: Was hält unsere Presse?

JÜRGEN: Ihr Niveau.

DIETER: Ach, du Donnerwetter.

DIETSCH: Das ist aber sehr schön, was hier steht: Ein Zitat von Innenminister Höcherl: »Es gibt kein anderes Land auf dieser Welt, in dem es so freiheitlich zugeht wie bei uns.«

JÜRGEN: Verbringt der seinen Urlaub auch immer nur in Spanien?

URSEL: *Wie* frei ein Land ist, zeigt sich immer an den Grenzen, die es sich zieht.

DIETER: Und wenn es an diese Grenzen gerät …

JÜRGEN: … heißt es meistens:

DIETER: Presse vorzeigen, bitte.

DIETSCH: Oh, ist es schon so weit? Dann muss ich aussteigen.

DIETER: Ich sagte: Presse vorzeigen!

DIETSCH: Dann ist es noch schlimmer, dann bin ich schon eine Station zu weit gefahren. *(ab)*

URSEL: Sag mal, hat der das schon lange?

JÜRGEN: Nein, erst nachdem er das neue Strafgesetzbuch gelesen hat.

DIETER: Ihr wisst, dass ihr euch danach schon strafbar gemacht habt.

JÜRGEN: Wieso? Ich habe nur gesagt, er hört seitdem schwer!

DIETER: Eben. Das ist eine Verletzung des persönlichen Lebens und Geheimbereichs.

§ 182: Wer ohne verständigen Grund eine ehrenrührige Behauptung tatsächlicher Art über das Privatleben oder Familienleben eines anderen öffentlich aufstellt oder verbreitet, wird ohne Rücksicht darauf, ob die Behauptung wahr oder unwahr ist, mit Gefängnis bis zu zwei Jahren bestraft.

URSEL: Seit wann ist es ehrenrührig, wenn ich sage, einer hört schwer?

DIETER: Weil dich das gar nichts angeht.

JÜRGEN: Aber wenn ich beweisen kann, dass es stimmt?

DIETER: Absatz zwo: Über die Wahrheit der Behauptung darf kein Beweis erhoben werden.

JÜRGEN: Ich kann also zwei Jahre kriegen, wenn ich sage, dass der CSU-Schatzminister Frauendorfer SS-Sturmbannführer …

DIETER: Nein.

JÜRGEN: Aha.

DIETER: Dann kriegst du vier Jahre.

JÜRGEN: Nach § 182?

DIETER: Nein. Nach § 175.

URSEL: Was denn! Der auch?

DIETER: Nein, was du meinst ist jetzt § 216.

URSEL: Jetzt muss man wieder umlernen, man war so dran gewöhnt.

JÜRGEN: Wieso kriege ich vier Jahre, wenn ich sage, dass der Frauendorfer SS-Sturmbannführer war … da langen doch zwei Jahre!

URSEL: Für den Frauendorfer.

JÜRGEN: Nein, für mich.

URSEL: Ach, *so* rum geht das schon wieder!

JÜRGEN: Warum vier Jahre?

DIETER: § 175. Wegen Kundgabe von Missachtung.

URSEL: Moment! Wo liegt jetzt die Missachtung? Dass er CSU-Schatzmeister ist oder weil er SS-Sturmbannführer war?

DIETER: Nein, weil er Obersturmbannführer war.

JÜRGEN: Halt! Es heißt ausdrücklich: eine Behauptung über das Privatleben!

DIETER: Na und? Der Richter sagt eben: Was der Herr früher gemacht hat, ist seine Privatsache!

URSEL: Und darum unser Lied:

JÜRGEN: Halt die Presse!

DIETSCH: Ich hab ja gar nichts gesagt.

DIETER: Jetzt stört der wieder.

JÜRGEN: Wo ist der Schuft gewesen?

DIETSCH: Ja, ich hab was Duftes gelesen: »Es gibt kein anderes Land auf dieser Welt, in dem es so freiheitlich zugeht wie bei uns …« Zitat von Höcherl.

URSEL: Das hast du doch schon mal gesagt.

DIETSCH: Wie?

URSEL: Das hast du schon mal gesagt!

DIETSCH: Ach ja? Daher kommt es mir so bekannt vor. Dann muss es mit meinem Gedächtnis auch nicht mehr stimmen. *(Setzt sich wieder.)*

DIETER: Ich hab ihn im Verdacht, dass er inzwischen heimlich CSU-Mitglied ist.

JÜRGEN: Weil er schwer hört?

DIETER: Nein, weil's mit seinem Gedächtnis auch nicht mehr stimmt.

URSEL: Willst du damit etwa ausdrücken …

DIETER: Ja.

URSEL: Stimmt gar nicht. Die CSU vergisst niemandem was!

JÜRGEN: Stimmt. Die CSU vergisst keine gute Tat.

DIETSCH: Guten Tag!

JÜRGEN: Sie steht zu jedem guten Werk!

DIETSCH: Ah so! Was ist mit Guttenberg?

DIETER: Aha, plötzlich hat er sein Gedächtnis wieder.

JÜRGEN: Wie steht denn die CSU zu Guttenberg?

DIETSCH: Gutenberg, Johannes – Erfinder des Buchdrucks mit gegossenen beweglichen Lettern. Guter Mann! Meister der schwarzen Kunst!

URSEL: Sein Gedächtnisschwund ist nur partiell.

DIETER: Es ist sicher, er ist heimlich CSU.

JÜRGEN: Willst du damit sagen …

DIETER: Ja.

JÜRGEN: Dann pack deine Zahnbürste. § 393: Verrat eines Staatsgeheimnisses!

URSEL: Quatsch. Er hat es ja keiner fremden Macht verraten!

JÜRGEN: Aber der SPD, und das sind im Land Bayern immer noch Kommunisten.

DIETSCH: Nein, die Kommunisten haben das nicht gesagt, der Höcherl hat gesagt: »Es gibt kein anderes Land auf dieser Welt, in dem es so freiheitlich zugeht wie bei uns!« *(ab)*

URSEL: Ich kann mir nicht helfen, wenn er es noch ein paar Mal sagt, glaube ich's!

DIETER: Siehste! Und darum haben unsere Väter alle so niedrige Mitgliedsnummern bei der NSDAP!

URSEL: Ich hab einen Onkel in Würzburg –

DIETER: Gratuliere!

URSEL: – der war gar nicht drin.

JÜRGEN: Oh, da wird er's jetzt schwer haben.

DIETER: Dem Manne kann geholfen werden. Ich kenn einen, der kennt den Oberbürgermeister von Würzburg, und der kennt doch den ehemaligen Rassen-Ideologen Professor Schiedermaier.

URSEL: Auch in Würzburg?

DIETER: Ja. Und der hat alte Beziehungen zu anderen alten Nazis.

URSEL: In Würzburg.

DIETER: Ja doch! Und der hat eine dolle Nummer ...

JÜRGEN: 2 677 304.

URSEL: Na ja, später Mitläufer.

JÜRGEN: Nee, 15. April 1933.

DIETER: Der ist so genau, der hat Material aus dem Osten! – Also, der Schiedermaier, der hat eine dolle Nummer beim Professor von der Heydte.

URSEL: In Würzburg.

DIETER: Jaaa!

JÜRGEN: Moment! Was hat Höcherl gesagt?

URSEL: Duuuuu!

DIETSCH: Huhuuuuu!

134

JÜRGEN: Wie war das Zitat von Höcherl?

DIETSCH: Wer ist Höcherl? *(ab)*

DIETER: Jetzt hat er das auch noch vergessen … wenn das mir doch auch mal gelingen würde! Also, wenn dein Onkel nachträglich noch in die NSDAP will, der Schiedermaier war Hauptsturmführer.

URSEL: In Würzburg.

DIETER: Nein. Im Reichssicherheitshauptamt. Und der Professor Raschhofer war auch …

URSEL: Im Reichssicherheitshauptamt.

DIETER: Nein, in Würzburg.

URSEL: Da muss ein Nest sein.

JÜRGEN: Jetzt verstehe ich, warum der von der Heydte sagt, es hätte keinen Sinn, das eigene Nest zu beschmutzen. Bei *dem* Nest!

ALLE: Von Globke bis nach Würzburg fällt
für manchen, der sich nicht gestellt,
jetzt endlich die Entscheidung.
Ob man in unsrer Pressewelt
die Fresse oder Presse hält –

URSEL: Ist Wahrheit Ehrabschneidung?

JÜRGEN: Wahr ist, dass ihr euch nach dem neuen Strafgesetz eben ein paar Jahre eingehandelt habt.

URSEL: Jaja, § 175, Kundgabe von Missachtung!

JÜRGEN: Nein.

DIETER: Ich weiß, § 301, Belästigung der Allgemeinheit.

URSEL: Unsinn, dann möchte ich wissen, unter was Springer fallen müsste …

DIETER: § 329 – Brunnenvergiftung.

URSEL: Und ich möchte wissen, ob ich nicht öffentlich verbreiten darf …

JÜRGEN: Nein. § 425. Wer während eines Strafverfahrens dessen künftigen Ausgang oder den Wert eines Beweismittels vor dem Urteil des ersten Rechtszuges öffentlich …

DIETER: Ich verstehe, wenn die Geschichte mit dem *Spiegel* noch mal passiert …

URSEL: … sitzt der Augstein unter Ausschluss der Öffentlichkeit.

DIETER: Säße er noch heute.

URSEL: Säße der Strauß …

DIETER: Hä?

URSEL: … noch im Amt.

JÜRGEN: Wären die Fibag-Akten schon früher weg gewesen.

DIETER: Wäre nichts außerhalb der Legalität geschehen.

JÜRGEN: Was?

DIETER: Weil innerhalb von zehn Monaten nichts nach außerhalb gedrungen wäre …

URSEL: Hätte es nie eine Kabinettskrise gegeben.

JÜRGEN: Hätte die SPD nie 61 Prozent gehabt.

URSEL: In Würzburg.

DIETER: Nein, in Berlin.

ALLE: Von Hamburg bis nach Passau hin,
    da säß die ganze Presse drin,
    auch Höfer, Haffner, Springer.
    Man hält die Presse höflich hin,
    man hält ihr laut den Köder hin
    und öffnet leis den Zwinger.

DIETSCH: Nein, der Dwinger hat das nicht gesagt, der Höcherl hat gesagt …

ALLE: Raus!!!

DIETSCH: Nee, raus hat der nie gesagt, er hat gesagt: »Es gibt kein anderes Land auf dieser Welt, in dem es so freiheitlich zugeht wie bei uns!«

DIETER: Ja, zum Donnerwetter! Ich kann dieses Geschwätz von Pressefreiheit, Freiheit, freiheitlich … ich kann's nicht mehr hören!

JÜRGEN: Stimmt, die Leute überbewerten das ja!

DIETSCH: Siehst du, der Höcherl hat auch schon zu verstehen gegeben, dass er das Geschwätz endlich über hat.

DIETER: Na, dann tun wir ihm doch den Gefallen, streichen wir einfach das Wort freiheitlich, wie heißt's dann?

DIETSCH: Es gibt kein anderes Land auf dieser Welt, in dem es so zugeht wie bei uns!

Am Abend aber werden wir in der Sendung: »Journalisten fragen – Politiker antworten« unter der Leitung von Reinhard Appel vier Politikern gegenübersitzen, die auf die Frage, was sie gegen das Kabarett haben könnten, antworten wollen. Mir ist etwas flau. Klaus Peter Schreiner schweigt jetzt schon. Sammy redet.

Warum rufen wir Wolfgang Neuss nicht an und fordern ihn auf, ganz schnell zu kommen? Irene steht neben mir und hat so etwas wie eine Ahnung, dass mein Herz ganz unten schlägt, vermutlich in der Hose. Sie sagt:

»So wie ich diese Diskussion kenne, müsst ihr nur versuchen, nicht zu Wort zu kommen, und das wird euch gelingen.« Es ist uns nicht gelungen. Wir sind leider zu Wort gekommen.

Es war furchtbar.

Sammy hatte sich wohl auf einen frech-fröhlichen Schlagabtausch vorbereitet. Pointe hier, Pointe da. Auf der einen Seite die höchst unterschiedlich humorbegabten Politiker, auf der anderen die flapsigen, respektlosen Lackkratzer vom Kabarett, die viel mehr Gemeinsamkeit haben als die schon auf dem Papier zerstrittenen Erich Mende (FDP), Franz Josef Strauß (CSU), Eugen Gerstenmaier (CDU) und Fritz Erler (SPD).

Sie werden, so Sammy, uns damit kommen und uns dort am Bein ziehen und hier am Ohr zupfen, darüber schimpfen und sich hierüber empören, und wir werden ihnen mit unseren Mitteln das Fell über den Kopf ziehen. Das alles natürlich unter zunehmender Erheiterung des Fernsehpublikums. Sollte, so Sammy, es tatsächlich geschehen, dass wir in Schwierigkeiten geraten, haben wir Fritz Erler, der uns aus reiner Sympathie heraushelfen wird.

Klaus Peter Schreiner sah Sammy zunehmend nachdenklicher an und sagte nichts. Ich hatte so ein ähnliches Gefühl wie damals, als man das erste Mal auf mich schoss.

Die Politiker erschienen, man begrüßte sich artig, setzte sich.

Der ausdauernd gewinnend lächelnde Reinhard Appel setzte sich lächelnd, eröffnete die Feindseligkeiten lächelnd, und Eugen Gerstenmaier begann lächelnd mit der Aussage:

»Meine Herren, wenn es die Lach- und Schießgesellschaft nicht gäbe, müsste man sie erfinden.«

Appel: »Was sagen Sie dazu, Herr Hildebrandt?«

Ich: »Äh ...«

Was danach kam, muß auch nicht viel erhellender gewesen sein, denn Sammy übernahm hastig und kam nach vielen Wendungen und Windungen zu der beherzten Nachfrage an Gerstenmaier, ob er sich denn nicht auch schon mal geärgert hätte über uns.

Gerstenmaier: »Eine funktionierende Demokratie braucht die Kritik wie das tägliche Brot.«

Schreiner schwieg bereits entschlossen, was Sammy auf die Idee brachte, das Wort zu behalten und listig nachzuhaken: »Auch vor Wahlen, Herr Bundestagspräsident?«

Gerstenmaier: »Selbstverständlich, Herr Drechsel.«

Und Fritz Erler, befragt, ob er denn etwas an unserem Kabarett auszusetzen hätte, gab die für uns tödliche Antwort: »Warum sollte ich? An mir hatte bisher keiner der Herren etwas auszusetzen.«

Mir war es blass im Inneren. Es war nichts mehr zu retten.

Strauß antwortete fast gar nicht mehr auf die Frage, ob er etwas von Kabarett halte. Er meinte, irgendwann, irgendwo hätte er mal ein Wiener Kabarett gesehen (Martini – Bronner – Qualtinger – Wehle – Kreisler), das er ganz nett gefunden habe. Es sei um die grotesken Schwierigkeiten beim Reisen durch Ostblockstaaten gegangen. Ganz lustig, meinte er. Ansonsten hätte er eigentlich kaum Kabarett gesehen, aber warum nicht?

Nun schwieg auch Sammy.

Beinahe durcheinandergebracht hätte dieses wunderschöne Konzept der erfolgreiche und immer schmucker werdende Erich Mende. Ihn hatte etwas bei Lore Lorentz gestört. Etwas intellektuell Destruktives.

Sammy übernahm den Schutz der Düsseldorfer Kollegin. Er hatte sich allerdings das Wort destruktiv etwas anders übersetzt, als es gemeint war, was Erich Mende zwar nicht merkte, wohl aber Strauß, der es dann genüsslich Sammy im Munde herumdrehte, bis Schreiner und ich endlich das Gefühl bekamen, den Sammy da rausholen zu müssen.

So gab eins das andere, Sammy redete – Schreiner schwieg – ich sagte nichts – Appel sah uns herausfordernd an, und die vier Herren lächelten. So ging es bis zum Ende der Sendung. Als wir uns eine Woche später die Aufzeichnung der Sendung ansahen und stöhnten, meinte Sammy: »Immerhin habe ich aus dem Gerstenmaier rausgeholt, dass Kabarett vor den Wahlen im Fernsehen erlaubt ist. Das allein hat die Sendung gelohnt, findet ihr nicht?«

Wir fanden nicht.

(Aus Dieter Hildebrandts erstem Buch »Was bleibt mir übrig«)

Auf der Bundesschiene

(Dieter schleppt zwei Koffer über die Bühne.)

Moment – ich bin gleich so weit!
(Schleppt eine Handtasche zurück.)
Moment – ich komme gleich!
Ehe sich die Leute entschließen, wo sie schlafen wollen!
Hallo – wann möchten Sie geweckt werden? – Um 6 Uhr? Gut!
Aber erinnern Sie mich um 1/2 6 Uhr noch mal dran!

Verlassen Sie bitte den Wagen, mein Herr! Der Zug fährt gleich ab! Fährt schon! Linke Hand am linken Griff! Na, na! Grad noch mal gut gegangen! Muss er doch sehen, dass der Bahnsteig auf der anderen Seite ist!

So! Wir fahren! – Kabine 25 bitte, der Herr! – Lassen Sie mal sehen, was Sie in der Aktentasche haben! Tut mir leid. Muss ich. Neulich hat einer 20 Kilo Sprengstoff für Südtirol mit in die Kabine genommen! Dem habe ich was erzählt! Dem habe ich gesagt: Wehe, Sie rauchen im Bett!

Danke schön, der Herr! Noch eine Frage: Sind Sie Schnarcher? Ja? Gut! Dann bitte Kabine 26. Da schläft einer, den kann ich nicht leiden. Der will mir dauernd unanständige Witze erzählen!

Wie meinen Sie? Ob der Zug nach Amsterdam fährt? Ja! – Morgen wieder! Erst fahren wir mal nach München! Aber reden Sie doch mal mit dem Zugführer! Vielleicht macht er den kleinen Umweg! Ob ich Holländisch kann? Nicht viel! Nur Stuyvesant und van de Velde.

Jetzt fahren wir über den Rhein! Riechen Sie mal, wie er strömt. Deutsches Schicksalswasser. Na, sagen wir mehr: deutsches Abwasser. Kennen Sie das schöne Lied: Ich hab den Vater Rhein in seinem Bett gesehn? Also wissen Sie, in so ein verdrecktes Bett legt sich doch kein Deutscher rein! Ein Chemiker hat mal, also ein Chemielehrer, der hat mal 'nen halben Liter Rheinwasser für seine Schüler analysiert. Mit den Chemikalien, die er da rausgezogen hat, hat er seine Klasse bis zur Oberprima unterrichtet!

Sehn Sie sich das an! Gnädige Frau! Sie können mit dem Hund nicht ins Bett! Das ist verboten! Das ist mir egal, ob das ein Schoßhund ist oder ein Promenadenboxer. Der muss ins Hundeabteil! … na ja gut! Lassen Sie den Pinscher meinetwegen in der Geldbörse schlafen!

Hier fahren schon Menschen mit, Sie! Dieser Gambrinus ist

ein merkwürdiger Zug. Gambrinus kennen Sie doch! Nein? Die Historiker sagen … Richtige Historiker! Nicht der Dönitz. Der Floßadmiral des deutschen Schiffbruchs! Warum die eigentlich so viel Geschrei um den Dönitz machen? Der soll ja ein echter Widerstandskämpfer gewesen sein! Bei einem Bombenangriff soll er zu Hitler gesagt haben: Mein Führer, sie kommen über uns. Ich weiß, das ist nicht viel, aber wer weiß, was er für ein böses Gesicht dabei gemacht hat!

Also, die Historiker sagen … ich weiß gar nicht, warum sich die Presseleute immer so wichtigtun! Die sollen 80-Kilometer-Märsche machen und nicht immer die deutsche Jugend verhetzen!

Neulich fragt mich ein Schüler: Können Sie mir den Unterschied sagen zwischen den Nürnberger Gesetzen und dem Nürnberger Prozess? Ich habe ihm gesagt: Der Unterschied ist der, dass Globke bei dem Prozess gefehlt hat. Also der Gambrinus, sagen die Historiker … aber man sieht's ja, wie die jungen Studenten verdorben werden! Kommen da plötzlich christdemokratische Studentenringe auf die Idee, dass an der Landesleitung der CSU was nicht in Ordnung ist! … Jetzt erst!

Also ich kenne den Eberhard! Er schlief schon öfter hier bei mir! Der Mann ist ja schwer beschäftigt beim Fernsehen! Mainz will ihn auch haben! Aber er ist ihnen in der Gage zu hoch … wenn das so weitergeht, verdient der noch mehr als wir! Er ist die Mona Lisa der CSU! Der Hundhammer hätte ihn am liebsten nach Amerika verborgt. Sehen Sie eigentlich Zusammenhänge zwischen den Studenten und … wie war der Name doch gleich … na egal!

Also die Historiker sagen … der Hundhammer … Quatsch! Der Gambrinus, das wäre ein König aus Flandern gewesen.

Die anderen meinen, es handelt sich da um einen geistlichen Bierbrauer aus Pasing. Tss! Dann möchte ich wissen, für was sie den Blauen Enzian halten!

In diesem Zug tummelt sich der repräsentative Volksquerschnitt! Vom einfachen Mädchen auf der Straße bis zur Rhein-Ruhr-Komtesse mit Kohlenstaub und Brillanten. Mit anderen Worten: die ganze Pott-Society!

Im Sommer hatte ich hier die Gespielin von einer hohen führenden Wirtschaftspotenz, die fuhr nach Amsterdam für ihren Pudel Schmuck kaufen. Was meinen Sie, wie böse die war, dass ich dem Pudel nicht die Pfoten leckte! Als er mich ins Bein biss, sagte sie nur: Wissen Sie, er ist so nervös, er hat schon zwei Jahre keinen Urlaub mehr gehabt!

Ja, also der Gambrinus, das ist … nehmen wir doch mal an, das deutsche D-Zug-Netz wäre so was wie ein Adersystem. Dann ist der Gambrinus die Aorta! Das heißt … Aorta, das gibt's ja nur bei den Wirbeltieren, und man kann beim besten Willen die Bundesrepublik nicht mit einem Vierfüßler … das heißt: doch! Mal nachrechnen. Mit einem Bein stehen wir in Frankreich. Mit einem im Fettnapf … da sind wir aboniert … und dann stehen wir auch … sagt Brentano … mit beiden Beinen fest auf dem Boden der Tatsachen. Also müssen wir viere haben! Halt. Wir stehen aber auch fest zu Amerika! Mit was eigentlich? Da muss doch ein Pferdefuß dabei sein! Aber manchmal können Sie rechnen, wie Sie wollen – der eine Zugführer sagt: Wenn ich von Bonn über Paris nach Brüssel will, komm ich um Frankreich nicht rum. Der andere sagt: Wenn ich von London über Bonn nach Brüssel will, komm ich auch nicht um Frankreich rum! De Gaulle vergisst das den Engländern nie, dass sie Napoleon nach St. Helena geschickt haben.

Ja! Wecke ich ihn jetzt, oder wecke ich ihn nicht?

Ein Bekannter von mir … damals ausgewandert … worden. Er hat mich gefragt, soll ich zurück, soll ich nicht? Ich hab gesagt: Klar, es kann nichts passieren, und wenn ich dich wecke, kannste aussteigen.

Das ist nämlich mein Renommee-Emigrant! Ja, man weiß nie!

Ein Feind von mir, der hat einen Renommee-Kommunisten! Ganz heimlich natürlich. Den beschäftigt er im Moment als Ausguckposten auf seiner Privat-Jacht.

Was ist los? O yes ... I come yes already! Ich komm ja schon. Das ist ein Amerikaner aus New York. Der fährt schon das fünfte Mal hintereinander hin und zurück. Drüben streiken doch die Zeitungen, und jetzt will er sich hier mal richtig satt lesen!

Wenn ich dem sage, dass neben ihm lauter Gewerkschafts-bosse ... da vorne Bau-Steine-Erden, dann Glas-Gneis und Glimmer, und hier Strich-Stripp und Töne, die Musikergewerkschaft. Die kündigen auch die Tarife. Sie verlangen die 40-Takt-Symphonie.

Hallo Mister, will you a Gewerkschaftspaper? Lieber nicht. Mein Renommee-Demokrat hat gesagt: Ärgere nie einen Amerikaner! Es könnte ein Kennedy sein.

Ach, wissen Sie, was? Ich glaube, ich wecke meinen Renommee-Republikaner! Warum nicht? Bloß weil rausgekommen ist, dass der Stoßtruppführer in der *Spiegel*-Nacht ein Gestapo-Kamerad war?

Na und? Eine Schwalbe macht noch keinen Sommer, ein Symptom noch kein Pogrom und ein Foertsch noch keinen ... außerdem kann man da noch immer Professor Thielicke fragen, den Bundesbedenkenzerstreuer. Der Foertsch ... sehn Sie mal, das ist endlich ein General, der uns grade noch gefehlt hat. Nein, nein, ich meine das so, wie ich mir das gedacht habe. Der Foertsch, der weiß, was die Stunde geschlagen hat ... allerdings habe ich auch das Gefühl, dass er die Stunde von der Eieruhr abliest! Aber bitte! Er liest wenigstens! Was man nicht von jedem General behaupten kann. Er liest sogar Drehbücher! Was man nicht von jedem Schauspieler behaupten kann! Ich kenne einen, der musste bei einer Wahlsendung viermal sagen: Wählen Sie auch dieses Mal wieder demokratisch, wählen Sie christlich. Der hat dann gesagt: Ich hab ja nicht gewusst, dass das für die CSU war!

Aber der Foertsch! Der muss so handeln. Was soll er denn machen? Die von der Gruppe 4711 – immer dabei – die Stollentreiber der literarischen Unterwelt, diese Asphalt-Goethes, die schreiben Bücher über den Krieg aus der Warte des Soldaten! Was sind denn das für Warten? Das wäre genauso, als würde der Werner Finck ein Buch über den Rundfunk schreiben, weil er im Kriege mal Funker war.

Nee, nee, ein Soldat hat eine Gehorsamspflicht, aber keine Warte! Das geht die Leute einen Foertsch an, was sich so ein General denkt! Der Foertsch sagt: Wie der Krieg war, bestimme ich. Ceterum censeo! Folglich zensiere ich, zu Deutsch.

Ich weck ihn nicht! Ich schick ihn doch nicht in den Wald, wo die alten Hirsche wieder auf die Lichtung treten.

Wo sind wir!? – In Bonn! Ich denke, das ist ein D-Zug. Dass der hier hält?

Gnädige Frau, wo wollen Sie denn schon wieder mit Ihrem Hund hin? Gassi gehen! Aber sehn Se zu, dass es keinen Unschuldigen trifft.

Im Bundestag wird heute der Wirtschaftsetat beraten, die Abgeordneten fahren nach Hause. Jeden Freitagnachmittag gegen vier werden die Volksvertreter unruhig, weil der Gambrinus kommt. Und wenn dann die Opposition noch querschießt um diese Zeit, da solln Se mal sehn! Aber weil die Oppositionsvertreter auch mit dem Gambrinus fahren … schießt die Opposition so selten quer! Wann fährt er denn weiter … der Diäten-Express?

Guck mal, der Amrehn. Ich denke, es hieß »Immer in Berlin!«? Ach, die Wahl ist ja vorbei. Nu ist er traurig. Warum hat er auch den Brandt nicht zu Chruschtschow gehen lassen. Er hatte wohl Angst, der Brandt erreicht bei dem Dicken, dass die S-Bahn neu gestrichen wird.

Warum fahren wir eigentlich nicht? Aha! Wir warten auf Erhard. Der sollte eigentlich zum Zuge kommen! Hat ihm der Schröder wieder die falsche Abfahrtszeit gesagt? Wenn er jetzt nicht kommt – kommt er nie! Dass sie dem auch immer falsch Bescheid sagen? Neulich hat ihm der Unaussprechliche gesagt: Jetzt sind Sie dran! Erhard glaubt das – rast zum Zug. Wenn er eingestiegen wäre, wäre er jetzt in der Wüste. Es war ein Kohlentransport nach Addis Abeba.

Es geht weiter. Hallo! Sie! Aufstehn! Der muss in Köln aussteigen und im Westdeutschen Rundfunk einsteigen. Das ist ein Rechter ... er hatte die *Kölnische Rundschau* in der Tasche. Der Kölner Sender wird ja jetzt exkrementiert. Alle Linken werden zum Bayerischen Rundfunk versetzt. Das ist ein Sender, sagt Dufhues, der absorbiert so was spurlos! Kennen Sie den Schlager »Heimatlos«? Der darf in München nicht gesendet werden! Zu links. O ja, wir hätten ein paar Leute für Köln. Ab Mittwoch nenne ich auch Namen, aber am Dienstag haben wir erst mal Funksendung.

Mit diesem Tauschen, das ist derselbe Effekt wie bei Kiel und Bonn! In Kiel haben sie gesagt: Wir geben euch unser Bestes! Kai-Uwe von Hassel! Nehmt ihn! Wer weiß, wann die Gelegenheit mal wiederkommt! Kai-Uwe, der nordische Vergangenheitsbewältiger. Er hat manche Vergangenheit so bewältigt, dass die Leute jetzt erst merken, wie viel Vergangenheit wir haben! Die durch ihn wieder Zukunft kriegt! Er ist eine echte Entnazifizierungslücke. Die Lücke am Kai!

Jetzt wecke ich ihn – und sage, er soll weiterschlafen!

So, gleich werde ich abgelöst. Und wenn Sie mich suchen ... ich bin im Wagen nebenan. Ich hab nämlich noch einen Renommee-Sozialdemokraten. Tja, man muss mit dem Äußersten rechnen.

Übrigens, wenn Sie glauben, das könnte Folgen haben, dass ich hier im Schlafwagen dies und das gesagt habe ... Nee! Der Gambrinus hat nämlich gar keinen Schlafwagen!

Presse unter sich

JÜRGEN: Wie lange warten Sie jetzt schon?

URSEL: So lange wie Sie.

JÜRGEN: Mir kommt's länger vor.

DIETER: Es wird gleich einer rauskommen.

URSEL: Woher will er das wissen?

JÜRGEN: Der ist vom *Spiegel*.

URSEL: Ja dann.

JÜRGEN: Wissen Sie auch, wer?

DIETER: Gerstenmaier.

(Sie stürzen vor und knipsen.)

DIETER: Wer war's?

URSEL: Gerstenmaier.

JÜRGEN: Na ja, bei dem Archiv!

URSEL: Wie wissen Sie das?

DIETER: Können Sie rechnen?

JÜRGEN: Ja, aber nicht mit Gerstenmaier.

DIETER: Wissen Sie, was da drinnen los ist?

URSEL: Natürlich, eine Generalversammlung der CDU/CSU.

DIETER: Mehr wissen Sie nicht?

URSEL: Das langt doch.

DIETER: Von welcher Zeitung?

URSEL: *BILD*.

DIETER: Dann langt's.

URSEL: *(patzig)* Ich danke Ihnen für das Gespräch.

DIETER: Und Sie! Von welcher Zeitung?

JÜRGEN: Überparteilich, unabhängig.

DIETER: Ach, Sie sind gar nicht von einer Zeitung?

JÜRGEN: Doch. Sie kennen auch unseren Werbeslogan: »Da steckt ein kluger Kopf dahinter.«

DIETER: Sie sind Engländer.

JÜRGEN: Nein, das kann sich im Moment keiner leisten.

URSEL: Wie meinen Sie das?

JÜRGEN: Nun, weil einerseits, um es ganz, ganz vorsichtig auszudrücken …

DIETER: *Frankfurter Allgemeine!*

JÜRGEN: Woher wissen Sie?

DIETER: Ich lese sie.

JÜRGEN: Nein!

DIETER: Da haben Sie auch wieder recht.

URSEL: Kennen Sie unseren Chefredakteur?

DIETER: Flüchtig.

URSEL: Ach! – Wohin denn?

JÜRGEN: Er meint, er kennt ihn flüchtig.

URSEL: Ach sooo. Ja, also der liest Ihre Zeitung auch.

DIETER: Das ist eben der Fehler.

JÜRGEN: Was für eine Zeitung sollte er denn sonst lesen? Ihre?

DIETER: Nein, seine.

URSEL: Die liest er doch täglich.

DIETER: Das gönne ich ihm.

JÜRGEN: Also woher wussten Sie, dass Gerstenmaier rauskommt?

DIETER: Weil die CDU/CSU da drinnen große Dinge beschlossen hat. Sie hat beschlossen, dass es so nicht weitergeht.

JÜRGEN: Das muss ihr irgendeiner gesagt haben.

DIETER: Ja, aber Sie nicht.

URSEL: Ach! Und Sie meinen, da findet eine Reform statt?

JÜRGEN: Und deswegen musste Gerstenmaier raus?

DIETER: Nein, aber Brentano spricht grade darüber, und das hält er immer nur zehn Minuten aus.

URSEL: Und da geht bloß einer?

DIETER: Es kommt gleich noch einer.

URSEL: Wer?

DIETER: Krone.

(Sie knipsen.)

DIETER: Wer war's?

JÜRGEN: Krone.

URSEL: Der geht auch?

DIETER: Ja, Gerstenmaier zurückholen.

JÜRGEN: Dann kommt Dufhues auch gleich.

URSEL: Gerstenmaier zurückholen?

DIETER: Nein. Krone zurückholen, damit er nicht Gerstenmaier zurückholt. *(Sie knipsen.)*

URSEL: Ätsch!

JÜRGEN: Wer war's?

URSEL: Nicht Dufhues.

JÜRGEN: Sondern?

URSEL: Strauß.

JÜRGEN: Wie erklären Sie sich das?

URSEL: Der möchte auch zurückgeholt werden.

DIETER: Und wer holt ihn?

JÜRGEN: Keiner, der kommt von selbst wieder.

(Sie knipsen.)

DIETER: Wer war's?

JÜRGEN: Strauß.

URSEL: Aber der war doch grade erst raus?

JÜRGEN: Sie sehen doch, dass er hier rotiert.

URSEL: Aber warum geht er denn schon wieder raus, wenn er grade erst wieder drin war?

JÜRGEN: Er wollte nur beweisen, dass er jederzeit wieder reinkommt, wenn er will.

URSEL: Und wer kommt jetzt raus?

JÜRGEN: Seebohm.

DIETER: Eher geht ein Kamel durch ein Nadelöhr.

JÜRGEN: Achtung!

(Sie wollen knipsen, setzen aber erleichtert wieder ab.)

JÜRGEN: Da bin ich aber froh, dass auf das Stichwort keiner gekommen ist.

URSEL: Wen meinen Sie mit Nadelöhr?

DIETER: Sie sollten nicht für *BILD*, sondern für *BILD am Sonntag* arbeiten.

URSEL: Warum?

DIETER: Die erscheint nur ein Mal in der Woche.

JÜRGEN: Vorsicht, es werden gleich wieder ein paar rauskommen.

URSEL: Woher wollen Sie das wissen?

JÜRGEN: Höcherl spricht.

URSEL: Ach so – und wo bleibt Gerstenmaier?

DIETER: So lange will er noch warten.

JÜRGEN: Und Krone?

DIETER: Wartet auf den Dufhues.

URSEL: Und worauf wartet Dufhues?

DIETER: Dass Schröder mal stolpert.

URSEL: Und Schröder?

DIETER: Auf den Herbst.

(Sie knipsen.)

URSEL: Das war die ganze Reform?

DIETER: Ja … gehen Sie mit zur Tombola?

JÜRGEN: Tombola? Was für eine Tombola?

DIETER: Im Justizministerium! Der Gewinner wird Generalbundesanwalt.

JÜRGEN: Ich muss meinen Bericht durchgeben.

URSEL: Ich auch! Vier Millionen Leser wollen *BILD* lesen!

DIETER: Hier haben Sie zehn Pfennig. Lesen Sie meine mit.

JÜRGEN: Verdammt! Alle Telefone sind besetzt!
DIETER: *(Zieht Hörer aus der Tasche.)* Hier haben Sie meins.
Garantiert abhörsicher.
JÜRGEN: Danke. Hallo? *Frankfurter Allgemeine?* Schreiben Sie:
»Hat es nun eine Reform der Christdemokraten gegeben oder
nicht? Stellen wir uns auf den Standpunkt, dass es sie *nicht*
gegeben hat, müssen wir uns fragen: Musste es denn eine geben? Und sind wir der Meinung, dass es eine geben musste,
drängt sich einerseits die Frage auf: warum? Aber anderer-
seits auch die Frage: warum nicht? Beide Fragen können wir
leicht mit Ja beantworten. Die Bilanz ziehen wir mit Genug-
tuung. Sie ist also positiv.«
URSEL: Geben Sie her! – *BILD* bitte! – Notieren Sie:
»Junger Wein in alten Schläuchen! Im Namen von 5 Millionen *BILD*-Lesern stellen wir fest: So haut es hin! Vor fünf
Tagen haben wir an dieser Stelle noch geschrieben: So haut
es nicht hin! Wir müssen uns berichtigen: So haut es hin!
Da bläst ein frischer Wind durch die Christdemokraten! Da
hält Brentano eine Rede, nach der wir ihm nur im Namen
von sechs Millionen *BILD*-Lesern zurufen können: Weiter
so, Heiner! Da hält der Innenminister einen flammenden Vor-
trag, bei dem es die ganze Partei von den Stühlen treibt. Das
ist Dampf auf die Mühlen von sieben Millionen *BILD*-Le-
sern, so will *BILD* es haben. Recht so, Kameraden! Ihr lebt
Deutschland, und Deutschland lebt euch! Wie sagt Schiller?
›Es gibt im Menschenleben Augenblicke, wo er dem Welt-
geist näher ist als sonst.‹ – Dazu können wir im Namen von
acht Millionen *BILD*-Lesern nur sagen: Schiller ist unser
Mann!« – So, jetzt Sie!
DIETER: *Spiegel*?! Ja! – Ich habe Material über *BILD*.

Die Anzeige

(Dietsch steht am Schalter und telefoniert.)

DIETSCH: Ich sagte Ihnen doch, die Annonce ist falsch formuliert. So können wir die nicht annehmen. – Was? Na, Sie haben geschrieben: »Klavierlehrerin sucht Zimmer mit Bett, in dem auch Unterricht erteilt werden kann.« So geht das nicht. Warum? Weil – wenn Sie schreiben »Klavierlehrerin«, dann nimmt Sie keiner. Schreiben Sie »Piano-Pädagogin«. Und außerdem lassen Sie das Bett aus Ihrer Annonce raus. Die Leute denken sich gleich was dabei. Nehmen Sie dafür 'ne Couch. Dann heißt es: »Piano-Pädagogin sucht Zimmer … Zimmer ist auch schlecht, vermietet heute kein Mensch mehr. Sagen wir Appartement. Also: »Piano-Pädagogin sucht Appartement mit Couch zu pädagogischen Zwecken.« Oh – bitte sehr. Ich wünsche Ihnen viel Erfolg. *(Hängt ein.)* Wenn die Leute mich nicht hätten, die würden glatt annoncieren, was sie wollen.

DIETER: Verzeihung, ich wollte Sie nicht stören …

DIETSCH: Sie sollten sich was schämen, mich so anzuschwindeln. Sie wollen mich doch stören. Jeder, der kommt und etwas von mir will, will mich doch stören. Es sei denn, Sie wollen gar nichts von mir. Also, was wollen Sie?

DIETER: Ich will eine Annonce aufgeben.

DIETSCH: Na also.

DIETER: Es ist aber keine gewöhnliche Annonce.

DIETSCH: Aha, ich sehe, Sie haben Kontaktschwierigkeiten.

DIETER: Wie bitte?

DIETSCH: Ich kenne meine Leute. Sie leiden an erotischer Kontaktarmut.

DIETER: Was fällt Ihnen ein. Meinen Sie, da werde ich ausgerechnet zu einer Zeitung gehen?

DIETSCH: Oh, Sie glauben gar nicht, wie viel Menschen mit dieser Mangelerscheinung bei Zeitungen beschäftigt sind.

DIETER: Sehe ich vielleicht so aus?

DIETSCH: Ja.

DIETER: Was?

DIETSCH: Das macht nichts. Da schreiben wir eine kleine Annonce: »Verschlafener Enddreißiger sucht gleichgesinnte Partnerin.«

DIETER: Hören Sie, das geht mir entschieden zu weit.

DIETSCH: Gut, das ist ein bisschen zu deutlich. Wir werden schreiben: »Junger Sportangler sucht Wochenendfisch, der hin und wieder anbeißt.«

DIETER: Sie verkennen vollständig den Zweck meines Hierseins.

DIETSCH: Und Sie verkennen offensichtlich den Sinn Ihres Daseins.

DIETER: Ich sehe den Sinn meines Daseins nicht im Angeln von Wochenendfischen. Ich bin nicht zum Anbeißen.

DIETSCH: Stimmt. Ich jedenfalls würde keinen Zahn rühren.

DIETER: Also nehmen Sie jetzt meine Annonce auf oder nicht?

DIETSCH: Bitte, ich bin ja zu nichts anderem da. *(Telefon läutet.)* Annoncen-Sektion. Hier spricht der Leiter. Was haben Sie? – Da hat einer einen alten Hals. Na und – ich hätte auch gern einen neuen. Bin ich Liftboy? Ach so, der heißt Hals. Hals Frans. Und was ist mit dem? Ach, schon wieder ein Gemälde. Kommen Sie selbst her mit dem Schinken. Besser noch, Sie schicken den Maler selber her. Ach, der ist schon tot? Macht nichts, kann ja mal passieren. *(Hängt ein.)* Haben Sie damals auch was aus den Uffizien geklaut?

DIETER: Ob ich wo was geklaut habe?

DIETSCH: Ich meine, ob Sie als Soldat irgendeinen alten Schinken aus dem Louvre oder sonst irgendeiner Räucherkammer mitgehen ließen?

DIETER: Ach so. Nein, ich habe nur ein Führerbild aus dem Haus der Kunst entfernt.

DIETSCH: Und was haben Sie damit gemacht?

DIETER: Ich bin zu einem Fleischer gegangen und hab ihn gefragt, was er mir dafür gibt.

DIETSCH: Und was hat er gesagt?

DIETER: Er hat gesagt: Wenn ich seins mitverschwinden lasse … sieht er von einer Anzeige ab.

DIETSCH: Tja, mit 'nem Dürerbild wäre Ihnen das damals nicht passiert.

DIETER: Ja, ich kenne einen Bruder von mir –

DIETSCH: Da haben Sie aber Glück!

DIETER: – der hat damals ein echtes Schwein gehabt.

DIETSCH: Der war damals Amerikaner.

DIETER: Nein. Ich sage ja, er hat ein echtes Schwein gehabt, und dafür hat er heute einen echten Renoir.

DIETSCH: Und den fährt er immer noch?

DIETER: Jetzt ist aber Schluss. Also, ich möchte folgende Annonce … *(Telefon läutet.)*

DIETSCH: Hier Annoncen-Sektion. Es spricht der Leiter. Ja, ich schreibe. »Alternder Playboy sucht jungen Vertreter für dringende Fälle.« – Wie oft? – Nein, ich meine, soll es täglich sein? Ich wollte sagen – soll die Annonce täglich oder nur samstags … da müssen Sie noch mit Ihrem Vater reden, bitte schön! *(Hängt ein.)* Das wäre doch was für Sie? Das wär 'ne Halbtagsbeschäftigung.

DIETER: Ich suche keine Arbeit, ich möchte eine Annonce …

DIETSCH: *(Verbeugt sich nach vorne.)* Guten Tag, Herr Doktor. Kennen Sie den?

DIETER: Der Redaktionsarzt?

DIETSCH: Nein, der schreibt unsere Leserbriefe. *(Zieht wieder seine Mütze.)*

DIETER: Warum grüßen Sie? Da kam doch gar keiner.

DIETSCH: Um diese Zeit ziehe ich immer den Hut vor dem Niveau unserer Zeitung.

DIETER: Warum denn?

DIETSCH: Na, einer muss es doch tun.

DIETER: Also wollen Sie jetzt eine Annonce von mir aufnehmen oder nicht?

DIETSCH: Ich höre. Bin ja zu nichts anderem da.

DIETER: Schreiben Sie: Alle zwei Tage bestelle ich folgende Annonce im Format fünf mal fünf.

DIETSCH: Fünf mal fünf. Und der Text?

DIETER: Nie wieder Krieg!

DIETSCH: Nie wieder ... was?

DIETER: Nie wieder Krieg!

DIETSCH: Was haben Sie sich dabei gedacht? Was wollen Sie damit sagen: Nie wieder Krieg?

DIETER: Ich wollte sagen: Nie wieder Krieg!

DIETSCH: Das kostet doch eine Menge Geld. Das kostet Sie täglich mindestens 21,50 Mark, wenn nicht mehr.

DIETER: Was heißt: wenn nicht mehr?

DIETSCH: Wenn Ihre Kollegen das rauskriegen, Ihre Freunde, Ihre Vorgesetzten, es gibt einen Skandal. Sagen Sie, sind Sie Kommunist?

DIETER: Nicht, dass ich wüsste.

DIETSCH: Aber irgendwas Verbotenes sind Sie bestimmt.

DIETER: Ich glaube nicht. Oder ist es irgendwie unmoralisch, wenn man ein Inserat aufgibt: Nie wieder Krieg? Haben Sie das nicht auch schon mal gesagt?

DIETSCH: Doch. Im Krieg. Und dann noch mal kurz danach. Aber ich habe doch keine Annonce ...

DIETER: Ich bestehe darauf.

DIETSCH: *(weinerlich)* Bringen Sie mich doch nicht in solche Situationen. Ich kann das nicht machen. Was meinen Sie, wie viel Inserenten wir damit verlieren.

DIETER: Ich verstehe immer noch nicht. Ist irgendjemand für den Krieg?

DIETSCH: Nein, nein, im Gegenteil. Sie sind alle für den Frieden! Aber nie wieder Krieg – das ist doch ein Unterschied! Das ist ja … das ist ja … ich weiß gar nicht, was das ist.

DIETER: Also, Sie nehmen mein Inserat nicht auf?

DIETSCH: Nein, Sie können's ja bei der Konkurrenzzeitung versuchen.

DIETER: Da komme ich grade her.

DIETSCH: Sehen Sie – die machen das auch nicht. Sagen Sie, was sind Sie eigentlich von Beruf?

DIETER: Ich? Ich bin Chefredakteur.

DIETSCH: Wo?

DIETER: Bei der Konkurrenzzeitung. Ich wollte einmal in einer Zeitung meine Meinung sagen.

Aus dem Programm
Krisen-Slalom (1964)

Schramm drüber

Ich habe den Bericht von Percy Schramm gelesen,
und das ist ein Professor, wie man weiß!
Der Hitler ist ein komplizierter Mensch gewesen,
das sagt ein jeder auch aus meinem Freundeskreis.

Man sprach von Teppichbeißen, Spintisieren, Morden;
so leicht ist das Problem nun wieder nicht!
Man denke nur an dieses faszinierende Gesicht …
In diesem Jahre wär er fünfundsiebzig Jahre alt geworden.

Er hat – das ist jetzt endlich klar bewiesen –
das, was er wollte, zielbewusst getan.
Er ging – so steht es in den besten Expertisen –
mit kühlem Kopf die vorgeschrieb'ne Bahn!

Er war allein mit seinem ständig bohrenden Gewissen.
Wie oft hat diesen Mann der Schlaf gefloh'n!
Er hat die Schranken der Moral hinweggerissen,
ihn schauderte – jedoch er tat's für die Nation!

Ihn dauerte das Leid der sechs Millionen.
Er war ein Mensch wie du und ich,

doch durft' er nicht wie du und ich sein Mitleid schonen.
Für Deutschland nahm er es allein auf sich!

Denn hat ein Mann zu einem Wege sich entschlossen,
dann muss er ihn auch bis zum Ende geh'n.
Gewiss, es wurden Menschen hie und da erschossen,
doch muss man dieses aus dem Geist der Zeit versteh'n!

Und sind wir denn ein Volk von lauter Vollidioten,
die nicht bemerken, dass ein Psychopath sie führt?
Wir kannten die Gefahren auch, die uns bedrohten,
und gingen ebenso bewusst den Weg, der uns gebührt!

Nun, da uns Klarheit und Gerechtigkeit geworden,
kann ich im Kreise meiner Freunde zugesteh'n:
Ich war beteiligt an fast zwanzig oder dreißig
    Morden,
doch muss man dieses aus dem Geist der Zeit
    versteh'n!
(Zieht eine Pistole aus der Hosentasche.)
Ich hatte die Pistole bis zu diesem Tag verschlossen,
doch heute geb ich's unumwunden zu.
Jawohl, ich habe damals auch geschossen
und bin ein Mensch wie Hitler, ich und du.

Ich war allein mit meinem bohrenden Gewissen.
Wie oft hat mich in dieser Zeit der Schlaf gefloh'n!
Ich ward vom Atem dieser Zeit hinweggerissen,
mich schauderte – jedoch ich tat's für die Nation!

Es werden viele damals nicht geschossen haben
und dennoch jetzt gewiss erleichtert sein,
dass sie sich einem Willensriesen einst ergaben

und nicht nur einem rücksichtslosen Schwein.
(Zielt ins Publikum.)
Keine Angst, damit kann man bei uns keinen treffen!

Bürger in Uniform

URSEL: Meine lieben Zuschauer und Zuschauerinnen! Einige belanglose Auswüchse innerhalb unserer jungen Bundeswehr haben uns veranlasst, einiges wieder geradezurücken, was durch verantwortungslose Presseorgane völlig verrückt wurde. Herr Hauptmann, ist die Ausbildung unserer jungen Soldaten nun so, wie es vielfach verzeichnet wurde?

JÜRGEN: Nein.

URSEL: Sie sehen, es ist nicht so, es ist vielmehr alles ganz anders.

JÜRGEN: Ja.

URSEL: Und das sagt schließlich ein Hauptmann, der es wissen muss.

JÜRGEN: Soldat sein ist etwas anderes als Zivilist sein.

URSEL: Eine sehr wichtige Feststellung, die nicht übersehen werden sollte!

JÜRGEN: Sehen Sie, die Jungens kommen von der Schulbank, von der Drehbank oder von irgendeiner anderen Bank zu uns, und wir fragen uns zunächst einmal: Was kann man aus diesem Material machen?

URSEL: Aha!

JÜRGEN: Da schauen uns völlig fremde Gesichter an, aus denen Vorurteile, Bedenken, auch Persönlichkeiten sprechen, die wir ihnen sofort zu nehmen haben ...

URSEL: Die Persönlichkeiten.

JÜRGEN: Nein, die Vorurteile.

URSEL: Nun, Sie als erfahrener Menschenführer, wie alt sind Sie?

JÜRGEN: 24.

URSEL: Sie schnitzen nun das Holz, aus dem eine Truppe geschnitzt sein muss.

JÜRGEN: Wir bearbeiten es. Wir setzen den Hobel an und hobeln alles gleich. Ein erfahrener Hobelfeldwebel erkennt sofort, welcher Soldat eine falsche Maserung hat …

URSEL: … und hobelt ihn dann gegen den Strich.

JÜRGEN: Natürlich, er geht mit ihm ein bisschen in die Natur, lässt ihn an den Blumen riechen, bis der Widerstand schwindet. Es gibt da harte Fälle, Jungens, die mit einem anomalen Selbstvertrauen beschwert sind. Wir haben da ein erprobtes Mittel – eine zu große Uniform, und schon fühlt der Rekrut, dass er zu klein ist, um die Größe unserer Aufgabe zu begreifen. Kurz: Alles, was sich so ein junger Mensch einbildet, bilden wir wieder aus.

URSEL: Daher das Wort Ausbildung. – Und wie ist es mit dem Bildungsstand an sich?

JÜRGEN: Es ist unser Ziel, einen einheitlichen Bildungsstand zu schaffen. Jungens ohne Bildung werden nachgebildet, Jungens mit Vorbildung werden zurückgebildet, bis die Truppe den Bildungsstand erreicht hat, den wir benötigen: den Bildungsstand des Ausbilders.

URSEL: Es soll Fälle gegeben haben, wo der Ausbilder dem geistigen Stand seiner Truppe nicht gewachsen war. Das ist sicher eine Frage der Zeit.

JÜRGEN: Nein. Das ist eine Frage der Disziplin.

URSEL: Wir haben also gelernt: Die Truppe gleicht sich dem Geist des Ausbilders an. Und was kommt dabei heraus?

JÜRGEN: Der Geist der Truppe.

URSEL: Liebe Zuschauer und Zuschauerinnen! Sie sehen, nur wer mutwillig aus diesem Rahmen fällt, hat mit ernsten Schwierigkeiten zu rechnen.

JÜRGEN: Jawohl. Und ich behaupte auch, wen wir bei der Ausbildung krank gemacht haben, kann vorher nicht ganz gesund gewesen sein!

URSEL: Ich hätte auch gern einmal mit einigen Ihrer Leute gesprochen. Lässt sich das einrichten?

JÜRGEN: Selbstverständlich! Ich habe ganz zufällig ein paar Herren da. Leute!!

(Klaus, Dietsch und Dieter treten an.)

JÜRGEN: Sie wissen, in der letzten Schulungsstunde haben wir das Thema »Der Soldat und die Gesellschaft« durchgenommen. Heute ist nun eine Dame von dieser Gesellschaft, die wir meinen, hier. Jeder sagt, was er denkt, wenn er gefragt wird, verstanden?

ALLE: Jawohl, Herr Hauptmann.

URSEL: Sie sind Rekrut?

DIETSCH: Ich bin Bürger in Uniform. Der Bürger in Uniform ist der Garant eines demokratisch fundierten Bundesheeres. Er ist in erster Linie Bürger seines Staates und genießt alle damit verbundenen Rechte und Pflichten!

URSEL: Und Sie sind auch ein Bürger in Uniform?

DIETER: Nein, ich bin nur Rekrut.

JÜRGEN: Abiturient. Er behauptet immer, er hätte die Reifeprüfung, und das will ihm sein Ausbilder nicht glauben.

DIETER: Jawohl, Herr Hauptmann, aber das macht nichts. Der Herr Ausbilder behauptet auch immer, ein Nonkonformist wäre einer, der nicht konfirmiert ist, und das will ich ihm auch nicht glauben.

JÜRGEN: Waren Sie gefragt?

DIETER: Nein, Herr Hauptmann. Aber ich werde hier ja nie nach was gefragt. Mir sagt hier keiner was!

JÜRGEN: Nehmen Sie ihn beiseite und sagen Sie ihm, um welches Problem es hier geht.

KLAUS: Jawohl, Herr Hauptmann. *(beide ab)*

URSEL: Was, glauben Sie, ist die größte Gefahr für die Zukunft der Bundeswehr?

DIETSCH: Der Bürger in Uniform ...

JÜRGEN: Mensch, Sie sollen sagen, was die größte Gefahr für die Bundeswehr ist!

DIETSCH: Jawohl. Ja, dass die Leute draußen denken, was machen die da drin in der Kaserne, also, weil ja jeder Deutsche sich um alles kümmern muss, denn jeder ist ein demokratischer Bürger. Der Bürger in Uniform ... ist der Garant eines demokratisch fundierten Bundesheeres und genießt ...

STIMME VON KLAUS: *hinlegen – aufstehn – hinlegen – aufstehn!!!*

JÜRGEN: Lauter!

DIETSCH: Ich?

(Klaus und Dieter zurück.)

JÜRGEN: Na, alles in Ordnung?

DIETER: Jawohl, Herr Hauptmann, der Herr Gefreite hat sich mächtig angestrengt.

KLAUS: Soll ich Ihnen die Dienstvorschrift noch mal erklären?

DIETER: Jawohl, Herr Gefreiter, wenn's *Ihnen* nichts ausmacht?

URSEL: Ja, haha, Sie sehen, die Truppe hat Humor und vertreibt sich den Tag munter mit kameradschaftlichen Scherzen. Sie sind Ausbilder?

KLAUS: Jawohl. Ich habe zwölf Mann unter mir, von denen mir keiner über ist.

URSEL: In was?

KLAUS: In der Kaserne.

URSEL: Wie sind Sie mit den jungen Menschen zufrieden, was bringen sie mit, was fehlt ihnen?

KLAUS: Niveau und menschliche Güte sind die Tugenden des heutigen Vorgesetzten. Die Erziehung des jungen Rekruten soll in den Händen erfahrener Menschenführer liegen.

URSEL: Und was sagen Sie dazu?

DIETER: Die Würde und persönliche Ehre des Soldaten ist unverletzlich. Er hat in erster Linie seinem Gewissen, aber wenn man genauer hinguckt, seinem Vorgesetzten zu folgen.

JÜRGEN: Was reden Sie da zusammen?

DIETER: Ich habe improvisiert, Herr Hauptmann.

KLAUS: Lauter Ausreden, Herr Hauptmann. Immer, wenn ihm irgendwas einfällt, was einfällt, was gar nicht im Text steht, schwindelt er und sagt, er hat improvisiert!

JÜRGEN: Seit wann fühlen Sie sich nicht ganz wohl, mein Junge?

DIETER: Seitdem ich hier bin, Her Leutnant.

JÜRGEN: Wollen Sie mich degradieren?

DIETER: Verzeihung, Herr Hauptmann, am liebsten, aber ich setze mich bestimmt wieder nicht durch.

JÜRGEN: Bringen Sie ihn an die Luft und lassen Sie ihn tief durchatmen, ich bin besorgt um ihn.

(beide ab)

URSEL: Ja, was ich schnell fragen wollte: Wie denken Sie denn so über unsere Vergangenheit, über das Dritte Reich und so weiter?

DIETSCH: Was?! Ja, was soll man da denken? Wenn ich mal keinen Dienst habe, da mache ich mir hin und wieder eine kleine Freude und mache mir seine Gedanken. Mit dem Dritten Reich, das war ja so …

STIMME VON KLAUS: *hinlegen – aufstehn – hinlegen – aufstehn!!!*

DIETSCH: Ja, so auch. Also, das hat doch da angefangen in dem Bräukeller.

URSEL: Ja, im Bürgerbräukeller.

DIETSCH: Der Bürger in Uniform …

(Klaus und Dieter zurück.)

KLAUS: Vom Naturkundeunterricht zurück, Herr Hauptmann!

URSEL: Ah, da sind Sie ja wieder. Ich möchte Sie auch fragen: Wie stehen Sie zu unserer jüngeren Vergangenheit?

KLAUS: Na ja, woll'n mal sagen, die ganze Welt hat Angst gehabt vor uns, und der deutsche Soldat war der beste, und überhaupt hätten wir den Krieg gewonnen, aber die Heimat hat uns verraten und die Kommunisten und die Verräter und die Spießbürger …

DIETSCH: Der Bürger in Uniform …

KLAUS: Ja, da soll ja allerhand passiert sein, aber das meiste ist ja übertrieben, und die, wo draußen waren, sagen so was nie, immer bloß die Drückeberger …

DIETSCH: Der Bürger in Uniform …

ALLE: Ruhe!!

KLAUS: Ja, was soll man da noch sagen … woll'n mal sagen, der Geist des alten Kommiss ist ja heute begraben – sagen die Leute – und ich habe ihn schon überall gesucht, aber ich weiß nie, wo! Niveau und menschliche Güte sind …

URSEL: Danke, das hatten wir schon!

KLAUS: Schade, jetzt war ich grade wieder so schön drin.

URSEL: Sie sehen, meine Damen und Herren, die Bundeswehr ist nicht das, wofür man sie hält …

DIETER: Sondern sie hält sich für das, was sie nicht ist.

JÜRGEN: Reden Sie nicht dazwischen. Sagen Sie, wollen Sie sich beschweren?

DIETER: Also, mit dem Beschweren ist das hier so …

KLAUS: Sie sind nicht gefragt. Packen Sie wieder ein!!

DIETER: Nee, ich wollte ja grade auspacken. Ja, einer wollte sich mal beschweren, da hat er sich vorher noch von seiner Braut verabschiedet. Suche mich nicht sinnlos, sagte er, ich will mich morgen beschweren. Und nun hieß sein Mädchen auch noch Lenore!

URSEL: Bitte?

DIETER: Na, wie die Kleine, die ihren Soldaten dauernd sucht: »Lenore fuhr ums Morgenrot …«

URSEL: Ah, Gottfried August Bürger.

DIETSCH: Der Bürger in Uniform …

ALLE: Ruhe!!

JÜRGEN: Kommen Sie mal mit vor die Tür, mein Sohn!!

(beide ab)

URSEL: Tja, dann frage ich Sie eben: Wie muss Ihrer Meinung nach der Soldat von heute aussehen?

DIETSCH: Der Soldat von heute … muss …

(Alle horchen nach draußen – Stille.)

… der Soldat von heute … nee, das ist Mist, von da aus komm ich doch nie auf den Bürger in Uniform!

(Klaus und Dietsch ab, Dieter kommt zurück.)

URSEL: Aber jetzt möchte ich doch wissen, was Sie vorhin aussagen wollten!

DIETER: Der Bürger in Uniform ist der Garant eines demokratisch fundierten Bundesheeres. Er ist in erster Linie Bürger seines Staates und genießt alle damit verbundenen Rechte und Pflichten.

URSEL: Nanu, was hat man denn mit Ihnen gemacht? Hat man Sie chloroformiert?

DIETER: Nee, zum Gefreiten befördert!!!

Schaumfabrik

(Ursel, Klaus, Dietsch, Jürgen sind als Künstler verkleidet.)

ALLE: Grade sitzen,
  Bleistift spitzen,
  Ohren spitzen,

Fingerspitzen
an die Hosennaht.

Kunst vergessen,
Pflicht vergessen,
Film vergessen,
selbstvergessen,
denn uns zahlt der Staat.

Wir drehen Filme für das Ministerium,
und da ist Kunst beileibe kein Kriterium.
Wir wollen Oder-Neiße-Filme drehen
und nur die Scheiße oder gar nichts sehen.

Wir wollen endlich objektive Filme schaffen
nach dem Prinzip der drei so sehr berühmten Affen,
und wenn Sie uns nach den Prinzipien fragen:
Nichts sehen und nichts hören und nichts sagen!

KLAUS: Haben Sie überhaupt schon mal was gedreht?
JÜRGEN: Ja, beim Zweiten Fernsehen … die Däumchen. Und
    Sie?
KLAUS: Ich bin ein uralter Filmhase. Ich habe schon bei der Ufa
    die Klappe gehalten. Und Sie?
URSEL: Ich kenne ihn sehr gut. *(Zeigt auf Dietsch.)*
KLAUS: Aha, und Sie? Was sind Sie?
DIETSCH: Ich bin der Neffe von Herrn Ministerialrat.
JÜRGEN: Achtung! Er kommt!
DIETER: Damen und Herren! Das GDM-Studio … das Studio
    des Gesamtdeutschen Ministeriums begrüßt Sie als Schüler
    seiner OAS!
ALLE: Wie?
DIETER: Ost-Aufklärungs-Schule. Die gemachten Erfahrungen

mit unabhängigen Autoren, Regisseuren und anderen Elementen haben uns zur Einsicht gebracht …

URSEL: Nicht möglich!

DIETER: … haben uns zur Einsicht gebracht, dass es so nicht weitergeht.

URSEL: Warum zuckt denn dein Onkel immer so mit'm Kopf?

DIETSCH: Bei seiner letzten Rede vor Landsmannschaften haben sie ihn dauernd von rechts mit Eiern beschmissen, und jetzt hat er sich das Ausweichen angewöhnt.

DIETER: Wir werden also fortan unsere Filme selbst machen! Wichtig für die künstlerische Qualität dieser Filme ist Ihre politische Zuverlässigkeit. Was denken Sie über die SBZ?

URSEL: Die Zeitung kenne ich nicht.

DIETSCH: Das heißt sowjetisch besetzte Zone.

URSEL: Ach so.

DIETER: Na, was denken wir?

KLAUS: Da denken wir uns einfach, sie ist gar nicht da, und Polen ist auch nicht da, und Russland fängt sowieso erst viel später an.

DIETER: Wie muss ein Film über die SBZ sein?

DIETSCH: Schwarz-weiß.

DIETER: Warum?

URSEL: Weil es gar keine Farben gibt in der SBZ …

DIETSCH: … und …

DIETER: Und?

DIETSCH: Und überhaupt sind wir die einzige Vertretung von Deutschland.

DIETER: Treten in einem solchen Film Menschen auf …

URSEL: Nie!

DIETER: Bitte?

URSEL: Weil es gar keine Menschen gibt in der SBZ.

DIETER: Ruhe! Treten in solch einem Film Menschen auf, dann müssen es was für Menschen sein?

KLAUS: Zwei Sorten. Die einen, die zu uns rüberwollen, und die anderen, die sie daran hindern.

DIETER: Richtig. Und wenn wir einem Menschen begegnen, der nicht zu uns rüberwill und auch keinen daran hindern möchte, dann?

JÜRGEN: Dann rufen wir das Ministerium an und fragen, ob das überhaupt erlaubt ist.

DIETER: Wie muss ein objektiver Film über Polen sein?

URSEL: Verboten.

DIETER: Was verstehen Sie unter objektiv?

URSEL: Objektiv ist, was den Kommunisten nichts nützt.

DIETER: Was ist objektiv?

JÜRGEN: Objektiv ist das in zusammengesetzten optischen Geräten dem Objekt zugewandte optische System zur Erzeugung einer möglichst verzerrungsfreien Abbildung.

DIETER: Ein typischer Satz vom Osten.

JÜRGEN: Nein, vom Brockhaus.

DIETER: Schön, aber was haben *wir* gelernt?

DIETSCH: Wir sind die einzige Vertretung von Deutschland!

DIETER: Ja doch! Was haben wir gelernt?

KLAUS: Objektiv sein heißt: die Fortführung der politischen Richtlinien mit anderen Mitteln.

DIETER: Wer hat dieses System erfunden?

JÜRGEN: Axel Springer.

DIETER: Nein, sondern?

KLAUS: Die Kommunisten.

DIETER: Jawohl, aber?

DIETSCH: Wir sind die einzige Vertretung von Deutschland!

DIETER: Ruhe! Aber?

KLAUS: Aber wir haben die besseren Richtlinien!

DIETER: Nämlich welche?

URSEL: Die der Bundeskanzler bestimmt.

DIETER: Und woher hat er die?

URSEL: Von Adenauer.

DIETER: Und woher hat sie Adenauer?

URSEL: Von früher.

DIETER: Ich sehe schon, damit kommen wir nicht weiter.

DIETSCH: Das hast du gesagt, Onkel!

DIETER: Ja ... Was? ... Unsere politischen Richtlinien entspringen unserer politischen Überzeugung, und unsere politische Überzeugung gipfelt in der Erkenntnis ...

DIETSCH: Wir sind die einzige Vertretung von Deutschland!

DIETER: Also langsam fällt mir das auf die Nerven.

DIETSCH: Siehst du, Onkel, aber immer auf die Amerikaner schimpfen!

DIETER: Wir gehen zur Praxis. Sie sind vom Gesamtdeutschen Ministerium damit beauftragt, einen Film über die SBZ herzustellen. Was machen Sie?

URSEL: Ich mach mir Sorgen.

DIETER: Um die SBZ?

URSEL: Nein, um den Film.

DIETER: Was für eine Vorstellung machen Sie sich?

URSEL: Eine Zwangsvorstellung.

DIETER: Was?

URSEL: Ich meine, zwangsläufig kommt man zu folgender Vorstellung: *(Hängt sich ein Tuch um und singt in Sächsisch:)*

Ich stell mir jetzt mal vor, ich bin die Zone,
so, wie wir fordern, dass sie war und ist und bleibt.
Ich spreche selbstverständlich sächsisch in dem Tone,
ders Operettenpublikum zum Lachen treibt.

Ich hab nich Butter, Brot und Marmelade,
ich bin verarmt, verhungert und verlorn.
Mir ist das Wasser, wo ich mich drin bade,
vom Staat auf Wassermarken zugeteilt geworn.

Ich seh seit zwanzig Jahrn nur auf den Westen
wie das Kaninchen auf die Schlangen, die es dort nicht
gibt.
Er ließ mich sitzen zwar auf meinen Resten,
doch ich blieb Jungfer und bin in ihn verliebt.

Ich habe nichts gearbeit in den ganzen Tagen,
ich hab mir zwanzig Jahre nur das Haar gerauft.
Ich hungerte nach euch und hatte nichts zu nagen,
drum hab ich mir in der HO ein Hungertuch gekauft.

DIETER: Na ja, etwas übertrieben vielleicht.
URSEL: Ich weiß, Hungertücher gibt's drüben auch nicht. Ach,
suchen Sie sich doch ein anderes GDM-Mädchen. *(ab)*
DIETER: Und nun, meine Herren, drehen Sie einen Film über
Polen. Sie sind der Regisseur, Sie Kameramann, und du bist
Kommentator.
DIETSCH: Wir befinden uns in der Innenstadt von Warschau.
Ein reges Leben und Treiben …
DIETER: Ein was bitte?
DIETSCH: … ist leider nicht festzustellen, aber eine Menge Men-
schen! Polen, Russen, Amerikaner, Ostdeutsche …
DIETER: Hä?
DIETSCH: … die man aber gar nicht sehen kann, weil sie zwar
hier sind, aber nicht für uns, denn wir sind die einzige Ver-
tretung von Deutschland.
KLAUS: Und jetzt richten wir die Kamera auf ein neu errichte-
tes Gebäude, es ist die Kunstakademie.
DIETER: Die Kunstakademie gibt es dort nicht.
KLAUS: Aber natürlich, ich seh sie doch!
DIETER: Das Gesamtdeutsche Ministerium sieht sie dort nicht.
KLAUS: Ach so … ja, dann sehe ich eine andere Möglichkeit.
DIETER: Welche?

KLAUS: Wir sprengen sie.

JÜRGEN: Ich weiß was. Wir fragen einen Warschauer, und wenn der nichts davon weiß, ist es klar, dass die Polen das Gebäude erst vor einer Stunde hingebaut haben, um uns zu täuschen.

DIETER: Fällt Ihnen allen nichts anderes ein! Wissen Sie, was Sie sind?

DIETSCH: Wir sind die einzige … breite Straße in Warschau in ein Dorf namens Soswowiece gefahren, und, meine Damen und Herren, was soll ich Ihnen sagen: Hier gibt es *keine* Kunstakademie!

JÜRGEN: Aber dafür sehe ich dort eine große Fabrik!

DIETER: Die Fabrik ist gestrichen!

KLAUS: Ja, ganz frisch gestrichen sogar. Eine ganz moderne Fabrik mit vier Hallen.

DIETER: Höchstens eine.

JÜRGEN: Vier!

DIETER: Zwei!

KLAUS: Also zwei Fabriken mit je zwei Hallen!

DIETER: Das Gesamtdeutsche Ministerium verbietet Ihnen, in Polen neue Fabriken zu sehen!!!

DIETSCH: Onkel, ich weiß gar nicht, warum du dich so aufregst. Die Fabrik können wir sowieso nicht in dem Film zeigen.

DIETER: Warum nicht?

DIETSCH: Na, guck doch mal, was da oben dransteht.

DIETER: Was?

DIETSCH: Krupp.

Aus dem Programm
Schuld abladen verboten (1965)

Schuld abladen verboten

DIETSCH: Alle mal herhörn! Ab 21 Uhr haben alle Deutschen von der Straße zu verschwinden. Auf Zuwiderhandelnde wird scharf geschossen. Morgen früh um 7 Uhr alle Frauen zum Trümmerräumen. Nichterscheinen wird mit Entzug der Lebensmittelkarten bestraft. Die Militärregierung!

URSEL: Na und? Es musste ja so kommen. Seit gestern sage ich schon, dass es mit dem Endsieg nicht klappen wird. – Mein Mann hat sein Eisernes Kreuz verkauft ... an einen Neger. Non olet hat er gesagt ... Zigaretten stinken nicht. Die Amis haben unseren Apotheker abgeholt, weil sie ihn für einen großen Nazi hielten. Er war Kreisjägermeister.

JÜRGEN: Na ja, Sonderrichter gewesen. Wird mich wohl den Kopf kosten. Bestenfalls 20 Jahre. 1965 käme ich dann raus. Seit gestern bin ich wieder katholisch, vielleicht komme ich damit durch.

DIETER: Passiert uns nie wieder! Wir brauchen eine Partei, die konzessionslos ist und schonungslos mit allem aufräumt. Ich trete in die SPD ein.

DIETSCH: Hoffentlich ist es dieses Mal sicher, dass wir den Krieg verloren haben. Spricht alles dafür. Die Bonzen knapp vorm Galgen, die Russen am Brandenburger Tor, die Städte in Klump, die Förster erschießen das Wild mit dem Knüppel, und Morgenthau hängt über den Trümmern. Also wenn Sie

mich fragen, was ich am liebsten hätte: Vergangenheit, Gegenwart oder Zukunft ... müsste ich fragen: Ham Sie nicht
noch was anderes da?

KLAUS: *(als Bayer)* Is was passiert?

ALLE: Ja wir tragen unsre Pleite mit Geduld,
an der ganzen Scheiße sind wir selber schuld.
Wir flogen gegen Engelland,
wir panzerten nach Alamein,
wir latschten tief ins Griechenland,
wir schifften bis zum Eismeerrand
und trafen uns am Rhein.
Wir wollen ja nicht albern sein
und kein Theater machen.
Jedoch der Umweg über Alamein,
Kaliningrad bis her zum Rhein –
der macht uns herzlich lachen!

DIETER: Leute, lasst uns die Lage übersehen! Sie war noch nie
so ernst wie heute, am 8. Mai 1945! Prüfen wir sine ira et
studio!

DIETSCH: Sühne?

DIETER: Sine! Heißt ohne!

DIETSCH: Das müssen viele missverstanden haben!

URSEL: Du fällst wieder aus der Rolle. Wir wollten doch das
Jahr 1945 spielen. Kannst du nicht noch ein bisschen aushalten im Jahr 45?

DIETSCH: In dem Jahre schon ... aber nicht in der Uniform.

URSEL: Erinnert sie dich zu sehr?

DIETSCH: Nee, sie juckt mich zu sehr.

URSEL: Wie bitte?

DIETSCH: Es ist noch Leben in der Uniform.

URSEL: Erinnerungen?

DIETSCH: Ja, und was für welche!

URSEL: Psst, leise!

DIETSCH: Nee, Läuse.

ALLE: Was?

KLAUS: Verdammt, jetzt juckt's mich auch schon.

JÜRGEN: Die Dinger haben eine Geschwindigkeit. Jetzt sind se schon bei mir.

DIETER: Ich hab schon Blutverlust.

URSEL: Seid nicht albern! Es wurde damals jede … oooh!

DIETER: *(Kratzt Jürgen am Kopf.)*

JÜRGEN: Kratz dich doch selber!

DIETER: Ich bin ein echter Deutscher. Ich weiß immer besser, wo es andere juckt.

DIETSCH: Verdammt! Jetzt dachte ich, bei mir liegt nichts vor … nun hab ich auch meine unbewältigte Vergangenheit.

KLAUS: Mach sie doch kalt!

DIETSCH: Nee, dann ist es die letzte pediculus humanus corporis, und was sagt der Grzimek dazu? Ich geh mich lieber umziehen! *(ab)*

URSEL: Wir wollen also unsere Lage mal ganz kühl übersehen. Es ist 20 Jahre nach dem Krieg und …

JÜRGEN: … mich juckt's immer noch. *(ab)*

URSEL: Es ist 20 Jahre nach dem Krieg, und was ziehen wir heute für eine Bilanz?

KLAUS: Die Saupreißen ham 's Ungeziefer nach Bayern eingschleppt! *(ab)*

URSEL: Tja, kaum spricht bei uns mal einer über das Thema, schon verschwindet einer nach dem andern. *(ab)*

DIETER: Nein, nein, Damen und Herren! Wir wollen objektiv sein. Der deutsche Bundestag hat in einer bewegenden Diskussion dem Drängen des Volkes nachgegeben. Er hat es an einer großen, moralischen Geste nicht fehlen lassen, breitete die Arme weit aus … und klopfte sich selbst auf die Schulter. Selbst Bundesminister von Merkatz war unter den Beklopften … denn er hatte es wohl am nötigsten.

Es ist etwas Schönes am deutschen Volk, ganz gewiss! Nur sollte man den jungen Leuten endlich sagen, was es ist. Sicher ist nur eines: Die schwache Mehrheit des Volkes denkt so wie die starke Minderheit des Bundestages:

KLAUS: ... endlich mal aufhören damit ...

JÜRGEN: ... mal Schluss-Strich ziehen können ...

DIETSCH: ... Prälat Freiberger auch gesagt ...

URSEL: ... andre auch!!

KLAUS: ... Burenkriege ...

JÜRGEN: ... schlecht zu den Negern ...

URSEL: ... andre auch!

KLAUS: ... der Abgeordnete Unertl ganz recht, wenn er sagt ...

URSEL: ... andre auch! ...

KLAUS: ... nur Pflicht getan! ...

JÜRGEN: ... nicht nur Juden umgebracht ...

URSEL: ... andre auch! ...

DIETSCH: ... schließlich Russland gewesen, Frankreich gewesen ...

KLAUS: ... 23. ID! ...

JÜRGEN: ... Hauptmann Müller gekannt?!!!

KLAUS: Metz!

JÜRGEN: Metz!

KLAUS: Kameraden!

DIETSCH: Puff!

URSEL: ... andre auch!

JÜRGEN: ... nie was gegen die Juden gehabt! ...

KLAUS: ... intelligente Leute!

DIETSCH: Einstein!

KLAUS: Augstein!

JÜRGEN: Weinstein!

DIETSCH: Jaja, weiß immer keiner!

DIETER: Doch ... selber Jude!

ALLE: *(Weichen zurück.)* Waaas?
(Großzügig entschuldigend.) Na jaaa.

Ursel: *(Klopft ihm ermutigend auf die Schulter.)* Andre auch.

Ursel: Wir könnten ja vergessen, was gewesen,
das nähme man uns gar nicht mal so krumm.
Wir müssen ja die Anne Frank nicht lesen
und schalten dann im Fernsehn einfach um.

Wir dürften, wie gesagt, bequem vergessen,
wie wir gewesen damals – hirnverbrannt und blind.
Doch eines dürfen wir auf keinen Fall vergessen:
Wie wir noch heute sind!

Dietsch: So was Blödes, jetzt hab ich sie schon im Zivilanzug!

Dieter: Fängt das mit der Laus schon wieder an!

Klaus: Endlich mal aufhörn damit …

Jürgen: Mal Schluss-Strich ziehen können …

Dietsch: Verflucht noch mal, es juckt mich aber!

Ursel: Andre auch.

Dietsch: Ich hab mir schon gedacht, woran liegt das, dass jetzt noch so viel Ungeziefer von damals übrig geblieben ist.

Klaus: Ganz klar. Das lag am falschen Knacken. Die Kleinen haben sie verknackt, und die Fetten vermehren sich.

Dieter: Stimmt gar nicht. Ich hab mir neulich ein Buch gekauft, da stand was drin über den Freundeskreis von Heinrich Himmler. Von denen hat heute keiner mehr was zu sagen!

Ursel: Was denn, Himmler hatte Freunde?

Jürgen: Und ob: den Freundeskreis zur Förderung der SS!

Klaus: Gegründet 1930.

Dietsch: Alles reiche Leute, die Himmler zum Julfest reich beschenkten.

Dieter: Man machte lustige, gesellige Betriebsausflüge … nach Dachau und Oranienburg …

Dietsch: … und zu anderen kulturellen Punkten, wie es heißt.

DIETER: Wie gesagt: einer der reizendsten Kreise, die es je gab! Aber von den Mitgliedern hat heute keiner mehr was zu sagen!

URSEL: Wer waren denn die Mitglieder?

DIETER: Friedrich Flick.

URSEL: Stimmt, kennt keiner.

DIETSCH: Und ein gewisser Bütefisch.

URSEL: Kenne ich nicht.

JÜRGEN: Dem wäre ja beinahe ein dolles Ding passiert!

URSEL: Erwischt?

JÜRGEN: Nee, er hätte beinahe den großen Verdienstorden zum Bundesverdienstkreuz gekriegt!

KLAUS: War ihm sehr peinlich!

URSEL: Dem Bütefisch?

KLAUS: Nee, dem Lübke.

URSEL: Und wer war noch Kreisfreund?

DIETER: Unter anderem, aber den kennst du sicher auch nicht.

URSEL: Sag.

DIETER: Karl Blessing.

URSEL: Ist auch untergetaucht.

DIETER: Ja, als Präsident der Deutschen Bundesbank.

ALLE: Ja, Flick und Kameraden,
die kamen nie zu Schaden,
die durften sich aus Polen
auch Arbeitskräfte holen.
Die kamen nie freiwillig,
drum warn sie auch so billig.
Und saßen sie im Viehwaggon,
dann sangen Flick und Kompagnon:

Fahr schick
mit Flick,

dann kommst du nie zurück.
Fahr schick
mit Flick
und seinem Absatztrick.
Ja, Flick und seine Brüder,
die kamen nie zu spät.
Auch heut sind wir schon wieder
Verflickst und zugenäht.

Mit solchem Flickzeug stopfen
wir alte Löcher zu,
verloren Malz und Hopfen,
Gedächtnis wird Tabu.

Wir können es nicht fassen,
denn das Ausland liebt uns nicht.
Ja, manche sogar hassen uns
noch mitten ins Gesicht.
Das ist uns unverständlich.
Na schön – na gut – was macht's?
Jetzt liebt uns Deutsche endlich.
Sonst kracht's!!!

Darf man eintreten?

Würden Sie die Tür bitte nicht zumachen, da ist zufällig noch
mein Bein drin. Entschuldigen Sie bitte, ich komme vom Befra-
gungsinstitut … ich bin ja im völlig falschen Zimmer hier, im
völlig falschen Zimmer. Haben Sie hier grade keinen durchge-
hen sehen? Dann war er's sicher wieder. 1,74 groß, 34 Jahre
alt, 81 Kilo und dunkelblond. 100 000 Haare, 750 Muskeln,

222 Knochen und ein bisschen dümmlich. Das ist der deutsche Durchschnittsbürger. Wir haben ihn errechnet, jawohl. Ich bin Befrager und Statistiker … und wir haben … und ich wollte endlich mal den kennenlernen, den wir errechnet haben. Ist ja klar. Unter Ihnen ist er auch nicht, sehe ich schon. Entweder zu viel Kilo oder zu wenig Haare. Irgendwas stimmt immer nicht. Und ein undeutsches Lachen oder gar nichts. Was hilft es, den Durchschnitt zu errechnen, wenn sich keiner daran hält. Ist doch wahr. Obwohl wir ja wichtig sind … für die Demokratie. Ohne uns gäbe es keine. Jawohl. Wenn der Bundeskanzler zu einer Entscheidung … wenn man ihm also sagt … wenn es sich jetzt rumspricht, und er hört das dann auch, und er müsste jetzt endlich mal und … dann haben wir vorher den Auftrag gehabt, das Volk zu befragen, was es denn sein dürfte. Es ist gar nicht so übertrieben, dass sich da ein Lacher lohnt. Es ist wirklich wahr, es ist so. Manchmal geht das natürlich schief. Seit der Zeit macht er Annoncen … der Bundeskanzler. Harte Werbung macht er jetzt für sich. Er wäscht sich rein … so quasi … in Annoncen. Denn anders geht's nicht mehr. Das Parlament kann er nicht so überzeugen, und jetzt annonciert er. Das ist der Dash-Kanzler. Aber wissen Sie, wir Befrager haben auch andere Sachen rausgekriegt. Wir haben Wunden aufgedeckt, wir haben festgestellt, auf hunderttausend Deutsche fallen … haben wir rausgekriegt … ein Bundestagsabgeordneter, eine Würstchenbude und zehn Nonnenkloster. Ist doch klar, dass wir viel zu wenig Würstchenbuden haben. Die Sache mit Berlin geht auf die Dauer auch nicht gut aus. Wir haben festgestellt, es ist nur jeder 26. ein Berliner. Das ist viel zu wenig. Da schämen wir uns aber, was? Da ist es in München besser, da ist jeder Zweite ein Berliner. Im Sport ist es auch schwer. Stellen Sie sich vor, wir haben festgestellt, jeder dritte deutsche Leichtathlet ist 15. Na, das ist schlecht für den Goldenen Plan.

Und dann haben wir … also, dieser Höcherl … also der …

also das ist nicht nur körperlich … der hat … der hat … also, dieser Höcherl, der hat uns ins Handwerk gepfuscht. Der hat nichts zu tun, und da macht er dann gern mal … und da hat er festgestellt, der Rechtsradikalismus in Deutschland wäre überhaupt keine Gefahr mehr, das wäre nur noch ein Prozent. Das heißt also, jeder 579 000. wäre ein Rechtsradikaler. Das kann gar nicht stimmen. Ich kenne in München allein schon zehn. Das wird sich doch hier nicht wieder ballen? Ja, und dann, jeder fünfte deutsche Bundeswehrsoldat hat Plattfüße. Das ist ganz klar. Die jungen Leute haben zu viel im Kopf, das drückt. Was wir wieder brauchen, ist eine Armee von leichtfüßigen Idioten. Jawohl.

Was wir jetzt im Wahljahr herausgekriegt haben: Jedes zweite SPD-Mitglied glaubt, dass ihr erster Mann bei der Wahl Zweiter wird, wenn ihr zweiter Mann nicht bald Erster wird. Das ist nur für Kenner. Die Leute sagen, der Erler verschreckt den deutschen Durchschnittsbürger. Und die anderen behaupten, der Brandt ist nur das Lichtdouble für den Erler. Ein Lichtdouble ist also ein Statist, der ins Licht gestellt wird, so lange, bis die Szene für den Hauptdarsteller richtig erleuchtet ist. Aber die SPD sagt immer, das Dunkel ist Licht genug. Dabei hat unser Institut dem Erler schon geraten, er soll sich ein Attribut zulegen. Das hat man jetzt. Weil der ganze Wahlkampf sich im Fernsehen abspielt, hat man ein Attribut. Also, der Kanzler die große Zigarre, der Barzel die kleine, den Stumpen … das ist der Stumpenkanzler. Der Wehner die große Pfeife. Der Weyer hat das gesehen und gleich die kleine Pfeife an der Hand, die Koalitionspfeife. Der Mende … er hat nichts eigentlich … er ist selber Attribut. Aber der Erler versucht es ausgerechnet mit der Intelligenz allein. Nu sagen Sie selber, das geht doch nicht. Da sagen die Leute, der Mann, der aus der Kälte kam und solchen Quatsch. Wie mit dem Schröder. Den Schröder haben sie ja so angegriffen. Die *Quick* hat gleich einen ungeheuer mutigen Artikel gegen ihn losgelassen. Sehr mutig, von einem Manne, der nicht genannt sein wollte ... so auf dem Niveau der Butler-Memoire. Und schon der Titel: »Der größte Versager des Jahres«. Da hört man Springer schon läuten. Da muss sich ein kleiner Abspringer niedergelassen haben. Und ich denke mir so: Durch die Zeile lächelt höhnisch der Januskopf von Peter Boenisch. Das ist natürlich auch so ein Ding. Natürlich hat er versagt, der Schröder, aber die anderen haben auch versagt. Nur sind die sauer, dass der Schröder eleganter versagt hat. Es sagt ihm ja auch keiner mehr was. Die Amerikaner sind politisch selber am Ende. In Vietnam haben sie schon den Gashahn aufgedreht. Das ist natürlich das Schlimmste, was es überhaupt gibt. Und dann haben sie dauernd den Finger am Abzug in letzter Zeit ... Goldfinger kann man bald sagen. Also, ich habe schon überlegt, wer im Moment im Weißen Haus Politik macht. Ich kam auf James Bond, aber das kann ja nicht sein, weil ... und andere behaupten wieder, wir seien nicht richtig informiert. Das ist vielleicht doch nicht so gewesen, der Johnson hat vielleicht die Wahl gar nicht gewonnen, sondern der Goldwater. Aber das kann auch nicht stimmen. Wahrscheinlich hat der Johnson den Goldwater studieren müssen, um zu gewinnen, und jetzt verwechselt er manchmal die Regierungsprogramme. Das kann passieren. Die SPD auch, die verwechseln manchmal auch bisschen was. Die haben jahrelang zugesehen und gesagt: Wie macht das die CDU, wie macht das die CDU? Jetzt weiß sie es, jetzt macht sie's auch, und jetzt sagt der Wähler womöglich: Wenn ich schon zwischen zwei politischen Dummheiten zu wählen habe, dann wähle ich doch die mit der größeren Erfahrung. Die SPD wird auch immer frömmer. Das ist das Dolle an der Sache. Sie werden immer frömmer. Die verdrängen die Christdemokraten langsam von den Kirchenstühlen. Das in Niedersachsen war ja ein ausgesprochen klerikaler Bodycheck. Und Wehner hat alle Hände voll zu tun, weil er sie dauernd falten muss.

Aber mit der CDU geht es im Moment auch sehr schwer. Ich habe diesen Parteitag gesehen in Düsseldorf. Schon das Motto »Es geht um Deutschland«, da haben sie ein »in« vergessen. Das muss heißen: »Es geht um in Deutschland«. Der Dufhues, einer der schlimmsten Füße, auf denen eine Partei stehen kann … die Fraktionsqualle … der hat also Folgendes gesagt. Er hat etwas von Wachablösung gesagt, der Dufhues. Nach zwei Wochen hat er es aber wieder zurückgenommen, weil er auf die Idee kam, er könnte vielleicht selber gemeint sein. Es kann ja sein. Und dann hat er einen artistischen Trick versucht. Er hat auf diesem Parteitag seine Faust in der Tasche von Franz Josef Strauß geballt. Das müssen Sie mal machen … wo man weiß, wie schwer es ist, in die Tasche überhaupt reinzukommen. Das schafft ja der Augstein kaum. Na, der schon, aber nur durch das Dekolleté von der Mansfield. Da muss man einen ziemlich langen Arm haben.

Der *Spiegel*-Fall ist ja nun auch entschieden, das heißt, er ist ganz klein geworden der große *Spiegel*-Fall, ganz klein. Und die Leute, die ihn groß gemacht haben, sind auch etwas kleiner geworden, aber die Bundesregierung wollte sich nicht entschuldigen. Das ist ja ganz klar, das finde ich völlig richtig. So eine Dummheit ist auch nicht zu entschuldigen.

Und der Erfolg dieser ganzen Geschichte war, dass der Strauß hier in Bayern wieder mit großer Mehrheit gewählt wurde. Alle hinter ihm her wieder. Da sagen die Leute immer, die »Nashörner« von Ionesco wären absurdes Theater. Wieso denn eigentlich? Strauß war ja nie ein Irrtum der bayerischen Wähler, sondern eher ein Beweis. Das ist etwas hart, aber ich kann mir das leisten, ich wohne hier. Na ja, also auf diesem Parteitag wurde viel gesagt. Der Adenauer hat behauptet, die Autobahn hätte auch die CDU gebaut. War mir neu, aber vielleicht war er dabei damals. Man weiß es ja nicht. Er meinte auch, wir wären im Ausland so unbeliebt, weil wir zu reich geworden sind. Ich weiß nicht … ich kenne kaum einen Bekannten, der … wahrscheinlich hat er die Familie Werhahn im Auge gehabt. Er muss irgendwie falsch informiert sein. Ich würde CDU wählen dieses Jahr, wirklich, aber nur unter dem Motto »Augen zu – CDU«. Ich will keinen Schimpf tun auf unsere christdemokratischen Politiker, sie haben einen jahrelangen zähen Kampf gegen die Vernunft geführt und haben ihn fast gewonnen. In Berlin haben sie auch einen Riesenkampf geführt. Sie verdienen wirklich Anerkennung, langsam sogar die Anerkennung der DDR. Jahrelang hatten sie keine Plenarsitzung in Berlin, jetzt plötzlich musste es sein. Die haben sich gesagt, alle haben einen Konflikt im Augenblick, nur wir wieder nicht – schon hatten sie einen. Der Erfolg war so groß ... jetzt wollen sie es jedes Jahr machen. Ist das nicht schön?

Wenn man die Leute so befragt ... wenn man ins Volk geht ... also ich habe neulich einen gefragt: Was halten Sie von der Nahostkrise? Da hat er gesagt: Die Mauer muss weg! Nein, hab ich gesagt, da sind Sie ja schon beim Fernen Osten. Das verstand er nicht ganz, und dann hat er mich gefragt, was es denn mit der Hallstein-Doktrin auf sich habe. Das konnte er nicht wissen ... das weiß ja der Hallstein selber kaum gern mehr heute. Dann habe ich ihm das erklärt. Passen Sie mal auf. Wenn Ägypten die DDR anerkennt ... übrigens hat der Ulbricht seine Koffer schon wieder gepackt. Wenn wir wüssten, wohin er fährt, wüssten wir auch, wo unsere nächste außenpolitische Krise wäre. Wäre schön, nicht? Das ist ja unser neuer Außenminister. Also, habe ich gesagt, wenn Ägypten die DDR anerkennt, darf man beispielsweise bei uns wegen der Hallstein-Doktrin nicht mehr die »Aida« spielen. Und da hat er gefragt, was hat der Hallstein gegen die Oper? Ist doch blöd? Habe ich noch mal von vorn angefangen. Passen Sie auf, habe ich gesagt, wir konnten damals zu Israel keine Beziehungen aufnehmen, weil die nicht wollten. Als die dann wollten, konnten wir nicht. Warum?, fragte er. Ja, sagte ich, weil wir zu Ägypten welche hatten. Und die wollten nur welche, weil wir mit Israel nicht konnten. Und da fragte er, was wollten wir eigentlich? Und da merkte ich, dass ihm was aufgefallen war.

Also der deutsche Durchschnittsbürger war er auch nicht.

Bei Fußball habe ich ihn dann gekriegt. Bei Fußball kriegt man heute jeden und besonders in München. In München ist ja eine Irrsinnsbegeisterung. Wissen Sie, 1860 hier, und da schreien sie alle 60! 60! 60! Überall können Sie das hören. Sogar an den Straßen steht's. Das kann aber auch die Geschwindigkeitsbeschränkung sein. Und da hat er gefragt, wie das denn da mit der Hallstein-Doktrin sei und wie es denn möglich sei, dass München Fußball spielen darf gegen Warschau. Da habe ich gesagt: Das ist was anderes, da haben wir gewonnen. Und dann hat er was Dummes gefragt: Wie kommt denn das, dass ein Fußballtrainer mehr Geld verdient als ein Bundeskanzler. Da habe ich gesagt, dass das sehr gerecht ist, weil ein Fußballtrainer auch sofort gehen muss, wenn er Mist macht. Ja, ja, jetzt klatschen und dann doch wieder wählen. Also lassen wir das.

Der deutsche Durchschnittsbürger ging dann weg, ich verlor ihn aus den Augen, denn ich musste zur U-Bahn. München kriegt ja eine U-Bahn, ganz Deutschland baut mit … geldlich gesehen. So tief sind sie schon drin, bald sind sie unter den Regenwürmern. Ich wollte also die, die da arbeiten, interviewen, aber die beiden Italiener hatten grade im Lotto gewonnen … das sieht man ja ein. Man trifft's nicht immer so. Man kommt manchmal in die Haushalte rein, die Leute sind unvorbereitet, Tür geht auf, man hat das Bein schon drin, wie ein Staubsaugervertreter … manchmal verkaufe ich auch einen mit. Ist ja klar, die Sache muss sich ja irgendwie rentieren.

Da habe ich neulich einen wegen der Aktion Saubere Leinwand – das gibt's ja jetzt – gefragt … habe ich gefragt, was halten Sie von der Aktion Saubere Leinwand? Hat er gesagt, Betten muss man öfter mal waschen. Er wusste schon, dass es

186

mit Betten was zu tun hat. Nein, habe ich gesagt, das ist so. Saubere Leinwand, das ist eine Aktion, damit die Leute wieder zusammenkommen, die … und die kennen Sie ja auch, die da immer wieder zusammengehören. Also, die Filme müssen langweiliger werden, es dürfen keine Filme mehr sein, in denen Frauen ausgezogen werden … beispielsweise … obwohl das doch als Schockmittel gedacht ist. Soll ja abschrecken. Mir geht es jedenfalls so. Nun hat sich die Frau Lübke auch noch eingeschaltet … also unsere Reserve-Elisabeth … und die hat gesagt, destruktive Elemente dürften sich in Zukunft nicht … also das sind die, die die Frauen in den Filmen ausziehen. Sie denkt gleich wieder so was. Ich denke darüber nicht so. Vielleicht haben die auch eine andere Mentalität … vielleicht ziehen sich die Leute im Sauerland nicht aus beim Waschen. Ich finde das komisch. Ich habe sie ja nun beide beobachtet … die Queen war ja da … und Frau Lübke … und ich muss sagen: Queen bleibt Queen … an sich. Aber wissen Sie, man soll nun diesen Empfang nicht überbewerten. Ich finde es ja doll, wie die deutsche Bevölkerung … sie hat sich ja fast nass gemacht vor Begeisterung. Das ist ungeheuer. Gott sei Dank haben sie nicht den Radetzkymarsch gespielt. Die Berliner hatten sofort einen Spitznamen für die Queen. Themseliesl haben sie gesagt. Also, ich weiß gar nicht, wie ich so etwas finde. Ich finde sie ja entzückend. Und da merkt man bei solchen Empfängen immer, dass Politiker auch Frauen haben. Ich nenne keine Namen … weiß ja eh jeder, wer gemeint ist.

Also, der deutsche Durchschnittsbürger denkt darüber anders. Gebe ich zu. Ist ja auch eine Klischeevorstellung, wie man ihn sich vorstellt. Der eine sagt zum Beispiel: Der deutsche Durchschnittsbürger, der ist 50, fährt einen 220 SE, geht in die Kirche, behandelt seine Frau wie die Steuer, er betrügt sie, war selbstverständlich in der NSDAP, wählt CDU, hat keinen Humor und hat die Demokratie so gern wie Zahnschmerzen. Ist gar nicht wahr. Geht er in die Kirche, betrügt er seine Frau nicht. Betrügt er seine Frau, ist er nicht 50. Es gibt Phänomene, sicher. Ist er nicht 50, war er nicht in der NSDAP. War er nicht in der NSDAP, wählt er nicht CDU. Wählt er nicht CDU, hat er keinen 220-er. Hat er keinen 220-er, hat er die Steuer nicht betrogen. Und hat er die Demokratie so gern wie einen guten Zahnarzt und wählt trotzdem CDU, hat er Humor. Aber wenn Sie ihn mal sehen sollten, den deutschen Durchschnittsbürger, dann sagen Sie ihm, er soll sich auf die Dauer nichts darauf einbilden – es ist kein Vorzug, ein Durchschnittsbürger zu sein – der Eichmann war nämlich auch einer. Es ist nämlich so: Die Menschen ändern sich ja selten, nur der Durchschnitt sehr oft. Es ist komisch, man sollte mal darüber nachdenken, wie das kommt. Jeder Mensch denkt ja drüber nach … obwohl wir festgestellt haben, stimmt auch nicht. Jeder Mensch ist auch nur jeder 111. Ja, und das ist sehr schwierig. Hier gehen nur 120 rein, wenn's hier nicht ausverkauft wäre, wäre gar keiner drin.

Zwei pro-Müll

(Dietsch als Müllmann mit Lederschürze, Fausthandschuhen drückt an die Wand – es läutet:)

DIETSCH: Müllabfuhr!
DIETER: Endlich!
DIETSCH: Wo ist Ihre Mülltonne?
DIETER: Ist mir leider kaputtgegangen.
DIETSCH: Wiedersehn!
DIETER: Halt! Moment! Warten Sie doch!
DIETSCH: Ohne Tonne keine Müllabfuhr. Meinen Sie, ich bin von Beruf Müllschlucker?

DIETER: Halt, warten Sie … ich hab hier eine Flasche …

DIETSCH: Leere Flaschen gehören nicht in den Müll, sondern sind gesondert …

DIETER: Nein, keine leere Flasche, eine volle!

DIETSCH: Lassen Sie mal sehn.

DIETER: Hier.

DIETSCH: *(Nimmt sie, trinkt daraus.)* Also, wie war das mit der Mülltonne?

DIETER: Sie stand in der Garage, und meine Frau hat erst kürzlich vor zwei Jahren den Führerschein gemacht, und da ist sie überfahren worden.

DIETSCH: Ihre Frau.

DIETER: Nein, die Mülltonne, und jetzt ist sie natürlich völlig unbrauchbar.

DIETSCH: Ihre Frau.

DIETER: Nein, die Mülltonne! – Es ist ihr natürlich nicht viel passiert.

DIETSCH: Der Mülltonne.

DIETER: Nein, meiner Frau – aber die Mülltonne ist völlig zerbeult.

DIETSCH: Das ist natürlich schlimmer. Übrigens … der Schnaps war gut – hier. *(Will ihm die Flasche geben.)*

DIETER: Nein, nein, behalten Sie sie nur.

DIETSCH: Nee, die ist ja jetzt leer. Leere Flaschen gehören nicht in den Müll, sondern sind gesondert …

DIETER: Aber Sie haben sie doch selber leer getrunken!

DIETSCH: Na und, meinen Sie, unsere Müllverordnung kann darauf Rücksicht nehmen, wer Flaschen leer getrunken hat?

DIETER: Na schön, es geht ja auch gar nicht um die Flasche, es geht mir um den Müll …

DIETSCH: Sehn Sie, das ist vernünftig gesagt. Es geht um den Müll! Die Leute unterschätzen das immer! Der Anfall an Abfall wird immer größer. Wir haben eine Müllschwemme! Wir haben Konjunktur! Wir Müllmenschen sind nämlich heute die Kaiser!

DIETER: Ach, Sie haben schon Ihre eigene Müllosophie, was?

DIETSCH: So ist es. Wenn ich noch denke, wie klein wir angefangen haben vor 20 Jahren. Aber heute kann unsere Müllerzeugung mit dem Ausland Schritt halten! Wir sind sogar schon mit Abstand an der Spitze! Und woran liegt das?

DIETER: Weil unsere Wirtschaft immer mehr dazu übergeht, Artikel herzustellen, die sich nur noch zum Wegwerfen eignen ... zum Beispiel meine Mülltonne ...

DIETSCH: Endlich mal jemand, mit dem man sich vernünftig über Müll unterhalten kann. Über alles gibt es heute schon Bücher, aber dass mal einer ein Buch schreibt über die Müllologie, nee! Wissen Se, wenn Sie so wie ich schon 20 Jahre im Müll stecken, da merken Se plötzlich, was da alles drin ist ... Ich sage Ihnen, der Müll hat Zukunft!

DIETER: Sicher, gern. Nur, wenn's geht, nicht in meiner Garage.

DIETSCH: Sehn Se mal, was es alles gibt, nich? Nassmüll, Quetschmüll, Trockenmüll, Altmüll, Frischmüll und jetzt auch noch Atommüll, Weltraummüll.

DIETER: Was ist das denn?

DIETSCH: Na, meinen Sie, die Russen melden alles, was ihnen schiefgegangen ist? Was glauben Sie, wie viel Weltraumfahrer da seit Jahren schon als Müll um die Erde kreisen!

DIETER: Noch 'n paar Jahre, und wir haben 'ne neue Müllstraße am Himmel.

DIETSCH: Ich sage Ihnen, der Mensch ist dazu geboren, Müll zu erzeugen! In zehn Jahren sind wir hier in Deutschland so weit, dass unser Eigenbedarf an Müll gedeckt ist, und dann exportieren wir!

DIETER: Tun wir heute schon, in die Entwicklungsländer und so, oder?

DIETSCH: Natürlich. Ist ja klar! Die da drüben haben doch noch nischt zum Wegschmeißen, und das liefern wir ihnen!

DIETER: Da sieht man bei uns hier eben den Fortschritt. Früher wurden bei uns noch Schuhe zum Tragen gemacht ...

DIETSCH: Lebensmittel zum Essen ...

DIETER: Geld zum Leben ...

DIETSCH: Filme zum Sehen ...

DIETER: Heute alles nur noch zum Wegwerfen. Jetzt verstehe ich das auch.

DIETSCH: Was?

DIETER: Warum es in Deutschland 50 000 Müllionäre gibt!

DIETSCH: Sehn Se, und darum haben die Zeitungsverleger auch recht, wenn sie sagen, die Fernsehwerbung muss aufhören!

DIETER: Was? Wieso?

DIETSCH: Ist doch klar! Unsere Zeitungen werden doch auch zum Wegwerfen gemacht ...

DIETER: Wenn man sie vorher gelesen hat ...

DIETSCH: Und die *Bild-Zeitung?*

DIETER: Da haben Sie auch wieder recht. Ich habe mir immer gedacht, welchen Wert hat so ein Blatt. Jetzt weiß ich's: einen Müllwert.

DIETSCH: Na also!

DIETER: Ich halte aber auch richtige Zeitungen.

DIETSCH: Und wie halten Sie die, wenn Sie sie lesen wollen?

DIETER: So. *(Macht es vor.)*

DIETSCH: Und was fällt Ihnen da auf?

DIETER: Da fällt mir die ganze Werbung auf, und zwar auf die Füße.

DIETSCH: Und was machen Sie damit?

DIETER: Wegschmeißen.

DIETSCH: Ja, aber wohin auf die Dauer?

DIETER: Gucken Sie mal in meine Garage.

DIETSCH: *(Sieht hinter den Vorhang, lässt den Blick von unten nach oben wandern.)* Mensch! Sie sind ja völlig vermüllt! Sie können Ihren Freunden ja schon 'ne Karte schreiben: als Vermüllte grüßen. Verbrennen Sie doch den Mist.

DIETER: Hab ich versucht.

DIETSCH: Na und?

DIETER: Seit der Zeit ist meine Ölheizung kaputt.

DIETSCH: Na sehn Sie, und deswegen muss die Fernsehwerbung verboten werden!

DIETER: Wie bitte?

DIETSCH: Weil die Fernsehwerbung zu bequem ist für die Leute. Die brauchen sie nicht mehr wegzuschmeißen.

DIETER: Ich verstehe! Die Zeitungswerbung fördert das deutsche Müllbewusstsein.

DIETSCH: Richtig. *(Sieht noch mal in die Garage.)* Sagen Sie mal, wo haben Sie denn Ihr Auto?

DIETER: Unter dem Müll.

DIETSCH: Was habe ich gesagt? Der Müll wird das Verkehrsproblem lösen. Wiedersehn!

DIETER: Halt! Und was ist mit meiner kaputten Mülltonne?

DIETSCH: Schmeißen Sie sie weg.

DIETER: Ja doch, zum Donnerwetter, aber wohin?!

DIETSCH: Auf'n Müll.

DIETER: Ich werde wahnsinnig. Nehmen Sie sie nun mit oder nicht?

DIETSCH: Nein, das ist Sperrmüll. Wir nehmen nur Müll in Mülltonnen, aber keine Mülltonnen als Müll! Schmeißen Sie sie doch auf'n Schuttabladeplatz.

DIETER: Aber da steht doch überall: Schutt abladen verboten!

DIETSCH: Na, dann in den Wald.

DIETER: Hab ich versucht. Hat mich ein Waldpfleger wegen Waldfrevels notiert.

DIETSCH: Vergraben Sie sie halt im Garten.

DIETER: Auch versucht. Als ich die Grube ausgehoben hatte,

stand ein Mann neben mir, sagte Kriminalpolizei und fragte ganz besorgt: Ist bei Ihnen alles wohlauf?

DIETSCH: Ja, wenn Sie auch so verrückt sind und am Tage graben!

DIETER: Soll ich in der Nacht graben, da fällt's doch noch mehr auf.

DIETSCH: Haben Sie nachts schon mal 'nen Polizisten gesehn?

DIETER: Da haben Sie auch wieder recht. Aber ich habe wirklich alles versucht. Ich bin zu einem Theater gegangen, da gaben sie grade so ein modernes Stück, das in Mülltonnen spielt.

DIETSCH: Na und?

DIETER: Tja, alles sollte in dem Stück vergammelt sein: die Schauspieler, die Bühne, das Bühnenbild, die Handlung ... aber die Mülltonnen mussten neu sein!

DIETSCH: Wissen Sie, was? Sie schreiben an die Entmüllungsbehörde und weigern sich, sich weiterhin entmüllen zu lassen, wenn Ihre kaputte Tonne nicht mitentmüllt wird!

DIETER: Dann wird sie abgeholt?

DIETSCH: Nee, dann wird erst mal Ihr Müll nicht mehr abgeholt.

DIETER: Das ist ja 'ne dolle Lösung!

DIETSCH: Moment! Und wenn dann Ihr Keller voll ist und die Nebenräume und der Garten und Sie haben Ihre Frau schon monatelang vor lauter Müll nicht mehr gesehen ... dann ...

DIETER: Dann kann ich mich beschweren?

DIETSCH: Nein, dann machen Sie was ganz Kluges ...

DIETER: Was denn?

DIETSCH: Dann ziehen Sie einfach um.

DIETER: Wohin denn?

DIETSCH: Nach Müllbertshofen!

Der doppelte Mittwoch

(Zwei abgerissene Musikanten treten auf, »Ham« und »Hom«. Ham trägt an einem Lederriemen eine Brotmaschine, die er wie einen Leierkasten bedient. Homs Instrument ist eine Hundepfeife.)

HAM: Sie hören eine Ballade für Brotmaschine und Hundepfeife mit dem Titel: »Täglich mittwochs – außer Donnerstag.«

BEIDE: Es geschah in einem Lande – das
keinen Landesnamen hatte – was
daran lag, dass keiner wusste,
dass man so was haben musste.

HAM: Du hast schon wieder f gespielt statt fis.

HOM: Das ist eine Hundepfeife. Da kannst du gar nicht hören, was ich spiele.

HAM: So?

HOM: Ja.

HAM: Aber du *hast* f gespielt, stimmt's?

HOM: Ja. – Woran hast du's gemerkt?

HAM: An meiner Brotmaschine. Es gab eine Disharmonie.

HOM: Tschuldige.

BEIDE: Es geschah an einem Donners – tag
was besonders an dem Zufall – lag,
dass der Mittwoch grad vorbei war
und der Freitag noch nicht frei war.

HOM: Jetzt hast *du* falsch gespielt!

HAM: Ausgeschlossen! Ich war auf dem Konservatorium.

HOM: Dann ist sie verstimmt.

HAM: Gibt mir mal 'n Ton an.

(Hom bläst in die Hundepfeife.)

HAM: Tatsächlich! – Hat sie meine Frau wieder mit in die Küche genommen. Sie behauptet immer wieder, dass eine Maschine zum Brotschneiden ist. Tsss! Seit wann ist etwas, was so heißt, das, was es ist.

HOM: Meine Frau ist genauso.

HAM: Siehst du? Dann hast doch *du* falsch gespielt.

BEIDE: In allen Ländern, die man gar nicht aufzähl'n – mag,
war grad an diesem Tage Donners – tag.
Man wusst' in Sydney–London–Moskau–Wei – mar,
dass es ein Donnerstag im Mai – war.

HAM: Bei mir steht in den Noten forte, und du spielst dauernd adagio!

HOM: *(Reißt ihm die Noten weg.)*
Zeig her. Haha, kein Wunder! Ist ja auch von einem ganz anderen Komponisten.

HAM: *(weinerlich)*
Tschuldige. Und ich dachte schon, wir spielen ein Duett.

HOM: Das geht ja nicht.

HAM: Warum nicht?

HOM: Dazu sind wir ja zu wenig.

BEIDE: An diesem schönen Donnerstag im – Mai,
da war der Mittwoch grad zu Recht vor – bei.
Nur ein Gedanke war noch da, was tat – er?
Der fuhr durch unsern Landesvat – er.
(Der König mit Krone und Apfel tritt auf.)

KÖNIG: Ich bin der Herrscher dieses Landes, ihr seid mein!

HAM UND HOM: Du sollst der Kaiser unsrer armen Seelen sein.

KÖNIG: Ihr werdet, mich zu kritisieren, nie euch unterstehn!

HAM UND HOM: In deinem Lande wird die Sonne niemals morgens untergehn.

KÖNIG: Es sei. Ich will mir meine Macht beweisen:
In meinem Land
ist heute *Mittwoch,* weil ich's mag.

HOM: Das geht ja nicht, denn heut ist Donners-tag!

KÖNIG: In diesem Land ist heute *Mittwoch,* weil ich's sag!

(Der König beißt wütend in den Apfel und geht ab.)

HAM UND HOM: Und ab sofort warn alle Brüder und auch Schwestern,

ob sie es wollten oder nicht – von gestern.

HOM: Erstaunlich war, obwohl's Vernunft und Logik nicht erlaubten,

dass sie es nach und nach auch wirklich glaubten.

HAM: Es ließ das ganze Volk sich mühelos verkohlen.

Es *war* zwar heute Donnerstag – doch Mittwoch war befohlen.

HOM: Im Radio klang es glaubhaft – souverän:

»Wir haben heute Mittwoch, den …«

HAM: Auf allen Zeitungsköpfen war am Donnerstag zu lesen,

der Dienstag gestern wäre höchst ereignisreich gewesen.

HOM: Es gab zwar hie und da vereinzelt Querulanten,

die diesen Mittwoch Donnerstag benannten,

doch solche Leute wird es immer geben,

die stur an einem falschen Tage leben.

HAM: Und die Moral von der Geschicht?

HOM: Ganz so absurd ist die Ballade nicht.

HAM: Sie schwören sicher Stein und Bein,

dies Land kann doch nur Deutschland sein.

HOM: Die Antwort ist nicht richtig?

HAM: Nein.

HOM: Wie lautet sie?

HAM: *Muss* Deutschland sein.

Aus dem Programm
Der Moor ist uns noch was schuldig (1968)

Privatszene

(Dietsch tritt auf.)

KLAUS: *(privat)* He – Dietsch – was macht denn du hier?

DIETSCH: Ich mache ein Dietsch-in.

KLAUS: Warum denn das?

DIETSCH: Jetzt läuft unser Programm schon zehn Minuten, und wir waren noch nicht einmal auf der Bühne!

URSEL: Ich komme mir vor wie U Thant – kriege meine Gage und komme zu keinem vernünftigen Wort.

DIETER: Und daran siehst du, dass wir schon viel internationaler denken.

URSEL: Wieso?

DIETER: Sonst hättest du jetzt Lübke gesagt.

KLAUS: Wie viel Unwichtiges man in dieser Zeit vergisst.

DIETSCH: Ich weiß schon gar nicht mehr richtig, wie der Kiesinger aussieht

DIETER: Länglich!

URSEL: Was war das eigentlich, worüber wir uns das letzte Mal so aufgeregt hatten?

KLAUS: Na, diese Not ...

URSEL: Richtig, die Not in ...

DIETER: Wo?

KLAUS: Notstandsgesetze!

DIETSCH: Ach, richtig. Na, da war's ja nahe dran. Noch ein Gesetz mehr, und die Revolution wäre ausgebrochen.

DIETER: Alles vorbei. Unser Innenminister hat jetzt ein Mittel, das garantiert jede Revolution im Keime erstickt.

DIETSCH: Na klar, die Notstandsgesetze.

DIETER: Nee, braucht er gar nicht. Was setzt er ein, um die Leute von der Straße zu kriegen?

URSEL: Panzer!

DIETER: Nee – Bonanza!

URSEL: Ja, ihr werdet euch wundern. Die Deutschen sind viel politischer geworden, als ihr denkt. In jedem Auto hing: Freiheit für die CSSR!

DIETSCH: Und drunter hätten sie gerne hängen: Schützt die Vereinigten Staaten von Amerika vor Vietnam!

URSEL: Das ist doch völlig unlogisch!

DIETSCH: Logisch, aber trotzdem unsere offizielle Politik.

DIETER: Meinst du, wenn unsere konterkonservativen Elemente den kapitalistischen Aufbau unseres Landes gefährden und Axel Springer ruft die Amerikaner zu Hilfe, dass die kommen?

URSEL: Sie sind doch da.

DIETER: Siehst du, das vergisst man immer.

KLAUS: Also, das ist doch alles Kabarett, was ihr hier macht!

DIETSCH: Wieso? Wollten wir das nicht?

URSEL: Nee, das Kabarett ist tot!

DIETSCH: Wer sagt das?

URSEL: Das Kabarett.

DIETSCH: Du weißt doch: Kabarett übertreibt.

KLAUS: Vielleicht ist euch gar nicht aufgefallen, dass wir ein Stück angefangen haben.

URSEL: Ein Stück?

KLAUS: Ein Stück. Die Räuber.

URSEL: Von wem?

DIETER: Von Wilhelm Tell. Wo der Kriminalrat Gessler dem

Prinzen von Homburg ein Glas Apfelmost von der Birne schießt.

DIETSCH: Die Räuber? Nee! Ich kenne meinen Schiller. Was ihr angefangen habt, war das Ende der Räuber!

KLAUS: Du sagst es. Wir spielen nämlich die Fortsetzung. Den 6. Akt! Titel: Der Moor ist uns noch was schuldig.

DIETSCH: Also mir nicht – das wüsste ich.

DIETER: Dem deutschen Volk ist er noch was schuldig.

DIETSCH: Ah soo! Die Räuber spielen wir! … Ich bin der Franz Moor!

KLAUS: Der hat bei uns nicht viel.

DIETSCH: Dann bin ich Karl!

DIETER: Den hat der Scheller schon.

DIETSCH: Ah soo – ich finde das gar nicht gut mit den Räubern.

KLAUS: Na doch, denk mal, die Kostüme und die dollen Bühnenbilder.

DIETSCH: Kostüme? Wo?

KLAUS: Moment! *(Holt die Kiste rein.)*

DIETER: Also pass auf, das geht so: Wir sind Räuber. Richtige Räuber, die die Welt verbessern wollen. Na ja, sagen wir mal, ein bisschen verändern … weil die einen reich sind und die Armen gut, gehen wir einfach klauen und drehen das andersrum, so, dass die Reichen arm sind und die Armen reich.

DIETSCH: Dann fängt ja der Mist wieder von vorne an.

DIETER: Nein, weil die Reichen ja dann gut werden, und die Armen waren's ja sowieso schon,

KLAUS: *(Hat die Kostümkiste gebracht und wühlt darin, zieht sich an.)*

Na? Ist das nicht ein herrliches Stück?

DIETSCH: Wo spielt denn das Stück?

URSEL: In unserm schönen deutschen Vaterland!

DIETER: Ost oder West?

URSEL: West!

DIETSCH: Das ist mir zu allgemein. Das kann dann auch im Riesengebirge sein, weil wir darauf ja noch nicht verzichtet haben, wir sind Räuber, zurzeit unter polnischer Verwaltung.

URSEL: Westerwald!

KLAUS: Na also. Fertig?

DIETER: Fertig.

DIETSCH: Westerwald? Da ziehe ich mich warm an, weil da pfeift der Wind so kalt. *(Legt sich Schal um.)*

KLAUS: Haaalt! Erst muss ich wissen, welcher Räuber ich bin.

DIETER: Du bist Kosinsky.

KLAUS: Immer muss ich die Fußballspieler machen.

URSEL: Wen spiele ich?

DIETER: Du bist Roller.

URSEL: Ich? Den Roller? Eine Hosenrolle?

KLAUS: Sei doch froh, du weißt doch, dass der Schiller keine Frauenrollen schreiben konnte.

URSEL: Das Stück ist doch von euch.

DIETER: Na und? In 14 Programmen müsstest du doch gemerkt haben, dass wir's auch nicht können.

DIETSCH: *(beleidigt)* Der Roller hätte mich noch gereizt.

URSEL: Den hab ich!

DIETER: Dann bist du Schufterle.

DIETSCH: Immer muss ich die spielen, die stottern, hinken, schielen oder so einen Namen haben.

DIETER: Was willst du denn? Ich mach ja auch den Spiegelberg.

DIETSCH: Hast ja auch 'ne Brille.

KLAUS: Dann lass mich den Schufterle spielen.

DIETSCH: *(misstrauisch)* Nee, wenn du so scharf drauf bist, dann ist was dran.

KLAUS: Fertig?

URSEL: Fertig.

DIETER: Fertig.

DIETSCH: Schufterle …

URSEL: Wir singen Ihnen den Räuber-Tango der Enteignungs-
Kommune I für steuerhinterziehungsberechtigte Führungs-
kräfte und Entwendungsfacharbeiter.
KLAUS: Darf ich bitten?
DIETSCH: Danke, ich tanze nicht.
ALLE: Die Räu – die Räu – die Räuber nahn
Die Hilfs-aktion die ist spontan
Wir drehn das Ei – das Eigentum nur um.
DIETSCH: Wenn wer zu Haus zwei Geigen hat
dem nehm' wir eine weg!
ALLE: In diesem Land da ist – das ganz normal,
da gibt es Räu – berbanden ohne Zahl,
und die sind au – ßerdem noch kolossal legal.
DIETSCH: Auch wenn du Flick am Zeuge flickst,
dem ist das ganz egal.
ALLE: Diiee Krankenkassen,
die kannst du üüüberhaupt nicht fassen,
sie ziehn den Dummen ganz gelassen,
die Pelle übern Kopf.
DIETSCH: Weil der Deutsche stets den Kopf hinhält,
ihm ist's ganz gleich, wohin.
ALLE: In diesem Land – da rollt – die Mark geschwind,
sie rollt so flott – dass man – sie nicht mehr find't,
an manchem saust – das Ding – so einszweidrei vorbei!
DIETSCH: Ich war mal eine Zehnmarkscheinspende.
Ich reiste als solche vom Postamt Süd ab.
Der Beamte hat mich so mittlings gefasst,
das störte mich schon,
dann zog man mir zwei Mark als Reisegeld ab.
Als acht Mark kam ich beim Büro der Sammelaktion an
und nach drei Tagen als sechs Mark zur Austeilung dran.
Ich war schon recht mager und fühlte mich schwach,
mir fehlten vier Mark, und mich störte der Krach,

denn ich lag nur herum und wurde verwaltet,
und weil ich das wurde, so ward ich gespaltet,
ich musste Papier und Bleistift bezahlen,
den Schreibtisch, das Licht, die Büroblumenschalen.
Ich war noch drei Mark stark und das in drei Stücken,
eins fiel untern Tisch, wer wird sich schon bücken.
Als Zweimarkstück – bräunlich, vergriffen, verbogen –
ward ich schließlich als Spende vom Verlust abgezogen.
Ich fühlte mich elend – wie auseinandergenommen.
Als falscher Fuffziger bin ich dann doch angekommen.
Und haben Sie Bürokraten in Ihrer Bekanntschaft –
ich grüße ganz herzlich meine arme Verwandtschaft.

ALLE: In diesem Land – da ist – das ganz normal.
    Da gibt es Räu – berbanden ohne Zahl.
    Und die sind au – ßerdem noch kollossal legal!

DIETSCH: Mir ist das ganz egal, ich …
    will euch mal was sagen! Ich habe den Westerwald dick.

DIETER: Bitte!

DIETSCH: Das Stück muss anders weitergehen.

URSEL: Dann sag, wie's weitergeht.

DIETSCH: Erst brauche ich den Moor.

KLAUS: Der Moor ist flüchtig, den wirst du nicht finden.

DIETSCH: Ich finde ihn. Es gibt nur eine Suchaktion in diesem
    Land, die furchterregend funktioniert. Roller, komm mit – du
    sollst mir die Laterne halten. *(beide ab)*

KLAUS: *(Packt die Kostüme ein.)* Und unsereins kann wieder die
    Klamotten von der Bühne räumen.

DIETER: Es ist, Kosinsky, so in diesem Land: Wer die falsche
    Rolle spielt, muss immer nach dem Drama Trümmer räumen.

KLAUS: Was meinte dieser Schufterle mit der Aktion, die furcht-
    erregend funktioniert?

DIETER: Die Polizei!

KLAUS: Ach so. Ich dachte schon, er findet ihn. *(beide ab)*

Aus dem Programm
Von Menschen mit Mäusen (1969)

Von Menschen mit Mäusen

(Jürgen steht auf der Bühne und hat eine Trommel umgehängt.)

URSEL: Was machst du denn da?

JÜRGEN: Flagge hissen.

URSEL: Ist wer gestorben?

JÜRGEN: Hab ich was von halbmast gesagt? Ich hisse vollmast.
Germans on the top.

URSEL: Wo hast du denn die Fahne her?

JÜRGEN: Selber gemacht.

URSEL: Kann man so was nicht kaufen?

JÜRGEN: Nee. Zu teuer in der Herstellung. Du sag mal, kannste singen?

URSEL: Nee.

JÜRGEN: Schade.

URSEL: Schade nicht. Du kannst aber, sing doch du.
Ach ja, die Hymne ... entschuldige.

JÜRGEN: Natürlich.

URSEL: Sag mir den Text.

JÜRGEN: Deutschland, Deutschland über alles, alles über unser Geld,

URSEL: Von der Maus bis zu den Mäusen, brüderlich zusam-
menhält.

JÜRGEN: Zur Erklärung: Mäuse sind Piepen,

URSEL: Piepen sind Kohlen,

JÜRGEN: Kohlen ist Kies,

URSEL: Kies ist Moos,

JÜRGEN: Moos ist Marie,

URSEL: Marienverehrung ist was für Fromme,

JÜRGEN: Fromme beten zu Heiligen,

URSEL: Heilige haben einen Schein,

JÜRGEN: Wir hissen hiermit unseren Heiligenschein.

JÜRGEN: Die Losung!

URSEL: Was?

JÜRGEN: Die Losung der Epoche!

URSEL: Du Fahne sollst in unseren Winden flattern,

JÜRGEN: Du sollst stets über unseren Köpfen knattern,

URSEL: Du bist Symbol für Status, Luxus, Wohlstandsmacke, Profit, Prestige und all die andere Kacke.

JÜRGEN: Heißt Flagge!

(Trommelwirbel – Dietsch kommt herein.)

JÜRGEN: Ziehen Sie den Hut.

DIETSCH: Hut ziehen? Vor wem? … O ja, 'ne Dame.

URSEL: Nee, vor der Fahne.

DIETSCH: Vor der Fahne? Was denn, vor dem Lappen da? Nee.

JÜRGEN: Können Sie sich das leisten, weil Sie so viel Geld haben?

DIETSCH: Weil ich keins habe.

URSEL: Wollen Sie keins?

DIETSCH: Doch, aber nach Mitteilung der Bundesregierung habe ich genug.

JÜRGEN: Haben Sie Vermögen?

DIETSCH: Nein.

URSEL: Aktien?

DIETSCH: Nein.

JÜRGEN: Grundstücke?

DIETSCH: Nein.

URSEL: Was haben Sie'n überhaupt?

DIETSCH: Arbeit.

JÜRGEN: Und damit sind Sie zufrieden?

DIETSCH: Ich bin gesund, habe zwei kräftige Fäuste, und für das Ärgste bin ich bei der Ortskrankenkasse versichert. Kaviar mag ich nicht, Champagner darf ich nicht, Geld macht nicht glücklich, und das einfache Leben ist Gott gefällig.

URSEL: Du lieber Himmel, deutsches Lesebuch 1899.

DIETSCH: Nein. Sankt Emmeraner Kirchenbote 1969.

JÜRGEN: Hören Sie mal, Herr …

DIETSCH: … und Erzbischöfliches Ordinariat 1974.

JÜRGEN: Hören Sie mal …

DIETSCH: Heiselmann.

JÜRGEN: Also, Herr Heiselmann, die Zeit ist ein bisschen an Ihnen vorübergegangen.

URSEL: Wissen Sie, was ein Vorstandsmitglied der August Thyssen-Hütte im Jahr verdient?

DIETSCH: Nein.

JÜRGEN: Nein? 420 884 Mark.

DIETSCH: Brutto?

JÜRGEN: Ja.

DIETSCH: Ach so.

URSEL: Und ein Vorstandsmitglied der Deutschen Bank?

JÜRGEN: 519 133 Mark.

DIETSCH: Der arme Mann.

URSEL: Wieso?

DIETSCH: Der ist sicher krank, oder seine Frau betrügt ihn.

URSEL: Unsinn. Der ist genauso gesund wie Sie, Herr Heiselmann, und seine Frau macht das Gleiche, was Ihre Frau macht.

DIETSCH: Aua.

JÜRGEN: Und wissen Sie, was ein Vorstandsmitglied von Glöckner-Humboldt-Deutz verdient?

URSEL: 299 287 Mark.

DIETSCH: Schon weniger.

JÜRGEN: Ja fällt Ihnen dabei nichts auf?

DIETSCH: Jaa.

BEIDE: Was?

DIETSCH: Wenn ich an den Stundentarif denke: Die armen Leute müssen ja unheimlich viel Überstunden machen.

– *Black out* –

ALLE: Nennen wir den kleinen Mann mal Heiselmann
Heiselmann? – Heiselmann!
Denken wir uns die Geschichte aus
Irgend so ein kleiner Mann, wie Heiselmann
Heiselmann? – Heiselmann!
Bricht aus seinem Alltag plötzlich aus.

DIETSCH: Was denn, der bricht aus?

URSEL: Ja.

DIETSCH: Und das soll ich machen?
Weg mit dem Grauschleier, mach mehr aus deinem Geld.
Her mit den Vermögensberatern. Rein mit dem Geld in die Wirtschaft. Moment ... mit welchem Geld?

URSEL: Sie müssen sich was borgen.

DIETSCH: Das fängt gut an. *(zu Jürgen)* Haben Sie mal 'nen Heiermann?

JÜRGEN: Was?

DIETSCH: Heiselmann braucht Heiermann.

URSEL: Ein Fünfmarkstück.

JÜRGEN: Damit wollen Sie in die Wirtschaft?

DIETSCH: Aber psssst.

JÜRGEN: Nee, so geht das nicht. Unter 100 000 geht das nicht.

DIETSCH: Was denn, 100 000? Hundert Riesen? Meine Güte!
So geht die Geschichte mit dem Heiselmann nie. Hunderttausend Piepen, wo soll ich die hernehmen? Bin ich Mende? Wächst mir ein Kornfeld auf der flachen Hand?

URSEL: Mit anderen Worten, du streikst.

DIETSCH: Ja, und zwar wild.

JÜRGEN: Gut, wir besetzen um. Horst, komm raus!

HORST: Ja?

JÜRGEN: Du spielst ab sofort den Heiselmann.

HORST: Und wie komme ich zu 100000 Mark?

JÜRGEN: Du gehst auf'n Bau.

HORST: Was denn, als Maurer?

JÜRGEN: Jaa.

HORST: Und komme zu 100000 Mark?

JÜRGEN: Es kommt nur darauf an, was wir für einen Chef finden.

URSEL: Oh, den Chef spiele ich.

JÜRGEN: Nee, dafür brauchen wir einen Doofen.

DIETSCH: 'nen Doofen? Achim!

Betriebsausflug

(Belegschaft marschiert auf die Bühne, mit Strohhüten usw.)

ALLE: So ein Betriebsausflug
   ist ein sozialer Zug,
   die Firma hat heut Ruh.
   So ein Betriebsausflug
   ist ein sozialer Zug,
   der Scheißbetrieb bleibt zu!

(alle durcheinander:)

URSEL: Ich tausche meine Schnapsmarken gegen Kaffeemarken!

ACHIM: Wer hat sich noch nicht in die Kegelliste eingetragen?

HORST: Will jemand meine Biermarken?

ACHIM: Wer hat sich noch nicht in die Kegelliste eingetragen?

DIETSCH: Seid doch mal ruhig, ich muss mal was ganz Wichtiges mit euch besprechen!

URSEL: Herr Heiselmann, Sie haben versprochen, dass Sie heute Abend auch mal mit mir tanzen …

DIETSCH: Ja doch, Frau Blümchen. Wir im Betriebsrat haben folgende Absicht: Wir wollen vorschlagen, dass der Betriebsausflug künftig entfällt. Der Tag gilt als Urlaub und wird bezahlt!

URSEL: Ach nee, Herr Heiselmann! Können Sie doch unserem Chef nicht antun, wo er sich ein ganzes Jahr immer so drauf freut!

DIETSCH: Und was haben Sie davon, Frau Blümchen?

URSEL: Es ist eben … man kommt sich menschlich so nah, nicht?

HORST: Ich find's immer richtig lustig!

URSEL: Ich find's auch so furchtbar lustig und die herrliche Tombola. Denken Sie doch mal, letztes Jahr habe ich eine Zehnliterflasche deutschen Wermut gewonnen.

HORST: Ja, und Sackhüpfen und Kegeln und Kringelbeißen …

ACHIM: Apropos, wer hat sich noch nicht in die Kegelliste eingetragen?

HORST: Überhaupt die ganzen lustigen Spiele, wo die Prokuristen alle persönlich mitmachen. Da vergisst man doch mal die Unterschiede. Das braucht man doch!

URSEL: Und denken Sie mal, die gnädige Frau Mutter von unserem Chef, die jedes Mal mitfährt, wie ein ganz normaler Mensch, und jedem Einzelnen von uns drückt sie persönlich die Hand und nimmt Anteil.

ACHIM: … und drückt selbst, lässt nicht drücken, drückt selbst. Und der feine menschliche Humor von unserem Chef.

DIETSCH: Wenn er den Lehrmädchen an die Bluse geht …

URSEL: Pfui, Herr Heiselmann, Sie hetzen ja!

HORST: Hat er aber recht! Hab ich selber gesehen. Bloß, die doofen Kühe sind ja noch stolz drauf, wenn der Chef ein Auge auf sie wirft, und da ist noch 'ne Hand mit dran.

ACHIM: Ah, Schwätzer! Herr Heiselmann, sehen Sie mal, Sie müssen doch einen Betriebsausflug von der anderen Ecke aus sehen. So ein Betriebsausflug ist ein ungeheures Gemeinschaftserlebnis. Wir treffen uns gemeinsam, fahren gemeinsam in die gemeinsame Natur, wir sitzen gemeinsam im Bus ... vielleicht sitzen Sie mal neben dem Chef!

DIETSCH: Nein, das dürfte kaum möglich sein, da sitzen Sie ja schon seit acht Jahren.

URSEL: Vielleicht wird er mal krank.

ACHIM: Nein ... Herr Heiselmann, Sie können sich mal mit ihm unterhalten, Sie können mal mit ihm reden. Wann haben Sie schon Gelegenheit dazu? Sie können mal den Mund aufmachen!

DIETSCH: Den Mund stopft er Ihnen doch schon zum Frühstück mit Eisbein, oder reden Sie mit vollem Mund?

ACHIM: Ach, Herr Heiselmann, so ein Betriebsausflug ist ein ungeheures Kontakterlebnis zwischen Belegschaft und Unternehmer.

DIETSCH: Ja, das ist doch genau der Trick! Ist euch denn noch nie aufgefallen, dass der ganze Betriebsausflug nur dazu da ist, euch zu einer »großen Familie« zu machen? Betriebsklima zu schaffen? Und was ist Betriebsklima? Das feine Menschliche, wie Frau Blümchen so schön sagt, wo euch immer die Träne quillt, sodass ihr nischt mehr sehen könnt ... und kampfunfähig seid. Das ist das Tränengas der Unternehmer! Unser Chef ist ein melodramatischer Wasserwerfer!

HORST: Richtig!

ACHIM: Du bist ganz ruhig. Du bist der Jüngste im Betrieb!

HORST: Einverstanden. Dann darf der Dümmste aber auch nichts sagen. Sind Sie ruhig!

ACHIM: Richtig … Lümmel!

DIETSCH: Ruhe! Was geht denn in eueren Köpfen überhaupt vor, hm?

ACHIM: Herrschaften, bitte, wer hat sich noch nicht in die Kegelliste eingetragen?

HORST: Hören Sie doch auf mit Ihrer dummdreisten Kegelliste!

ACHIM: Ich bin dafür verantwortlich!

(ab)

URSEL: Jetzt is er bitterböse!

DIETSCH: Na ja, dann könnt ihr ja vielleicht mal in Ruhe überlegen. Ist euch eigentlich noch nie aufgefallen, dass die Parteien im Wahlkampf immer den menschlichen Kontakt zu euch suchen?

HORST: O doch. Bei Barzel habe ich immer den Eindruck, er will zu mir unter die Bettdecke.

URSEL: Und was hat das mit uns zu tun?

DIETSCH: Was für die Parteien der Wahltag, ist für uns der Betriebsausflug. Vorher alles prima … nachher wissen se von gar nischt mehr. Wann forderten wir denn in unserem Betrieb den freien Samstag?

URSEL: 1965.

DIETSCH: Und seit wann ist keine Rede mehr davon?

URSEL: Seit dem Betriebsausflug 65 … stimmt.

DIETSCH: Wann forderten wir die Erhöhung der Überstundenlöhne?

HORST: 67.

DIETSCH: Seit wann sind die gestorben?

HORST: Betriebsausflug 67.

DIETSCH: Was forderten wir gestern?

URSEL: Mitbestimmung!

DIETSCH: Und wann wird damit Schluss sein?

(Jürgen kommt auf die Bühne.)

JÜRGEN: Morgen!

DIETSCH: Ja, spätestens.

ALLE: Morgen!!

JÜRGEN: Wie sagte mein seliger Vater schon immer an diesem Tage? Lasst uns an den Händen nehmen und diesen jungen Tag ansingen.

DIETSCH: Geht schon los, der Wasserwerfer!

JÜRGEN: drei … vier …

ALLE: So ein Tag, so wunderschön wie heute,
so ein Tag, der sollte nie vergehn …

ACHIM: Ich habe die zweite Stimme gesungen … Herr Grützmeyer. Das Frühstück ist angerichtet, in den hinteren Räumen.

URSEL: Was gibt's denn?

ACHIM: Eisbein!

DIETSCH: Aha!

JÜRGEN: Das ist eine Überraschung, nicht? Wir gehen jetzt alle zum Eisbein essen.

HORST: Ich … ich habe gar keinen rechten Hunger …

URSEL: Chef, das ist furchtbar dumm … ich darf ja nur dienstags ein ganz kleines Häppchen essen. Ich halte eine neue Diät aus.

ACHIM: Tut mir leid. Ich muss mich noch um die Kegelliste kümmern.

(ab)

JÜRGEN: Und Sie, Heiselmann? Keinen Appetit?

DIETSCH: Doch, ja, Mutter hat mir eine schöne Stulle mitgegeben, liegt im Bus, werde ich nachher essen.

JÜRGEN: Was soll das plötzlich bedeuten?

DIETSCH: Nichts, Chef. Betriebsklima … das neue.

JÜRGEN: So, Sie wollen mir den Betriebsausflug vermiesen, was?!

DIETSCH: Wie kommen Sie denn darauf?

JÜRGEN: Meine gute Stimmung verderben, wie?!

DIETSCH: Ich? Im Gegenteil. Ich bin eine ausgesprochene Stimmungskanone. Achtung, Leute: Polonaise!

ALLE: So ein Betriebsausflug
  ist ein sozialer Zug,
  die Firma hat heut Ruh.
  So ein Betriebsausflug
  ist ein sozialer Zug,
  der Scheißbetrieb bleibt zu …
(Alle gehen ab, Dietsch kommt zurück.)
DIETSCH: Ganz gut und schön. Die Geschichte hat leider einen
  Haken: Sie stimmt nicht!
  So leicht lässt sich kein deutscher Arbeitnehmer zu seinen
  Gunsten überzeugen!

Die Entlassungsscheine

JÜRGEN: Heiselmann!
DIETSCH: Ja, Chef?
JÜRGEN: Sie können gehen!
DIETSCH: Ich war gerade dabei.
JÜRGEN: Nicht jetzt.
DIETSCH: Ja, was denn nun?
JÜRGEN: Für immer. Sie sind entlassen.
DIETSCH: Als was?
JÜRGEN: Als was? Als Lohnempfänger der Firma Grützmeyer.
DIETSCH: Ach so, ich dachte schon, Sie wollten mich loswerden.
JÜRGEN: Das bin ich Sie auf diese Weise.
DIETSCH: Nee. Tut mir leid für Sie. Ich bleibe.
JÜRGEN: Als was?
DIETSCH: Als Betriebsratsvorsitzender! Da bin ich unkündbar.
JÜRGEN: Ich finde schon einen Grund.
DIETSCH: Ich höre.
JÜRGEN: Sie hetzen die Leute auf.

DIETSCH: Nee. Ich hetze sie auf ihre Rechte. Ist meine Pflicht als Betriebsrat.

JÜRGEN: Da haben Sie sich gefälligst mit mir zusammenzusetzen.

DIETSCH: Nee, Chef. Das ist ja eben der Fehler. Den machen schon die Bosse vom DGB.

JÜRGEN: Auf jeden Fall will ich Sie in meinem Betrieb nicht mehr sehen.

DIETSCH: Das ist Ihr Problem. Dann müssen Se halt weggucken.

JÜRGEN: Ihre Arbeitsleistung ist ungenügend.

DIETSCH: Da wird das Arbeitsgericht aber staunen.

JÜRGEN: Wieso?

DIETSCH: Wenn ich mit meinen 100 Zeugen aufmarschiere.

JÜRGEN: Sie sind politisch nicht zuverlässig.

DIETSCH: Was is'n das? Politisch nicht zuverlässig?

JÜRGEN: Gut, lassen wir das weg. Sie stören den Arbeitsfrieden.

DIETSCH: Womit?

JÜRGEN: Indem Sie meine Leute gegen mich einnehmen.

DIETSCH: In dem Satz sind gleich drei Fehler:

1. Mach ich das nicht,

2. Brauch ich das nicht – von sich eingenommen sind Sie schon,

3. Sind das nicht Ihre Leute.

JÜRGEN: Ich bezahle sie.

DIETSCH: Fehler Nummer vier. Sie bezahlen ihre Arbeitsleistung.

JÜRGEN: Wo ist da der Unterschied?

DIETSCH: Was meinen Sie, was Sie das kosten würde, wenn Sie die Zeit bezahlen müssten, die ich gebraucht habe, um den Unterschied rauszukriegen.

JÜRGEN: Sagen Sie mal, Heiselmann, waren Sie eigentlich einmal Mitglied der KPD?

DIETSCH: Nee, Chef! Ich war Parteimitglied wie Kiesinger, bloß ich hatte nachher mehr Zeit zum Lesen. Der Gute ist einfach zu früh in die Politik gestoßen worden.

JÜRGEN: Was wollen Sie damit sagen?

DIETSCH: Ja, wenn Sie das nicht wissen, muss ich die Hoffnung aufgeben.

JÜRGEN: Welche Hoffnung?

DIETSCH: Dass Sie noch 'nen Grund finden, mich zu entlassen.

JÜRGEN: Glauben Sie an Gott?

DIETSCH: Das ist aber albern, Chef. In der Richtung liegen Sie falsch. Gott? Da hapert's ja schon beim Bodenpersonal. Oder meinen Sie, der Gott, an den die Hinterbliebenen von Filetto glauben, ist derselbe wie der, den der Geiselbischof verwaltet?

JÜRGEN: Was glauben Sie überhaupt?

DIETSCH: Ich glaube … dass Sie mich nicht entlassen können.

JÜRGEN: Sie sind einfach ein kleiner mieser Strolch!!!

DIETSCH: Nein, das ist auch falsch, Chef. Das verletzt mich ja nicht. Denn das ist eine folgerichtige Schlussbemerkung. Pinscher – Affe – Idiot – Strolch – – Pause – – geh'n Sie doch rüber – Ende der Aussage – Beginn der Hilflosigkeit. Und das Schlimme ist: Wir werden von lauter Hilflosen regiert.

JÜRGEN: Wer wir?

DIETSCH: Na, ich zum Beispiel von Ihnen.

JÜRGEN: Aha! Sie geben also zu, dass ich hier regiere?

DIETSCH: Natürlich.

JÜRGEN: Ich habe schon mal gesagt – Sie sind entlassen!

DIETSCH: Schade, Sie kapieren nicht mal das Nötigste.
Wenn ich sage, Sie regieren, dann heißt das:
Sie haben meine Interessen in Regie!

JÜRGEN: Na bitte, dann führe ich eben Regie. Verlassen Sie die Bühne!

DIETSCH: Nee, das ist ja auch wieder falsch, Chef. Ich habe eine Rolle in dem Stück, und in meinem Rollenbuch steht: »Heiselmann bleibt auf der Bühne und kontrolliert aufmerksam das Geschehen.«

JÜRGEN: Das ist nicht mein Stück – das ist Ihr Stück.

DIETSCH: Gott sei Dank! Ihres würde ich auch nicht spielen, das ist ein Scheißstück.

URSEL, HORST, ACHIM: So ein Betriebsausflug
ist ein sozialer Zug,
die Firma hat heut Ruh.
So ein Betriebsausflug …

JÜRGEN: Ruhäää! Haut ab, ihr Idioten!!!

(Alle erschrocken ab.)

DIETSCH: Sicherheit durch Recht und Ordnung! Es ist Ihr Recht, auf diese Weise für Ordnung zu sorgen, und das gibt Ihnen Sicherheit.

JÜRGEN: Heiselmann, Sie wissen, dass Sie mir von Minute zu Minute widerlicher werden?

DIETSCH: *(Winkt in den Raum hinein.)*

JÜRGEN: Wem winken Sie?

DIETSCH: Der Retourkutsche. Ich habe sie fahren lassen.

JÜRGEN: Heiselmann, sagen Sie mal, was kosten Sie, wenn Sie gehen?

DIETSCH: Wie bitte?

JÜRGEN: Ich lasse mir Ihre Entlassung was kosten. Das ist mein Privatvergnügen.

DIETSCH: Bestechung?

JÜRGEN: Nein, nein. Es würde zwar länger dauern, aber Sie wissen genau, dass ich Sie jederzeit erledigen kann.

DIETSCH: O ja, das weiß ich. Das weiß ich noch aus der Zeit, als wir in der Talsohle waren, wie Sie über Nacht 80 rausschmissen.

JÜRGEN: Na ja … was verdienen Sie im Monat?

DIETSCH: 1322 Mark.

JÜRGEN: Das macht im Jahr?

Dietsch: 17186 Mark.

Jürgen: Falsch. 15864 Mark.

Dietsch: Nee, richtig, weil da ist ja schon das 13. Monats-
gehalt dabei, das Sie mir seit drei Jahren versprechen.

Jürgen: Also bitte ... Ich bezahle Sie noch sieben Jahre, bis
zur Erreichung der Altersgrenze, das macht zusammen
122302 Mark. Zwei Mark bekommen Sie in bar, den Rest
per Scheck ...

Dietsch: Halt, Moment! In sieben Jahren haben wir 1977, ja?

Jürgen: Ja und?

Dietsch: Bis dahin haben die Gewerkschaften eine Lohnerhö-
hung von mindestens realen zwei Prozent durchgesetzt. Das
sind dann: 124748,04 Mark.

Jürgen: Meinetwegen. Hier haben Sie die vier Pfennige ...

Dietsch: Halt, Chef. Bis dahin müssen die Feiertage mitbezahlt
werden ... macht zusammen: 134748,04 Mark.

Jürgen: Gut ... Ich schreibe Ihnen also einen Scheck ...

Dietsch: Halt! Immer genau sein. Am 1. Mai 75 feiere ich silberne Hochzeit, da hätte ich mir 'ne Woche freigenommen ...
dann ziehen Sie mal ... 50 Mark ab ... Ja, und Überstunden.
Die darf ich ja dann auch nicht mehr machen ...

Jürgen: Also gut. 5000 Mark mehr. Das macht 139700 Mark.
Noch was?

Dietsch: Wo sind die vier Pfennige geblieben, hm?

Jürgen: So, nun will ich Ihnen mal was sagen. Jetzt bin ich
dran: Für die nächste Zeit ist eine Rezession ... eine Talsohle
angesagt. Das heißt Kurzarbeit! 50000 Mark weniger.

Dietsch: Was denn, dieses Jahr ist schon wieder Rezession?

Jürgen: Ja!

Dietsch: Da kann ich Sie ja nicht im Stich lassen. Nee, dann
bleibe ich ...

Jürgen: 100000 Mark!

Dietsch: Angenommen.

JÜRGEN: *(Reicht ihm den Scheck.)* Na? Ganz schöner Batzen Geld.

DIETSCH: Ja, das kann man wohl sagen. Na, dann mal vielen Dank, Chef, und Auf Wiedersehen.

JÜRGEN: Nee, Heiselmann, wir sehen uns nicht mehr wieder.

DIETSCH: Doch, bei der nächsten Aktionärssitzung. Von den Piepen kaufe ich mir Aktien der Grützmeyer AG.

Grützmeyer junior

(Jürgen in Mao-Jacke.)

JÜRGEN: Gestatten, Grützmeyer!
  Clever, proper – tiptop fit
  politisch unvoreingenommen
  Up to date – ein Party-Hit
  Magirus Deutz – die Bullen kommen!
  Bin ein dufter Typ als Boss
  kriege jede Bürgschaft
  zwischen Bloch und Stirling Moss
  Go-go-Boy der Wirtschaft!
  Sie kennen alle Grützmeyer, nicht?! Aber Sie wissen nicht, was das für eine Firma ist. Bei uns, da herrscht ein Betriebsklima, sag ich Ihnen. Wir sind wie eine Familie. Mitbestimmung? Längst drüber weg. *Nestwärme!!* Und wenn wir dann unsere Weihnachtsfeier haben. Ich mache da immer den Nikolaus. Da bleibt kein Auge trocken. Und wenn ich dann unter dem Christbaum meine Rede halte … Freunde! Mitarbeiter! Kollegen!
  Wieder ist die Stunde gekommen, in der ich euch alle … ja *alle* einmal anschauen … muss. Ihr wisst, euer Chef ist kein

Freund von langen Ansprachen … er kann sehr hart sein … in den Stunden der gemeinsamen Anspannung, aber heute, hier unter den brennenden Kerzen, da möchte ich euch Treuen, die ihr vielleicht noch unter meinem seligen Vater dientet und dann, als ich junger unerfahrener Juniorchef, vor den Trümmern … mit unseren Händen haben wir diesen Betrieb wieder aufgebaut … gemeinsam … heute, an diesem Tag möchte ich euch Dank sagen … denn ich bin der, der hier zu danken hat. An dieser Stelle kommen schon immer die ersten Schluchzer. Da gibt es keinen, der sich nicht nass macht. Anschließend tanze ich mit allen Damen aus dem Betrieb … bei mir kündigt keine. Wenn ich eine raushaben will, die muss ich förmlich rausprügeln. Das macht das Betriebsklima. Teamwork! Jaa! Alle meine Ideen werden von unserem Team erarbeitet. Damals, als ich den Betrieb von meinem alten Herrn übernahm, da standen zehn Millionen auf der Habenseite, und was habe ich gemacht? Vervierfacht habe ich den Bettel! Nicht, dass ich mir etwas aus Geld machen würde, o nein. Sie kotzt mich an, diese ganze widerliche Wohlstands-Mischpoke! Pfui Teufel, ja! Sie hat mich zum Maoisten gemacht! *Mao,* das ist der Größte, wenn der sagt: »Die Dinge in der Welt sind kompliziert, sie werden von verschiedenen Faktoren bestimmt. Man muss die Probleme von allen Seiten betrachten, und nicht nur von einer einzigen.«
Sehen Sie, ich habe aus zehn Millionen vierzig gemacht. Da muss man schon mal diesen oder jenen aufs Kreuz legen … aber man muss das von allen Seiten betrachten … nicht nur von einer einzigen.
Und wenn er sagt: »Setzt euch zusammen, nehmt teil an der Produktion, damit die wirtschaftliche und soziale Stellung der Frau verbessert wird«, ist das sehr richtig. Ich habe auch meine erste ausbezahlt und mir dann eine neue genommen … nicht ganz neu … ein bisschen gebraucht … geht sehr gut.

Nichts mehr von feudalpatriarchalischer Gesinnung, wie Mao das ausdrückt. Schluss mit Gattengewalt und Sippengewalt! Wenn ich nach Hause komme, dann sage ich zu meiner Frau: »Liebling, rück ein Stückchen – ich habe mir eine kleine Spielgefährtin mitgebracht«, dann sagt meine Frau zu ihrem Liebhaber: »Liebling, rück ein Stück – mein Mann ist zu zweit.«

Nicht, dass mein Haus zu eng wäre, o nein. Das steht jedem offen, außer im Sommer. Da bin ich in meiner Villa an der Riviera. Aber so was muss man ja heutzutage haben. Da gehen diese Arbeiter plötzlich auf die Barrikaden und verlangen 70 Pfennige mehr! Den Leuten geht's zu gut! Wie hätten wir denn unter diesen Umständen aus zehn Millionen vierzig machen können!? Wir jungen deutschen Unternehmer!?

Was sagt *BILD*? Deutschland ist Nummer 1 in Europa!

Und warum? Weil wir so klare politische Vorstellungen haben!!!

JÜRGEN: *(Schluss-Song)*

Der Laden wird auf Zack gebracht,
das geht bei uns ruck, zuck,
und wer noch lange Zicken macht,
den setz ich unter Druck.
Hier wird ein neuer Marsch gegeigt,
hier bin ich Herr im Haus,
hier wird nicht mal im Traum gestreikt,
wer so was träumt – fliegt raus!

Aus dem Programm
Wir werden uns schon schaffen (1970)

Matriarchat III

(Ursel mit Aktentasche mürrisch auf die Bühne, steht, schaut sich um ...)

ULLA: Peter! Fritz! Kurt!
(musikalisch flott)
ACHIM: Tag, Schätzchen!
ULLA: Nimm ab! *(Gibt ihm Tasche.)*
ACHIM: Du kommst heute später?
ULLA: Ich konnte nicht früher. Wo ist denn der Peter?
DIETER: Tag, Schätzchen!
ULLA: Mein Drink!! *(Dieter ab)*
JÜRGEN: Und hier deine Latschen. Was gibt's draußen Neu-
es?
URSEL: Schluss mit dem Quatschen.
DIETER: *(mit Drink)* Martini mit Soda mit Liebe gemixt. Wie
immer, mein Schätzchen – du weißt, wen du schickst!
ULLA: Mit Liebe, mit Liebe, was soll denn der Scheiß?
Ich pfeif' auf die Liebe – ich will ihn mit Eis!
DIETER: *(traurig)* Verzeihung ... wie konnte mir so was pas-
sieren! *(ab)*
ULLA: Jetzt heult er gleich wieder, die verfluchten Allüren!
Da kommt man nach Hause in fröhlicher Laune,
Man freut sich auf Ruhe, auf Heim und auf Mann,

Da bricht einen Streit dieser Kerl mir vom Zaune.
Ich weiß nicht, ob ich das länger aushalten kann.
Was ist denn – was läuft denn – was geht ohne mich?
Wo wärt ihr denn alle? Ihr wärt auf dem Strich!
Ich hab geschuftet, um euch hier zu füttern,
Wenn ich einmal friere – habt ihr mitzuzittern!

JÜRGEN: *(verschüchtert)* Soll ich die Schuhe …

ULLA: Ruheee!!!

DIETER: *(Kommt mit dem Drink.)* Der Drink, Schätzchen.

ULLA: Die Zeitung!

ACHIM: Vielleicht ein bisschen Musik?

ULLA: Na ja … aber leise, verdammt noch mal.

MÄNNER: Abends am Kamin,
  wenn die Scheite glühn …

ULLA: Da fällt mir ein, wem habe ich das Geld fürs Kaminholz
  gegeben?

DIETER: Mir.

ULLA: Na und? *(Hält die Hand auf.)*

DIETER: Nichts übrig geblieben.

ULLA: Was? Das kann doch nicht wahr sein.

DIETER: Schätzchen, du glaubst gar nicht, was das heutzutage alles kostet!

ULLA: Bande! Wahrscheinlich habt ihr wieder lauter überflüssigen Kram gekauft.

MÄNNER: Abends am Kamin,
  wenn die Scheite glühen,
  abends am Kamin,
  wenn Neurosen blühen,
  abends am Kamin
  wird uns so maskulin,
  dann denken wir verbittert an
  die Zeit als Mann.

DIETER: Die Zeiten des Patriarchats sind endgültig vorbei.

JÜRGEN: Wir haben kein Vaterland mehr, sondern ein Mutterland.

ACHIM: Keine Muttersprache mehr, sondern eine Vatersprache.

JÜRGEN: Die Wiedereinführung des Wahlrechts der Männer stieß auf Ablehnung im Parlament.

DIETER: Aber im Bundestag selbst sitzen schon wieder 20 Männer.

ACHIM: Arme, abhängige, verschüchterte Würstchen.

JÜRGEN: Als ich neulich allein in eine Bar gehen wollte, sagte die Geschäftsführerin: Bedauere, aber das schickt sich nicht.

DIETER: Man kann als Mann nicht mehr alleine durch den Park gehen nachts! Wer vergewaltigt wird, ist selbst dran schuld.

ACHIM: Die Löhne der Männer liegen immer noch über 30 Prozent unter den Löhnen der Frauen.

DIETER: Das Dortmunder Matriarchat No. 2160 plädiert für die Wiederzulassung des Männerfußballs.

ACHIM: Staatsanwältin Mechthild Macheiner verurteilte zwei Männer wegen gruppenschädigender reaktionärer patriarchalischer Umtriebe zu zwei Jahren Pinnasberg.

JÜRGEN: Der Begriff Mannschaft ist endgültig aus dem deutschen Wortschatz gestrichen.

ACHIM: Im Bundestag formulierte Bundeskanzlerin Inge Meysel: ubi bene ibi matria,

MÄNNER: Abends am Kamin,
wird uns so maskulin …

ULLA: Gut, aber erst wird gegessen. Ab in die Küche mit euch!
(Männer ab)

JÜRGEN: Möchtest du ein Süppchen?

ULLA: Süppchen? Mach ich den Eindruck? Fleisch!!

JÜRGEN: Nachtisch?

ULLA: Später …
Ich kann nicht klagen. Meine drei Männer sind ganz in Ordnung … angefangen hatte ich eigentlich mit sieben. Aber vier

mussten wir wegen der Vorräte abschaffen. Die Burschen haben immer noch nicht begriffen, wie es dazu kam, dass aus deutschen Patrioten Matrioten wurden. Als das unselig heuchlerische und leere Geschwätz dieser verbarzelten Patriarchengeneration unerträglich wurde, haben wir Frauen uns solidarisiert, bildeten dann Gruppen, fingen uns Männer ein und funktionierten sie um. Manche, die zu nichts mehr taugten, wurden sofort … ach ja, Franz Josef Strauß hat in einem seiner letzten Ausbrüche noch gewarnt vor der Wallachisierung des deutschen Mannes.

Und unsere Überlegenheit wächst! Und Gruppenkraft bewirkt nach und nach zahlenmäßige Überlegenheit weiblicher Wesen. Diese verdrängen die Männchen, zwingen sie zum Rollentausch in der Gesellschaft. Heute ist es so weit: Wir ernähren die Männer. Die Männer haben die Hausfrau abgelöst und haben als Beruf anzugeben: Hausmann.

Nach längerer weiblicher Vorherrschaft, so beweist es die Verhaltensforschung, findet wie von selbst ein Geschlechtertausch statt. Das heißt: Die Männchen übernehmen sogar die Brutgeschäfte. Das glauben Sie nicht? Hören Sie zu:

(Ulla geht ab.)

(Drei Männer stehen hintereinander in einer Schlange. Alle tragen Körbe und Einkaufsnetze mit Lebensmitteln etc.)

ACHIM: Drücken Sie doch nicht so da hinten.

DIETER: Ich hab's eilig, unsere Frau kommt nach Hause, da muss das Essen auf dem Tisch stehen, sonst gibt's Krach.

JÜRGEN: Glauben Sie vielleicht, ich stehe zum Spaß hier?

DIETER: Diese Selbstbedienungsläden hat der Teufel gesehen. Hopphopp hat man den ganzen Kram im Korb, und dann steht man eine Stunde an der Kasse.

ACHIM: Und ich habe noch nicht mal die Betten gemacht.

DIETER: *(zu Jürgen)* Scheint eine schöne Wirtschaft zu sein bei denen.

JÜRGEN: Na, ich sage Ihnen! Ich habe seine Wäsche hängen sehen. Typischer Grauschleier.

DIETER: Kochen soll er auch nicht können, sagen die Leute.

JÜRGEN: Ist ein Schlamper. Der näht ja nicht einmal die Knöpfe an am Kostüm seiner Frau …

DIETER: … die Frau läuft rum …

(Achim lehnt sich an Dieter.)

DIETER: Hee, Sie! Was ist denn?

ACHIM: Entschuldigen Sie. Mir ist so schlecht.

JÜRGEN: Was hat er denn?

DIETER: Ihm ist schlecht.

JÜRGEN: Das macht die Luft hier drin.

ACHIM: Nein. Ich bin im fünften Monat.

JÜRGEN: Was denn, schon wieder? Tss tss, diese Frau ist so was von rücksichtslos.

DIETER: Er kann ja nicht Nein sagen.

ACHIM: Jeden Morgen ist mir speiübel.

DIETER: Jeden Morgen wird ihm speiübel. Die Frauen, wenn sie abends nach Hause kommen, wollen ja immer nur das *Eine* …

JÜRGEN: … Fernsehen!

DIETER: Wem sagen Sie das. Ich habe drei. Und vorher immer die Angst, dass es auch ein Mädchen wird.

JÜRGEN: Ein Freund von mir ist aus seinem Matriarchat rausgeflogen, weil er einen Jungen geboren hat. Jetzt sitzt der arme Kerl auf der Straße. Na ja … gelernt hat er nichts.

DIETER: Sehen Sie, darum arbeite ich jetzt halbtags. Man kann nie wissen.

ACHIM: Was arbeiten Sie?

DIETER: Ich bin in der Verwaltung …

ACHIM: … Donnerwetter! …

DIETER: … in der Verwaltung von einem Zeitungskiosk.

ACHIM: Immerhin.

DIETER: Ein bisschen zum Haushaltsgeld. Man will sich ja auch mal Zigaretten kaufen, nicht?

JÜRGEN: Wem sagen Sie das, Herr Nachbarin.

Ich hab's auch mal versucht. Bin gleich wieder rausgeflogen in dem Betrieb.

DIETER: Warum denn?

JÜRGEN: Die Leute sind nicht sehr rücksichtsvoll, wenn man mal seine Tage hat.

ACHIM: Mir ist schon wieder so schlecht.

DIETER: Nehmen Sie denn nicht die Pille?

ACHIM: Ich darf nicht. Wir sind katholisch.

JÜRGEN: Keine Rücksicht. Typisch. Da rackert man und rackert, baut sich zusammen was auf, und wenn man dann runzlig wird, die Zähne anfangen zu wackeln, dann schmeißen sie einen einfach weg und nehmen sich was Junges.

ACHIM: Wenn ich noch mal auf die Welt komme, werde ich Frau.

DIETER: Man sollte wirklich mal die Gesellschaft verändern.

(Ulla kommt mit Einkaufskorb.)

(Dieter stößt Jürgen an.)

Sie!

JÜRGEN: Ja?

DIETER: Kucken Sie mal! Drehn Sie sich mal um.

(Alle drei drehen sich um.)

DIETER: Ist das nicht komisch? Eine Frau beim Einkaufen!

(Alle drei lachen los.)

Aus dem Programm
Abel verpflichtet (1971)

Der Ovationshemmer

(Dieter vor einem technisch kompliziert aussehenden Apparat.)

Gamma ist mein Name, ich hatte mich schon mal vorgestellt.

Alpha hat zu mir gesagt: Wir können doch nicht dauernd rummeckern an den Menschen. Wir müssen sie von ihrer idiotischen Vorstellung befreien, alle Wesen von fremden Sternen wollen ihnen ein bisschen Erde wegnehmen.

Sie leiden alle unter einer gewissen Wegaphobie. Das heißt also, wenn man Fernsehleuten erlaubt, Filme zu machen, in denen Wesen von fremden Sternen lauter akademische Volltrottel sind.

Ich habe mir so eine UFO-Folge angesehen. Donald Duck als Torquato Tasso wäre nicht komischer. Wir haben gelacht! Fast so wie über diese Lach-Story oder Love-Story oder wie das Werk heißt, das angeblich zum Weinen sein soll.

Darin sehe ich einen bemerkenswerten Fortschritt der Menschen ... na ja, wenn Millionen über diesen Schwachsinn Tränen der Wut vergießen? Oder täusche ich mich da?

Reicher, aber zorniger Millionärssohn heiratet arme Bäckerstochter – Pappi ist ungehalten – Sohn macht trotzdem Karriere. Glückliches Amerika. Weil aber die Geschichte kurz und bittersüß werden muss, damit sie auch Richard Nixon versteht, macht das Mädchen etwas sehr Kluges: Es stirbt! Fazit: Wenn die Armen alle rechtzeitig sterben, findet Amerika wieder seinen Frieden.

Damit das alle begreifen in der Welt, wird diese Popcorn-Boheme in 20 Sprachen übersetzt. In Pakistanisch noch nicht – da kann es im Moment keiner übersetzen. Jedenfalls nicht so zärtlich … Eine Platte davon bestsellert sich auch durch die Bestechungsbüros der Bestsellerie-Industrie.

Dass das alles zum Heulen ist, haben die Menschen begriffen.

Und da dachte ich, man muss den Menschen helfen, positiv miteinander umzugehen. Wir haben bei uns schon seit Langem einen sehr wichtigen Apparat. Er verhindert, dass man sich voreilig selbst applaudiert, denn damit fängt jeder Quatsch an. Den Ovationshemmer.

Das ist eine weittragende Strahlenkanone.

Die schieße ich ab, wenn irgendwo irgendwer irgendwem falsch Beifall klatscht. Ein Druck, der Strahl geht ab – genau zwischen die Handflächen, und der Mensch kriegt die Hände nicht mehr auseinander.

Bei uns ist das nicht nötig. Wir kennen ja Klatschen nicht.

Bei uns fährt der Strahl zwischen die Gedanken.

Ich arbeite schon eine Weile damit auf der Erde.

Ist Ihnen schon aufgefallen, dass seit der Kipphardt-Komödie an den Münchner Kammerspielen ein paar Schauspieler nur noch mit erhobener, geballter Faust herumgehen?

Sie wollten sich nämlich gerade selbst beklatschen, weil sie so ungeheuer spontan gekündigt hatten, aber die meisten haben's nur angekündigt, da setzte der Ovationshemmer ein, und jetzt kriegen sie die Hand nicht mehr auf.

Dabei ist alles beim Alten geblieben: Man kann die Faust nicht in fremden Taschen ballen!

Drachen sind bekanntlich Wesen mit sieben Köpfen. Einen abbilden heißt sechs schonen. Das heißt nicht, dass sie auch sieben Hirne haben. Bei manchen verteilt sich das auf sieben

Köpfe. Wenn ich die Münchner CSU betrachte, möchte ich fast sagen: Wenn sie doch nur einen Drachen hätten, dann hätten sie wenigstens sieben Köpfe! Hoppala, jetzt habe ich aus Versehen auf den Knopf gedrückt ... da wird es einem ganz schön den Beifall verhageln.

Aber die Herren haben ja immer eine Ausrede. Selbst wenn Huber die Hand nicht mehr auseinanderkriegt, wird er noch triumphierend ausrufen: Ratet mal, was ich in meiner Hand habe? Den Bayerischen Rundfunk. Und schon wird aus der Hausfrauensendung »Notizbuch« wieder ein Wunschkonzert mit Nähkästchen-Tremolo.

Ungefähr so, wie sich die Kirche die Erziehung immer noch vorstellt. Heile, heile Gänschen – der Teufel hat ein Schwänzchen. In den Kirchen-Kiosken liegen solche Schriftchen.

Hier: »Der Lauf des Flusses wird von der Quelle her bestimmt. Und was kein Häkchen werden will, bleibt beizeiten gerade.«

Oder: Man soll den Babys den Schnuller verweigern. Denn, »wenn seinem Lustverlangen immer nur kraftlos nachgegeben worden ist, vom Schnuller über Süßigkeitsschleckerei – Zigarette – Alkohol – Tanz – Kino – bis schließlich in den vorehelichen Verkehr ...«.

Und so soll jetzt der ganze Bayerische Rundfunk werden.

Schnullerprobleme ... was heißt überhaupt *werden*?

So, jetzt muss ich mal ganz energisch auf den Knopf drücken.

Ich merke, dass überall Beifall geklatscht wird zu dieser großen Steuerreform! Sehen Sie? Keiner klatscht mehr. Nur noch die Hände ringen sie!

Mit Recht! Der Kleinverdiener hat ja so viel damit gewonnen. Mindestens 40 Mark im Monat. Und dem Großen wird ganz schön was weggenommen! Statt 53 Prozent bei einem Einkommen von 500 000 Mark muss er jetzt 56 bezahlen! Das ist hart! Der Kleine kriegt immerhin im Jahr 480 Mark mehr! Jaa! Das sind 480 Stück Seife! Kann der gar nicht verbrauchen! Wer wäscht sich schon so oft? Als Kleinverdiener! Wenn er sich öfter waschen würde und Mens-Club nehmen würde und nicht dauernd aus dem Mund riechen würde, wäre er auch ein Großverdiener. So sagt die Werbung: »Sie machen Ihre Karriere – wir machen, was dazu gehört: Alka Seltzer!«

Sehen Sie, und damit der Kleine nicht so viel Seife kauft, hat diese Steuerreform die Mehrwertsteuer erhöht.

Steuern auf Konsum sind nämlich das Gerechteste, was es gibt. Der Große braucht Seife, und der Kleine braucht Seife. Und jeder bezahlt auf das Stück 12 Prozent Mehrwertsteuer. Na? Ist das gerecht?

Nehmen wir mal an: Herr Fink und Herr Krause ... Der Fink muss sich öfter waschen, natürlich, weil er seine Finger überall ... aber das lassen wir mal weg ... Beide brauchen also zehn Stück Seife im Monat. Der Krause zahlt 120 Prozent Mehrwertsteuer und der Fink auch. Nur, bei Krause sind das 0,08 Prozent seines Gehalts und bei Fink 0,0008!

Krause bezahlt also 100-mal mehr Mehrwertsteuer als Fink! *Das* ist eine Reform!

Halt! Eine Sensation hat die Reform doch gebracht! Wer über 100 Millionen Mark an *Nicht*-Verwandte vererbt, zahlt nicht mehr 60 Prozent Steuern, sondern 75!!!

Ein harter Schlag für die Reichen! Die Wahrscheinlichkeit ist ja auch groß, dass so was passiert.

Nehmen wir mal an: Einer hatte 100 Hauptgewinne in der Glücksspirale, fällt vor Überraschung tot um, und sein Sohn hasst Geld so, dass er sich vor Ekel das Leben nimmt, seine übrigen Familienangehörigen sind sämtlich bei einer Safari verschollen. So wahrscheinlich ist das. Na! Ehe Oetker 75 Prozent bezahlt, adoptiert er vorher lieber den alten Flick!

Vaterlandsliebe können sich nur arme Leute leisten.

Wissen Sie eigentlich, dass Sie mit einer Steuer immer noch die Kriegsflotte von Wilhelm II. bezahlen? Nein?

Ja, und zwar mit der Sektsteuer. Wilhelm wollte Kreuzer und erfand die Sektsteuer. Ich weiß zwar nicht, warum Sie diesen Tirpitz-Pfennig immer noch bezahlen – na ja, vielleicht jetzt für die Hubschrauber, die wir an die Amerikaner ... wenn Sie jetzt genau zugehört haben, habe ich *nicht* gesagt, dass Messerschmitt und Bölkow den Amerikanern Militärhubschrauber aus Mitteln des Bundes ... und auch nicht, dass die dann in Vietnam ... Das habe ich nicht gesagt!

Wenn's auch so ist ... aber sagen? Nie!

Auch dass der Steuerzahler 129 000 Mark dafür bezahlt, dass Helmut Schmidt in Essig und Öl in allen Bundeswehr-Dienstzimmern hängt. Und zwar 6332-mal! Mir langt einer.

Er sieht ja flott aus, der Mann mit dem Rittmeistercharme, aber 6332 ... so oft kann sich die SPD keinen Schmidt leisten.

Sonst wird die Bildungsreform von 1976 auf 1982 verschoben. Na ja, woher auch das Geld nehmen? Warum erhöhen wir nicht die Branntweinsteuer? Das trifft keinen Reichen, denn die können nicht mehr wegen der Leber, und wenn schon Schiffe mit Sekt, warum nicht Bildung mit Schnaps?

Die Werbung habe ich schon: »Sauft Schnaps, Leute – dann kommen eure Kinder ins Gymnasium!«

Dann werden die Kinder brav und ein bisschen bekloppt bleiben, gerade richtig präpariert, wenn die CDU wieder an die Regierung kommt.

Die Anzeichen mehren sich, wenn sich die SPD nicht bald überlegt, dass Eigentore nichts mit Eigentumsbildung zu tun haben. Die CDU/CSU schaut zwar immer noch verdutzt auf die besetzten Ministerstühle, wie einer, der darauf wartet, dass ein benutztes Streichholz zweimal brennt ... aber sie beten schon wieder heimlich zur Macht:

Gib, dass wir so bleiben, wie wir sind,
    so hemmungslos sozial – so arbeitnehmerfreundlich,

so tief in der Hocke, dass unsere Absätze uns zum Hals rauskommen.

Heute – morgen – in Zukunft und Ewigkeit

In Öligkeit

Amen.

Aus dem Programm
Der Abfall Bayerns (1972)

Brunnenvergifter

(Dieter pumpt an seinem Vergifter.)

Lembke hat mich nicht genommen. Mein Beruf, hat er gesagt, ist unmoralisch, und man kann keinen Film darüber zeigen. Gar nicht wahr. Man kann. Ich bin Brunnenvergifter.

Und Quellenverekler. Ein Spritzer genügt.

Wenn ich höre: »wie aus gut unterrichteten Quellen verlautet …«, muss ich schon lachen … dann war meistens schon einer von uns vorher da. Ein Spritzer, und das Volksbegehren in Bayern ist erledigt. Kunststück, ich sprühe das Zeug aus, und allen Leuten, die gerade unterschreiben wollen, wird klar: Das Papier bezahlt Honecker!

Ein Handgriff genügt, und ganze Dörfer glauben, dass Herbert Wehner in Wirklichkeit Chinese ist und 1940 in einer roten Lederjacke lauter kleine Hitlerjungen vergewaltigt hat. Einer von denen soll Karl Schiller gewesen sein. Noch ein Spritzer, und Conny Ahlers war auch dabei. Das passt zwar alles nicht, wenn man's nachrechnet, aber da können wir Brunnenvergifter keine Rücksicht drauf nehmen. Die anderen, also die Geschädigten, könnten sich ja auch einen engagieren. Haben sie wahrscheinlich auch schon versucht, aber da müssen sie Amateure erwischt haben. Dass ausgerechnet Hans Habe die Geheimprotokolle gehabt haben soll … du lieber Gott! Der hätte das Papier mit einem Sechsspänner, mit Marschmusik und 100 Fotografen zu Willy Brandt gefahren und hätte gesagt: »So bin *ich*!« Löwenthal hätte geknirscht: »So ein Idiot!«, und hätte das von Holzamer dementieren lassen. Und erst dann hätte Habe in seiner unnachahmlichen Art eine Glosse losgelassen mit dem Titel: »Wer hätte das von mir gedacht!«

Ja, *das* ist gekonnte Brunnenvergiftung! Selbst wenn er uns mit seinen Berlin-Hymnen anödet, man muss den Hut vor ihm ziehen.

Da sehn Sie mal, wie riskant so eine Brunnenvergiftung ist. Wenn das Opfer tot ist nachher, kostet das einen nicht viel, höchstens Überwindung. Henri Nannen kann das eine Million kosten. Geld, meine ich. Nicht Leser. Leser kriegt er eine Million zu.

(Holt aus seinem Kanister die Bild-Zeitung.)

Wie man das macht, steht in unserer Fachzeitschrift.

Ich habe ja dort die Spezialausbildung genossen.

Hier: Als Schiller vorige Woche vor seinem 24. Rücktritt stand … er hatte den rechten Fuß schon fast angehoben … man nennt ihn immer die Callas … das ist Unsinn. Die Callas ist zurückgetreten, weil sie das hohe C nicht mehr schaffte, Schiller hat die besten Kritiken von Barzel … also er hatte das Spielbein schon zum Rücktritt angehoben, sein Standbein stand aber noch mit beiden Füßen fest auf dem Boden der Tatsachen, da hatte die *Bild-Zeitung* das Kind schon in den Brunnen geschrieben, und der war vorher vergiftet!

»Die Telefone klingelten, aber Karl Schiller saß abwesend vor sich hinstarrend vor dem Fernsehgerät, in dem Beckenbauer gerade die Russen vor sich hertrieb.«

Das ist ein Schicksalsbild: Karl der Große zwischen Waterloo und Golgatha!

So wird brunnenvergiftet!

Als Eduard von Schnitzler seine Oberhemden noch in Westberlin gekauft hat, hatte ich mal ein paar Nachhilfestunden bei ihm. Später bin ich zu Boenisch gegangen. Auch nicht schlecht! Spröder, nordischer, Schnitzler à la Holstein. Aber begabt. Der Schreibtisch-Peter von Springer. Man spürt, dass er engagiert ist. Seine Formulierungskraft reißt vom Stuhl!

»Auf dem Misthaufen unserer Ostpolitik kräht Egon Bahr – die Henne Scheel gackert mit!« Zugegeben, man kann das bukolisch nennen, also ländlich einfach, aber volkstümlich! Jeder völkische Beobachter wird feststellen, dass das eine Sprache ist, die Klappmesser öffnet. Dazu noch ein paar Bibelworte von Axel, dem erigierten deutschen Demokraten, nein, so steht's wirklich in der Annonce: »das Zeugnis eines aufrechten deutschen Demokraten!« Wer von dem Brunnen Wasser holt, kann damit das Ungeziefer im Garten erledigen!

Tja, ich muss weiter ... der Wahlkampf hat schon begonnen. Hochsaison für uns. Eigentlich wollte ich ja den Auftrag von der CSU annehmen, aber nachdem Bayern abgefallen ist, machen die ihren Dreck alleine: *Bayernkurier* – die Becher-Gruppe, das Gerhard Frey-Korps, wie gesagt: der Abfall Bayerns. Na ja, die CDU kann sich auf Kremp, Walden und andere Spezialisten verlassen, also blieb mir bloß die SPD.

Matte Chancen! Wenn die einen Brunnen vergiften wollen, werfen sie den *Vorwärts* rein. Und um die Sache richtig anzuheizen, machen sie den *Telegraf* und die *Nachtdepesche* zu ... wahrscheinlich um den anderen Argumente zu liefern und sie von was anderem abzulenken ... ich habe gefragt, was das andere dann wäre, da haben sie geflüstert: Ehmke hat was in Vorbereitung.

Ach du lieber Himmel! Wahrscheinlich hat er einen Garmischer Friseur an der Hand, der behauptet, dass Barzel ein Toupet trägt. *Das* wird ein Skandal!

Mein Gehilfe ... das heißt, eigentlich ist es der Freund von meiner Frau ... nein, nicht so, ich bin bloß dauernd unterwegs, und einer muss ja da sein, der meiner Tochter die Mengenlehre erklärt ... also der sagt: »Das Land Hessen kostet die Suche nach Blindgängern jährlich 4,3 Millionen Mark – die SPD sollte langsam auch ein paar Mark dafür ausgeben.«

Also dieser Bursche hat hinter meinem Rücken einen Auftrag angenommen ... er soll für die CDU arbeiten und das Programm der Jusos auseinandernehmen. *(Nimmt aus dem Kanister ein Buch.)* Das ist das Material: ... er hat das natürlich umformuliert ... Also: Wer zu reich ist und es nicht merkt, dem soll das klargemacht werden. Das heißt: Wenn er ein Grundstück mitten in der Stadt hat, das er nicht bebaut, weil er warten will, bis es mehr wert ist, und die Stadt da ganz gerne ein paar Kinderspielplätze hingebaut hätte, soll er es verkaufen müssen, und zwar zu dem Preis, für den er es gekauft hat.

Wer Schätze sammelt, nur um sie allein ansehen zu können, der soll gezwungen werden, sie auszustellen, damit sie die Motten nicht fressen und die Kriminalität nicht ansteigt.

Wer die Menschen anhält zu arbeiten, damit sie so das Ziel ihres Lebens erreichen, soll wegen Irrlehre verklagt werden.

Und so weiter ... ich sage Ihnen, das war die perfekteste Brunnenvergiftung, die ich je erlebt habe. Alle, die was haben, also ein Siedlungshaus oder einen Schrebergarten oder ein paar Tausend Mark auf der Sparkasse, sind zusammengezuckt. Stoltenberg hat sie sofort wieder beruhigt, Barzel hat ausgerufen: Da ist die Katze aus dem Sack! Die Saat ist aufgegangen. Die SPD-Führung hat sich distanziert, und in einem Hirtenbrief erklären zehn Bischöfe: »Weit davon entfernt, uns in den Wahlkampf einschalten zu wollen, möchten wir doch fragen, ob ein Katholik oder auch ein protestantischer Glaubensbruder diese Partei noch wählen kann.«

Das ist totale Brunnenvergiftung!

(Sieht das Buch an.) ... dabei weiß ich eigentlich gar nicht, was die gegen die Bergpredigt haben?

Müller oder ich?

Ich spiele – ich spiele nicht – ich spiele ...

und zwar Spitze, mit der Rückennummer 13. Ich habe nämlich einen Hammer, einen rechten und einen linken Hammer, einen Wumms oder Bumms, wenn Sie das besser verstehen.

Also wenn wir bei der Weltmeisterschaft '74 eine gesamtdeutsche Mannschaft haben – dann nimmt der Schön den Müller, weil der auch einen Hammer hat, aber dazu noch einen besseren Riecher. Riecher hat – wie das Wort ja auch schon sagt – was mit Inschtinkt zu tun. Mir stinkt zwar auch, dass der Fußball jetzt durch den Abfall Bayerns so eine politische Bedeutung kriegt, aber der Trainer sagt, es gibt einen Unterschied zwischen Toren und Toren. Wenn man bedenkt, dass sechs von den Helden von Wembley in München festhängen und da gegen die Firmenmannschaften von BMW und Löwenbräu spielen, dann kann man sich doch wirklich an die Eckfahne fassen.

Die FIFA besteht ja auf gesamtdeutsch, aber die Bayern hauen auf den Putz, das glauben Sie gar nicht. Die wollen getrennt einmarschieren, vorneweg die Spalterflagge: Blau-Weiß-Gold mit zwei gekreuzten Weißwürsten. Und zwei Hymnen.

Die Münchener *Abendzeitung* hat gleich eine Umfrage losgelassen, welche Hymne die bayerische sein soll. 87 Prozent waren für: »Ja, mir san mim Radl da.«

Ich spiele – ich spiele nicht – ich spiele ...

Der Bayernkurier – die *Prawda* für Zwergschüler – hat sogar eine besondere Haltung beim Abspielen der Nationalhymne gefordert. Kopf im Sand und mit den Beinen das Victory-Zeichen. Machen Sie mal mit Fußballerbeinen ein V, da wird doch immer ein O draus. Ich meine, ich verstehe nichts von Politik. Foul, Abseits, Seitenwechsel, Hinausstellung, Eigentore, darüber können Sie mit mir reden, da weiß man, was gemeint ist, aber wenn einer von Inkompatibilität redet, kann da doch nur 'ne Sauerei dahinterstecken.

Neulich habe ich mit dem Netzer geredet, den wollten sie ja rüberholen in ihren Freistaat. Aber da hat der Schön ihm sofort erlaubt, dass er jetzt doch Puma spielen darf, und da ist er geblieben. Ist ja auch logisch, wenn ich Vertreter von Persil wäre, würde ich ja auch nicht bei Dietmar Schönherr auftreten.

Nun ist Puma zwar eine bayerische Firma, aber Schön meint, wir hätten ja früher auch den Stacheldraht in die DDR geliefert.

Und überhaupt – jetzt als Preuße nach Bayern zu gehen ist viel zu riskant, wo die Preußen doch von der einheimischen Minderheit dauernd schikaniert werden.

Die U-Bahn dürfen sie nicht benutzen, den Englischen Garten nicht betreten, an der Feldherrnhalle barhäuptig vorbeigehen, das Nationaltheater ist wie eh und je von Wienern besetzt, und seit man ins Hofbräuhaus nur noch mit Ahnennachweis reinkommt, gibt es schon richtige Straßenkämpfe, mit Maßkrugbarrikaden und Radi-Würfen. Die UNO hätte beinahe etwas gemerkt. Die hatte schon Leute hingeschickt, die den süßen Senf von der Straße fegen sollten, damit keiner ausrutscht und sich verletzt, aber die sind nie angekommen, die müssen sich schon in New York verlaufen haben.

Ich spiele – ich spiele nicht – ich spiele.

Die Weltöffentlichkeit ist ja überhaupt gegen den Abfall Bayerns. Bis auf England, Brasilien, Italien, Spanien, Portugal, Frankreich, Chile, Jugoslawien, Ungarn, Rumänien, Schweden, Norwegen und Luxemburg. Wobei ich die Luxemburger nicht verstehe – bei der schwachen Nationalmannschaft.

Die Bayern sollten sich das wirklich noch mal überlegen. Und ein paar Zugeständnisse könnten sie ja auch machen.

Mit Lederhosen und Trachtenjacken spielen – na gut – aber warum dann noch einen Hut mit Gamsbart? – Schnupftabak statt Tee in der Pause – einverstanden – aber warum soll der, der niesen muss, in der zweiten Halbzeit nicht spielen? Dass der Schiedsrichter auf einem Alphorn blasen muss – geht in Ordnung – aber bei jeder Entscheidung – Elfmeter oder nicht – mit dem Mannschaftsführer Fingerhakeln – das hält doch entsetzlich auf.

Ich spiele – ich spiele nicht – ich spiele.

Ich sage Ihnen, wer vorne alles auf eine Karte setzt, der hat hinten ein Loch. Und die schwache Stelle von den Bayern haben wir doch längst entdeckt. Anerkennung wollen sie. Ihr Hinterlistiges-Bergvolk-Image verlieren. Da wo glückliche Kühe die Kaffeesahne gleich in Dosen aus dem Euter schleudern, ist die Welt nicht so in Ordnung, wie Sie glauben. Die CSU ist zum Beispiel mit ihrem Versuch, Stierkämpfe als Fußballersatz populär zu machen, kläglich gescheitert, weil die Ochsen nicht auf Rot reagiert haben.

Ich spiele – ich spiele nicht – ich spiele …

Also ich bin für Gesamtdeutschland. Eine Wiedervereinigung in der Bundesliga und für eine Nationalmannschaft aus Deutschen und Bayern. Ich bin als Sportler und als Mensch dafür, dass Sport und Politik getrennt werden – verdammt noch mal –, sonst spiele ich nicht mit.

Kollegen, Freunde, Kombattanten

Dieter Hildebrandt hatte manche gute und einige sehr gute Freunde, er hatte Kollegen, die ihm nahe waren, und viele, die ihm nahe sein wollten. Er hatte Vorbilder, verehrte Kollegen, aber keine Adabeis. Die mochte er nicht.

Erich Kästner

In der »Kleinen Freiheit«, wo ich zweieinhalb Jahre gearbeitet habe, erlebte ich viel gutes Kabarett. Das hat mich in meinen eigenen Plänen ein wenig bestärkt, ich habe dort den Texter Martin Morlock und Erich Kästner kennengelernt. Morlock, der mir eine Bestätigung dafür war, dass wirklich große Leute zu kleinen Leuten immer lieb und nett sind, habe ich verehrt. Dass ich später einmal mit ihm an einem Tisch sitzen und mit ihm ein Programm machen würde, das war mir nicht im Sinn. Er war wie ein Gott. Kästner natürlich auch. Mit ihm gab es eine Geschichte, die ich immer gern erzähle, ich kannte ihn noch nicht persönlich. Eines Tages kam ein dicker, laut berlinerisch sprechender Mann in die »Freiheit«. Er hatte eine riesige Wampe, und ich hatte damals einen dunklen Anzug, den hatte ich mir geborgt, den hatte wohl früher mal ein Konzertmusiker getragen, denn er hatte rechts oben so einen abgeschabten Fleck. Der Dicke wollte witzig sein, tippte mit seinem Finger auf den Fleck und schrie durch den Raum: »Geiger, wat?« Und da habe ich mit meinem Finger auf seinen Bauch getippt und gesagt: »Schwanger, wie?«

Und da stand jemand neben mir, der laut lachte, und das war Kästner. Und Kästner kaufte dann ein Programmheft, obwohl er gar keins brauchte, er kannte das Programm auswendig, aber vornehm, wie er war, kaufte er es, um mir ein Trinkgeld zu geben. Er gab mir eine Mark, das war damals viel Geld, das waren 25 Prozent meines Abendeinkommens.

Irgendwann mal war Kästner Gast bei einer Gewerkschaftsveranstaltung in einem Kino in der Sonnenstraße. Es war eine Veranstaltung gegen die Wiederbewaffnung, und ich bin dort aufgetreten, ich hatte dort ein Solo, und er saß in der ersten Reihe. Und nach der Veranstaltung hat er mich dann zu einem Kaffee eingeladen ins Luitpoldcafé, da saß ich ihm gegenüber,

und ich habe vor Schreck keinen Satz rausgekriegt, er hat mir dann ein paar Sachen erzählt, aber ich war wirklich kein Gesprächspartner.

Martin Morlock

Er kam eines schönen Premierenabends die Treppe herunter, gar nicht locker, überhaupt nicht gelassen, und nickte mir einen Guten Abend zu. Das war viel für mich, den Platzanweiser in der »Kleinen Freiheit«, dem erfolgreichsten Kabarett der 50er-Jahre. Denn er war der Morlock. *Der* Morlock, dessen Texte die Münchner *Abendzeitung* nach oder vor den Premieren in vollem Wortlaut abdruckte. Der, von dessen Arbeits- und Einfallskraft das Theater unter den Arkaden in der Maximilianstraße abhängig war, der von zwanzig Texten eines Programms mindestens zehn geschrieben hatte und dem die Prinzipalin des Hauses, Trude Kolman, ihr strahlendstes Lächeln schenkte. Gewiss, auch Erich Kästner und Robert Gilbert und Per Schwenzen schenkten ihr Texte, aber Morlock war der »junge Mann«, war die Zukunft des Hauses. Wenn auch Gunther Groll in der *Süddeutschen Zeitung* einschränkend vermerkte, dass »Morlock kästnert«, so war erstens nicht einzusehen, warum man einem guten Vorbild nicht folgen sollte, und zweitens nicht zu übersehen, dass es bereits noch jüngere Autoren gab, die schon morlockten. Da stand dieser Mensch, der »Arthur, den Spielverderber« erfunden hatte, den Nachkriegsindividualisten (»was ihn schreckte, war das Wandern mit den andern – Arthur fürchtete das Kollektiv«), der, dem Lore Lorentz ihre besten Chansons verdankte, und schließlich der, vor dessen unbestechlichem Urteil sich die Linksintellektuellen zu fürchten begannen. Martin, der Spielverderber, der später einmal dem *Spiegel* entkommen ist, weil er der wöchentlich einmal stattfindenden Kollektiv-Huldigung des Rudolf Augstein nicht mehr beiwohnen wollte, hatte nicht die geringste Lust mitzuspielen, wenn die Spielregeln es verlangten, als Gewinner den Verlierer zu denunzieren.

Das trug ihm wohl den Spitznamen »Humorlockus« ein. Von Humorlosigkeit konnte nicht die Rede sein. Er hatte es sich lediglich angewöhnt, nie unter seinem Niveau zu lachen. Als eine Form von persönlichem Luxus.

Die Premiere der »Kleinen Freiheit« hatte bereits begonnen. Morlock aber lehnte es ab hineinzugehen, blieb vor der Türe und lauschte leicht beklommen den Reaktionen des Publikums. Hin und wieder zog er ein Taschentuch heraus und trocknete sich die Hände und die Stirn, schaute mich leicht verlegen von der Seite an, ob ich es wohl bemerkt hätte, begann hin und her zu gehen, stieg die Treppe wieder hinauf und kehrte mit einer Flasche Cognac zurück. Da brach drinnen im Theater der Beifall aus. Morlock setzte die Flasche verwirrt ab und fragte mich: »Welche Stelle war das?« Ich hatte mitgehört und konnte es ihm sagen. Er schüttelte den Kopf und meinte: »Geht nicht auf mein Konto – Premierenhysterie.« Und trank den ersten Schluck. Dann klemmte er sein Ohr an den Türspalt, hörte mit, schaute skeptisch, drehte sich um, trank einen Schluck und ging wieder auf und ab. Schreckte zusammen, als ein großer Lacher, an dem vermutlich jeder von den 160 Gästen mitgearbeitet haben musste, das Haus erschütterte, und brachte nur heraus: »Worüber?« Ich sagte es ihm, und es schien ihm wieder nicht so recht zu gefallen.

Als ich nun meinerseits etwas verwirrt war, sah er mich lächelnd an und ließ mich wissen, übrigens in keiner Weise belehrend, eher scheu, um gerade diesen Eindruck zu vermeiden: »Ein Lacher, den der Autor nicht vorgesehen hat, kann auch als Hilflosigkeit des Publikums gedeutet werden. Schuld an dieser Hilflosigkeit kann nur der Autor sein.«

Natürlich hatte ich nichts dagegen einzuwenden, denn das hatte ja Morlock gesagt, und der war wieder der hochgeschätzte Kollege von Kästner, und diese beiden hatten jetzt mit mir gesprochen.

Kaum jemand in diesem Hause, weder die herrliche Helen Vita noch der mich faszinierende Spielteufel Oliver Hassencamp waren vor meiner Verehrung sicher, aber zu mir gesprochen hatte keiner. Außer ein paar Bemerkungen natürlich wie: »Na, auch wieder da?« oder »Namd« oder »Na, wie geht's denn so?«, die alle sehr freundlich gemeint waren, mich aber nicht im Unklaren darüber ließen, dass ich mit nichts ihre Aufmerksamkeit erregt hatte.

Morlock hatte mir gerade etwas über seine Denkweise verraten. Während einer Premiere! *Seiner* Premiere.

Und ich wollte das gar nicht verstehen, was er mir da gesagt hatte. Ich dachte für das Haus. Es spricht sich herum, dass dort gelacht wird. Auf hohem Niveau. Man geht hin, sagte ich. Er sagte, dass Lachen, wenn es außer Kontrolle der Mächtigen geriete, durchaus und im besten Sinne anarchistisch wirken könne, aber in keinem Falle außer Kontrolle des Erzeugers geraten dürfe. Er gebe damit auf, was sein bisschen Macht ausmache: sein Talent zum Widerstand.

Martin wollte nicht einmal mit Arthur wandern, den er selbst erfunden hat. Denn wenn Arthur so viel Erfolg hat, könnte man doch argwöhnen, dass Arthur inzwischen mit den andern wandern geht. Sie haben ihn mir abgeschwindelt – könnte er denken.

Viele Jahre nach diesem Abend habe ich Martin Morlock als Moderator einer Fernsehsendung erlebt, die sich mit dem Problem der Autorität beschäftigte. Viele, viele, sehr, sehr gescheite Menschen wendeten es hin und her und meinten dann doch, dass Autorität ... man hat sie oder eben nicht. Dann kam Morlock mit der Abschlussfrage:

»Wie kommt es, dass der Prozentsatz der gemessenen Autorität in Bayern 27 Prozent, in Hamburg dagegen nur 2,3 Prozent beträgt?« Die vielen, sehr gescheiten Teilnehmer an dieser Sendung rätselten, legten aus, wendeten ein, kamen zu dem Schluss, dass der hohe Autoritätsprozentsatz in Bayern ganz sicher mit der lang dauernden Herrschaft der katholischen Kirche zu tun habe, während man es in Hamburg mit einer Stadt, die einen Welt-Hafen besitze, also die Liberalität praktisch ... nicht wahr! Martin Morlock hörte sich das alles sehr gelassen an und fragte zurück:

»Warum glauben Sie eigentlich an die Autorität dieser hirnrissigen Prozentzahlen?«

Spielverderber.

Sammy Drechsel

Über Sammy Drechsel brauchten wir eigentlich gar nichts weiter zu erzählen. Wenn er mal als Steuernummer X^2 ins Finanzamt geht, dann wissen in wenigen Minuten die 3000 Steuereinnehmer, dass Sammy den Bau betreten hat. Als er im Pforzheimer Krankenhaus gelegen hat, dauerte es nur drei Tage, dann hatte er den Betrieb, die Hausordnung, das Essen usw. umgeworfen. Drei Tage dauerte es deshalb, weil er in dieser Zeit bewusstlos war. Die Oberschwester soll nach dem Abschied von Sammy einen Nervenarzt konsultiert haben; die Ärzte desgleichen. Na, nun können Sie sich vorstellen, wie die Arbeit bei uns aussieht: Sammys Regie ist eine Sauna ohne Dusche. Apropos Dusche: Sollte es bei diesem Programm schiefgehen, es ist keiner dran schuld.

Erstens: Sammy machte während der Probenarbeit den Olympia-Film, acht Rundfunkreportagen, die Fernsehübertragung des Länderspiels Deutschland gegen Holland usw., usw.

Ja, und weil wir schon dabei sind: Wenn Sie an unserer schauspielerischen Leistung etwas auszusetzen haben, schauen Sie sich dann unsere fußballerischen Leistungen an! Wir sind aktive Angehörige des Fußballvereins »FC Schmiere«.

Apropos Schmiere: Was also kann schon Sammy dafür, dass seine »Schauspieler« immer an Schmiere denken, wenn er Schauspiel meint?

Sammy, der Duzer

Sammy Drechsel war der anerkannte Kontakt-Kaiser der Münchner Lach- und Schießgesellschaft. Wollte er einen Menschen kennenlernen, hatte dieser keine Abwehrchance. Ganz gleich, ob es sich um Politiker, Journalisten, Sportler, Industrielle oder Literaten handelte, Sammy nahm die Fährte auf, tauchte in den Lebenskreis des Zielsubjekts ein, trank mit Referenten, schwatzte mit Sekretärinnen, lud Chauffeure zum Essen ein, bis sein Name in den Gesprächen auftauchte, rotzige Kommentare von ihm die Runde machten und der oder die Ausgespähte neugierig wurde. War es so weit gediehen, erschien Sammy wie zufällig bei irgendwelchen öffentlichen Anlässen, wobei Einladungen zu bekommen für Sammy ein Kinderspiel war, ließ ein boshaftes Gerücht in die Runde und konnte sicher sein, als Urheber zu seinem Wort stehen zu müssen.

Zugegeben, ein uralter Trick, aber er kostet Mühe, und die machte er sich eben. Von dieser Mühe profitierten wir.

Hatten wir Schwierigkeiten zu glauben, was in den Zeitungen stand, sagte Sammy: »Ich rufe Günther an.«

Das war Müggenburg, und der riet zu oder ab.

Wenn Sammy mitteilte, er werde Willy anrufen, um herauszubringen, wie viel denn Onkel Herbert wirklich über das Privatleben von Willy wisse, glaubten wir ihm kein Wort. Bis er uns wissen ließ, dass Willy gesagt habe:

»Sammy, er weiß nur das Notwendigste.«

Dann wussten wir: Sammy duzt Willy und umgekehrt.

Sammy wäre jetzt sehr alt, wenn er noch leben würde. Vielleicht hätte er auch keine Lust mehr, jemanden zu duzen. Die Gegner sind sich fremd geworden.

Wen würde Sammy heute noch gern duzen?

Damals glaubten wir jedes Wort, wenn Sammy berichtete, er hätte Horst (Ehmke) angerufen, um Egon (Bahr) darauf hinzustoßen, dass er Willy (Brandt) darauf aufmerksam gemacht hat, wie sehr ihm, Sammy (Drechsel), der Mensch missfällt, der in Brandts Familie herumwuselt, der dann in die Geschichte einging als Guillaume.

Der Sammy hatte eine Nase für falsche Augen.

Aber *ein* Spiel hat er verloren.

Sammy, im Angesicht deiner Unsterblichkeit muss ich es sagen: Es war das Spiel gegen meine Tochter Ursula.

Sammy hatte es übernommen, es war am Chiemsee im Jahre 1957, die Ursula zu hüten, während seine Freundin und meine Frau nach Frauenchiemsee übersetzten. Dort wurden sie, ohne eigenes Verschulden, in einem Turm eingeschlossen, aus dem sie erst nach vielen Stunden wieder befreit wurden.

Sammy hatte seine Aufgabe überschätzt.

Ursula wurde hungrig und begann zu schreien – Sammy bot ihr das vertrauliche Du an. Keine Reaktion. Sie schrie weiter. Stunden um Stunden. Hunger!, konstatierte Sammy richtig. Seine Reaktion war edel. Er bot ihr seine Brust an.

Sammy hat es uns so erzählt. Wer ihm nicht glaubt, hat ihn nie gekannt.

Irene Koss

Als Irene Koss in unser Leben, in das Leben der Lach- und Schie-
ßer von der Haimhauserstraße, trat, kam das für uns höchst überraschend. Dass gerade sie ES sein sollte, die das Leben von Sammy
Drechsel so einschneidend veränderte, schien unglaublich.

Irene Koss war zu dieser Zeit nahezu ein Heiligtum der Nation. Schön, klar, großäugig und intelligent, sagte sie Sendungen des neuen Deutschen Fernsehens an. Es gab nur eins, und
es gab auch nur eine Irene Koss.

Sie wurde verehrt, sie wurde täglich gesehen, sie hatte immer
etwas Neues an. Es wurde darüber diskutiert im Lande. Auch
über die Möbel, vor denen sie saß. Ein Versprecher von ihr war
Tagesgespräch. Sie hatte selten welche.

Ihr Privatleben war tabu, wie früher bei Königinnen.

Als Gerüchte aufkamen, sie hätte irgendeine private Beziehung, waren ihre Anhänger bestürzt, manche sogar empört.
Hätten sie genauer hingesehen, wäre ihnen schon vorher etwas
aufgefallen. Eines Tages nämlich saß sie neben einem landauf,
landunter bekannten Sportreporter und sagte mit ihm gemeinsam eine Sendung der Fernsehlotterie an. Wer hatte gerade diese beiden zusammengespannt?

Sammy, damals der Frechkopf der Nation, dem Worte ent-
kamen, die zu Sondersitzungen von Hauptabteilungsleitern geführt haben, gemeinsam mit der Ikone der neuen deutschen
Sitzgruppenglaubensgemeinschaft!

Und was sie taten, war eindeutig. Sie flirteten.

Ein paar Wochen später lud mich Sammy zu einem streng
vertraulichen Essen ein. Als wir schon beim Trinken waren,
fragte er mit niedergeschlagenem Blick, was ich davon hielte,
wenn er Irene Koss heiraten würde.

Und fügte hinzu, dass er sie sehr liebe. Wenn das so sei, meinte ich, dann solle er es doch tun.

Ja aber, wandte er ein, es könne doch sein, dass er, der Knei-pen-Nomade, als Ehemann völlig untauglich sei. Gut, meinte ich, dann solle er es lieber lassen. Nach einem kurzen Nachden-ken sagte er, so wie die Dinge lägen, würde er sie mit diesem Entschluss unglücklich machen.

Ja, dann solle er sie eben heiraten, antwortete ich.

Schon, sinnierte er, aber es könne sein, dass er sie gerade da-durch doch unglücklich mache.

Schon ein wenig ungeduldig, antwortete ich, dann müsse er eben davon absehen, sie unglücklich zu machen.

Er nickte, wir trennten uns, und er ging zu Irene und fragte sie, ob sie ihn heiraten wolle.

Das Brautpaar wurde sehr gefeiert. Fußballjugendmann-schaften standen Spalier, bekannte Fußballtrainer saßen auf den ersten Kirchenbänken, Fritz Walter, wenn ich nicht irre, gratulierte ihm.

Irene befand sich in einer ihr fremden Welt.

Aber wie die Herzogin von Kent schritt sie die Front ab und hatte einen herzoglichen Blick für die Ballbuben. Sie wusste wohl, dass sie Sammy mit Ball und Bühne zu teilen hatte.

Und das tat sie mit Würde. Wir verehrten sie als die Erste Dame des Hauses.

Nach dem Tode von Sammy, im Januar 1986, schien sie nach innen zu versinken. Sie schien nur noch nebenbei zu leben. Am 1. Mai 1996 ist sie gestorben.

Werner Schneyder

Werner Schneyder war ein idealer Partner. Er war stets »ge-lernt«, präzise, perfektionsbesessen, sprach ständig vom »Ver-schlanken« der Texte, ließ meine saloppe Schludrigkeit höchst ungern zu, was sich auch im Umgang mit den Materialien ausdrückte.

Er hatte ein ordentliches Textbuch, sauber gebunden, ohne Fett- oder Kaffeeflecken. Sprachen wir über problematische Wendungen im Text, schlug er sein Buch auf und hatte die Stelle. Das alles war mir neu. Mit besorgten Seitenblicken registrierte er meine Schlampigkeiten, rechnete mir den Zeitverlust vor, der dadurch für unsere Arbeit entstand, und steigerte damit meinen Spaß, den ich empfand, wenn ich ihn vorsätzlich mit meinen alten Gewohnheiten reizen konnte. Ich, der Preuße, war das Südproblem des Österreichers, er mein Nordproblem. Er pflegte hintereinander zu denken, ich durcheinander. Nach und nach erreichte er, dass ich wieder diszipliniert arbeitete, was mir in den Jahren zuvor zunehmend schwerer gefallen war.

Wie es zur Zusammenarbeit
mit Werner Schneyder kam

Seit vier Wochen habe ich mit Werner Schneyder geprobt, seit acht Wochen mit ihm zusammen Texte geschrieben, und seit einem halben Jahr kenne ich ihn. Das heißt, ich wurde ihm zuerkannt. Der Kollege Kurt Weinzierl – ich war ein halbes Jahr mit ihm zusammen auf einer Theatertournee – hatte mir in den Ohren gelegen: »Das ist ein Mann, auf den hast du gewartet, und du weißt es noch nicht.«

»Woher willst du wissen, dass er mit mir zusammen Kabarett spielen will?«

»Er will, verlass dich darauf.«

»Hat er das zu dir gesagt?«

»Nein, er weiß es ja auch noch nicht.«

»Ich kenne doch den Mann gar nicht!«

»Das macht nichts. Wenn du ihn erst mal kennst, willst du mit ihm.«

»Kennt er mich denn?«

»Könnte sein, aber ich glaub nicht, er hält nichts von Kabarett.«

Im Sommer 1973 hatte Kuppel-Kurt es geschafft. In Salzburg trafen Schneyder und ich zusammen. Er wollte wirklich nicht. Die »Lach- und Schießgesellschaft« kannte er nur am Rande, aber am äußersten. Irgendeine Bemerkung von mir, so ließ er fallen, habe er ganz gut gefunden, aber sonst halte er nicht viel von dieser Hofnarren-Onanie oder so ähnlich.

Inzwischen hatte ich mich bemüht, etwas über diesen Schneyder herauszufinden. Aphorismen, so hieß es, Dramaturg im Hauptberuf, ein paar Theaterstücke, für eine Weile sogar eine österreichische Dramatiker-Hoffnung, Kritiker, ja, vor allem das.

Bühnenerfahrung? Nein, darüber sei nichts bekannt.

Aphorismen mochte ich nicht besonders. Vor allem der Gedanke, dass sich da einer hinsetzt mit dem Vorsatz, einen Aphorismus zu verfassen, die geistreiche Zusammenfassung eines komplexen Zusammenhangs aus dem Ärmel zu schütteln, machte mir schon immer zu schaffen. Da stand also so einer mit dem lockeren Arm, schaute auf mich herunter, denn er war wie einer seiner schwächeren Aphorismen: zu lang. Das war ihm wohl bewusst, denn er machte einen krummen Rücken, wie alle Riesen wider Willen. Bemerkenswert war sein Haarschnitt. In einer gemeinsamen Aufwärtshaltung standen sie, höchstens drei Zentimeter lang, stramm vom Kopf ab. Der Mann macht auf Igel, dachte ich, ihm macht sein Gemüt Sorgen.

Irene und ich ließen uns durch ihn selbst von ihm ablenken und verliebten uns in seine Frau Ilse.

»Der Schneyder« (so nennt sie ihn) tat alles, um diesen fast erzwungenen Besuch zu einem versehentlichen zu machen. Kurze Wissensstandsprüfung in Dingen Literatur, Oper, Theater, dann plötzlich der Wechsel zum Sport. Hoppla, wir waren zusammen. Bald werden in der Bundesrepublik die Fußballweltmeisterschaften stattfinden, wie sieht es aus, wer gewinnt gegen wen, und ich weiß, wer bei Austria Wien gegen Rapid gespielt hat, habe die Eishockeytabelle des vergangenen Winters ungefähr im Kopf, und mir ist bewusst, dass da Klagenfurt öfter eine gute Rolle gespielt hat. Er ist dort aufgewachsen, ist Fan und Kärntner und überhaupt Österreicher.

Bei Ilse isst man hervorragend, bei Werner trinkt man gut und lange, bei beiden redet man ohne Anstrengung fließend, die Begegnung wurde spannend, denn wir kamen endlich zur Politik. Ich ging auf seine Sozialdemokraten, er auf meine los, es wurde laut und lauter und vor allem heiterer. Er vergaß, dass ich über Oper so gut wie gar nichts wusste, ich vergaß, dass er alles zu wissen schien. So gegen zwei Uhr morgens improvisierten wir voraussichtliche Dialoge auf der Bühne der »Lach- und Schießgesellschaft«! Ich staunte, wie locker, wie schnell und wie genau er war. Und er schien Spaß an der Sache zu bekommen. Mir wurde immer klarer, dass Kurt Weinzierls Voraussage richtig war: Das war ein Partner, auf den ich gewartet hatte.

Hanns Dieter Hüsch

Da weiß man, wer in der Stadt ist. Das ist eben der Hüsch. Da geht man hin oder nicht. Wer es liebt, beiläufig, unprätentiös und locker das Alte und das Neue Testament, Nietzsche, Benn, Benjamin, Marx, seine Tante, die neue Weltordnung und die alte am Niederrhein, erklärt, durcheinandergebracht, mit Fragezeichen durchschossen und mit scheinheiligem Blick wieder ins Kästchen gelegt zu bekommen, liebt Hüsch und geht hin. Ich gehe hin, und manchmal kommt er auch dort hin, wo ich gerade bin. Darauf bin ich dann ziemlich stolz.

Der immer tätige, schreibende, spielende, orgelnde, reisende Hanns Dieter ist der Vormann derer, die ständig ein schlechtes

Gewissen haben. »Wie denn? Heute nichts geschrieben, keine Vorstellung? Hüsch!« Schlimme Vorstellung. Wie durch ein Wunder habe ich an einem Freitag keine, und um halb zehn geht das Telefon: »Herr Hüsch, wo *bleiben* Sie denn?«

Menschmannhannsdieter. Wir haben beide so viele runde Geburtstage zusammen gefeiert. Wir haben uns lauter feines Zeug gesagt. Du hast meine hundertste Sendung mit meinem siebzigsten Geburtstag verwechselt, nein, umgekehrt, ich habe behauptet, du würdest 100, weil anders nicht zu erklären wäre, warum du schon *überall* aufgetreten bist.

Dann hast du wieder gesagt, es sei doch beachtenswert, wie zäh so ein alter Saurier an seinen alten Moralvorstellungen kleben kann. Sehr alt dürfen wir nicht mehr werden, sonst fangen wir an, uns zu wiederholen.

Lass dir eins noch über den Zaun werfen:

Auf dich freue ich mich immer, wenn es gilt, unsere beste gemeinsame Nummer zu spielen: Zwei verhuschte alte Herren, die so tun, als hätten sie alles gelesen und nichts begriffen. Bis zum nächsten Mal!

Gerhard Polt

Was einer hat, der auf eine Bühne tritt, ist schwer zu sagen. Kluge Menschen, die gelernt haben, über die Darstellung von kleiner oder großer Kunst zu schreiben, und die das so gut können, dass sie als selten gelten, haben in manchen Fällen Schwierigkeiten, Worte für Künstler zu finden, die sich der herkömmlichen Beurteilung entziehen. Brillant, super, intensiv, eminent, optimal, klassisch, was auch immer anwendbar sein könnte, trifft nicht, enthüllt das Geheimnis einer Person nicht genügend.

Für mich gibt es zwei Worte, die den Sachverhalt umfassend

beschreiben: »Er hat's.« Säße ich, was Gott verhüten möge, in irgendeiner Kommission, die eine Auswahl zu treffen hätte, wäre ich nur bereit, dieses Kriterium anzuwenden.

Als vor vielen Jahren ein starkbeiniger und selbstsicherer Mann auf eine Bühne in Schwabing trat, nach einer unverschämt langen Pause den Mund aufmachte und aus ihm nur einen undefinierbaren Ton herausließ, der wie wooauu oder jaauu klang, durch die augenblicklich eintretende Verunsicherung seines Publikums keineswegs beeindruckt war, schweren Tritts, ohne mehr als diesen Laut von sich zu geben, die Position von der rechten Seite der Bühne gemessen auf die linke verlagerte und dort verharrte, misstrauisch die Menschen unter ihm anstarrte und dann noch in sein Gesicht Missbilligung legte, wieder in die Mitte ging, wie widerwillig seinen deutlich angesetzten Abtritt von der Bühne abbrach, wieder an die Rampe trat, *dicht* an die Rampe ging, ein Lächeln probierte, dann aber deutlich: »Mei« sagte und damit einen gewaltigen Lacher in seinem Publikum auslöste, dachte ich: Was für eine Unverschämtheit! In dieser von ihm verbrauchten Zeit hätte ich schon mindestens eine ganze DIN-A4-Seite Text von mir geben müssen.

Das war der Polt.

Er hat's.

Jochen Busse und Henning Venske

Eine Belobigung

Sehr geehrte Damen und Herren,
es ist, so oft wie immer, eine Freude, vor einem Publikum zu stehen, das alles, was man auch immer sagen wird, schon versteht, bevor man es gesagt hat.

Kollegen, Eingeweihte, Kenner, Profis, nachdem ich dem Zwang der kostbaren und teuren Fernsehzeit beziehungsweise dem Zwang, sie nicht unnötig zu verbrauchen, entronnen bin, war ich doch erstaunt, dass mir für die nun folgende Würdigung sieben Minuten geschenkt wurden. Netto. Ich habe immer danach gestrebt, das zu tun, was der Bayerische Rundfunk für richtig hielt.

Wie mir einmal ein Programmdirektor überzeugend darlegte: »Was dem Rotstift zum Opfer fällt, fällt nicht der Länge zur Last.«

Und nun sind es nur noch sechseinhalb Minuten.

Henning Venske und Jochen Busse waren schon einmal ein Paar. Innerhalb eines Ensembles. Innerhalb der »Münchner Lach- und Schießgesellschaft«.

Zehn Jahre lang waren sie zusammen mit Renate Küster und Rainer Basedow die Flügelmänner des Ensembles. Unser Freund Sammy Drechsel hatte mit großer Überzeugungskraft mit ihnen die »Lach- und Schießgesellschaft« verstärkt.

Das, was zuvor gefehlt hatte, die Spannung, nun war sie da. Schon bei der ersten Probe war sie zu spüren. Zwischen den beiden. Die beiden sind nicht vom selben Bäcker gebacken. Henning, der seine Sätze ins Publikum hinunterschimpft, der die Worte nicht hinstellt, sondern sie in die Köpfe hineinrammen möchte, mit einem Blick, der ausdrückt: »Ich fürchte mich vor eurer Liebe – ich sehne mich nach eurem Hass.« Der einmal zornbebend die Probe verließ mit dem in unserer Ensemblegeschichte historischen Satz: »Einmal möchte ich hier in diesem Ensemble der Dümmste sein« … und Jochen Busse, der seine Sätze tanzen lässt, sie mit einer leichten ironischen angedeuteten Verbeugung dem Publikum hinunterreicht oder aber die Worte in einem unglaublichen Tempo hinunterregnen lässt und dabei ohne merkliche Verschiebung der Gesichtsmuskeln Pointen mit einem Timing ... das Wort sei mir verziehen, ich meine, dass er die Pointen mit unnachahmlicher Grandezza zur rechten Zeit dorthin setzt, wo sie hingehören.

So verschieden sie ihren Beruf ausübten, so selbstverständlich respektierte einer den anderen.

Und selbstverständlich ärgerten sie sich.

Einer über den anderen.

Jochen über die ironische Art Hennings, mit der er über die Leichtigkeit und die Geschwindigkeit, mit der Jochen seine Texte lernte, sprach, Henning wiederum über die Treffsicherheit, mit der Jochen manchmal die Texte von Henning zerlegte.

Hennings Texte waren weltanschaulich, philosophisch und hintergründig gründlich angelegt. Sein Textbeitrag für das erste Programm umfasste 22 Seiten.

Das änderte sich schnell. Nicht zuletzt durch die absolut sachliche und fachlich zutreffende Analyse von Jochen.

Es war unnötig in diesem Ensemble, Toleranz zu fordern. Sie war mit großer Selbstverständlichkeit vorhanden. Zehn Jahre danach geschah das, was man befürchten musste: Das Ensemble trennte sich.

Neue Pläne – neue Ziele.

Jochen entschloss sich, den Prozess des Berühmtwerdens zu beschleunigen, und schloss sich enger dem Fernsehen an. Er erklomm eine Sprosse auf der Leiter zum Ruhm und wurde Moderator einer viel gesehenen, heiteren Sendung. Einer Beförderung glich das insofern, als er sich nun nicht mehr selber um Pointen bemühen musste, sondern sie verwalten konnte, das heißt, er ordnete das Gelächter.

Henning kehrte zurück nach Hamburg, wo man ihn zehn Jahre lang vermisst hatte. Als er München verließ, vermisste man ihn dort.

Ich vermisste sie beide. Vor allem aber sie beide zusammen.

Zehn Jahre lang Tournee. Zehn Jahre lang immer lustvolle Nähe in einem Bus. Und jeden Morgen die gleiche Komödie.

Busse betrat den Frühstücksraum eines der Hotels, die zur Not bewohnbar waren: strahlend, aufrecht, ausgeschlafen und überaus angezogen.

Venske hockte allein an einem Tisch morgenmürrisch vor seinem Frühstück und knurrte widerwillig ein »Morgen« zurück.

Busse setzte sich ebenfalls an einen eigenen Tisch, aber in Rufweite zu Venske.

Gewöhnlich nahm Henning den Beginn der Feindseligkeiten auf. »Jochen, ich bewundere immer wieder, mit welcher Nonchalance du der Dame an der Rezeption gegenüber deine Prominenz verhüllst.«

Jochen: »Henning, ist dir aufgefallen, dass du dich schon zum dritten Male in dieser Woche mit dem Frühstücksei bekleckert hast?«

Damals dachte ich: »Mein Gott, warum gründen die beiden nicht ein Ensemble?«

Sie haben es gottlob getan.

Es muss den beiden aufgefallen sein, dass sie, im besten Sinne, die Sunnyboys persönlich waren.

Der eine ein Äquilibrist, ein Kaskadeur, der andere ein vorgeahntes, verbittertes Maschinengewehr, dessen Opfer mit den Bonbons herumlaufen müssen, die ihnen Venske ans Hemd geschossen hat.

Wen Henning trifft, an dem klebt es.

Unvergessen Hennings Beiname für den abgesprungenen Möllemann, der für seine Waffengeschäfte mit arabischen Ländern berüchtigt war: Mach ma Reibach.

Jochen Busse, der viel geliebte Komödiant, der zu unser aller Freude zurückkehrte zum Kabarett, das ihm große Momente verdankte, machte nicht viel her mit seiner Rückkehr. Jedenfalls nicht im Vergleich zu heutigen Gebräuchen, wo einer, der vom

Klo zurückkehrt, schon ein Comeback hat. Er machte einfach dort weiter, wo er aufgehört hat, er also die Texte von Klaus Peter Schreiner, der sie ihm auf Gang, Gestus und Stimme auf den Leib geschrieben hat, ins Publikum hinunterschleuderte.

Drängend-dynamisch, nie auf den Lacher wartend, genau wissend um den Beifallsstau im Publikum, um dann mit seiner ihm geschenkten »Ars comica« die Schlusspointe explodieren zu lassen.

Sie können es beide.

Als ich das erste ihrer erfolgreichen Programme sah, geschah mir das, was immer ein Indiz für die Qualität ist: Ich hatte den dringenden Wunsch mitzuspielen.

Oder der zu sein, der auch mitspielt, dieser hinreißend beleidigte Akkordeonkünstler Frank Grischek. Lieber Henning, lieber Jochen, ich traue mich jetzt, es zu sagen. Manchmal habe ich, wenn einer von euch redete, ihn angeschaut.

Sieben Minuten vorbei.

Ich gratuliere.

Der Blick vom Lerchenberg
oder
Notizen aus der Provinz

Eine neue Methode der satirischen Gegenwartsbewältigung gelang Dieter Hildebrandt und seinen Mitstreitern, als sie für das ZDF die »Notizen aus der Provinz« gestalteten, eine Parodie des bekannten politischen Magazins des erzkonservativen Gerhard Löwenthal. In der Rolle des Moderators brachte Hildebrandt Nachrichten aus deutschen Gauen, die echt klangen, aber manchmal erfunden waren. Es war eine Sendung, die nicht überall gut ankam.

26. August 1973

Guten Abend, verehrte Zuschauer!

Wenn wir Ihnen heute unter dem Titel *Notizen aus der Provinz* ein neues kritisches Fernsehmagazin präsentieren, werden Sie vielleicht fragen: Muss das sein? Nun, wir haben uns dieselbe Frage gestellt und sind zu dem Ergebnis gekommen: Ja, es muss sein. Denn wir haben festgestellt, dass die Mehrzahl der kritischen Fernsehmagazine unentwegt heiße Eisen anfasst, Themen anfasst, die unter den Nägeln brennen, auf den Nägeln brennen, im Nacken liegen und dergleichen mehr. Wir wollen kleinere Themen anfassen, die in der Abendschule der Nation, sprich: Deutsches Fernsehen, immer ein bisschen zu kurz gekommen sind, nämlich Themen aus der Provinz. Nun, fragen wir uns: Was ist eigentlich Provinz? Ist das Rosenheim im Verhältnis zu München, oder ist es München im Verhältnis zu Hamburg, oder ist es Hamburg im Verhältnis zu Bonn, oder ist das Bonn im Verhältnis zu Rosenheim? Sie sehen, der Kreis schließt sich wieder. Provinz ist auch nicht mehr das, was sie früher einmal gewesen ist.

1. August 1974

Das ist allerdings sehr besorgniserregend, denn wenn es so ist, dass unsere Zukunft im Wasser liegt, dass also im Trinkwasser die Gefahren zu suchen sind, dass man da Medikamente hinzumischen kann, die uns verändern können, dann fragt man sich doch: Wer ist für unser Trinkwasser verantwortlich? Werden wir vielleicht von ganz anderen Institutionen manipuliert, als wir bisher gedacht haben?

Finden nicht im Augenblick ganz neue Experimente mit uns

statt, die ganz andere Ergebnisse haben werden? Ja, zum Beispiel, wie kommt es, dass im Moment nach einer Umfrage die
SPD an Beliebtheit um vier Prozent zugenommen hat? Waren
das vielleicht auch irgendwelche Wasserspiele der Herren, die
uns manipulieren? Werden Wahlkämpfe etwa heutzutage mit
den Wasserwerken gewonnen? Natürlich sind wir wieder ahnungslos und verwenden naiv das Sprichwort, dass jemand, den
man überschätzt, auch nur mit Wasser kocht. Ja, meine Damen
und Herren, aber mit welchem? Gibt es überhaupt Leute, die
noch gar nicht wissen, dass es linkes und rechtes Wasser gibt,
mit dem man kochen kann? Wir würden vielleicht nicht so sehr
an die Herren denken in den Funk- und Fernsehanstalten, die
da in ihren Büros sitzen und unser Volk vergiften, sondern wir
sollten die Frage stellen: Wem gehören in der Bundesrepublik
unsere Wasserwerke? Wir sagen so zum Beispiel dahin, dass
Helmut Kohl dem Franz Josef Strauß nicht das Wasser reichen
kann. Damit wollen wir doch nur ausdrücken, dass er – also
Kohl – dem Strauß nie den Giftbecher reichen würde. Ich meine damit nicht schon wieder den Walter Becher, den CSU-Abgeordneten. Nein, ich meine den Giftbecher. Ich möchte nur ausgedrückt haben, dass bei den Unionsparteien Einigkeit darüber
herrscht, dass, solange es noch keinen Kanzlerkandidaten gibt,
über den man ernstlich reden kann, darüber nicht gesprochen
werden darf. Aber solange es den noch nicht gibt, wird noch
sehr viel Wasser – sehen Sie – schon wieder Wasser. Nicht? Sie
merken, was für eine große Rolle das Wasser in unserem Leben spielt. Ja, sonst wäre doch nicht so viel Wasser in unserer
Umgangssprache. Und ausgerechnet ein gewisser Sparwasser
schießt dieses sogenannte Tor. Aber na gut, lassen wir das Wasser jetzt weg. Wir stehen, meine Damen und Herren, kurz vor
dem bayerischen Landeswahlkampf. Das heißt, er ist eröffnet
worden. Mit einem Feuerwerk neuer Gedanken.

»Bayern muss weiß-blau bleiben und darf net rot werden!

Wir brauchen in der Bayerischen Staatskanzlei einen bayerischen Ministerpräsidenten. Und nicht einen vor den Münchner Jusos ausgerissenen Bonner Gastarbeiter!«

Gegen diese zündenden Ideen wird sich Hans-Jochen Vogel schwertun. Denn Vogel, so sagte Strauß mit der feinen Zurückhaltung, die ihm das Fairness-Abkommen der drei Parteien im Wahlkampf auferlegt, Vogel, und das haben Sie ja gehört, sei eben ein Gastarbeiter, der vor den Jusos ausgerissen ist. Überhaupt hatten seine übrigen Bonmots alle diese subtile Ausdeutung des Gegners. Diese fast lyrische Eloquenz eines … Strauß hat es gelernt, Strauß hat es in verträumten Kleinstadtsälen mühsam gelernt, und fleißig hat er es erarbeitet. Und in Bierzelten ist es zur köstlichen Reife gekommen, denn das haben die anderen eben nicht, einen so erprobten Zeltstar. Franz Josef Strauß ist als Redner ein Zeltereignis. Und er kann es, er marschiert ein, und wie er dann hinaufsteigt und redet, der kann seine Stimme erheben und fallen lassen, wie einen Sack voll Murmeln. Genau auf den Kopf des Gegners, aber wie es darinnen aussieht, das geht keinen was an. Nicht, ich weiß auch nicht, ob er diese Einmann-Show auf die Dauer aushalten wird. Durchhalten kann er es auch nicht, es kostet nämlich Kraft, Sätze zu rufen wie diesen: »Die Lehrer werden als Schweinehunde deklariert, und von den Eltern wird gesagt, dass die Kinder ihnen in die Fresse rotzen sollen.« Ja, das ist ein Originalzitat von Strauß, wirklich. Es wird behauptet, dabei wären einige Menschen rot geworden. Nun gut, besser konservativ mit rotem Kopf als das erdulden, was jetzt auf uns zukommen würde, wenn die anderen … also Steuerreform, Mitbestimmung, Tarifkämpfe, das wäre ja alles noch zu ertragen, solange man noch ein paar Mark auf der Bank hat. Und jetzt, jetzt wackelt nicht nur die Mark, sondern auch noch die Bank, wo die Mark drauf ist.

»Was halten Sie von der Herstatt-Pleite?

Ja, Privat-Banken sollten normalerweise verboten werden. Denen müsste viel mehr auf die Finger geschaut werden! Ich würde nie zu einer Privat-Bank gehen. Nie!«

Der Bankier Herstatt ist übrigens, nicht, dass da ein falscher Eindruck aufkommt, nicht der einzige Besitzer der Herstatt-Bank, sondern hält nur fünf Prozent der Anteile. Der bekannte Herr Gerling soll indessen Inhaber von so um die 80 Prozent sein. Von ihm spricht mit Recht, und zwar mit geltendem Recht, niemand, denn Herstatt hat außer den fünf Prozent auch die Haftung. Also bei Gerling kann sich kein Geschädigter eine Mark abholen. Die Reihe der Geschädigten ist übrigens sehr lang. Aber es wurde den Geschädigten versichert, dass sie in der nächsten Zeit ihr Geld sehen werden. Ich weiß nicht, wie man das verstehen soll, wahrscheinlich wird man sie bitten, und man wird ihnen das Geld zeigen, und dann wird man es ihnen wieder wegnehmen. Wohin das dann kommt, weiß keiner. Vielleicht hat Herr Gerling auch noch Entschädigungsansprüche gestellt, oder das katholische Bistum Köln eben, die haben ja 30 Millionen Mark verloren. Das trifft auch immer die Ärmsten. Ich versteh nur eines nicht, die Kirche behauptet doch immer, dass sie keinen Pfennig übrig hat von den Kirchensteuern. Nun ja, vielleicht hat sie den einen Pfennig verschwiegen, den sie jetzt 1400 Jahre wuchern ließ. Zur Not äußert sich übrigens auch die Autoindustrie, ich meine zur Not der Autoindustrie. Sie sagt, diese Regierung muss im Falle eines bestehenden Auto-Berges genauso reagieren wie im Falle des Rindfleisch-Berges. Sie muss die Autos aufkaufen und für die Bereitschaft der Autoindustrie, ein Auto nicht zu bauen, Prämien zahlen. Bitte, warum auch nicht. Wenn ein Tierzüchter für ein nicht geschlachtetes Kalb eine Prämie bekommt, warum dann nicht die Leute, die Käfer herstellen? Die Regierung soll sich da eben etwas einfallen lassen. Es muss so eine Sportart eingeführt werden, die Autos vernichtet. Und zwar schnell. Geschwindigkeits-Happening vielleicht. Die

Regierung soll eben nicht Straßen bauen, sondern lauter Nürburgringe. Und dann Opel gegen Mercedes, BMW gegen VW, Ford gegen Renault. Auto gegen Auto, Totalschaden 5 Punkte, brennende Autos 4 Punkte, Überschlag mit Bauchlandung 3 Punkte, und dann werden Tabellen geführt, wie bei der Bundesliga. Ich sage Ihnen, dieser Sport macht Karriere. Ich wette es sogar. Die freizeitgeplagten Amateure machen es den Profis schon lange nach. Es gibt da so etwas wie Rallyes. Wissen Sie, was eine Rallye ist? Rallye ist eine Autosternfahrt. Die Spielregeln sind dabei immer etwas seltsam, aber es kommt ein bisschen Mensch ärgere dich nicht dazu. Aber die Zerlegung eines Autos in seine Bestandteile muss ja auch einen spielerischen Unterhaltungswert haben – für gehobene Kreise jedenfalls ist diese Sportart schon so etwas wie Religion.

In Bayern wäre so etwas wie eine Watergate-Affäre, wie wir gesehen haben, absolut undenkbar. Die wäre praktisch ins Wasser gefallen, das heißt die Zeugen. Wie unangenehm es ist, wenn immer wieder Zeugen aus der Vergangenheit auftauchen, das sieht man auch an unserer Justiz. Aber sie handelt, und Sie sollten dem allgemeinen Trend in ihrer Rechtsprechung nämlich folgen. Dieses »Macht endlich Schluss mit der Vergangenheit« sollten wir ernst nehmen. Nehmen wir doch endlich den Menschen in unserem Land die Angst, die sie 1955 noch hatten, wenn man auf die Verbrechen des Naziregimes zu sprechen kam. Heute traut man sich ja schon wieder auszusprechen, dass Partisanen keine Widerstandskämpfer, sondern ganz gewöhnliche Verbrecher waren, die an die Wand gehörten.

Auch dass wir den 20. Juli noch feiern, ist eigentlich beschämend, denn die Herren waren, gemessen an der heutigen Urteilsprechung, Verräter. Zum Beispiel Kommunisten wussten doch im Dritten Reich ganz genau, dass sie nicht zu uns gehörten, sondern an die Wand. Es war eben nichts anderes als eine traurige Pflicht, diese Urteile zu vollstrecken, so kann man es heute wieder an den Stammtischen hören. Und zwar lauter und lauter. Auch an Juristenstammtischen. Der Bundesgerichtshof entschied: Der Widerstandskämpfer und Kommunist Fiete Schulze darf von der *Nationalzeitung* Mörder genannt werden. Der Widerrufsanspruch wurde abgewiesen. Beate Klarsfeld wird zu zwei Monaten Gefängnis verurteilt. Das Kölner Gericht sah es als Selbstverständlichkeit an, dass bei diesem Prozess ein Gestapochef als Belastungszeuge im Zeugenstand war. Es normalisiert sich eben alles. Der Verleger der *Nationalzeitung,* Gerhard Frey, der in seinen Blättern für die große Amnestie kämpft, und zwar mit allen Mitteln, erhält von den Gerichten die freundliche Bestätigung, dass er so weitermachen darf und so weiter und so immer, immer, immer weiter. Der Verleger Wagenbach, der – Moment, der gehört wohl nicht hier hin –. Absolutes Spitzenurteil, aber in Kiel, ich zitiere die *Frankfurter Rundschau:* »Im Mogileff-Prozess hat ein Kieler Schwurgericht einen Kriminalhauptkommissar im Ruhestand von der Anklage freigesprochen, im letzten Krieg sieben russische Zivilisten in einem Gaswagen grausam und heimtückisch ermordet zu haben. Nach Auffassung des Schwurgerichtes handelte er weder grausam noch heimtückisch, als er russische Partisanen mit Auspuffgasen in einem Gaswagen umbringen ließ. Das Urteil stützt sich vor allem auf ein Gutachten von Professor Emanuel Steigleder, der die Auffassung vertrat, dass bei der Einschließung in den Gaswagen die Bewusstlosigkeit 60–90 Sekunden nach Einleitung der Auspuffgase eingetreten sei. Dem seien Schwindelgefühle, Unwohlsein und leichte Krämpfe vorausgegangen. Das allein reiche jedoch für die Annahme von Grausamkeiten nicht aus.« Hier wird nun endlich ein Präzedenzfall geschaffen, nach dem kein Kriegsverbrecherprozess mehr aufgerollt oder gar abgeschlossen werden kann. Der FDP-Abgeordnete Achenbach hatte das ja ohnehin schon in der Öffentlichkeit gefordert. Wir sehen immer wieder, dass sogenannte Grausamkeiten sich immer wieder als menschliches Entgegenkommen entpuppen. Der Gutachter Steigleder meint ja auch, dass ein 60–90-sekündiges Sterben nicht zu den Grausamkeiten gezählt werden kann. Machen wir doch einmal die Probe, meine Damen und Herren, und stellen wir fest, wie kurz 60 Sekunden sind. So.

Erklärende Anmerkung
Nach diesem letzten Satz blieb Hildebrandt stumm und regungslos stehen und blickte in die Kamera. 60 Sekunden lang. Es waren die wohl beklemmendsten 60 Sekunden in der Geschichte des deutschen Fernsehens. Und selten wurde Hildebrandt danach so brutal angegriffen und beleidigt– von jenen Zuschauern, die sich natürlich zu den »anständigen« Deutschen zählten.

29. August 1974

In Amerika ist alles überstanden, also Watergate, in der Bundesrepublik geht es im Moment darum, ob Wehner geht.

Wenn Wehner geht, geht er wegen Wienand. Also ist es gar kein Watergate-Fall, denn Nixon ist ja wegen Nixon gegangen. Die SPD hat sich da eine Zeitbombe zurechtgebastelt, die von Zeit zu Zeit hochgeht und, was das Raffinierteste dabei ist, dann in den eigenen Reihen.

Nach dem Interview, äh, nein, Kreuzverhör, Kreuzverhör in *Monitor*, wissen wir nun mehr über diesen Fall. Wir wissen, dass Wehner in der Lage ist, nicht mehr über diesen Fall auszusagen, als jemand aus ihm herauszuholen vermag. Jaja, Herbert Wehner kann sehr gesammelt schweigen.

Aber trotzdem: Langsam möchte man ja wissen, ob der Abgeordnete Wienand zu Recht hinter Wehner steht oder Wehner zu Unrecht vor Wienand.

Steht also Wehner jetzt hinter Wienand, damit Wienand nicht zurücktreten kann, ohne beim Rücktreten Wehner auf die Füße zu treten?

Am besten, würde ich sagen: Vortreten, sagen, was wirklich gewesen ist, und dann zurücktreten. Dann ist man am sichersten, dass keiner mehr hinter einem steht.

Denn einer von den ungelösten Fällen muss ja nun endlich geklärt werden, denn sonst haben wir in der nächsten Zeit im Parlament nur noch Ausschussmitglieder. Äh – Untersuchungsausschussmitglieder.

Im Übrigen sollten wir ja an dem amerikanischen Beispiel gelernt haben: Am besten geschützt vor Korruption ist immer ein Volksvertreter, der auf seinem Konto das Konto ganz weit rechts hat. Hätte Nixon den Watergateeinbruch aus eigener Tasche finanziert, wer weiß … Im Moment ist er ja steinreich. Ja, doch, was glauben Sie, was diese Tonbandschnipsel jetzt wert sind, die mit Sicherheit bald auf dem Markt herumkugeln werden. Aber – diese Ära ist abgeschlossen, Amerika atmet auf. Ford ist ein sauberer Mann, Rockefeller ist ein reicher Mann – das ist ein Gespann, da kann gar nichts passieren – nichts Unsauberes. Denn – was ist Reichtum? Der amerikanische Politiker Debs hat es treffend formuliert: »Reichtum sind die Ersparnisse vieler in den Händen eines Einzigen.«

In sozialistischen Staaten ist das natürlich anders – da übernimmt die Rolle des Einzigen der Staat selbst. Und da wieder trifft die Formulierung von Franz Werfel zu: »Der sicherste Reichtum ist die Armut an Bedürfnissen.« Und die kann man ja lenken.

Die DDR zum Beispiel ist in dieser Hinsicht ein ausgesprochen reiches Land, natürlich gibt's dort auch Millionäre, aber das sind mehr volkseigene Rockefeller. Und diese Millionäre gehören dem Volk. Wie überhaupt alles in der DDR dem Volk gehört. Selbst der Zugang zu öffentlichen Seen ist garantiert.

28. Juli 1977

Willkommen an Bord der Kassandra, meine Damen und Herren. Schiff ahoi, unser guter alter Kaiser Wilhelm II. hat einmal gesagt: »Unsere Zukunft liegt auf dem Wasser.« »Notizen aus der Provinz« ist der Sache nachgegangen, es stimmt, wir schwimmen mit unserer Sendung schon mal probeweise vor. Wir schaukeln bereits hart in der Dreimeilenzone und können mit bloßem Auge die Stoltenburg drüben in Kiel erkennen. Hoch aufgerichtet auf dem Film steht dort der Verteidiger der Rundfunkfreiheit gegen die reißenden roten Wölfe vom Rothenbaum. Der Rothenbaum ist das Hauptquartier des Norddeutschen Rundfunks, der jahrzehntelang, *jahrzehntelang*! Millionen verschwendet, Marx verwendet und den Staatsvertrag schändet. Der Herr der Stoltenburg, Graf Brokdorf auch genannt oder der Dünenprinz im Lande der schwarz gescheckten Redlichkeit, neben ihm Dr. Arthur R., auch hochaufgerichtet, der jetzt gerade wieder mit vollen Händen in seinem reichen Wortschatz wühlt, sie beide stehen hoch auf den Zinnen und schauen in das aufgewühlte Land. Aufgewühlt deshalb, weil die Erdarbeiten begonnen haben, weil man Anstalten machen will, das Rundfunkmonopol der anderen zu brechen.

Ich weiß nicht, ob das stimmt, ob ich das richtig sehe, auf jeden Fall, also wahrscheinlich nehme ich an, dass die Zeit kommt, die freie Zeit, die schöne Zeit, die arglose ... die A, ARD-lose Zeit. Denn spätestens vor Jahren hat ja Dr. Arthur R., der Staatssekretär in Kiel für Journalistenaufklärung und Informationsregulierung, erkannt, dass es nicht so sehr darum geht, Sendungen herzustellen, also Funk oder Fernsehsendung, sondern im Gegenteil sie zu verhindern. Aber man hat den Verdacht, dass es hie und da immer noch vereinzelt zu sogenannten Sendungen kommen wird. Und das will sich die Landesregierung in Kiel einfach nicht gefallen lassen. Wenn es bei Beibehaltung der jetzigen Situation so weitergeht, kann man auch von Hamburg erwarten, dass die irgendwie aus Gewohnheit noch hie und da eine Sendung herstellen. Und jetzt wird das alles geändert werden, und aus diesem einleuchtenden Grunde baut man nun da drüben eine Verwaltung auf, um das zu tun, was sich gehört, nämlich Sendungen zu verhindern. Wahrscheinlich wird man später auch noch Studios bauen, die – wenn sie fertiggestellt sind – sofort abgeschlossen werden, damit sie das tun, was die Verwaltung wiederum von den Studios erwartet, nämlich keine Sendungen herzustellen. Auf diese Weise kann man erreichen, dass Programm-Macher die Staatsverträge nicht verletzen, und man kann natürlich auch mehr und mehr auf Fachleute verzichten, auf Fachleute auf den Intendanten-Stühlen. Es ist ohnehin lächerlich, dass sich beispielsweise ein Mann wie Mühlfenzl um den Intendantenposten in Saarbrücken beworben hat. Ein Mann, der das Fernsehen gelernt hat und Rundfunk gelernt hat, was will der ausrichten gegen einen echten Landtagsvizepräsidenten. Von dem man ja weiß und erwartet, dass er etwas auf jeden Fall kann, nämlich keine Sendungen zu machen. Und es ist auch lachhaft, dass sich dieser Eddie Gruber um den SFB-Intendantenposten in Berlin beworben hat. Ein Mann, der ja täglich Sendungen gemacht hat, der also ein, ein Täter … der würde das doch später immer wieder versuchen. Von jetzt an ist es so, dass nur der, der nachweisen kann, absolut keine Ahnung von den Medien zu haben, eine Chance hat, in Zukunft Intendant zu werden.

Sie müssen sich nicht verschaukelt fühlen. Auch wenn wir die Sendung von hoher See aus machen. Es stimmt natürlich nicht, dass der Zweck eines gut geführten Krieges darin liegt, die Menschen zu vernichten. Unser Bundeskanzler, den wir von hoher See naturgemäß etwas schwankend sehen müssen, hat in Wirklichkeit einen ganz festen Standpunkt. Er hält sich in Fragen der Neutronenbombe eben zurück. Mit einer negativen Äußerung.

Wahrscheinlich meint er, es wäre einfach unverantwortlich, den guten Menschen die Hoffnung zu nehmen, dass bei einem richtigen Einsatz dieser Neutronenbombe die schlechten erledigt werden. Und wenn er das nicht so meint, dann meint es aber ganz gewiss Richard Jaeger genau so. Denn Jaeger, der sich ja schon mit einigen Äußerungen schnell in Vergessenheit gebracht hat, meint, dass Egon Bahr in unverantwortlicher und unmoralischer Art sich gegen die Neutronenbombe ausgesprochen hat. Weil er gesagt hat, es sei eine perverse Waffe und ... nein, was der Egon Bahr auch manchmal für richtige Bahr-Schocks auslöst in der Öffentlichkeit, was der so sagt! Und Jaeger trifft ja den Nagel dort, wo die Neutronenbombe in Wirklichkeit auch hingehört, nämlich auf den Kopf der Bevölkerung. Und die vertraut Jimmy Carter, und Jimmy Carter vertraut Helmut Schmidt, und Helmut Schmidt vertraut – sich selbst, und die CDU/CSU vertraut auf Gott, und Gott vertraut Jimmy Carter ja. Das heißt, was immer man über die Neutronenbombe denkt, der Mensch denkt, und Gott, wumm, lenkt, die Bombe kam im richtigen Moment.

Und jetzt sehe ich wieder Land, man wird überleben. Denn wenn diese Bombe wirklich die Guten schützt und die Schlechten erledigt, dann sind wir ja nicht dabei bei denen, die erledigt werden. Ja wir gehören doch zu den Guten, Sie müssen *Burda* lesen, ja, ja. Jetzt habe ich auch wieder Hoffnung, jetzt schwimme ich rüber nach Kiel, ich – nein, nicht, dass die Piraten das sinkende Schiff verlassen, überhaupt nicht, nein. Ich denke nur, dass ich in der Nähe von Stoltenberg und seinen Freunden am sichersten bin, denn das können ja keine Schlech... ich werde, ich werde mit Stoltenberg zusammen eine Runde Golf spielen, dabei steckt er mich ganz gewiss in die Tasche, und dort bin ich ganz gewiss am sichersten. Ja, ich war ja früher ein ganz Verzagter, na, ich habe immer gedacht, es wäre viel gescheiter, sich von Rolf Bossi verteidigen zu lassen als von Schorsch Leber.

Aber das kam daher, weil ich damals unter diese Welle geriet, diese – kennen Sie ja, diese Welle »schöner sterben«. Man wurde da so nihilistisch und wollte einfach das auch mal erleben. Nicht, einmal sterben dachte ich mir, einmal, das muss so schön sein. Man kann ja nachher wieder ... woher diese Welle kam, weiß ich nicht, jedenfalls traf sie bei dem Verbraucher mit der Neutronenbombenwelle gleichzeitig ein. Ja ... ob das ein Zufall oder ein na oder wie oder was meinen Sie? Da morst uns ein gewisser Schiller aus dem 18. Jahrhundert Folgendes: Es gibt keinen Zufall, und was uns Blindes ungefähr nur dünkt, gerade das steigt aus den tiefen Quellen.

26. Januar 1976

(Dieter Hildebrandt kommt durch die Bunkertür, lehnt den Spaten an die Wand, zieht während der ersten Sätze den Mantel aus, setzt sich die Mütze eines Museumsführers auf.)

Ja, hier war's. Hier ist es. Hier steh'n wir auf dem Obersalzberg. Der Watzmann grüßt, hier hat Adolf Hitler gestanden, hier hat er seine Lederhosen getragen, hier hat sein Schäferhund einmal ... hier hat auch Eva Braun ... und übrigens ... an dieser Stelle, Moment, nein, halt!, an dieser Stelle soll Adolf Hitler einmal seinen Fuß hingesetzt haben, sich mit der linken Ha... oder mit der rechten – ich weiß nicht – aufgestützt haben und sinnend in die Weite ... er hat sich wahrscheinlich Gedanken über seine Karriere gemacht. Wie wir ja alle wissen. Das Drehbuch von dem gerühmten Joachim-Fest-Film ist in Wirklichkeit von Putzi von Hanfstaengl, daher auch die gnädige Beurteilung des Schicksals des Führers. Ach ja, hier schon wieder was Historisches vor uns, nämlich der berühmte Untersberg liegt hier vor

Ihnen. Ähm, da, im Inneren dieses Bergmassivs soll Kaiser Rotbart, also Barbarossa, sitzen, dem der Bart durch den Tisch gewachsen ist, und neben ihm Karl der Große, im ... also nicht im Kyffhäuser, das ist offensichtlich eine Erfindung des Kyffhäuser-Verbandes. Nein, hier sitzen diese beiden und neben ihnen nun auch, selbstverständlich, Adolf Hitler, und diese drei werden eines Tages, wenn die Raben nicht mehr um den Berg fliegen, die große Tat ... die wollen Deutschland befreien. Die wollen dem Euro-Kommunismus aufs Haupt schlagen und diesen sogenannten historischen Kompromiss vollziehen.

(Rabengeschrei)

Ja, und hier sind wir. Und sehen Sie, das beweist, was unser alter schlesischer Philosoph aus Görlitz, Kurtl Krippendörfer, gesagt hat: »Nicht jedes Loch enthält nur nichts.« Hier habe ich als erster Ausgräber, die Gesellschaft zur Pflege und Förderung reaktionären Brauchtums und zur Erhaltung unserer überwältigenden Vergangenheit, habe ich mit diesem Spaten – ein echter Arbeitsdienstspaten, hat mir im Jahre 1942 Konstantin Hierl, der Reichsarbeitsdienstführer, der Ehrenbürger von Parsberg, hat er mich persönlich zum Truppführer geschlagen – mit diesem habe ich etwas entdeckt. Was Sensationelles! Und ich zeige Ihnen jetzt, was ich mit meinem Spaten Schaufel für Schaufel freigelegt habe – die letzte Zufluchtsstätte Adolf Hitlers! Ein grau gewordener Pimpf steht seinem Führer gegenüber. Als wir uns nach der letzten Sendung voneinander verabschiedet hatten, wussten wir nicht, dass unsere Bemühungen, einer Zeiterscheinung auf den Grund zu kommen, so schön ausfallen würden. Aber wir wussten, immer wussten wir, dass es noch viel Sensationelles zu entdecken gab um Adolf Hitler. Wie schon ein alter Verleger gesagt hat: »Adolf Hitler ist kommerziell noch nicht ausgelutscht!« Und jetzt halten Sie sich fest, setzen Sie sich hin! Die Sache nimmt Ihnen den Atem: Hier, in diesem Bunker hat Adolf Hitler, entschuldigen Sie, in diesem, jetzt nun mehr

Museum, dessen Leiter ich bin, hat Adolf Hitler bis in die frühen Fünfzigerjahre gelebt! Hier hat er sein Comeback vorbereitet. Nun gut, warum auch nicht? Mit Recht hat er es vorbereitet, denn seine Vertrauensleute saßen ja schon wieder in den Regierungen von Ost und West. Seine Sympathisanten waren relativ glimpflich weggekommen, und dann, vor allen Dingen, seine Todfeinde, die Intellektuellen, waren noch im Ausland. Sein Ruf hatte etwas gelitten wegen der Dinge, die er getan haben soll ... aber das war doch nur getan worden zum Schutze des Volkes. Das würde heute natürlich jeder verstehen. Wissen Sie, wenn man so gräbt und gräbt, als Archäologe ... ich denke da an Schliemann, der hat immer gesagt: »Je mehr man gräbt, umso mehr versetzt man sich in den Auszugrabenden hinein.« Ich könnte heute sagen, ich glaube, Adolf Hitler hat sich nicht für einen Terroristen gehalten. Und da ist er nicht der Einzige.

Hier, auf diesem Sofa, hat Adolf Hitler im Jahre 1951 seinen letzten Sohn hergestellt. Vielleicht verkaufe ich ihn Weihnachten an die *Quick*. Na ja, na ja, werden ja andere Verlage auch schon einen haben. Es muss da irgendwo so eine Firma geben, Hitler und Söhne, die jede Woche 'ne Entbindung haben.

Ja, und nun zu unserem Hitler-Museum! Die Fans würden Tausende von Mark berappen, wenn sie das hier kaufen könnten. Hier handelt es sich um den original linken Stiefel von Adolf Hitler, mit dem er nachweislich den ersten Schritt auf österreichischen Boden getan hat! Und ... ach ja, das ist die letzte Serviette von Adolf Hit... Na ja, ein bisschen zerfetzt ist sie, weil sich 120 Hitler-Biografen darum gerissen haben. Wussten Sie, dass Hitler ein Sockenhasser war? Er trug nur Fußlappen! Hier handelt es sich um den linken Fußlappen, und der andere mit dem »r«, das scheint mir dann der rechte Fußlappen zu sein. Hier haben wir die Lederhose. *(Hund knurrt)* Die berühmte Lederhose. Äh, hier handelt es sich um das linke Bein, und das scheint dann, wie gesagt, das andere äh, zu sein. Ja, äh, niemand kann behaupten, dass er Hitlers Zahnbürste gewesen ist, wie es verschiedentlich geschah. Denn hier ist Hitlers Zahnbürste! Und nun, meine Damen und Herren, folgen Sie mir hinüber zu Hitlers Nachlass! Hier sehen Sie nun alles, was Adolf Hitler in den Jahren von 1945 bis 1953 geschrieben hat. Daraus werden in der nächsten Zeit entstehen: eine 125-teilige Fernsehserie, ein großer Kinofilm sowie ein Musical, zwei Operetten, eine Oper sowie eine Gemäldeausstellung. Und nun fragen wir uns: Wie geschah es denn, dass Hitler starb? Er war bei bester Gesundheit – wie wir wissen. Wir nehmen an, er hat sich hier unten sein eigenes Grab geschaufelt, indem er sich ein Fernsehgerät kommen ließ. Und als er das Erste Fernsehprogramm gesehen hat, wusste er, es ist aus mit seiner Karriere.

Nun, dieser wahnwitzige Liberalismus, der im Ersten Fernsehprogramm noch herrschte, dieser, diese, diese Wut, diese Volksaufklärungswut, er wusste, das konnte einfach nicht gut gehen. Ich sehe ihn förmlich vor mir sitzen, wie er das Programm mit, mit gezwirbelten Schnurrbartspitzen, die sträubten sich, die Barthaare, förmlich, die Augen glühten, weit aufgerissen vor Entsetzen. Was er da sah … Da trat ein Mann auf in einer karierten Jacke, ein gewisser Peter Frankenfeld, der Witze riss über Politiker, die noch lebten. Vor allen Leuten, die lachten – die Leute. Das alles hat er gesehen, und er wusste, das kann nicht gut gehen.

Wenn man bedenkt, dass ich auf Hitler stehen könnte, ich meine, dass ich jetzt auf seinen Überresten hier stehen könnte, das ist schon eine … Ich hab' übrigens hier Ansichtskarten gefunden. Aus Südamerika. Von seinen Freunden. SS-Führern und Gauleitern. Ja, wie mögen die nur hier reingekommen sein? Weil … ich meine, der Briefträger muss ja irgendwie … Da soll's ja noch irgendwie Gänge geben, so Geheimgänge, unterirdische. Ich habe hier im Plan nachgekuckt. Einen habe ich schon entdeckt. Das ist hier der unterirdische Gang zum Haus von Martin Bormann, der ist irgendwo da drüben. Und dann ist auch ein unterirdischer Gang zum Haus von Hermann Göring. Und dann müsste ja hier ... doch! Da ist ein Gang, ein unterirdischer, zum Untersberg! Das ist ja doll! Und das müsste genau sein, wo er hier ... *(klopft)* hohl! Das ist die Tür nach Südamerika. Wie kommt es eigentlich, dass es die Deutschen immer so ganz besonders nach Südamerika zieht? Auch heute noch. Na ja, merkwürdig ist das eigentlich nicht. Es ist wegen der »stabilen innenpolitischen Lage«! Was ist jetzt eine innenpolitisch stabile Lage? Das ist, wenn beispielsweise ein Staat in der Lage ist, innenpolitisch für Ruhe zu sorgen. Also so ein Staat wie Chile. Oder Argentinien oder so. Die einfach für Ruhe so sorgen, dass es so friedlich ist, dass man eben, wenn man am ruhigsten liegt, also auf dem Friedh... Also wenn ein Staat innenpolitisch wie ein Friedhof ist, dann ist er politisch stabil. Denn wo gefoltert wird, wird die Freiheit am ruhigsten erhalten! Und dort kann man eben auch am ruhigsten und sichersten investieren, und darum zieht es die Deutschen grade jetzt wieder so nach Südamerika. Im Moment sollen ja auch die berühmten fliegenden Bratvögel von Jahn, sollen in riesigen Schwärmen nach Südamerika fliegen, und es gibt einen fürchterlichen Ärger über einen prominenten Deutschen, einen Westdeutschen ... der nach Südamerika ... die Zeitungen zerreißen sich das Maul, warum eigentlich? Der Breitner soll doch nun endlich den Schön anrufen! Damit Ruhe ist. Deutschland braucht Bayern! In Südamerika. Und solange diese Bayern in Südamerika sind, da fühlt sich der Helmut Kohl auch noch als Kanzlerkandidat. Ja, dann hat er die Kreuzschmerzen nicht mehr, ich meine, dann fühlt er die CSU von Kreuth nicht mehr im Kreuz und ... er hat das strahlende Lächeln von damals, das Siegerlächeln.

26. Oktober 1978

Damen und Herren, Brüder und Schwestern, ist Ihnen eigentlich klar, wovor wir alle gemeinsam stehen?

Wir stehen vor der Frage, ob wir finnlandisiert sind oder nicht, stehen vor einer ungewissen Zukunft, die vor uns liegt, stehen vor den Trümmern einer Politik, die wie auch immer ... wir stehen voller Bewunderung vor Butterbergen und Talsohlen und fassungslos vor der Gewissheit, dass die Flachlandisierung des bayerischen Bergbauern bereits begonnen hat!

Wir stehen vor Wahlen,
vor der Auslandisierung unserer Inlandsprobleme.
Wir stehen vor dem Ausland da wie noch nie,
und doch stehen wir kurz vor der absoluten Pleite,
und jeder fragt sich: Mein Gott, wo stehn wir denn nun wirklich?

Also ich stehe ... vor der Landwirtschaftsausstellung in München – da hinten sehen Sie die Freiheitsstatue, die mit geballter Faust dem Sozialismus droht, und die Brauereien auf dem Oktoberfestschlachtfeld stehen vor einem neuen Umsatzrekord.

Ich bin deprimiert. Auf meinem Rundgang durch die Landwirtschaftsausstellung habe ich erfahren, wovor die Bauern stehen.

Vor einer Katastrophe. *(Holt Blatt heraus.)*

»Die deutsche Landwirtschaft wird die diesjährige Ernte voraussichtlich mit einem neuen Rekordergebnis abschließen können!«

Das hat uns gerade noch gefehlt!

Ich sage uns, weil ich inzwischen auch Bauer geworden bin.

Aber nicht so direkt an der Scholle, sondern mehr im Zuge

der Bewegung: »Der Mensch von Geld und auch von Stande – liebt Schöner Wohnen auf dem Lande.«

In unserem Dorf gibt's bloß noch einen aktiven Bauern. In den anderen Höfen wohnen lauter Faible-Farmer … also Wirtschaftsintellektuelle mit dem Grün-Touch. Die Höfe alle tipptopp. Aber kein Schwein im Stall. Im Kuhstall habe ich zum Beispiel ein Tonband … wo alle Viertelstunden eine Kuh muht. Wegen der Atmosphäre, verstehen Sie? Und damit's ein bisschen nach Mist riecht, geht meine Frau mit dem Spray rum.

Die waren alle billig zu haben, diese Höfe.

Na ja, ein großer Bauer in einem Bauerndorf genügt doch, das rentiert sich wenigstens. Was will so ein Tante-Emma-Bauer mit dem bisschen Subvention schon anfangen. Das zerläppert sich.

Und wenn dann noch so 'ne Missernte wie dieses Jahr … hier: »Die Versorgung mit Kartoffeln ist in diesem Jahr derart reichlich, dass ein relativ großer Anteil aller Voraussicht nach verfüttert werden muss.«

An die Schweine. Und was machen wir dann mit den vielen Schweinen? Da muss man ja ganz wach sein, denn man weiß ja nie: Gibt's dieses Jahr Prämien dafür, dass man Schweine mästet, oder dafür, dass man es unterlässt?

Ist ja eigentlich einfacher. Man geht hin und sagt: Hiermit melde ich an, dass ich 100 Schweine *nicht* mästen will.

Aber was mache ich dann wieder mit den Kartoffeln?

Man kann bei uns gar nicht so viel Nahrungsmittel wegschmeißen wie nicht gefressen werden!

Jaa, wenn man in Indien oder so wäre, wo die Menschen noch richtigen Hunger haben … da könnte man die Preise hochjagen!

Da wäre so ein Landwirtschaftsminister noch ein Minister, und zwar für Ernährung und nicht ein EG-Kommissar für Fressmüll-Deponien. Ein Schwemmen-Makler.

Man sieht ihn förmlich oben auf dem Schweineberg stehen und voller Zorn den Berg niedriger treten ... während unten die Schweine verlängert werden, damit mehr Koteletts dabei rauskommen und das Doppeleuterrind zur Erhöhung der Milchprämie entsteht. Der Erfolg ist fabelhaft: Die Weihnachtsbutter kommt in den Sommerschlussverkauf.

Aber die Leute wollen nicht mehr Butter fressen. Ich verstehe das nicht. Wenn die Leute in Regierungen Prämien dafür zahlen, dass immer mehr Butter gemacht wird, dann werden sie sich doch Wissenschaftler leisten können, die gegen hohes Honorar objektiv feststellen, dass Butter die Bandscheiben schmiert!

Na ja, die CMA, die Centrale Marketinggesellschaft der deutschen Agrarwirtschaft, die verzeichnete schon Erfolge und sagte: »Die ernährungsmedizinische Umklammerung der Butter konnte weiter gelöst werden.«

Das heißt nichts anderes als: Was gesund ist für den menschlichen Organismus, bestimmt nicht der Arzt, sondern das Prinzip von Angebot und Nachfrage.

Also: Wer Angst vor Cholesterin verbreitet, bohrt an den Grundlagen unserer Verfassung, nämlich der Freien Marktwirtschaft, und wir müssen in den Ruf ausbrechen: Butter oder Sozialismus!

Und unser gelobter Josef Ertl, unser Minister für die Ernährung der Landwirte über 30 Hektar, hat schon beschlossen, einen Tag im Jahr zum Buttertag zu erklären.

(Hildebrandt streichelt einen Esel.)

Das ist Ali. Mit dem bin ich hergeritten.

Ich mag Esel, sie haben so was Oppositionelles im Wesen. Hab ich mir ausgeborgt. Mein Freund, der Abgeordnete im Dorf, hat ihn sich gekauft. Die Leute im Dorf haben ihm mal gesagt: Dein Wahlkreis ist so sicher, wenn du einen Esel aufstellen würdest, wenn du mal unabkömmlich bist – die Leute würden ihn wählen. Hat er gemacht – hat geklappt.

(Holt die Mappe aus dem Eselsgepäck.)
Das sollen Sie mal sehen, was auf dieser Landwirtschaftsausstellung den Bauern angeboten wird!

Ein 500-PS-Traktor! Für 250000 Mark. Wahrscheinlich für den kleinen Nebenerwerbsbauern gedacht, damit er, wenn er von der Arbeit kommt, schneller fertig ist mit seiner Feldarbeit. Und der kann einen 16-scharigen Pflug ziehen!

Immer vorausgesetzt, so ein kleiner Bauer hat noch 16 Furchen.

Der Pflug kostet die Kleinigkeit von 52000 Mark.

Man kann richtig Angst um den Boden kriegen, wenn man so sieht, was die Landmaschinenindustrie für Waffen gegen ihn entwirft, was?

Mit der zarten Krume, die der Landmann ritzt, ist das wohl vorbei. Die Dichter müssen für das Lesebuch ganz andere Gedichte schreiben.

Aber wie bringen sie das, was da rumsteht, in lyrische Formen?

Im Märzen der Bauer seine Flüssigmistverregnerausbringgeräte anspannt, seinen Chemo-Schleuderfasswagen mit Hydrovolregelung und Tandemachse in vorteilhafter Kipphebelkonstruktion, Edelstahlrührwerk, Steigleiter und Gelenkwelle und nach getaner Arbeit, sein treues Vieh der Schildcomputerfütterung zuführt, wo man vorher einstellen kann, ob es ein Diabetikerschwein mit Superdünnschwarte oder eine Normalsau mit Gefriertruhenklasse S werden soll, und dann seinen Derrik anschaut. Derrik ist der Mustereber einer Justizvollzugsanstalt.

Warum dieses Tier Derrik heißt, weiß ich nicht, wahrscheinlich, weil er vielen armen Schweinen lange zur Last fallen soll. *(Klopft dem Esel auf den Rücken.)* Danke, Ali ... geh, such dir was zu fressen – aber keine abgenagten Hühnerknochen! Die brauchen wir nämlich für das Recycling. Daraus machen wir wieder Fischmehl ... und damit füttern wir wieder die Hühner.

Unsere Organe werden eines Tages so abgehärtet sein, dass uns das Sterben nicht mehr gelingen wird! Das danken wir unserer Ernährungswirtschaft.

Und da könnte sich ein Lyriker schon mal Gedanken machen, denn wenn man das richtig setzt ...?

Schinken in Phosphat – Phosphat in Schinken
rosarote Lust mit 70 Pestiziden
in Gemüsen
Oh Anabolika in Gans und Ente
Cadmium
in Pilzen
und arsengebackne Leber
mit Asbest und Schwefel
DDT im edlen Wein
Hormon im Huhn
wir werden ewig sein
wir sind immun!

Unsterblichkeit

Die letzte Hoffnung wird einem genommen.

Bis jetzt hat man alles ausgehalten, weil man wusste, das kann ja nicht ewig so weitergehen ... jetzt ist man womöglich mit 90 noch Teenager und muss dann noch 200 Jahre zittern, ob man die Rente bekommt!

Zurück zur Frage der Unsterblichkeit:

Da hat doch der *Stern* eine Liste der ARD veröffentlicht, auf der die Namen jener Personen der Zeitgeschichte aufgeführt sind, die im Falle des Ablebens eine Würdigung im Fernsehprogramm erfahren sollen. Wer – wie lange – in welcher Sendung und so.

Das Unglaubliche, ja Skandalöse ist wohl: Eine 3-Minuten-Sendung in den Tagesthemen soll Axel Springer bekommen, während Egon Bahr eine 5-Minuten-Sendung zugedacht wird!!

Hier verstehe ich die Welt nicht mehr. Springer, der in tapferer Weise Ostdeutschland westdeutschlandisieren will, während Bahr in landesverräterischer Weise ... es ist nicht erwiesen, gut, aber jeder, der verfolgt hat, was Springer über Bahr schreiben ließ, weiß doch über ihn Bescheid!

Wie der schon aussieht!

Und die Leute um ihn herum. *BILD* hatte den Spion schon, bevor der Verfassungsschutz etwas davon wusste. Schlagzeile bei *BILD*:

Die Schlinge zieht sich zu

Als sie zugezogen war, war keiner drin.

Man sagt, die Denunzierpflänzchen in Springers Mistbeet wären da ins Kraut geschossen. Unsinn! Die Amerikaner haben den ganzen Klüngel gerettet.

Der *Bayernkurier* weiß es:

Von Bonn erpresst.

Ein gewisser W. Sch. schreibt da, Egon Bahr hätte seinem Medium Schmidt befohlen, den Amerikanern zu drohen: Wenn ihr den Bahr nicht sofort aus der Scheiße holt, lasse ich, Helmut Schmidt, ganz Amerika in dieselbe fallen.

So ungefähr steht das da drin.

Jaja, Sie lachen vielleicht, aber wenn das nun stimmt?

Strauß gibt dieses Blatt immerhin heraus und glaubt das auch.

Das Tröstliche daran ist: Franz Josef Strauß kann unter Umständen den größten Unsinn verzapfen ... irgendjemand wird immer ehrfurchtsvoll flüstern: »Ein Vollblut-Politiker.«

22. November 1979

Guten Abend, meine Damen und Herren,

damit das im nächsten Jahr nicht wieder von vorne anfängt, hören wir jetzt auf.

Die »Notizen aus der Provinz« haben über sechs Jahre lang jeden Monat einmal eine sehr günstige Sendezeit blockiert. Na ja, natürlich blockiert jede Sendung irgendwie die Sendezeit für eine womöglich bessere. Das ganze Fernsehen blockiert ein womöglich viel besseres Fernsehen. Der Norddeutsche Rundfunk, der hat über 20 Jahre zwei andere Sendestalten block... An... Anstalten blockiert! Kenner sagen, der Norddeutsche Rundfunk sei ein Unglück. Und das möchte Ernst Albrecht jetzt verdoppeln. Äh, Unsinn. Er will nur das Angebot für die Funk- und Fernsehteilnehmer verdoppeln. Das heißt, was ein Redakteur in Hamburg nicht sagen durfte, das darf er in Radio Hannover zweimal nicht. Das ist eine Erhöhung der Meinungsvielfalt um 100 Prozent. Selbstverständlich soll jeder Redakteur seine Meinung abgeben. Aber so, wie es das Wort eben ausdrückt: Er soll sie bei der Sendeleitung abgeben, die Meinung, und kriegt sie dann wieder, wenn er pensioniert ist. Und Kritik üben darf er auch, aber so, wie ein Geiger eben übt: zu Hause! Bis er den Strich beherrscht, und dann darf er mitspielen. Das gilt übrigens jetzt auch für Kameraleute. Wenn einer sein Objektiv subjektiv missbraucht, das heißt einen Politiker fotografiert, wie er eben ist, dann ist das ein Abschussversuch, und dann schießt der Mann in den Wind – aber auf sonst niemanden mehr.

Es ist ja gar nicht so, dass die Politiker, wie man immer sagt, sie wollten dem Fernsehen immer reinreden, nein, sie wollen nur so oft wie möglich aus ihm rausreden. Und dabei so fotografiert werden, dass man nicht merkt, was sie sagen. Dazu braucht es aber Sendeanstalten, die von Männern oder Frauen gemacht werden, die das Verkaufen beherrschen. Und das kann eben nur und am besten die Industrie. Die können heiße Luft so verkaufen, dass man das Gefühl hat, man hat einen Taifun in der Büchse. Ernst Albrecht, der Staatsmann als Bürgerinitiative, von dem man behauptet, er will als Nächstes das Land Niedersachsen reprivatisieren, der hatte schon ganz feste Vorstellungen von einem Privatfernsehen. Der hat neulich in einem Interview gesagt ...

(Klaus Peter Schreiner erscheint hinter Dieter Hildebrandt.)

SCHREINER: Ich höre Ihnen schon eine ganze Weile zu ...

HILDEBRANDT: Oh, das tut mir leid für Sie. Bin ich vom Thema abgekommen?

SCHREINER: Sie sind beim Thema gar nicht angekommen. Ich habe als Redakteur die Pflicht, Sie auf das Thema hinzuweisen, das abgesprochen war.

HILDEBRANDT: Helfen Sie mir mal ... ach ja. Das Problem der SPD: Wie kriegen wir den Schmidt bis zur Wahl grün?

SCHREINER: Ich warne Sie zum letzten Mal ...

HILDEBRANDT: Das können Sie heute leicht sagen.

SCHREINER: Kein Mensch interessiert sich für die Radioaktivität von Herrn Albrecht. Uns sollte interessieren, was nach uns kommt.

HILDEBRANDT: Was Nettes sicher. Nicht so provinziell, mehr international, informativ, klerusfreundlich: Novizen aus der Provence.

SCHREINER: Nach uns kommen unsere Kinder, das sollten Sie wissen.

HILDEBRANDT: Weiß ich doch. Die kommen immer nach uns.

SCHREINER: Ich habe Sie gewarnt! *(Hängt ihm ein rotes Herz um.)* So. Und jetzt haben Sie ein Herz für Kinder.

HILDEBRANDT: Um Himmels willen, wir dürfen doch keine Werbung machen!

SCHREINER: Schweigen Sie. Wer kein Herz für *BILD* hat, hat auch kein Herz für Kinder.

(Hildebrandt nimmt eine Schallplatte in die Hand.)

Spielen oder nicht spielen? Vielleicht zahlt die Grammophon 1000 Polydor dafür … nein, hat noch keine Firma, das liebe Kind.

Na ja, trag ich's in die Hitparade. Wird ne heiße Heck-Scheibe. *(Schaut sich vorsichtig um.)* Man braucht langsam 'nen Rückspiegel beim Fernsehen. Man weiß ja nie, wer hinter einem steht.

Noch schlimmer ist, wenn man einem Menschen gegenübertritt und weiß nicht, wer *vor* einem steht.

(Holt einen Zeitungsausschnitt unter dem Revers heraus.)

Im Südwestfunk gibt es ein Literaturmagazin, in dem hin und wieder Dichter gefragt werden, was sie für Antworten auf diese Zeit haben. Der Moderator, daran gewöhnt, dass zwei Dichter drei verschiedene Meinungen haben können, lud sieben ein. Und stellte ihnen die Frage: wie sie wohl auf einen Kanzler Strauß reagieren würden, und alle sieben reagierten ängstlich. Die Sendung wurde wegen unausgewogener Einhelligkeit nicht gesendet.

Und so geht's ja auch wirklich nicht. Der Moderator kann sich nicht damit entschuldigen, dass er vorher ja nicht wissen konnte, was sie auf die Frage antworten würden. Dann hätte er eben vorher fragen müssen.

Ich kann ja auch nicht sieben Geißlein einladen und sie fragen, was sie über den Wolf denken.

In Zukunft soll zu allen diesen ehrlichen Interviews Golo Mann eingeladen werden. Er wird viel reisen müssen im nächsten Jahr. Außerdem muss immer der, über den geredet wird, im Studio anwesend sein. Das heißt: Auf diese Weise kommt Günter Wallraff nicht mehr zum Schreiben und Camouflieren, weil er ständiger Beisitzer von Gerhard Löwenthal wird.

Ensemblespiele und Soli

Ein Höhepunkt in der Geschichte des deutschen Kabaretts nach 1945 ist ohne Zweifel Hildebrandts Zusammenarbeit mit Werner Schneyder. Die beiden machten ein glänzendes, ganz neuartiges Kabarett, und als sie sich nach fünf Spielzeiten trennten, trauerten alle Freunde der sogenannten Kleinkunst. Eine Sternstunde war ihr Auftritt in Leipzig im Jahr 1986, und bejubelt wurde Hildebrandts Solo, eine Analyse des Gemeinsamen und des Trennenden der beiden deutschen Staaten.

Für das Programm zur Jahreswende 1989/90 mit dem vertrauten Titel »Schimpf vor Zwölf« holten die Münchner ihre Kollegen von der Leipziger »Pfeffermühle« für einen gemeinsamen satirischen Rundumschlag. Viele deutsch-deutsche Phänomene galt es abzuarbeiten: darunter den Wendehals, die Mauer, den Mindestumtausch, die Besserwessis und das Begrüßungsgeld.

Solo im Leipzig-Gastspiel (1986)

Jeder Mensch weiß bei uns, dass ein Deutscher sehr wohl ohne Satire leben kann. Der Einzige, der ohne Satire *nicht* leben kann, ist der Satiriker.

Wie das hier ist (in der DDR), weiß ich nicht. Was macht eigentlich hier ein Kabarettist, wenn um 14 Uhr bekannt wird, wann der XXI. Parteitag stattfindet, und um 13.50 Uhr bereits die »Selbstverpflichtungswelle« angerollt ist? Ich meine, wozu verpflichtet sich der Kabarettist? Noch »schärfer« zu werden oder noch längere Programme oder was? Es stellt sich natürlich ohnehin die Frage: Was macht so einer? Der polnische Schriftsteller Nowaczynski sagt: »Ein Satiriker ist ein Irrer, der dem Elefanten Mausefallen stellt.«

Scharfe Rückfrage des Zensors ... Halt. Zensoren gibt's nicht. Also sagen wir, des konstruktiven Geschmackskollegen: »Wer oder was ist hier mit Elefant gemeint?«

Niemand! Gar nichts. Das soll bloß heißen, dass der Satiriker *so* blöd ist zu glauben, der Elefant wäre so klitzeklein und die Mausefalle soo groß. Und hier wäre noch die Frage zu stellen, ob es im Moment überhaupt Mausefallen gibt.

Derselbe Pole hat auch gesagt: »Die Weltgeschichte ist nichts anderes als das Verschweigen großer, guter, schöner Menschen.« Also, was die deutsche Weltgeschichte angeht, da bin ich geteilter Meinung.

Als Deutscher bin ich sowieso immer geteilter Meinung. Wie wir alle geteilter Meinung sind über die Erbteilung.

Wem gehört wer?

Wem gehört Goethe?

Was hat er in Frankfurt gedichtet, was in Weimar? Ost-Goethe – West-Goethe? Ost-Faust – West-Faust?

Wem gehört der Diwan?

Beiden.

Wem gehört Martin Luther?

Das ist entschieden. Ihr hier in der DDR kriegt den mit den Thesen, wir behalten den Antisemiten.

Wem gehört Bert Brecht?

Wem wohl? Den Brecht'schen Erben.

Friedrich der Große?

Der von der UFA, der so aussah wie Otto Gebühr, das ist unserer. Ihr behaltet den, der mit Voltaire die Französische Revolution vorbereitet hat.

Noske? Da wart ihr großzügig. Den wolltet ihr nicht.

Hitler?

Das ist eindeutig. Den haben 99 Prozent der Bürger gewählt, die jetzt *alle* bei uns wohnen!

Na ja, eigentlich gehört er dem Werner Schneyder.

Wem gehört die »Internationale«?

Euch natürlich!

Aber, und jetzt kommt der Hammer, die Tantiemen dafür gehören uns. Nämlich dem Herrn Beierlein, Münchner Musikverleger und Wahlkampfmanager der CSU.

Macht nichts. Das zieht die DDR über die Straßengebühren wieder mit ein.

Da sollten sich unsere Leute übrigens mal ein Beispiel nehmen. Wir machen jetzt einen Riesen-Auspuff-Test für 150 Millionen Mark.

Hier ist das gelöst. – Wie?

Der Zustand der Straßen im Grenzgebiet ist das hundertprozentige Tempolimit ohne einen Pfennig Unkosten.

Keine Demonstrationen *für* das Tempolimit von irgendwelchen grünen Spinnern – die Straßen hier sind ruhig.

Und wenn wirklich mal der oder jener, habe ich gehört … dann sind die ganz schnell wieder weg.

Das heißt wahrscheinlich, dass die Polizei hier viel überzeugender argumentiert.

Bei uns haben die Demonstranten Tricks drauf – das hält kein Polizist aus.

Wenn es ernst wird, holen die sich eine Kiste, stellen sich drauf und erklären das Ganze zum Straßentheater.

Freunde! Feinde! Mitbürger!

Die Lage ist ernst. Es geht uns an den Kragen. Schlagen wir den Kragen hoch – der Wind kommt von vorn. Wenn der Wind von vorn kommt, kriegt der Bürger immer so angelegte Ohren. Das ist meistens das Einzige, was ein kleiner Mann anlegen kann.

Aber mit *wem* kann er sich anlegen?

Mit seinesgleichen. Seinesgleichen ist der, der genauso viel hat wie er.

Das gilt für Klassengesellschaften.

Die »klassenlose« Gesellschaft, das sagt das Wort schon, ist eine Gesellschaft, in der die Klassen ganz lose dadurch entstehen, dass es auch zwei Klassen von *Geld* gibt. Das eine gibt man ziemlich schnell aus – das andere unheimlich schnell.

In der Klassengesellschaft lebt man miteinander nach dem alten philosophischen Grundsatz: Wenn einer mit Geld nicht umgehen kann – kann es auch daran liegen, dass er keins hat!

Pech gehabt.

Was alle Gesellschaftsformen miteinander verbindet, ist die Schlagkraft der Polizei. Denn wir alle wissen seit 1945: Demokratie gehört überall hin – wo sie keinen Schaden anrichten kann. Jeder Bürger hat die gleiche Chance ... eine gleiche Meinung zu haben.

Zwischen Staat und Bürger ist ein ständiges Geben und Nehmen. Ich gebe Ruhe – und mein Staat nimmt mir dafür die Sorge um die Ordnung.

Ich öffne ihm mein Herz – und er öffnet mir die Briefe dafür. Ich beherrsche mich – und er mich auch.

Balkonperspektiven I

(Dieter Hildebrandt und Rainer Otto, die Verantwortlichen für die Gemeinschaftssendung »Schimpf vor Zwölf«, 1989, sitzen im Smoking in einer purpur-goldenen Balkon-Loge und gucken auf die Szene runter.)

RAINER OTTO: Sie, Dieter? Sagen Sie mal, wer hat denn eigentlich bei Ihnen die Regie gemacht?

DIETER HILDEBRANDT: Alle. Das heißt keiner.

RAINER OTTO: Das merkt man.

DIETER HILDEBRANDT: Bei uns kann jeder mitreden.

RAINER OTTO: Das merkt man auch.

DIETER HILDEBRANDT: Hören Sie mal, Rainer, wir sind ein Kollektiv. Sie sind doch Direktor der Leipziger Pfeffermühle und müssten eigentlich wissen, was das ist.

RAINER OTTO: Das weiß ich ja. Deswegen gibt's ja bei uns keins.

DIETER HILDEBRANDT: Bei uns funktioniert das.

RAINER OTTO: Dann ist es kein Kollektiv.

DIETER HILDEBRANDT: Aber Demokratie. Und das geht bei uns so: Alle denken mit – jeder sagt, was er denkt – keiner weiß, was dabei rauskommt.

RAINER OTTO: Bei uns kommt immer alles raus.

DIETER HILDEBRANDT: Das heißt, Sie haben *doch* Demokratie.

RAINER OTTO: Nein, wir haben nach wie vor Sozialismus. Jeder macht, was er will – keiner macht, was er soll – aber alle machen mit.

DIETER HILDEBRANDT: Sagen Sie mal, Rainer, wer ist denn bei Ihnen »Keiner«?

RAINER OTTO: Keiner? »Keiner« und »Niemand« sind die beiden Genossen, die für all das verantwortlich sind, was jetzt rausgekommen ist. Keiner ist dafür reingekommen.

DIETER HILDEBRANDT: Dann werden Sie den Genossen Niemand ja auch noch kriegen.

RAINER OTTO: Das wäre nicht gut. »Niemand« muss weiterhin Verantwortung tragen, damit »Keiner« aus seinen Fehlern was lernen kann.

DIETER HILDEBRANDT: Jetzt verstehe ich, was Sie unter Reform des Sozialismus verstehen: Sie verlassen sich darauf, dass »Niemand« es machen wird.

RAINER OTTO: Unter der Voraussetzung, dass »Keiner« ihm dabei hilft. Wer ist übrigens bei Ihnen »Keiner«?

DIETER HILDEBRANDT: Niemand.

Der Auswieger

»Schimpf vor Zwölf« *(Silvestersendung 1979/80)*

Modewörter bringen neue Jobs.

Im vorigen Jahr hieß das Wort der Stunde: »Ich bin motiviert.« Das heißt: Wenn »Bayern München« verloren hatte, sagte man nicht mehr: »Müller hat ausgemüllert«, sondern: »Dem Bomber fehlt die Motivation.«

Sogar meine Tochter wendete das schon an. Statt: »Papi, ich kann nichts mehr essen – ich bin satt«, sagte sie: »In Fragen Ernährung bin ich vorübergehend nicht motiviert.«

Das neue Modewort heißt: *ausgewogen.* Bei den »Gremien« zur Behinderung eines Fernsehprogramms, den Rundfunkräten, Verwaltungsräten und anderen Kunstgerichtshöfen, gehört das Wort ausgewogen … habe ich Kunstgerichtshöfe gesagt? Das war unbedacht. Den Juristen gegenüber jedenfalls, denn an unseren Gerichten haben doch mindestens 60 Prozent dieser Leute Sachverstand.

Bei unseren Rundfunkräten taucht das Problem des Sachverstands gar nicht auf.

Natürlich *macht* so ein Rat das Programm nicht. Er wurde nur gegründet, um dieses Programm ausgewogen zu machen. Das bedeutet so viel wie: es bestmöglich zu verhindern. Wie soll man einen Mann wie Solschenizyn politisch auswiegen, wenn sich vorher bereits Gerhard Löwenthal als Conférencier einmischt?

Ich habe mir sein ZDF-Magazin angesehen. Es ist innerlich gewiss ausgewogen, aber ich habe immer den Verdacht, dass in unserem Fernsehen ein ausgeklügeltes Emigranten-Billard gespielt wird: Emigranten aus Chile kommen in die roten Löcher – Emigranten aus Russland fallen immer bei Löwenthal rein.

Dass Emigranten aus Chile sehr selten in unserem Fernsehen erzählen, was dort wirklich vor sich geht, ist kein Zufall, weil es ja genügend ausgewogene Kommentare über dieses Land in unseren Programmen gibt. Danach handelt es sich dort um eine reformierte Diktatur.

Wie sieht eine Reform in einer Diktatur aus? Man wechselt den Korb aus, in den die Köpfe rollen. Eine ausgewogene Diktatur wird auch noch erfunden werden. So sieht sie aus: Die Grenzen der persönlichen Freiheit sind garantiert. Jedenfalls ein interessanter Job, den das Fernsehen da erfunden hat: den Auswieger.

Wie wiegt man aus? Ganz einfach, man legt auf den rechten Teller der Waage ein paar politische Leichtgewichte, also »Report«, »ZDF-Magazin« und »Pro und Contra«, und auf den linken »Kennzeichen D«, und schon ist das gemeinsame Programm ausgewogen. Wenn's nicht ganz aufgeht, übt man einen kleinen Druck aus, auf den Teller, und schon stimmt's. Das macht man mit dem kleinen Finger – und mit den Programmzeitschriften. Hab ich Macht gesagt? Das ist übertrieben. Programmzeitschriften sind nur hochsensible Image-Börsen.

Hochsensibel!

Ein falsches Wort eines TV-Entertainers, und bei *Hörzu* verändern sich automatisch die Zuschauerbriefe. Und das auf Wochen.

Die anderen Programmzeitungen ziehen dann nach, verwechseln aber irgendwas, schreiben unter das falsche Bild den falschen Namen und schreiben den falschen Namen auch noch falsch.

Bei *Spiegel* und *Stern* ist das anders. Dort wird der richtige Name genannt, aber der Inhalt dessen, was über den Delinquenten berichtet wird, deckt sich nicht mit dem, was der Beschriebene selbst über sich weiß.

Sollte er aber das Glück haben und einem Interviewpartner in die Schreibmaschine fallen, der Wert auf ausgewogene Tiefschläge legt, werden die richtigen Mitteilungen mit einem gewaltigen Wort-Flaps übergossen, sodass der Leser Kommentar und Nachricht nicht mehr auseinanderhalten kann.

Im Jahre 1832 könnte unter »Gestorben« folgender Text gestanden haben:

»Der ausgeflippte Stücke-Stricker von Goethe (Faust) kam wohl bei den Frauen nicht mehr so richtig in Fahrt und hat verbittert den Griffel weggelegt. Von seinen höchst langweiligen ›Dramen‹ wird man in Philologenkreisen noch ein paar Jahre sprechen, wenn man von ›Faust‹ absieht, den er seinem Kollegen Wagner abgekupfert hat.

Dem absolut unspielbaren ersten Teil sattelte Goethe (tot) noch einen zweiten drauf, der wohl als längste Klassiker-Makulatur in die Ungeschichte des Theaters eingehen wird. Seinem Erst-Beruf als Minister ging Herr von Goethe nur halbtags nach. Gestern starb er in einem geradezu unglaublichen Alter.«

Hier sind Kommentar und Nachricht ausgewogen.

Als Auswieger für das Fernsehen habe ich ein unfehlbares System erdacht. Danach wird der Vorwurf, es stimme eine Mitteilung hinten und vorn nicht, als abwegig bezeichnet werden können.

Es geht einfach darum, nur mehr Wörter zu verwenden, die hinten und vorn, und zwar in sich, stimmen.

Ich schlage vor: Aha! Oho! Otto! Ata! SOS!

Antisemitismus?

Ich bin der Meinung, dass wir dagegen sein sollten, wenn irgendjemand behaupten würde, es könnte bei uns Leute geben, die denken mögen, es sei in der Bundesrepublik noch möglich, Antisemit zu sein.

So ungefähr artikuliert sich unsere öffentliche Meinung zu diesem Thema. Die Tiefe dieses Problems verschiebt sich zunehmend ins Konjunktive: Wäre es denn möglich, dass es denkbar sein könnte?

Möge ich denn glauben wollen, dass die Tatsachen dafür sprächen, wenn ich sie zur Kenntnis nähme?

Ich möge nicht.

Wo wären wir denn?

Hätte der Bundestag in der letzten Woche nicht bis auf den letzten Platz besetzt sein müssen, wenn es die Möglichkeit geben würde, dass es so sein könnte? Er war leer wie ein Flop im Theater, als das diskutiert werden hätte können.

Hätte. Wurde aber nicht.

Immer dann, wenn ein Redner hätte glauben mögen, dass es doch sein könnte, in diesem Volke wäre die jeweilige Gegenwart so subventioniert worden, dass die Vergangenheit als unrentabel erscheinen musste, hat der Gegenredner sofort eingewendet, dass man an die Zukunft denken müsse. Selbst wenn man davon ausgehen müsste, dass Auschwitz und Buchenwald gewesen sein könnten, hätte man doch die verdammte Pflicht und Schuldigkeit ... jawohl, die hätte man. Und zwar der Jugend gegenüber, die davon nichts wissen wollte. Und diese Jugend ist mit dieser Einstellung ganz schön alt geworden. Manche sind schon 60.

Jetzt ergäbe sich die Möglichkeit: Sollten wir jetzt nicht endlich aufhören, darüber zu diskutieren, ob wir es wirklich gewesen sein könnten, und stattdessen damit anfangen, die zu betrauern, die wir umgebracht haben?

Und schon kommt der neue Konjunktiv:

Wie viel Stimmen bekäme denn einer, der das täte?

In einem Lande, in dem der Bundeskanzler bei seinem Besuch in Israel den Eindruck vermittelte, als hätte er nicht gewusst, wo man ihn abgesetzt hat.

Die Frage, ob Helmut Kohl im Unterbewusstsein kein Feind der Antisemiten sein könnte, möge sich gar nicht stellen.

Allein die Überlegung, die Gnade der Spätgeburt könnte dazu geführt haben, dass er sich nicht vorbereiten ließ, auf das, was ihn erwarten müsste, hätte einen Grad von böswilliger Unterstellung.

Es wäre verdienstvoll, wenn sich unbefangene Analytiker daranmachen würden zu untersuchen, ob der Grad seiner ungebrochenen Beliebtheit hierzulande nicht mit dem Grad seiner unverbrüchlichen Ahnungslosigkeit diesem Thema gegenüber zusammenhängen könnte.

Sollte es aber so sein, dass er denken könnte: Ein Politiker, der die Vergangenheit akzeptierte, hätte No Future, dann müsste man zu dem Schluss kommen: Elisabeth Noelle-Neumann weiß längst, wie ahnungslos einer sein muss, der beliebt sein möchte im Lande dieses unseren.

Könnte also ein Kropf überflüssiger sein als eine Diskussion zu diesem Thema?

Wäre es sonst möglich, dass der Bürgermeister von Korschenbroich nach seiner Bemerkung, wolle man alle Wünsche der Bevölkerung erfüllen, müsse man einen reichen Juden erschlagen, und nach seinem erzwungenen Rücktritt immer noch glaubt, seine CSU hätte ihn zugunsten einer sich selbst belügenden Minderheit geopfert; wäre es sonst möglich, dass dieser Korschenbroicher von der Bevölkerung mit Geschenken überschüttet worden ist?

Der Koffer

»Schimpf vor Zwölf« *(31.Dezember 1989)*

(Rainer Basedow kommt mit einem Koffer auf die Bühne.)

Da steht er nu, gepackt. Seit Monaten. Ich habe meine Ausreise aus der DDR vergrübelt. Jetzt bin ich immer noch hier, und ich weiß nicht: Hier bin ich jetzt das Volk. Was ich da drüben bin, habe ich im Fernsehen erlebt: Verbraucher.

Das bin ich hier nicht, weil gar nischt da ist zum Verbrauchen. Hier hab ich 'ne ganz neue Freiheit – drüben is se vielleicht schon verbraucht?

Nu denk ich mir: 40 Jahre lang haste hier gearbeitet, und keene drei Wochen habense gebraucht, um die Spuren meiner Arbeit restlos zu beseitigen.

40 Jahre lang habense mir immer gesagt: Sie haben immer nur das Beste gewollt, und nu stellt sich heraus: Sie haben's auch immer gekriegt. Nu sitzen se im Gefängnis. Da sind se am sichersten vor uns.

Und ich steh vor meinem Koffer und frage mich: Warum sollste jetzt nicht hierbleiben, wo die weg sind? Aber wenn die, die jetzt *da* sind, schon wieder weg sind, und ich bin noch hier? Kontrolle ist gut – Misstrauen ist besser.

Ich bin keen Kind von Traurigkeit – nee, ich bin ihr Vater. Mit dieser Art von Fröhlichkeit bin ich durchs Leben gekommen. Meinen Verwandten aus der BRD habe ich gesagt: Euch fliegen die Tauben in den Mund – uns scheißen se aufn Teller. Da hat mein Vetter gesagt: Wenn er aus Meißen ist, kauf ich ihn dir ab – den Teller. Und da hab ich meinen Koffer wieder ausgepackt. Und hab mich gefragt: Wo stehe ich eigentlich? Mal steh ich links von meinem Koffer, mal rechts.

Sie brauchen mich gar nich so anzugucken, als hätt ich für die Problematik keene Kompetenz. Nee! Ich war junger Pionier in Magdeburg. Freundschaftsratsvorsitzender … unter den fünf besten Pionieren und habe dort mein Soll erfüllt! Dann wurde ich älter und habe mein »will« meinem »kann« untergeordnet. Aber nun weiß ich nich mehr, ob mein willnichmehr oder mein kannnichmehr dazu geführt hat, dass ich entschieden habe, ich *soll* nich mehr. Weil alles damit zu tun hat, dass ich *muss*.

Muss ich denn, muss ich denn zum Städtele hinaus … Vertriebene gibt's genug. Vertreiben lass ich mich nich. Also links vom Koffer!

Als der Honecker ging – und bei dem hab ich mir immer gedacht: Einer, der bei den Nazis zehn Jahre lang im Zuchthaus gesessen hat, kann nicht so fröhlich sein wie Helmut Kohl, hab ich mir gedacht: Bleibste hier – da kommt jemand, der wegen Honecker im Gefängnis gesessen hat – kam der Krenz. Hab ich meinen Koffer wieder zugemacht.

Ich *mach* ihn noch zu, sagt der flotte Egon:

Bleibt hier! – Ihr könnt weg. Wenn ihr wiederkommt.

Hab ich ihn wieder ausgepackt.

Ich *pack* ihn noch aus – war der Krenz wieder weg, und der Gerlach aus Dresden war da.

Und nu hör ich dem zu und mach auf, wieder zu und geh und bleib und weiß und wieder nich – ich hab das Gefühl, der Manfred Gerlach steht genauso vor seinem Koffer wie ich.

Das Dümmste ist, dass ich jetzt reisen *darf*. Hab ich jetzt schon wieder ein *Soll*? Ich meine, *muss* ich jetzt auch? Hab ich jetzt ein Freiheits-Soll?

Ich will gar nich.

Ich muss nur dürfen.

Ich will, dass ich nach Italien darf ... Algenverseuchte Adria ... Mitten rein ins Sonnenöl von unseren Brüdern und Schwestern. Aber muss ich mich mit meinem Trabi ununterbrochen von diesen bescheuerten Turboknallköpfen überholen lassen, die meistens gar nicht wissen, wohin sie wollen? Muss ich Neapel sehen und dann gleich sterben? Muss ich mit einer Währung, für die ich 40 Jahre lang gearbeitet habe, in Venedig genauso ernst genommen werden wie die Enkel von Krupp und Thyssen?

Muss ich das alles wissen?

Ja, muss ich.

Muss ich mit diesen Leuten, die mich 40 Jahre lang beschissen haben, muss ich mit denen weiter zusammenleben?

Nee, muss ich nicht.

(Nimmt den Koffer, hört den Applaus und dreht sich um.)

Sie hätten nicht klatschen sollen, jetzt bleibe ich.

(Lässt den Koffer wieder fallen.)

Balkonperspektiven II

(Dieter Hildebrandt und Rainer Otto in ihrer Loge.)

RAINER OTTO: Dieter, wann wollt ihr endlich mal aufhören, so zu tun, als ob ihr alles besser wüsstet?

DIETER HILDEBRANDT: Wieso gehen Sie jetzt auf den Rainer Basedow los?

RAINER OTTO: Der hat sein Sächsisch wohl in Oberammergau vervollkommnet.

DIETER HILDEBRANDT: Mein lieber Herr Rainer, er kommt aus Magdeburg! Von euch. Er war junger Pionier. Viertbester.

RAINER OTTO: Ja eben.

DIETER HILDEBRANDT: Dabei sein ist alles.

RAINER OTTO: Wir haben seine Ausbildung bezahlt, und jetzt motzt er uns an.

DIETER HILDEBRANDT: Wieso? Er hat mir immer gesagt: Denen zahl ich's zurück. Das hat er jetzt gemacht.

RAINER OTTO: Bleiben wir mal dabei. Warum wollt ihr immer alles besser wissen?

DIETER HILDEBRANDT: Wollen wir doch gar nicht. Es ist halt so.

RAINER OTTO: Bei euch ist alles besser?

DIETER HILDEBRANDT: Wenn ich länger darüber nachdenke … ja!

RAINER OTTO: Was?

DIETER HILDEBRANDT: Alles. Straßen, Häuser, Kaufhäuser, Krankenhäuser. Die Ordnung ist ordentlicher. Der Privatbesitz wird immer privater. Die Alten werden viel älter als früher. Die Jungen auch. Die Republik wird immer republikaner. Die Kriminalität wird immer gesetzlicher. Die Gesetze werden immer krimi… Ja, es geht aufwärts. Wussten Sie, Herr Rainer, dass von *fünf* Bundesbürgern *vier drei*mal in einem Jahr zu *zweit* im Urlaub sind?

RAINER OTTO: Das imponiert mir überhaupt nicht. Unsere Werktätigen machen jeden zweiten Tag Urlaub.

DIETER HILDEBRANDT: Am Meer?

RAINER OTTO: Am Arbeitsplatz.

DIETER HILDEBRANDT: Gibt es da nichts zu arbeiten?

RAINER OTTO: Es gibt nichts zu be-arbeiten. Nehmen Sie mal einen Autoschlosser von uns …

DIETER HILDEBRANDT: Gern.

RAINER OTTO: ... könnte Ihnen so passen. Sie haben ja schon fast alle.

DIETER HILDEBRANDT: Das ist mir peinlich. Nehmen wir doch einen Tischler.

RAINER OTTO: Gut, nehmen wir einen Tischler. Der kommt montags auf Arbeit und hat kein Holz. Dienstag kriegt er Holz und hat keine Beschläge. Am Mittwoch kriegt er ein Kampfprogramm, da hat er noch donnerstags dran zu kauen. Am Freitag hat er dann endlich auch das Werkzeug, das er braucht, aber keine Lust mehr. Und am Sonnabend kommt der Meister zu ihm nach Hause und holt ihn zu einer Initiativschicht.

DIETER HILDEBRANDT: Und dann arbeitet er.

RAINER OTTO: Nee, kann er ja nicht.

DIETER HILDEBRANDT: Hat er keine Lust?

RAINER OTTO: Nee, kein Holz.

DIETER HILDEBRANDT: Wieso? Das hat er doch schon Dienstag gekriegt.

RAINER OTTO: Ja, aber am Mittwoch hat es der Meister auf seine Datscha gefahren.

DIETER HILDEBRANDT: Mit welcher Berechtigung?

RAINER OTTO: Weil er seit Dienstag die Beschläge dort liegen hat.

DIETER HILDEBRANDT: Also hat der Tischler die ganze Woche nicht gearbeitet?

RAINER OTTO: Ja.

DIETER HILDEBRANDT: Wovon lebt er denn dann?

RAINER OTTO: Von den Prämien.

DIETER HILDEBRANDT: Prämien ... wofür?

RAINER OTTO: Dafür, dass er die ganze Woche pünktlich zur Arbeit gekommen ist.

Schlangestehen in Berlin-West

(Renate Küster tritt auf.)

Ick war immer gegens Rauchen. Ehrlich. Aber vor allem gegen diese blöden Zigarettenreklame. Go West ... und nu sind se alle da. Und ick steh in der Schlange *hinter* meine armen Brüder und Schwestern und hab Nachkriegsgefühle. Allet is ausverkooft. Nischt mehr da. Von wejen arme Brüder, ick möchte ma wissen, wieso ick plötzlich reich bin. Wenn det so weiterjeht, dann wird mein Oller von Tach zu Tach arbeitsloser. Nu treten Se ma nich dauernd inne Hacken, nu passen Se doch ma auf, da hinten. Allet Sachsen. Dat Volk der Beuteldeutschen. Ick hab och jeheult, als die Mauer weg war. Aber inzwischen hab ick mir trocken geärjert. Mein Sohn hat aus der Mauer een Stein rausjepopelt. Heute hab ick ihm jesagt, trag ihn wieder hin, bei Aldi gibt's keenen Kaffee mehr. Ick hab ja mit allem jerechnet, doch nich mit sone Konsequenzen. Also inne U-Bahn kommt man nich mehr rin, übern Ku'damm nich rüber, und an Beate Uhse kommt keener vorbei. Det muss für die noch dringlicher sein als Bananen. Et könnte ja sein, det eine Einheitspartei ooch so wat mit sich bringt wie'n linientreuen Beischlaf, wa? Also, wenn ick die Massen so sehe, gloob ick ooch nich an Geburtenkontrolle bei denen. Meinen Sie, det die so im Zuge der nationalen Begeisterung diese Kondome jetzt in Schwarz-Rot-Gold ...? Nee? Also det Springerhaus soll ja nu von oben bis unten in Schwarz-Rot-Gold gestrichen werden. Ick hab ja nischt dagegen, det man mal wieder so nationale Jefühle kriegt, damit man weiß, wo man hinjehört. Mein Mann versteht det nich. Der sacht, ihm isses völlig egal, wo er arbeitslos ist.

(nach vorne) Nu jehen Se doch mal'n Schritt weiter! Mann, ick stehe hier und stehe hier. Meine janzen warmen Jefühle werden immer kälter. Und ick werd älter. Haben Sie die Demos

in Leipzig gesehen? Wo haben die bloß die warmen Klamotten her?

Und wann arbeiten die denn? In unserer Presse waren ja Demos noch nie so hoch angesehen wie heute. Heißt ja ooch Demo-kratie. Kann ansteckend werden. Stellen Sie sich mal vor, bei uns würden jeden Montag 300 000 Leute vorm Bundeskanzleramt stehen und schreien:

»Helmut, nimm den Hut, es tut dem Volke gut.«

Und der Johnny Klein würde sich vor den Kanzler schmeißen und brüllen: »Pöbel!« Und die Masse würde zurückbrüllen:

»Good bye, Johnny, du lügst so gut wie Honny.«

Ach du lieber Gott, ick muss nach Hause, mein Sohn wartet uff mich, der muss weg. Der hat 'n Prozess am Hals wegen 'ner Demo vor fünf Jahren. In Mutlangen.

Balkonperspektiven III

(Dieter Hildebrandt und Rainer Otto in ihrer Loge.)

DIETER HILDEBRANDT: Also, ich habe mit dem Alkohol, dem Alkohol, überhaupt keine Schwierigkeiten. Wie geht's Ihnen denn, Herr Rainer?

RAINER OTTO: Gut, Dieter. Von der Sowjetunion lernen hieß zunächst mal saufen lernen.

DIETER HILDEBRANDT: Ah, ich verstehe. Ja. Sagen Sie mal, mit wem wollen Sie sich eigentlich wiedervereinigen?

RAINER OTTO: Mit Liechtenstein.

DIETER HILDEBRANDT: Da bin ich aber Vaduz-t.

RAINER OTTO: Wollen Sie jetzt mit mir blödeln oder über die Wiedervereinigung sprechen?

DIETER HILDEBRANDT: Wo liegt da der Unterschied?

RAINER OTTO: Haben Sie eigentlich auch wieder recht. Wiedervereinigung ... gut.

DIETER HILDEBRANDT: Wieso gut? Ein deutsches Volk allein ist schon eine Katastrophe. Wollen Sie die Katastrophe jetzt noch verdoppeln?

RAINER OTTO: Wieso ich? Ich will doch gar nicht. Das Volk will's.

DIETER HILDEBRANDT: Welches von beiden?

RAINER OTTO: Das auf der Straße.

DIETER HILDEBRANDT: Also Ihres?

RAINER OTTO: Meins ist es doch nicht. Das Volk auf unseren Straßen ist doch eigentlich schon Ihr Volk.

DIETER HILDEBRANDT: Das ist ältestes »Neues Deutschland«.

RAINER OTTO: Wieso? Mein Volk ist doch in der Mehrheit nicht mehr auf unseren Straßen.

DIETER HILDEBRANDT: Sondern?

RAINER OTTO: Auf euren. Hören Sie sich doch mal die Verkehrslageberichte in der BRD an.

DIETER HILDEBRANDT: Was ist denn das für eine Argumentation?

RAINER OTTO: Das ist keine, Dieter, das ist Dialektik.

DIETER HILDEBRANDT: Das ist unfair, das habe ich nicht gelernt.

RAINER OTTO: Und da haben Sie die Hoffnung, dass Sie ohne Dialektik bei einer Wiedervereinigung was profitieren können?

DIETER HILDEBRANDT: Gehen Sie mir doch weg mit *Ihrer* blöden Dialektik. Was ist Ihre Dialektik gegen *meine* Deutsche Bank! Wenn mein Kapital bei Ihnen einmarschiert und wir die letzten Widerstandsnester zer-daimlert haben, dann können Sie sich Ihren Charlie Murx aufs Klo hängen.

RAINER OTTO: Das kann ich nicht, da komme ich nämlich nicht rein.

DIETER HILDEBRANDT: Wieso nicht?

RAINER OTTO: Da versteckt sich die Stasi. Und ich hab die Schlüssel vorsichtshalber weggeschmissen.

DIETER HILDEBRANDT: Das können wir aber nicht machen, Herr Rainer. Damit hindern wir doch diese Stasi-Leute daran, endlich mal etwas Vernünftiges für das Volk zu arbeiten.

RAINER OTTO: Das ist absurd, Dieter. Zwischen »vernünftig« und »arbeiten« gibt es in der DDR keinerlei Zusammenhänge. Schon gar nicht fürs Volk.

DIETER HILDEBRANDT: Mischen Sie sich nicht in meine Angelegenheiten, wenn ich über Ihr Volk spreche. Ihr Volk ist zu allem fähig.

RAINER OTTO: Haben Sie recht. Das Volk ist zu allem fähig – zu nichts zu gebrauchen. Dieter ... haben Sie gerade *wir* gesagt?

DIETER HILDEBRANDT: Ja, wieso?

RAINER OTTO: Sie haben gesagt: Damit hindern *wir* diese Leute von der Stasi. Dieter, das ist *meine* Stasi.

DIETER HILDEBRANDT: Für diese Feststellung bin ich Ihnen dankbar.

RAINER OTTO: Sie mit Ihrem monetären Abschmierdienst ...

DIETER HILDEBRANDT: Das heißt militärischer Abschirmdienst.

RAINER OTTO: Jetzt erklärt er mir schon meine sorgfältig geplanten Versprecher.

DIETER HILDEBRANDT: Sie sollten das Wort »Plan« überhaupt nicht in den Mund nehmen.

RAINER OTTO: Wohin soll ich es denn sonst nehmen?

DIETER HILDEBRANDT: Südlicher, das sollte Ihr Südproblem sein.

RAINER OTTO: Da habe ich schon die Moralvorstellungen von Dr. Wolfgang Schnur. Kennen Sie nicht? DDR-Opposition, demokratischer Aufbruch, schnurgerade in die leerstehende Vierzimmerwohnung.

DIETER HILDEBRANDT: Da, sehen Sie. Hören Sie mir auf mit Ihrer Wirtschaft. Wenn ich die Bilanz von 40 Jahren DDR-Wirtschaft sehe, dann weiß ich ja erst, woher der Begriff »rote Zahlen« kommt.

RAINER OTTO: Mit anderen Worten: Wenn Sie jetzt meine Wirtschaft in die Hand nehmen, dann wird das planlos geschehen?

DIETER HILDEBRANDT: Richtig. Lassen Sie uns doch mal zusammen …

RAINER OTTO: Lassen Sie die Hände von meiner Wiedervereinigung!

DIETER HILDEBRANDT: Das ist *meine* Wiedervereinigung.

RAINER OTTO: Kommen Sie mir nach Hause …!

DIETER HILDEBRANDT: Ich zu Ihnen nach Hause, bin ich blöd?

RAINER OTTO: Warum denn nicht?

DIETER HILDEBRANDT: Da sitzt doch die Stasi im Klo.

Eine kritische Instanz im SFB
oder
Scheibenwischer

Nach sechs Jahren, im November 1979, war Schluss mit den »Notizen aus der Provinz«. Satireunwillige Redakteure hatten dieses Format intensiv boykottiert, vor allem aber war der CDU-Abgeordnete Christian Schwarz-Schilling als Vorsitzender des Fernsehrates des ZDF und erklärter Feind der aufmüpfigen Künstler aus dem anderen politischen Lager die Jahre über nicht untätig gewesen. Beim letzten Gespräch mit den Kabarettisten meinte der ZDF-Intendant Dieter Stolte, er sehe sich genötigt, Hildebrandt und den anderen fürs kommende Jahr 1980 eine Denkpause zu verordnen. Also habe er ein Jahr lang nicht gedacht, wie Hildebrandt öffentlich bekannte. Er konnte die weitere Entwicklung in Ruhe abwarten, da Sammy Drechsel, wie Hildebrandt in seinen Lebenserinnerungen genüsslich ausbreitete, mit Wolfgang Haus, dem Intendanten des SFB, eine neue Satirereihe festgemacht hatte, den »Scheibenwischer«. Und der lief von 1980 bis 2013 in der ARD und machte Dieter Hildebrandt endgültig zum Fernsehstar.

12. Februar 1981

Glauben Sie wirklich alles? Glauben Sie zum Beispiel, was vorhin in der Tagesschau ...?

Nachrichten sind eben das Nötigste, was man glaubt, uns mitteilen zu müssen. Viele Wortspiele mit dem Wort Nachrichten gibt's ja nicht, außer dem einen, dass man sich nicht danach richten kann, aber ein Aktuelles ist doch dazugekommen, nämlich: Die Kanonen, die auf Berlin gerichtet sind, treffen nicht mehr, man muss sie nachrichten. Die Politprominenz Bonns ist nach Berlin umgezogen. Peter Glotz, der erfolgreiche Vogelhändler, hat seinen sozialdemokratischen Bayernkurier als Bürgermeister abgesetzt. Die Stimmung ist gut – die Wunden sind verbunden – in zwei bis drei Wochen wird der regierende Jochen zur Anbetung freigegeben.

Auf dem Flughafen Tegel kommen stündlich neue Entsatzprominente an. Wir vom Fernsehen haben sämtliche Kamerateams Tag und Nacht dort eingesetzt. Man kann nie wissen, wer noch alles kommt.

Ich habe das Gefühl, Hans Apel wackelt sich auch langsam nach Berlin, Egon Bahr hat schon lange Heimweh. Wenn sie alle hier sind, ist der Trick gelungen, und Berlin ist wieder Hauptstadt.

Wenn ich nicht irre, habe ich auch Elmar Gunsch gesehen. Wer hat den geholt? Vielleicht wird er zweiter Pressesprecher! Sehr gut! Dann wird er die aufgerissenen Kluften mit seinem Charme wieder zugunschen.

Bölling ist sowieso in Berlin, allerdings drüben, dafür ist Gaus hier. Und was macht jetzt Bölling? Wenn er gut beraten ist, lernt er Gaus.

Dafür lernt Gaus Glotz, und was macht Glotz? Der sitzt in Bonn, besieht sich die Reste und beweint die zu kurze Personaldecke. Was ist das – Personaldecke? Hm. Ja, ich stelle mir das so vor, ich meine, wie das Wort zustande gekommen ist … wenn ich für was verantwortlich bin, und es passiert in diesem Bereich etwas, dann ist das Erste, dass ich mein Personal decke. Nein?

Oder ist das die Decke, unter der man steckt?

Natürlich, und wenn die zu kurz ist, kommt was raus.

Das weiß jede Partei, die lange regiert hat: Man soll dem Ochsen, der da drischt, rechtzeitig sagen, dass er das Maul halten soll. Und deswegen sagt die CDU in Berlin: Es muss eine neue Decke her.

Klingt vernünftig. Aber woher nehmen, wenn man selber bloß einen Topflappen als Personaldecke hat?

Oder habe ich alles total missverstanden, und es gibt eine Decke für die Herrschaften und eine fürs Personal? Und unter welcher steckt jetzt zum Beispiel unser Kanzler und mit wem? Mit wem baut der die nächsten zehn Kernkraftwerke gegen seine Partei? Recht hat er, denn das ist realistische Zukunftspolitik. Er muss dafür sorgen, dass der Papa den Arbeitsplatz hat – und der Urenkel den Krebs.

Und es sagen ja alle Fachleute, dass das »unabweisbar« ist. Und dass es völlig ungefährlich ist. Denn der Mensch ist schon so übermenschlich geworden, dass er, bei allem menschlichen Versagen, das auch unabweisbar ist, Apparate gegen menschliches Versagen bauen kann. Beim Bauen dieser Apparate muss allerdings menschliches Versagen ausgeschlossen sein. Und dann wird noch hinzugefügt: Für die Entsorgung gibt es leider noch keine Lösung. Na ja …

Kommt mir so vor wie jemand, der die Handgranate erst mal abzieht und sich dann in aller Ruhe überlegt, wo er sie hinwerfen könnte.

14. Januar 1982

Wir begrüßen in den Räumen unseres Senders an einem besonders schönen kalten Büfett die Damen und Herren der Rhein-Main-Donau-Kanal-AG!

(Dieter Hildebrandt geht zum Büfett, gießt sich einen ein.)

Helau oder Alaaf oder wie das immer heißt. Die närrische Zeit, sagt man auch, hat begonnen. Das ist die Zeit, in der die ernsten Leute regieren, die Karnevalsexperten, die Humormultiplikatoren. Die Narren haben Pause.

Und schon bekommt man so eine Sendung aufgedrückt. Diese Gesellschaft da, diese Schildbürger-Initiative, diese Rhein-Main-Donau-Kanal AG, gibt sich die Ehre.

Na ja, wir haben uns gedacht, es wird so viel in letzter Zeit gemunkelt darüber, dass dieser Kanal eine lange Geschichte hätte, dass er wirtschaftliche und politische Folgen hätte, dass er prominente Befürworter hätte ... nur eins hätte er nicht: einen Sinn.

Wenn aber etwas überhaupt keinen Sinn hat, was einer verkaufen will, dann muss er dafür werben. Die Startbahn West in Frankfurt hat auch keinen Sinn. Aber dafür musste keiner werben, weil da von selber immer was los war. Da muss man richtig dankbar sein. Und während alles wie gebannt nach Frankfurt geguckt hat und jeder sich gefragt hat: Na wollen wir doch mal sehen, ob so ein Staat noch so in Ordnung ist, dass er was Sinnloses durchsetzt – haben die ihren Kanal in aller Stille weitergebuddelt.

Und darum hat das Fernsehen der Kanalgesellschaft angeboten, eine Sendung aus eigener Kraft zu machen, damit das Publikum selber entscheidet, ob Karl der Große vor 1000 Jahren recht hatte, als er den Rhein-Donau-Kanal aufgegeben hat wegen Verdachts auf groben Unfug.

Aber wie man sieht, jeder Unsinn braucht seine Zeit. Nach 1000 Jahren sind wir endlich so weit. *(an der Karte)*
Von hier, also von Nürnberg bis nach Regensburg, mitten durch dieses lästige Erholungsgebiet, wo die Leute sich von der Industrie erholen, baggert sich die Gesellschaft jetzt durch, damit an diesem Kanal sich Industrie ansiedeln kann.

Ob da dann auch Schiffe durchfahren werden, weiß man noch nicht. Die Fachleute sagen, *kann,* aber *muss* nicht.

Weil so ein Schiff zu lange braucht. Per Bahn sind's von Regensburg nach Frankfurt 339 km – per Kanalschiff 549.

Na, vielleicht wird's per Wasser billiger. Auch nicht. Weil dann die Bundesbahn die Tarife senkt. Der ehemalige Verkehrsminister Gscheidle, der für den Kanal ist, hat ja lange versucht, die Bundesbahn pleite zu machen. Mit dem Kanal hat er einen Hebel! Denn das ist ja der Sinn freier Marktwirtschaft, dass sich zwei staatliche Transporteinrichtungen gegenseitig kaputt machen!

Also? Der Kanal ist keine Wasserstraße, sondern eine Idee, die Bundesbahn zum Nulltarif zu zwingen. Da können doch bloß hemmungslose Sozialisten dahinterstecken! Besonders, wenn ganz klar ist, dass dann die Russen, die seit Peter dem Großen um einen Zugang zum offenen Weltmeer kämpfen, im Schwarzen Meer in die Donau rein- und in Rotterdam zum Rhein rausfahren können.

Da können die ihre ganzen Kriege um die Dardanellen vergessen! Und die Russen können noch billiger sein als die Bundesbahn. Und was passiert? Die Schweden schiffen ihr Erz nach Holland, verladen es auf einen sowjetischen Kahn und schaffen es nach Linz in eine österreichische Fabrik. Was wir davon haben, ist klar. Den Kanal und die Kosten dafür, wenn er kaputtgeht.

Da kommt doch der Verdacht auf, dass die Kanalpuscher, der Gscheidle, der Goppel, der Strauß, der Jaumann, die ganze

Kanalbausympathisantenvereinigung Kanalarbeiter des Kreml sind? Deswegen ist der Breschnew auch immer so freundlich zu ihnen, wenn er herkommt!

Also der Erzumschlag in Hamburg ist damit kaputt, deutsche Kähne können sich den Kanal nicht leisten ... in Hamburg sagte man früher: »Schiff ahoi« – in Nürnberg wird man sagen: »Hoi, a Schiff!«

Die ganze Sache stinkt – und zwar vom Kopf. Besonders das Wasser, das dann vom Rhein und Main reingelassen wird. Die werden sich freuen im Altmühltal, wenn die Brühe kommt.

Und wenn sie erst mal da ist, dann bleibt sie so stehen. Das Ganze, also dieser ganze 100 Kilometer lange Alfons-Goppel-Prestige-Tümpel, stinkt dann 1000 Jahre lang zum Himmel.

Und wenn Sie sich jetzt fragen: Was hat das Ganze denn mit unseren Problemen hier zu tun?, dann haben Sie sich eben auch ablenken lassen von Scheinproblemen, ob der Lummer ein Dummer oder nicht, ob die CDU hier die FDP schon im Sack hat oder nicht oder irgendein Sack von der FDP mit der SPD was im Keller hat – inzwischen graben sie Kanäle mitten durch die letzten Lebensinseln. Und wenn sie mit dem da fertig sind, kommt der Mosel-Maas-Kanal oder Po-Inn-Kanal, der Lippe-Sieg-Kanal. Deutschland, eine Abwasser-Lagune. Deutschlands Wasser stehend k. o. Wenn das Ding fertig ist, werden dann die Bürger gefragt werden, ob sie es haben wollen. Das war immer so.

Dieses demokratische Verfahren drückt sich am besten in einem Protokoll aus, das die Teilnehmer einer Wohnungseigentümersitzung bekommen haben:

»Über die Anschaffung eines Kleinrasenmähers wurde kein Beschluss gefasst, da er wegen dringender Notwendigkeit bereits angeschafft werden musste.« Auf diese Weise kommt man auch leicht zu Schnellen Brütern. ... die die Zukunft der Nation auf dem Wasser sehen.

Es muss doch *einen* vernünftigen Grund geben, warum sie Milliarden in diese Katastrophenrinne pumpen! Es kann nur eins sein: Das ist auch schon wieder ein Ablenkungsprojekt! Vielleicht planen sie ein neues Ruhrgebiet in der Lüneburger Heide? Weil dort die Wirtschaftsstruktur so ländlich ist? Vielleicht graben sie schon?

Wir schauen jetzt womöglich mit unserem stutzenden Auge auf diesen Kanal, und dort ist in Wirklichkeit schon das Ende der Heidschnucken beschlossen.

Oder sie bohren bereits die Zugspitze an? Das hätte zwar überhaupt keinen Sinn, aber wenn sie so einen Tunnel erst einmal angefangen haben, wär's ja Wahnsinn, wenn man das Loch nicht vollendet! Weil's ja auch um Arbeitsplätze geht.

Und dann muss man immer bedenken, dass solche Großprojekte von Großfirmen betrieben werden, die irgendwann einmal den Parteien größere Geldspenden spenden könnten.

So was ist vorläufig noch Steuerhinterziehung, wenn man die Gelder so einnimmt, wie es die Parteien getan haben.

Und wie haben sie sie eingenommen? Na, so wie alle geschickten Wirtschaftsverbrecher. Rockefeller hat eine Stiftung gegründet, so was ist steuerfrei, weil sie gemeinnützig ist, und aus dem Topf hat er sich die Unkosten, die so ein Stifter hat, steuerfrei zurückzahlen lassen. So sieht das jedenfalls die Mehrzahl der amerikanischen Satiriker ... aber das ist das Glaubwürdigste, was man an Information kriegen kann ...

Gut. Was für Rockefeller die Stiftung, das ist für Lambsdorff, Leisler-Kiep und Halstenberg ein selbst gegründeter gemeinnütziger Verein. Also genau dasselbe, was für einen normalen großen Steuerhinterzieher eine Briefkastenfirma in Liechtenstein war. An den Gesetzen, sagen die Parteien, führt kein Weg vorbei. Nur ein Umweg.

Aber dieser Umweg ist strafbar laut Gesetz! Also müssten die Parteihinterzieher genauso ins Gefängnis wie die anderen Gewohnheitshinterzieher? Keineswegs. Wer die Gesetze, die man umgeht, selber gemacht hat, kann ja mit einer Zweidrittelmehrheit sie so ändern, dass man sich nicht an ihnen vergehen muss.

Ein paar Abgeordnete haben allerdings gesagt: Wir sollten uns schämen. O. k., haben die anderen gesagt: Schämen wir uns eine Weile. Aber dann ... Recht so. Wenn ich als große Firma so einen Auftrag für irgendwas Großes, und wenn's ein Kanal ist, mein Gott, dann spende ich, dann setzen die Parteien das durch, dann habe ich die Spende zehnmal wieder drin. Ein ganz normales Gefälligkeits-Recycling, oder? Mein Profit ist drin. Was die Gesellschaft macht, ist mir doch scheißegal.

Die Kanalgesellschaft hat eine Rhein-Main-Donau-Rentabilitätsmaschine entworfen, einen Kosten-Nutzen-Computer *(holt ihn)*, der klar beweist, dass das gesamte Projekt einwandfrei den Kosten nutzt. Man steckt oben 100 Mark hinein, das sind die Kosten, und der Nutzen liegt klar auf der Hand: 2,95 Mark! Für diese Differenz, sagt sich der bayerische Umweltschutzminister Dick, muss man die Zerstörung der Landschaft einfach in Kauf nehmen. Man muss Ökologie gegen Ökonomie klug abwägen.

In diesem Sinne – rein in die Rinne
mein Name ist Dick – ich mache mich dünne!

2. November 1983

(Dieter Hildebrandt als Zivilangestellter der Bundeswehr.)

Also, Herrschaften, fotografieren ist hier strengstens verboten. Wir befinden uns in den Räumen des Bundeswehrbeschaffungsamtes, Hauptabteilung VIII. Rühren, weitermachen!

Lümmeln Sie nicht so herum hier! Sitzen Sie gerade! Rücken

gerade, wie sich's gehört für 'nen deutschen Menschen, und Hände auf die Knie!

So sitzt man! Alles klar?

Alle mal herhören!

Motto des Tages: Bundesverteidigungsminister Wörner: »Der Mensch ist Mittelpunkt.«

Hätten Sie gern, wie??? Gemeint ist: Der Mensch ist Mittel – Punkt!

Wir stehen am Fuß des Berges einer großen Reform in der Bundeswehr. Und was heißt Reform auf Deutsch? Re heißt zurück, und Reform heißt: Zurück zur alten Form. Zurück, marsch, marsch!

Also, Schluss mit den Friedensmärschen! Das Volk hat entschieden. Zwar haben Funk und Fernsehen auf den Straßen ungefähr eine Million Friedensbewegte gezählt, aber der Innenminister, der Zimmermann, hat nur die Hälfte gesehen. Also, wahrscheinlich war die Presse besoffen und hat alles doppelt gezählt, oder der Zimmermann zählt alle Friedenspfeifen nur noch als halbe Portion.

Dass unter diesen Piss- und Panik-People auch Philosophen, Physiker, Professoren, Dichter und Denker sind, bestätigt eigentlich nur die Regel: Bücher lesen und schreiben bringt nur Verwirrung in die falschen Entschlüsse eines Politikers! Entweder ein Politiker liest alle Bücher – und dankt ab. Oder er liest gar keine – und bleibt souverän.

Man stelle sich mal vor, unser Bundeskanzler Helmut Kohl hätte nur *ein* Buch gelesen, und das ausgerechnet wäre das falsche!

Nun liest er ja wirklich Bücher. Er hat gesagt, wenn er verreist, hat er immer seinen Tucholsky dabei. Stellen Sie sich mal vor, der Tucholsky würde noch leben!

Aber unser verehrter Bundeskanzler Helmut Kohl ist immer fröhlich. Und schauen wir nur, mit welch fröhlicher Gelassenheit unser Kanzler auf uns herabsieht. Immer mit diesem leichten Spott. Wo nimmt er ihn nur immer wieder her? Bewundernswert! Ich hab da immer das Gefühl, er freut sich noch immer, dass er Bundeskanzler geworden ist. – Na, jetzt müsste ihm aber langsam mal einer sagen, dass er's ist. Man kann sich ja nicht ein ganzes Jahr lang über einen Witz freuen …, sagt der Strauß.

Und der hat ja schon wieder von sich reden gemacht. Heute habe ich gelesen, dass er gestern schon wieder so eine Illegalität angedroht hat. Ja, er hat gedroht, er werde dem Otto Wiesheu helfen. Na ja, gut.

Ja, wer soll unserem Bundeskanzler nun wirklich sagen, dass er Bundeskanzler ist? Der Genscher glaubt's ja ohnehin nicht mehr so richtig. Und der Stoltenberg hält sich selbst sowieso für eine Überleitung von Kohl zu sich selbst. Und der Blüm hat genug zu tun mit seiner Rolle als Trümmerfrau am Sozialbau und … ja, und der Lambsdorff weiß noch nicht, ob er ausflickt oder nicht … und die Opposition studiert immer noch, wie sie's in den Fünfzigerjahren gemacht hat.

Und außerdem ist ja der Herr Bundeskanzler auch selten am Arbeitsplatz. Er hat ja gleitende Arbeitszeit. Da besucht er mit ungeheurer Leidenschaft die Truppenteile der Bundeswehr bei Manövern, setzt sich lustige Mützen auf und winkt aus der Tagesschau. Und im Übrigen führt er dann immer ganz aufregende Gespräche mit jungen Bundeswehrangehörigen:

»Wo kommen Sie her?«

»Gelsenkirchen, Herr Bundeskanzler.«

»Was sind Sie?«

»Richtkanonier, Herr Bundeskanzler.«

»Und nachher?«

»Arbeitslos, Herr Bundeskanzler.«

Ja, und so was wird dann vom Fernsehen übertragen. Live! Und da genügen die Intendanten einfach nicht ihrer Aufsichtspflicht. So etwas ist Realsatire!

Nur das ZDF passt da ganz genau auf. Der Intendant Stolte, der lässt so etwas nicht zu: Satire an noch lebenden Personen der Zeitgeschichte – nein! Nein! Da wird er ganz wild, der Intendant Stolte, wenn jemand den in Amerika gebräuchlichen Werbespruch unterbringen will: »Besuchen Sie Europa, solange es noch da ist!« Na, es lebt ja auch noch.

Aber bei der ARD, da sind noch Sachen möglich … Da gibt's beim Südwestfunk in Baden-Baden einen Fernsehbeirat. – Nein, nicht Beirat. Es ist ein Ausschuss, und das können Sie auffassen, wie Sie wollen …

Also dieser Fernsehausschuss, der ist ganz streng. Da braucht ein Sprecher nur ein ironisches Gesicht zu machen, schon wollen die das Manuskript, um rauszukriegen, was sie nicht verstanden haben. Dass da ein Franz Alt überhaupt bekannt werden konnte! Aber das liegt daran, dass die bis heute noch nicht glauben, dass ein katholisches CDU-Mitglied tatsächlich moralisches Denken von Politikern fordert. Der Alt hat ja behauptet, er sei der Wahrheit verpflichtet. Dem *Sender* ist der Alt verpflichtet!

Sein Intendant Hilf hat es präzise ausgedrückt. Ihm ist es gleich, was ein Fernsehmacher sonst so im Kopf hat, aber etwas muss er drin haben: eine Schere. Aber jetzt lassen sie ihn ja wieder moderieren, den Alt. Sie lassen ihn alles. Sie lassen ihn in Außenpolitik, sie lassen ihn in Innenpolitik – in Frieden lassen sie ihn nicht.

Das Wort ist auch degoutant. Sie können ja im Fernsehen alles Mögliche sagen. Nur zwei Sachen können Sie nicht sagen: Vögeln und Frieden können Sie nicht sagen – und Frieden ist ja auch wirklich degoutant.

Ja, und hier bei der Bundeswehr ist Frieden wie Rost im Gewehrlauf. Und dafür gibt's Knast, Herrschaften! Wie sagte doch Herr Brigadegeneral Roland Zedler? »Das Schwert muss scharf sein! Und lange Friedenszeiten wirken dem entgegen.«

Prächtig! Ich will es mal positiv ausdrücken: Generäle sind wie Gurken – sie kommen immer wieder hoch.

Im Moment sind sie gerade wieder oben. Hüben wie drüben. Und Generäle sitzen nicht so schlapp herum. Nein, nein, die tun was. Die treibt es zu Taten – unsere Generäle sind Triebtäter.

Der Konflikt muss ausgetragen werden, sagen sie. Und warum nicht nuklear? Der stellvertretende Unterstaatssekretär für Verteidigung, Thomas K. Jones, sagt:

»Die Vereinigten Staaten könnten sich innerhalb von zwei bis vier Jahren vollständig von einem totalen Nuklearkrieg mit der Sowjetunion erholen«, und, sagt er, ein Nuklearkrieg sei nicht annähernd so verheerend, wie man uns glauben gemacht habe. »Wenn es genug Schaufeln gibt, kann jeder überleben.«

Die Schaufeln, sagt er, braucht man, um Löcher in die Erde zu graben, die man dann auf die eine oder die andere Art mit ein paar Türen und etwas Dreck darauf bedeckt. Der Dreck ist das Entscheidende, sagt er. Wir haben ja hierzulande auch eine Selbstschutzfibel. Nach der kann man locker überleben.

Erster Grundsatz: Zu Hause bleiben! Denn wer sich auf die Flucht begibt, »kann vor Waffenwirkungen nicht rechtzeitig gewarnt werden«.

Also, Ihr zuständiger Rundfunk warnt Sie schon, wenn Sie zu Hause sind – wie bei den Staumeldungen. Also, wo es einschlägt und … Es sei denn, es schlägt direkt im Rundfunk … Aber wer denkt denn so was! Halt! Wichtig! So überraschend der Schlag auch kommen mag – 7 Minuten, 10 Minuten –, Sie müssen »eine Stunde vorher Jodtabletten schlucken«, steht hier. Und Vorsicht, wenn's brennt: »Wenn Sie Ihre brennende Wohnung verlassen, schließen Sie die Tür hinter sich …«

Und weiter: »Das Brennen der Kleidung eines Menschen verursacht ihm starke Schmerzen …«

Gemeint ist: Wenn wir das alles befolgen, ist ein Atomkrieg möglich.

Der Abrüstungsexperte Rostow meint auch: »Die menschliche Rasse ist sehr elastisch.« Und »Japan überlebte schließlich nicht nur, sondern blühte nach dem nuklearen Angriff auf«. Da können wir über die Max-Planck-Gesellschaft nur lachen, die behauptet: »Nach Atomkrieg 30 Tage tiefste Nacht.« Na und? Zu Hause bleiben, Schaufel in der Hand – und elastisch bleiben! Und der Führung vertrauen, die ja Gott sei Dank im sicheren Bunker sitzt. Kohl übernimmt den Oberbefehl, Boenisch die Sondermeldungen – und zum Katastrophenschutz-Chefarzt machen wir Köhnlechner! Also holen Sie sich die Fibel und denken Sie immer dran: Dreck ist das Entscheidende.

5. Februar 1986

Ich weiß nicht, ob Sie was davon haben, wenn ich Ihnen ein gutes neues Jahr wünsche. Aber es wird ja gut sein, das weiß ich. Ich lese ja schließlich Zeitung.

Und ich habe eine Investment-Aktie!

Als Konjunktur-Thermometer.

Funktioniert fabelhaft. '66 gekauft für 47 Mark. Als Willy kam, fiel sie auf 32. Bei Helmut verharrte sie.

Als der andere Helmut kam, schoss sie auf 50.

Als Johannes Rau Kanzlerkandidat wurde, fiel sie um 4, aber nach drei Fernsehauftritten von Rau stieg sie wieder um 5.

Wenn der Blüm einen Fernsehauftritt ankündigt, zittert sie. Dann weiß sie nicht: rauf oder runter?

Eins hat sie, meine Aktie, worum sie viele Politiker beneiden: überhaupt keine Beziehung zu sittlich-moralischen Grundwerten.

Wenn es bei ganz wenigen immer aufwärtser geht, kriegt sie fast Fieber. Da grüßt sie von ganz oben.

Sagen aber die Sozialausschüsse in der CDU, dass sie das merken, nimmt sie eine prophylaktische Abwärtshaltung ein. Sie ist auch sehr sensibel bei Gerüchten. Als dieses Gerücht aufkam: Im nächsten Jahr ist der Papst der Wallraff ... Ich sage Ihnen, da schoss sie runter auf knapp über null. Die ist ja so sensibel. Als dann aber der REPORT-Lojewski, um das zu verhindern, sofort in die Schweizergarde eintreten wollte, hat sie sich wieder auf das Skat-Null eingepegelt, also auf 23.

Sie reagiert sogar auf Nebensächlichkeiten.

Als dieser CSU-Fundamentalo Fellner sagte – Sie wissen ja, das ist der, der gesagt hat, dass die Juden in unserem Lande, in diesem unserem, sich immer dann rührten, wenn die Kassen klingeln – er meinte, als Flick, beleidigt wie Fuchsberger, seine Brocken warf und direkt in den Schoß der Deutschen Bank, da meinte der, die Deutsche Bank hat das nur deswegen gemacht, weil sie verhindern wollte, dass aus dem Erlös wieder ein Skandal entsteht ... und sie hat ja eine symbolische Summe von sechs Millionen gezahlt ... Als dieser Fellner das sagte ... der Mann geht seitdem ganz schief durchs Land, der kriegt die rechte Schulter nicht mehr hoch, weil nämlich Tausende von Stammtischbrüdern ihm anerkennend draufgehauen haben ... ja, jedenfalls ging da meine Aktie ganz spürbar hoch.

Stellen Sie sich vor, das Beispiel macht Schule, und bei jedem Geschäft, das unsere Großindustrie macht, muss sie was an die Sinti und Roma und die Bibelforscher und alle anderen Naziverfolgten zahlen!

Meine Aktie ist unbestechlich.

Etwas wundert mich. Als jetzt klar wurde, dass die Wiederaufbereitungsanlage in Wackersdorf auf jeden Fall – und da ist jeder Störfall mit eingeschlossen – gebaut wird, ist meine Aktie abgesackt.

Das macht sie eigentlich immer nur, wenn etwas ganz Hirnrissiges passiert.

Experten behaupten, die Aktie habe recht. Die WAA in Wackersdorf sei genauso sinnvoll wie der Schnelle Brüter in Kalkar. Und da denke ich mir, wie können das Experten sein, die unterstellen, es könnte sein, dass Politiker und Kernkraftspezialisten 30 Milliarden für zwei Objekte ausgeben, die so sinnvoll und rentabel sind wie ein Skilift im Wattenmeer?

Das sagen ja bei uns zwei Drittel der Zeitungen in der Bundesrepublik auch. Experten, die gegen Kernenergie seien, das seien gar keine richtigen Experten. Das seien ganz hysterische Überlebens-Fans, meinen die Zeitungen. Das können ja gar keine Experten sein, die zum Beispiel Gutachten zusammenschustern, wonach durch Wackersdorf Nürnberg in Gefahr ist! Nürnberg! Ich bitte Sie, Nürnberg! Das liegt doch Hunderte von Kilometern weg von Wackersdorf – wenn nicht 80.

Aber die meinen, dass das ganze spaltbare Material, das da nach Wackersdorf gefahren werden muss, dass das alles auf der Schiene über den Bahnhof von Nürnberg käme, und da wären dauernd Unfälle. Ich habe ja dieses Gutachten gelesen, was heißt denn da ›dauernd Unfälle‹? Einer! *Einer* – täglich …

Ich meine, da kann doch gar nichts passieren. Wenn so was durchkommt durch den Bahnhof, da steht doch dann mit Sicherheit auf jedem dieser Waggons mit den Brennstäben überall so ein Wapperl drauf:

»Absolut lebensgefährlich!

gez. Die Bayerische Staatsregierung.«

Aber was machen die Experten? Sie weisen statistisch nach, dass auf diesem Bahnhof dauernd Unfälle passieren. Mit Öl und Quark und Chemie und anderen Kampfstoffen.

Wenn wirklich was passieren würde, sagen diese Experten, müsste die ganze Stadt Nürnberg evakuiert werden!

Unsinn. Das passiert doch gar nicht, wenn die Regierung dafür sorgt, dass der Bahnhof Nürnberg pressemäßig unfallfrei bleibt.

Außerdem gibt es bei der Münchner Regierung schon längst Pläne, wenn da wirklich mal was ... also Evakuierungspläne. Aber im Prinzip kann ja gar nichts ... Und es müssen einfach Opfer gebracht werden.

Genau weiß ich es aber auch nicht.

Ich bin da ganz unsicher, zu welcher Seite ich tendiere. Mir hatte zum Beispiel jemand geschrieben, das müsse gemacht werden, weil der Atomstrom so wahnsinnig billig ist. Jetzt aber habe ich wieder einen Brief gekriegt von meinem Freund Ulli, und der hat mir wieder ganz was anderes geschrieben. Der hat geschrieben, dass Gorleben als Endlagerung ... also das sei überhaupt unmöglich, und man könne auch in absehbarer Zeit keinen Endlagerungspunkt kriegen, und das bedeutet, dass der Atommüll, der da übrig bleibt, bewacht werden muss.

Der muss bewacht werden! Und das mindestens 20 000 Jahre lang. Und 24 Stunden am Tag. Also sagt er, wenn sich drei Mann diese Arbeit teilen ... Ja, Moment, das wären immerhin drei sichere Arbeitsplätze. Haben Sie schon mal einen Arbeitsplatz gesehen, der sicher ist auf 20 000 Jahre?

Also, wenn sich drei Mann diese Arbeit teilen und wenn sie bescheiden sind und nur fünfzig Mark Stundenlohn nehmen, dann wäre die Rechnung folgendermaßen, sagt er: 24 mal 50 mal 350 mal 20 000, das wären 8,4 Milliarden. Und diese Summe, meint er, wird von der Atomlobby nie mitgerechnet, und so entsteht das Märchen von dem billigen Atomstrom.

Wissen Sie, was 8,4 Milliarden sind? Das sind 160 Jahre lang jede Woche sechs Richtige im Lotto.

Jedenfalls, Wackersdorf ist Glaubenssache. Ja, Glaubenssache. Und die Bayerische Regierung will auch, dass die Oberpfälzer dran glauben müssen. Dass ein paar Tausend Zweifler dagegen protestiert haben ... paar Tausend? Zweifelhaft. Es waren sicher gar nicht so viele. Es wurden in der Zeitung von Tag zu Tag weniger. Und es waren auch nur berufsmäßige Chaoten, alle, die notorisch die Nähe der Polizei suchen. Das muss man so sehen. Einheimische Oberpfälzer waren überhaupt nicht da. Am nächsten Tag konnten 1000 Oberpfälzer, die da gewesen waren, in der Zeitung nachlesen, dass sie nur 82 gewesen sind. Und manche Leute haben sich da natürlich gefragt: Vielleicht habe ich mich doch getäuscht, vielleicht war ich gar nicht da? Vielleicht habe ich mich ganz woanders erkältet? Da frage ich mich, schreiben Journalisten das, was sie sehen, oder sehen sie das, was … Es gibt ja Journalisten, die vorher schon ganz genau wissen, was sie nachher nicht gesehen haben.

Da ist zum Beispiel die Sache mit dem Kreuz. Da hat also ein Pfarrer in diesem Hüttendorf, dem abzureißenden, ein großes Holzkreuz gesegnet. Quasi als sakrales Handicap für die Polizei. Und da waren die Zeitungen alle ganz böse. Der *Münchner Merkur* hat sich fast zerwuzelt vor Empörung. Das konnte man überall lesen. Dass aber der anwesende Polizeipfarrer vor der Zerbaggerung des Hüttendorfes das Kreuz wieder *ent*segnet hat, war nirgendwo zu lesen. Da müssen eine Menge Journalisten gezielt nicht dabei gewesen sein.

Und jetzt denke ich an die Gewissheit, die viele in diesem Lande beseelt, dass auf den Entscheidungen der Bayerischen Staatsregierung der Segen Gottes ruht.

Wer entsegnet sie nun, wenn's schiefgeht?

Ach, fast hätte ich's ganz vergessen: Wir feiern ja heute ein Fest.

Das Kernkraftwerkspersonal, die Stromdiktatoren, die Atomkernspaltspezialisten, kurz, die gut bestrahlten Freunde des radioaktiven Fortschritts feiern heute den 500. Störfall mit einer flotten REM-Party im Zeichen der hilfreichen Dosimeter, die den Damen und Herren zum Hals heraushängen.

Gratulation! Prost!

* * *

(Dieter Hildebrandt kommt mit einem Köfferchen auf die Bühne.)

Hin und wieder muss man einen konstruktiven Vorschlag machen, wie man das politische Leben sauberer gestaltet. Die Politiker klagen ja immer lauter, dass ihnen dauernd was in die Schuhe geschoben wird, was sie nicht reingetan haben, oder in die Taschen. Nichts ahnend, nach allen Seiten hin offen, steht so ein Politiker im Rampenlicht, in der Verantwortung oder irgendwo sonst rum, und schwupp, hat ihm so ein Beton-Bazi 50 000 Mark in die Tasche geschoben. Was macht so ein Politiker, wenn er ganz allein ist? Nachzählen natürlich!

Und dann das Problem mit den offenen Taschen. Völlig ungeschützt steht so einer da mit seinen blöden offenen Taschen. Was macht er dagegen? Er engagiert sich einen Zuhälter.

Und wie bleibt man da sauber?

Ganz einfach: Man entnimmt diesem Selbstreinigungskoffer eine Schale, gießt ein halbes Kilo Original Spreewasser hinein und nimmt eine postpekuniäre Handwaschung vor. Danach reißt man eine Seite aus dem BGB heraus und trocknet sich an der hinterlassenen Lücke die Greiferchen.

Der Schmutz bleibt im Koffer, und jetzt Hände hoch ... wo ist die Kamera? Sehen Sie, das sind jetzt porentief gereinigte öffentliche Hände. Also, nicht das Grundgesetz muss man unter dem Arm haben, sondern die postpekuniäre Handwaschanlage! Das erste Modell stifte ich hiermit der Berlinhilfe.

Ich habe die *Zeit* gelesen. Wenn ich der glauben darf, dann ist Berlin im Augenblick das größte moralische Feuchtgebiet Europas. Chicago ist Bonn dagegen.

Treffen sich zwei auf dem Ku'damm. Fragt der eine: »Was krieg ich dafür, wenn ich mit einem einflussreichen Berliner Senatspolitiker bekannt bin?« Sagt der andere: »Wenn du Pech hast, fünf Jahre.«

Vor Jahren habe ich mal behauptet: »Ein deutscher Beamter darf nichts annehmen – nicht mal Vernunft.«

Trifft in Berlin nicht zu. In Berlin darf man alles annehmen. Wenn ich der *Zeit* folge, dann ist Berlin, skandalmäßig gesehen, absolute Spitze, und alles andere in der Bundesrepublik ist dagegen bloß ein ganz kleiner Flick auf dem Teppich. Und Berlin ist teuer!

Unter 50000 kann man hier keinen an Land ziehen, der was zu sagen hat. Sogar die SPD hat was abgekriegt. 130000 hab ich gelesen. Da sieht man mal wieder, wie kleinlaut die Partei hier geworden ist. Die Berliner CDU hat's geschafft, sie steht endlich mal im Mittelpunkt der öffentlichen Meinung. Der spätreagierende Bürgermeister Diepgen musste die 50000 Mark für seine Partei ja annehmen. Wer soll die Anwälte bezahlen? Und die Reisekosten, wenn sie ihre Freunde in Moabit besuchen? Wie immer die Partei hier steht. Viele sitzen jedenfalls schon. Die Sozialdemokraten sind ganz sauer. Jahrzehntelang haben sie hier versucht, alles unter einen großen Filzhut zu kriegen, und die CDU schafft das in vier Jahren!

Ja, da muss man eben jahrelang stricken, damit das Netz fertig ist, wenn man an die Regierung kommt. Da muss man zu den Partys gehen, wo in der Sauna entschieden wird, welche Stadtviertel saniert werden. Man kann heute schon sagen, mit der *Zeit*, wo die Saunierung Berlins beschlossen wurde.

Und alle haben mitgestrickt. Die große Welt, die Halbwelt, die Unterwelt. Das ist Bürgernähe. Das sind Politiker zum Anfassen.

Und das ist nicht provinziell. Da lachen sogar die Engländer drüber. Wenn sie hören, dass da ein Bordellbesitzer mitgemischt hat, der auf Englisch *tail* heißt, was auf Deutsch so viel heißt wie nützliches Glied der Gesellschaft.

Und Versicherungsbetrug spielt mit und Brandlegung und Bestechung und Steuerhinterziehung und Mordversuch und eine immer stärker einsetzende Gedächtnisstörung. Senator Lummer hat gesagt: »Mein Gewissen ist besser als mein Gedächtnis.« Ein Lummerik von besonderer Qualität. Wie kann er denn wissen, dass er ein gutes Gewissen hatte, wenn er so ein schlechtes Gedächtnis hat?

Es soll schon Senatoren geben, die völlig vergessen haben, dass es Terminkalender gibt, auf denen vermerkt ist, mit wem sie sich getroffen haben. Und der Sender Freies Berlin berichtet über all das mit zunehmender Deutlichkeit.

Also ... zumindest versuchen das ein paar Unerschrockene. Vielleicht sind die aber inzwischen verständlicherweise erschrocken.

Nach 11 Uhr kann man das sagen. Um 9 müsste man sagen: Ein CDU-Parteibuch in Berlin zu haben ist ja schließlich noch kein Belastungsmaterial.

Nach 11 kann man sagen: Glaube ich der *Zeit*, dann könnte man eine Wahlwerbung der Berliner CDU als Bandenwerbung bezeichnen.

Kurz vor 12 kann man sagen: Was für ein Fressen für die Berliner Opposition.

Wenn es eine gäbe.

22. Mai 1986

(Dieter Hildebrandt kommt mit einem Salatkopf in der Hand auf die Bühne.)

Vor Jahrzehnten hat man schon gesagt: Die Russen kommen. Jetzt sind sie da. Allerdings anders gemessen, also nicht nach Panzern und Menschen, sondern nach Becquerel, aber sie sind da, und es sieht ganz danach aus, als ob wir darauf nicht vorbereitet waren. Wir hier im Studio auch nicht, weil wir ja ein ganz anderes Thema hatten, nämlich »Heimat«.

In meiner bayerischen Heimat sieht man uns jetzt zum Beispiel nicht. Die haben sich heute ausgeschaltet. Also, der Herr Programmdirektor Oeller, ein langjähriger Freund von mir – er liebt mich, er liebt mich nicht, er liebt mich *(Er zupft Blatt für Blatt am Salatkopf.)* –, der hat etwas für Kollektivseelsorge übrig und glaubt, man könne den Leuten nicht selbst zumuten, wenn sie irgendetwas nicht sehen wollen. Da ist aber, das habe ich ihm schon mal gesagt, da ist da unten rechts so ein Knopf, und da kann man, wenn man will – oder man hat auch diesen Switcher, da gibt es so einen roten Punkt, da kann man draufdrücken, und dann ist da tatsächlich ein anderes Programm. Aber der Oeller weiß das eben noch nicht. Dass sein Referent ihm das nicht sagt! Aber es ist natürlich auch so, er fürchtet sich immer davor, dass irgendjemand – der ist so wie eine schwarze Anstaltsgouvernante, die den Landeskindern sofort erschrocken die Augen zuhält, wenn sie ein paar nackte Hühner sehen. Und in dem Fall muss ich sagen, er hat auch Stellung genommen, sofort, in erschreckender Form kann man sagen. *(Er zieht einen Brief aus der Tasche.)* Er hat geschrieben, das wir hier ganz fürchterliche Sachen gemacht haben, Passagen über den strahlenverseuchten Großvater – das machen wir wirklich – und eine nicht auszuschließende Assoziation der Bundesrepublik Deutschland als KZ. Dies ist nun so, das muss ich Herrn Oeller sagen, das Dumme ist, ich kann es ihm jetzt gar nicht sagen, weil er sich selber ausgeschaltet hat. Herr Oeller, also – na gut *(winkt ab),* ich schreib's Ihnen. Er schreibt also, dass eine nicht auszuschließende Assoziation der Bundesrepublik Deutschland als KZ in diesem Programm vorhanden ist, und das ist nun wirklich und richtig ungeniert frech. Denn: Es ist genau das Gegenteil. Es ist ein Text, den der Christof Stählin macht, da müssen Sie am besten mal darauf achten, es ist ein

sehr ernsthafter Text, auch ein sehr positiver für die Bundesrepublik. Die Formulierung heißt: »Ich wollte etwas Positives
über mein Land sagen, da fragten sie mich, wer mich eigentlich
bezahle, da sagte ich, es habe Mängel, aber es sei doch immerhin kein großes KZ, wie manche behaupten.« Das ist der Text.
Und der Oeller sagt: Eine nicht auszuschließende Assoziation
der Bundesrepublik Deutschland als KZ. Armer Oeller. Jetzt
kann er auch nicht mehr lesen. Aber er hat es durchgesetzt. Liberalitas Bavariae in aftero provincialis. Wir können das Thema
Heimat behalten für den heutigen Tag, weil ich im Brockhaus
nachgelesen habe, was Heimat bedeutet: das Umfeld, auch das
bereits verseuchte, unter dem wir zu leiden haben. Darum wollte ich eigentlich mit einer kleinen deutschen Eiche auf die Bühne
kommen, aber die Aktualität hat das Problem verkleinert. Jetzt
haben wir den Salat. Diesen hier. *(Er deutet auf den Salatkopf
in seiner Hand.)* Jetzt ist die Frage, was mache ich damit? Ich
habe ihn zuerst in München meinem Umschutzminister Dick
gezeigt, der konnte schon keinen Salat mehr sehen, was ich verstehen kann. Jaja, hat er gesagt, ich soll ihn abwaschen – aber
mit Handschuhen – und dann messen lassen. Aber in Hessen,
sagte er, die sind dort ganz genau, weil die diesen Turnschuh-
Danton haben, diesen Joschka Fischer, und mit dem zusammen
soll ich in Gottes Namen den Salat fressen. Hat er natürlich
nicht so gesagt. Aber es gibt Dialoge, die einen gewissen Wahr-
scheinlichkeitswert haben. Er selbst will ja demnächst vor den
Kameras von ARD und ZDF, wobei Bayern sich nicht ausschalten wird, einen Quadratmeter von seinem eigenen Rasen ver-
zehren – als Demonstration. Meinen Salat wollte er nicht. Weil
man auch nicht genau weiß, ob er aus Nord- oder Südbayern
stammt. Er hätte zwar, egal woher, die gleiche Becquerelzahl,
aber in Südbayern sagen sie, schmeiß das weg, und in Nord-
bayern, tu's dir ruhig rein. Manchmal denke ich, vielleicht wollen die, dass ich's esse, damit ich's nicht wegschmeiße. Ich hab

mal zusammengefasst, was mir alles gesagt wurde: Ich soll erst mal ganz ruhig weiterleben, es wäre ja nichts passiert. Ich soll unheimlich aufpassen mit Nahrungsmitteln, damit mir nichts passiert. Ich soll mir keinen unnötigen Schreck einjagen lassen von Leuten, die damit bloß Wahlen gewinnen wollen – die Wolke ist weg, die Luft ist rein. Ich soll bei Schnittlauch aufpassen, und zwar höllisch. Aber wenn ich verspreche, kein ganzes Kilo davon zu mampfen, kann ich's ruhig machen. Ich soll mir überhaupt keine Gedanken machen – Kernkraft bei uns ist absolut sicher und Wackersdorf sogar bombensicher. Ich soll verdammt noch mal brav sein, das Maul halten und sicherheitshalber nicht dort demonstrieren, wo Gras ist.

Ich soll überhaupt nicht mehr demonstrieren, weil sonst mein Innenminister Hillermeier in Bayern, und das muss man ja leider sagen, auf mich schießen würde. Ich weiß nicht, womit, wahrscheinlich mit dem Mist, den er dauernd verzapft. Und ich soll mir noch mal die Rede meines Bundeskanzlers anhören, die er, na ja gehalten hat kann man nicht sagen, es gibt Reden, die man mehr fallen lässt.

(Rednerpult rollt herein und Hildebrandt spricht als Kohl.)

»Meine Damen und Herren. Wer mich kennt, weiß, dass ich, wenn ich einmal Lari gesagt habe, auch Fari sage und mit dem geschlossenen Ausdruck meines wachsenden Vertrauens in die Kernenergie Ihnen zurufe: Wir wackeln, meine Damen und Herren, weder mit dem Kopf noch mit irgendeinem anderen Körperteil, den ich zur Bewältigung dieses Problems dringend benötige. Wir stehen vor, hinter und in der Kernenergie in der Bundesrepublik, und ich sage Ihnen auch, warum: Wir brauchen sie. Und warum brauchen wir sie? Weil wir sie haben. Haben Sie sich doch nicht so, meine Herren von der Opposition. Lassen wir doch die Kirche im Dorf, liebe Freunde: Was tut denn so ein Kernkraftwerk? Ich habe mir das von Minister Riesenhuber genau erklären lassen: das, was jede Hausfrau auch macht, wenn sie kochen will: Wasser heiß machen. Und zu diesem albernen Salatkopf, den mir eine hysterische Grüne auf das Rednerpult gelegt hat, kann ich nur sagen, und das sage ich mit dem mir angeborenen Vertrauen, das ich mir entgegenbringe, und mit tiefer Sachkenntnis, die nahezu mein Etikett darstellt, meine lieben Freunde, und ich sage es Ihnen ganz genau: Salat ist Ländersache! Ich danke Ihnen.«

Diese Rede hat er natürlich nicht gehalten, aber wetten kann man, dass das die deutsche Übersetzung von der ist, die er wirklich gehalten hat. Am 14. Mai. Seine Kabinettskollegen stehen voll hinter ihm. Nur der Herr Biedenkopf hat wieder was von Ausstieg gesagt. Daraufhin hat ihn der Hauskomiker Bangemann, dieser blonde Semmelbomber, einen »Lämmerschwanz« genannt, aber nur beim Laufen. Der Ausputzer Alfred Dregger sagte dazu: »feige, opportunistische Parolen« (Debatte am 14. Mai). Der verwechselt dauernd alles. Er meint, man muss einen Schneid haben, wenn man die Bevölkerung in Lebensgefahr bringt. Strauß sagt, ich soll mich mit meinem Salat vor die sowjetische Botschaft stellen. Seine Gedanken sind ja immer am hilfreichsten.

Der Innenminister, immer brauchbar als Entscheidungs-Lücke, sagt: »Erst müssen die Russen was sagen – dann können wir weiterdenken.« (14. 5.) Was heißt weiterdenken, die haben ja noch nicht mal angefangen. Und im Übrigen, sagt er, hat Helmut Schmidt das zu verantworten, womit er wieder recht hat, und wir alle wissen wieder mehr.

Und dann kommt Wörner, unser verteidigungspolitisches Rest-Risiko, und sagt: »Wir müssen zu den Amerikanern stehen.«

Das ist wunderbar, und als die Debatte im Bundestag dann anfing, da war sie sechs Stunden schon im Gange, da kamen nämlich Frau Süßmuth und ihre Kollegin, die Frau Schmidt von der SPD, und da ging es los wie in alten Tagen, hervorragend, so muss Parlament sein, und in dem Moment, als ich das dachte, schaltete die ARD aus, und eine Stimme sagte: »Das ist die gute Haselnussschnitte!«

Sehen Sie, das ist gut. Bei Becker hätte sie nie ausgeschaltet, bei Becquerel, da, wumm, weg!

Merkblatt für den Katastrophenfall

(Dieter Hildebrandt kommt mit einem Blatt Papier in der Hand auf die Bühne.)

Die Gemeinden tun seit Jahren schon, was sie können, um die Bürger aufzuklären über das, was sie in Katastrophenfällen zu beachten haben.

Mustergültig geschah das im Landkreis Dillingen. Im Jahre 1982 erschien dort ein »Merkblatt für den Katastrophenfall«. Merkwürdigerweise lachte die Bevölkerung darüber. Das Landratsamt Dillingen überlegte kurz und erklärte dann, es handele sich bei diesem Merkblatt um eine Fälschung. Auf die Einwendung, es klinge das alles aber so verdammt echt, wurde eingeschränkt (in einem Interview), dass der Inhalt sachlich richtig sei, offenbar der Text einer öffentlichen Bekanntmachung, aber der Kopf des Merkblatts sei eben gefälscht. Eine Fälschung also mit richtigem Inhalt, aber falschem Absender.

Wenn der Inhalt sachlich richtig ist, darf ich Ihnen also ruhig mitteilen, wie Sie sich im Katastrophenfall zu verhalten haben.

1. Bewahren Sie Ruhe!

2. Begeben Sie sich sofort in Ihre Häuser. Schließen Sie alle Öffnungen. Also Fenster und Türen.

3. Wenn Sie Gott sei Dank drin sind – gehen Sie sofort wieder hinaus und bringen Sie Ihre verstrahlte Kleidung weit weg von der Unterkunft. Wenn Ihnen dabei Menschen in tadellosen

Schutzanzügen begegnen ... Ruhe bewahren! Sie brauchen gar keinen. Und sofort wieder ins Haus begeben!

4. Gleich wieder ins Freie gehen und Ihre Oberbekleidung ausklopfen. Und denken Sie an das Wichtigste: in Windrichtung! Dann sofort wieder ins Haus begeben. Wichtig für Autofahrer, die sich im Katastrophenfall im Auto befinden: rechts ranfahren! Und Ruhe bewahren! Polizei durchlassen und, wenn die einen tadellosen Schutzanzug anhaben sollte: Ruhe bewahren! Autoradio einschalten und Durchsagen abwarten. Die werden in jedem Fall lauten: Begeben Sie sich sofort in Ihre Häuser! Verlassen Sie Ihr Haus nicht. Schalten Sie das Radio ein. Wenn an Sie die Aufforderung ergeht, Ihren Nachbarn von der Lage zu verständigen, gehen Sie sofort wieder hinaus und schütten ihm Ihr Herz aus – aber in Windrichtung! Dann sofort wieder zurück ins Haus – bis Sie erfahren, dass gar nichts passiert ist.

Wenn *doch* – halten Sie sich das Merkblatt über den Kopf!

Der anständige Deutsche und die Ausländer

(Dieter Hildebrandt kommt auf die Bühne und rückt einen Stuhl hin und her.)

Manisch ist das bei mir, manisch. Wo ich Stühle sehe, muss ich aufräumen. Hier in dem Haus sind überall Stühle. Stühle, Stühle, lauter freie Stühle. Ich habe immer gedacht, dass, wenn ich hierherkomme nach Berlin, da eine Riesenschlange steht, und wenn ich den Hintersten frage, was los ist, da sagt der: Ja, wir wollen alle Intendant werden. Und nichts ist los. Absolutes Führungsloch hier. Absolut. Wer wird's, wer wird's? Kein Mensch weiß es. Eins weiß ich: Ein Ausländer wird's nicht. Obwohl: Auch Ausländer haben ein Recht auf Heimat – aber nicht auf unsere! Wer ist eigentlich bei uns wirklich ein Ausländer? Da gibt's ja Unterschiede. Ein Engländer zum Beispiel ist fast gar keiner, der ist ein Devisen-Gast – ein Franzose ist ein lieber Nachbar, und ein Amerikaner hat schon Heimrecht. Ein Schweizer ist der reiche Onkel aus den Bergen, es sei denn, er ist Tessiner und sieht so aus wie ein Sizilianer, dann ist er bei der Mafia, und es gehören ihm zwei Lokale in Köln oder Düsseldorf. Ein richtiger Ausländer ist einer, der so aussieht.

Ich bin zum Beispiel nachweisbar *kein* Ausländer. Aber in dem Moment, wo ich die Grenze nach Italien überfahre – bin ich automatisch ein Ausländer. Und das kann jedem passieren! Das muss man sagen, weil es viele Deutsche gibt, die sagen: Das könnte mir nie passieren! Sie sagen: Ich bin ein anständiger Deutscher!

Steht auch sehr oft unter wütenden Zuschauerbriefen: »Und das sagen Ihnen zehn anständige Deutsche.«

Es hat mich immer interessiert, was das ist, ein anständiger Deutscher. Wo hat er ihn her, seinen Anstand? Ist er wirklich den ganzen Tag anständig? Ist ja langweilig. Und dann: Fühlt er sich anständig, weil er deutsch ist, oder glaubt er, dass er mit Sicherheit deutsch ist, weil er anständig ist? Oder meint er vielleicht, heute bin ich mal wieder anständig deutsch, so wie man sagt: Gestern war ich aber anständig besoffen? Es müsste unter diesen Briefen »zehn ständige Deutsche« heißen. Also, ich würde mich zu den ständigen Deutschen zählen. Na ja, vielleicht haben sie wirklich was Unverwechselbares, die ständig anständigen Deutschen?

Aber man kann doch fast alles vergleichen. Der Inländer Friedrich Zimmermann muss zum Beispiel dafür sorgen, dass sich der Ausländer nicht vermehrt, dass also ein türkisches Ehepaar getrennte Schlafzimmer hat – er seins in Dortmund und sie in Ützmür – nein, kein schöner, ein unanständiger Job, den er da hat, und er klagt auch immer, dass er die ganze Dreckarbeit machen muss. Was unterscheidet ihn dann von einem Türken? Es ist wirklich nicht einfach. Wir wollen sie nicht, die Ausländer, aber wir brauchen sie.

Das ist ja das Dumme, und deswegen hat das Innenministerium, an der Spitze Herr Spranger, wahrscheinlich schon den idealen Ausländer erfunden, wie er sein muss. Man kann ihn ja fast schon herstellen, im Reagenzglas. Also der richtige Ausländer, den wir brauchen, der muss idealerweise so aussehen: Er muss immer arbeiten, aber er fliegt jeden Abend wieder nach Hause nach der Arbeit, ist am nächsten Morgen Punkt sechs Uhr wieder am Arbeitsplatz, verbraucht aber das Geld, das er dabei verdient, bei uns.

Am Arbeitsplatz sollen die Ausländer unauffällig sein, möglichst unsichtbar, unfruchtbar, geruchlos, aber ungeheuer fleißig.

Und noch etwas: Lieb müssen sie uns haben!

Das Vaterland – eine Familienserie

Mich hat der Begriff Vaterland immer sehr fasziniert. Ich stell mir vor: Land des Vaters, nicht meines, das des Vaters, also des Staates. Und die Sprache ist die Mutter. Und wissen Sie, worauf ein Fernsehmacher von heute sofort kommt: Familienserie. Ist doch klar. Also wenn ich die drehen würde, ich würde das genauso machen. Der Kohl müsste natürlich den Vater selbst spielen, die Mutter ist selbstverständlich die Inge Meysel, ist doch ganz klar. Wenn sie mit ihm spielen will, vielleicht ist er ihr zu jung. Es könnte auch die vom Ohnsorg-Theater sein, die Heidi Kabel, die wär lustig. Nein, es geht nicht, weil Familienserien werden bei uns tierisch ernst genommen. Gut also: Den Kohl würde ich durch Biedenkopf synchronisieren lassen. Dann hätte ich zwar Ärger mit ihm, aber nicht mit der Mehrheit seiner

Partei. Bei einer Familienfeier würde ich den Strauß einführen – als lustige Einlage –, vielleicht nehme ich auch einen Kabarettisten, der ihn besser draufhat, den Regierungssprecher lasse ich weg, das fällt keinem auf, dafür käme Geißler, der den Schily mitbringt und mit ihm Brüderschaft trinkt, wodurch er enterbt wird.

Am Schluss der ersten Folge trifft Vater Kohl dann den Walter Jens, und der erklärt ihm den Hölderlin, wodurch beim Vater eine Krise eintritt und er zurücktritt. Die Serie ist beendet, und das Fernsehen kann freudig verkünden: Helmut Kohl hat keine weitere Folgen. Wäre das eine Serie?

24. September 1992

(Dieter Hildebrandt kommt mit einem Handfeuerlöscher auf die Bühne.)

Das ist er. Der Löscher. Mit dem hat die Rostocker Feuerwehr die staatliche Gewalt verteidigt gegen die Hautköpfe, die Skinheads. Später soll dann auch noch die Polizei ausgerückt sein ... aber das Wort ausrücken hat ja noch eine andere ...

Der Herr Seite ... er soll Ministerpräsident von Mecklenburg gewesen sein ... es gibt sogar Leute, die behaupten, er soll es immer noch sein! Das kann mir doch keiner einreden. Der personifizierte Personalengpass.

Dass niemand etwa darauf kommt, Seiters wäre der Komparativ. Der Innenminister hat immerhin sofort seinen Abscheu ausgerückt. Überhaupt haben alle ihren Abscheu ausgedrückt. Vor einem Jahr in Hoyerswerda haben sie auch schon ihren Abscheu ausgedrückt.

Kohl hat sogar seinen *tiefen* Abscheu ausgedrückt.

Ich habe gehört, dass sogar die Applaudenten, also die Bürger, die vom Fenster aus sympathisiert haben sollen ... ich habe das nie geglaubt ... die sollen sich distanziert haben.

Alles Verwandte aus dem Westen!

Außerdem, was damals recht war, muss heute auch recht sein.

Filbinger. Nein, mit der Kristallnacht hat das *nichts* zu tun.

Großer Unterschied! Damals hat der Staat aufgepasst, dass der Volkszorn die Polizei machtlos gemacht hat – dieses Mal hat er nicht aufgepasst. Der Verfassungsschutz auch nicht. Natürlich, der muss die Verfassung schützen. Nicht Ausländer.

Allerdings, wenn man dem Hamburger Oberverfassungsschützer genau zuhört, könnte man etwas schöpfen, was einem Verdacht gleichkäme. Die könnten seit Hoyerswerda hie und da mal angerufen haben in Bonn: »Freunde, bei den Glatzen grummelt's!«

Vielleicht war dann gerade besetzt, oder sie mussten überlegen, wie sie die Steuern erhöhen, dass die, die sie zahlen, es nicht merken?

Oder das Wort Verfassungsschutz macht sie von vornherein nervös, weil sie ihn ja unbedingt ändern wollen?

Außerdem ist es gar nicht so schlecht, wenn der Pöbel Putz macht. Wenn sich der Rauch verzieht, waren's doch immer die Linken.

Hat die Mecklenburger Personallücke, der Herr Seite, schon anklingen lassen. Es seien, sagt er, ich geb's mal so wieder, wie ich's aufgefasst habe, Regensburger Autonummern gesehen worden, und da liegt Wackersdorf in der Nähe.

Und hier soll sogar dem Kanzler eine leichte Röte ins Gesicht gestiegen sein. Das ist so unpassend bei ihm wie ein Bild von Schwarzenegger beim Babywäschesäumen.

Weil wir beim Säumen sind. Säumen heißt zögern. Hat da in Rostock jemand absichtlich was versäumt?

Jedermann weiß, wenn die Indianer Holz sammeln, wird's kalt.

Wenn die Hakenkreuzler Waffen sammeln, muss es der Polizei doch heiß werden unterm Hut!

Sie sind das einfach nicht gewöhnt.

Bisher war's immer so: Leute, die die Faust ballten, waren gefährlich, man wusste nie, was drin war, aber Burschen, die die Hand offen hinhalten – da ist noch Tradition drin aus der Weimarer Zeit.

Wenn vier SA-Leute einen Sozi verprügelten, haben sie den Sozi in Vorbeugehaft genommen. In Schutzhaft, sagten sie. Später haben sie erst begriffen, als ganz kluge Juristen der SS Polizeigewalt übertrugen, dass der mörderischste Polizeistaat dann entsteht, wenn die Polizei keine Macht mehr hat.

Warum war die Polizei eigentlich nicht da in Rostock? Weil der Seite und der Seiters dem Verfassungsschutz das einfach nicht geglaubt haben.

Mein Gott, ein paar Einzeltäter ... bei den Rechten gibt's ja immer nur Einzeltäter. Merkwürdig. Da können manchmal bis zu 500 Einzeltäter zusammenkommen ... und wenn die dann einer Untergrundbewegung von fünf linken subversiven Socken gegenüberstehen, da weiß man doch, wo man zupackt.

Und wenn die Jungens dann noch dauernd daran denken müssen, dass sie als Vopos damals mit einem Blick die Straßen leer gefegt hatten ... also wenn mich damals so einer angeschaut hatte, musste ich meine Hosen festhalten, damit sie nicht so tatverdächtig flatterten. Und jetzt? Das nennt man einen Identitätsverlust. Ein eingeschüchterter Polizist ist so paradox wie ein Schoßhund als Hofhund.

Und bei Hofe *weiß* man das.

Glaubt es sich aber nicht.

Ludwig XVI. hat man auch dauernd gesagt: »Louis, pass auf, sie wollen dir an die Rübe.« Aber er war so bescheiden, dass er immer gedacht hat: »Mein Gott, was können sie mit der schon wollen?«

Die Stasi hat zehn Jahre lang auf die DDR-Häuptlinge eingeredet: »Genossen, macht die Fenster auf – die Mauer wackelt.«

Honecker aber hat gesagt: »Wenn ich das Fenster aufmache, läuft das Volk unten zusammen und jubelt mir zu. Will ich nicht. Personenkult.«

Der Verfassungsschutz hat ganz bestimmt schon mal gewarnt: »Leute, es wirkt nicht lässig, wenn ihr die Demokratie mit den Händen in den Taschen verteidigt, solange sie in den Taschen der Bürger sind.«

»Leute! Ihr müsst endlich glauben, dass auch die Nazis eine Wiedervereinigung hatten.«

»Herrschaften! Es gibt Menschen in diesem Lande, die nicht nur einen Artikel in der Verfassung weghaben wollen, sondern die ganze Verfassung.«

»Ihr da oben! Kommt endlich runter – wer dauernd von unten nach oben kuckt, *muss* ja glauben, dass er nur Arschlöcher sieht.«

»Freunde, kein Volk wird klüger, wenn das Fernsehen zur Kirche wird.«

Na ja, so stelle ich mir das vor. Je älter ich werde, umso weniger Zeit habe ich, sachlich zu bleiben.

18. April 1993

(Dieter Hildebrandt tritt mit einer Weste in der Hand auf.)

Das ist die weiße Weste von Herrn Krause.

Man macht sich Gedanken um seine politischen Führungskräfte. Kaum hat man die zwei Sachen, die man morgens aufschlägt, das Ei und die Zeitung ... und immer hat man Angst, das Ei zu weich, die Schlagzeile zu hart ... kaum hat man sie aufgeschlagen, die Zeitung, läuft einem vor Schreck das Ei über die Hose, weil man liest: Hat der Streibl Max seinem Sohn die Ostereier in der Bayerischen Staatskanzlei versteckt?

Was hat der Björn in Kiel schon wieder nicht gewusst? Und wer hat ihm bloß den Rat gegeben, eine Satirezeitung verbieten zu lassen! Wenn der Schuss nach hinten losgeht, stellt man sich doch vor die Mündung.

Hat Krausimausi seinem Chauffeur einen Ehrendoktor von der Universität Greifswald verschafft?

Ist ja alles möglich. Und der Herr ist beweglich. Trifft man ihn bei einer Unregelmäßigkeit, ist er längst schon bei der nächsten. Zum Zurücktreten hat der Mensch gar keine Zeit. Da musste ein Mecklenburger kommen, um uns zu zeigen, was wir für Italiener geworden sind.

Aber im Gegensatz zu denen werden wir immer noch regiert. Hie und da merkt man's. Frage nur: von wo aus. Wenn nichts passiert, ist das eigentlich egal. Der Gerhard Polt hat mir vorhin gesagt, er habe bei diesem Streit zwischen Berlin und Bonn eine Lösung: Karlsruhe. Wir brauchen gar kein Parlament mehr. Die Parteien arbeiten nur noch aus, zu welcher Entscheidung sie sich nicht in der Lage fühlen, und die Bundesrichter entscheiden, was die Regierung machen muss. Dann müssen die Parteien eigentlich nur noch sehen, dass sie die Mehrheit in Karlsruhe haben, und sich dann auflösen. Später wählt das Volk nur noch die Richter. Und wenn die dann entscheiden, dass deutsche Wehrpflichtige dabei sein müssen, wenn's irgendwo kracht, ist niemand daran schuld gewesen.

Helmut Schmidt hat dazu gesagt: Affentheater. Wie man ihn kennt, meinte er wahrscheinlich die Regie.

In der Regiekanzel sitzt der Schäuble und spielt den Wehner. Eine Intrige kann nicht groß genug sein, wenn man den Gegner damit kleinkriegt. Man muss immer nur wissen, wer das gerade ist. Die Frage ist: Einen Kanzler kann man nicht stürzen wie einen Pudding – es sei denn, er ist einer.

Ist er einer?

Es sieht so aus, als würde er einer. Also kochen lassen. Und dann? Na ja, servieren!

Also sie wollen ihn zwingen, den Kanzler nicht mehr zu spielen, sondern es zu sein. Aber das liegt ihm nicht.

Regie macht die Geschichte, er will nur die Hauptrolle spielen. Und diese leidige Frage jetzt: Sollen die Enkel *der* Großväter, die unter Hitler in Jugoslawien den Partisanenkrieg gegen Tito verloren haben, unter Einsatz ihres Lebens noch mal versuchen, die Serben in die Berge zu jagen, wo sie dann bis an die Zähne bewaffnet drei Jahrzehnte verbleiben? Oder sollen sie, was das Grundgesetz zulässt, sich einen Blauhelm aufsetzen und humanitäre Hilfe leisten?

Es bleibt die Frage: Wer tröstet die Eltern, deren Söhne für die Begeisterung ihrer Großväter gefallen sind? Aber auch noch diese Frage: Ist das vielleicht die Stunde abenteuerhungriger Militärs, auszuprobieren, was Waffen, wenn sie scharf sind, auszurichten vermögen?

Es gibt nichts, was einen Militär mehr frustriert als Platzpatronen. Kann man verstehen. Irgendwann muss das mal live sein. Ein Manöver ist immer eine Aufzeichnung mit Schauspielern, die sich tot stellen, aber nie sind. Ein Berufsmilitär fragt nicht, wie hört es auf, sondern, wann geht es los?

Wieder eine Frage: Wann fängt die Werbung an für den Abenteuerurlaub Krieg? Wer hält das Fernsehen davon ab, das zur Realityshow zu machen?

Und die letzte Frage: Wann entscheidet sich diese Regierung, ob sie diese Fragen beantworten will? Ich glaube, sie will gar nichts, sie will nur wiedergewählt werden.

Und die allerletzte Frage: Wer soll sie denn eigentlich noch wählen? Tja ... die Fernseher. Der Kohl hat jetzt eine eigene Sendung. 5,6 mal im Jahr. Eine eigene Show. Da darf er die Fragen beantworten, die er sich selbst stellen gelassen hat. Da sitzen ihm Journalisten gegenunter, die genau wissen, dass sie im Verschiss sind, wenn die Antwort nicht der Frage überlegen ist.

Das ist es, was die öffentlich-rechtlichen Anstalten immer geübt, aber nie so schamlos gekonnt haben wie die Privaten. Was kostet eigentlich der Bundeskanzler, wenn er fünfmal seine Hauptrolle spielt?

Den Sender, meine ich. Kriegt er was, oder zahlt er was? Und wie ist das, wenn die Einschaltquoten sinken? Kippt der Sender dann den Kanzler oder umgekehrt? Ich meine, dass das gesamte Fernsehen, ob öffentlich-privat oder privat-rechtlich, den Mächtigen dort hineingekrochen ist, wo Mächtige immer offen sind. Das muss man nicht näher ausführen. Nur eines noch: Wer drin ist, kommt nicht mehr zurück. Und wenn man gemerkt hat, wer alles drin ist, der kommt zu der Vermutung: Wer immer dieses Fernsehen dahin gebracht hat, wo es ist ... es muss ein Riesenarsch sein.

16. September 1993

(Dieter Hildebrandt tritt auf, trägt ein Schild in der Hand, darauf der Satz: Es muss grundsätzlich erlaubt sein, über alles noch einmal neu nachzudenken.)

Es heißt zwar immer: Dieser Satz steht im Raum, aber dann steht er gar nicht im Raum, und das ist meistens schade, denn wenn er lange genug rumstehen würde, käme man schneller darauf, wie genial dieser geisterhafte Satz ist:

(Stellt den Satz hin.)

»Es muss grundsätzlich erlaubt sein, über alles noch einmal neu nachzudenken.«

Elf Wörter nur, aber wer schafft es schon, sie in dieser Reihenfolge ... und jedes Wort für sich ist richtig! Über – alles – neu – – – fabelhaft! Wer kann ihn ausgestoßen haben? Otto Rehhagel?

Thomas Gottschalk? Ganz kalt. Oder ein anonymer Bräutigam vor dem Altar auf die Frage: »Nehmen Sie die Wahl an?«

Nein, wie Sie längst geahnt haben, war es unser Bundeskanzler auf die Frage von Ulrich Wickert, wie es denn nun weitergehen soll. Danach hat sich sofort eine Antwortfindungskommission zur Erstellung eines Strategiepapiers im Rahmen der neuen Nachdenklichkeit gebildet, die als vorläufigen Denkansatz zur Verwendung in Vorortsgesprächen des unteren CDU-Bereichs den Sockelsatz römisch eins erarbeitet hat:

»So wie bisher kann es auf keinen Fall weitergehen.«

(Dreht den ersten Satz um.)

Den will ich auch in den Raum stellen.

(Dreht wieder zurück.)

Zuerst kommt man auf die Idee, der Kanzler will das wirklich, neu nachdenken. Schäuble soll ihn angerufen haben, danach war Kohl wie ausgewechselt. Dieses Wort kann er zum Beispiel überhaupt nicht leiden. Was hat Schäuble gesagt?

Er hat gesagt: »So wie bisher kann es auf keinen Fall weitergehen!«

Das sieht er aber nicht ein, dass das an ihm liegt, am Kanzler. Schuld an dem, was jetzt ist, meint er, sind nicht die Verursacher, sondern die Krise selbst, wenn man darüber mal grundsätzlich neu nachdenkt. Und das muss alles noch einmal erlaubt sein.

Die Krise haben andere auch. Wir Deutschen hatten immer alles, was die anderen auch hatten, nur eins hatten wir nie, und *das* haben wir jetzt auch: kein Geld.

Das war weg, als er vor zehn Jahren drankam. Haben die Sozis in lauter überflüssige soziale Pipelines gepumpt.

»Kassensturz!«, hat er immer gefordert. »Kassensturz!« Dann hat er Helmut Schmidt gestürzt und nicht die Kasse und das alles mit einem Satz, der alles über den Haufen warf, nämlich:

»So wie bisher kann es auf keinen Fall weitergehen.«

(Dreht die Tafel um.)

Und darauf kann man wieder antworten: Es muss grundsätzlich neu gedacht werden, was erlaubt ist.

Quod licet Chauvi non licet Bovi. Oder: Ein Kamel muss nur klein genug sein, dann geht es schon durchs Nadelöhr.

Sie haben ja sicher auch diese Sinnkrise. Ist wie Bandscheibe, hat man heute. Nur Menschen von gestern fragen noch nach, ob irgendwas einen Sinn hat.

Der Senator Nunn aus den USA hat öffentlich die Frage gestellt: »Was machen eigentlich unsere Soldaten in Somalia?«

Besonders meinte er da seine Ranger. Er hat den Verdacht, die wollen nur diesen somalischen Oberbanditen, den Aidid, finden. So was geht aber meistens schief, wenn ich an den quietschlebendigen Saddam von Bagdad denke, der boshafterweise nie in dem Haus war, das sie in die Luft gejagt haben.

In Mogadischu hat's fast geklappt, zweimal jetzt schon fast.

Die Rangers, Sie wissen, das sind diese Männer, die so hart sind, dass sie im Falle einer Rührung Eiswürfel weinen, die kriegen einen Tipp »Aidid is here« – Stadtviertel eingezingelt – Hubschrauber – leichte Artillerie – Tränengas – und drinnen stehen vier zitternde UN-Mitarbeiter.

Aber um *ein* Haar hätten sie …

Er weiß nicht, dass die Lösung ganz woanders liegt. Die Ranger schaffen es nie. Aber der Dings kann es schaffen, der … der immer diese furchtbaren Erfolge hat, Gotthilf, der Ohrwurmbändiger, der Erfinder der Fischer-Folter. Er hat versprochen, mit seiner gesamten Tausendschaft, seiner musikalischen Eingreiftruppe, das Haus von Aidid zu umstellen. Auf dem Programm steht: 24 Stunden nonstop Schwarzbraun ist die Haselnuss.

Nach zwei Stunden kommt er mit erhobenen Händen raus.

Was machen eigentlich unsere Soldaten in Somalia?

Wasser holen für die Inder, die Engländer und Franzosen.

Und was machen die? Die sind einfach da und verhindern, dass die Somalier sich gegenseitig umbringen.

Und was machen die Somalier? Die warten, bis sie wieder weg sind.

Und dann? Dann bringen sie sich wieder um.

Rühe sagt, wir verlieren an Glaubwürdigkeit, wenn wir das nicht mitmachen.

Wenn jetzt jemand die Sinnfrage stellen würde … Und was sagt eigentlich die SPD dazu?

So wie bisher kann es auf keinen Fall weitergehen.

21. Oktober 1993

(Dieter Hildebrandt tritt auf, mit einem Riesen-Fax-Wust verzweifelt kämpfend.)

Ich liebe mein Fax. Fax ist wunderbar. Seit der Teflonpfanne ist nichts Besseres mehr erfunden worden. Wenn man nur immer wüsste, wo der Anfang ist. Das hier ist auch nicht die erste Seite. Und sie faxen einem alles, was ihnen einfällt. Ein Telefon kann man abstellen, die Tür kann man verriegeln. Das Licht kann man ausmachen – das Fax packt dich. Die offene Flanke bei der Kommunikationsverweigerung. Nachts im Bett. Zuerst hört man dieses Tut-tut, dann dieses Rauschen, das nicht mehr aufhört, und morgens kommt man ins Zimmer – eine Papierlawine!

Einer hat mir 174 Gedichte gefaxt. Engagiert – kulturpessimistisch.

Zuerst habe ich immer gedacht, mein Gott, was die für Papier verschwenden. Dann kam ich drauf: Das ist ja mein eigenes!

Jemand hat mir das gesamte Grundgesetz durchgefaxt, weil ich behauptet hatte, es steht da nicht drin, dass der Bundeskanzler den Bundespräsidenten persönlich bestimmt, der dann gewählt wird. Gefälligst!

Der Faxer sagt: Doch, darf er. Artikel 2:

»Jeder hat das Recht auf freie Entfaltung seiner Persönlichkeit.«

Noch gibt er nicht auf. Der Kampf steht unentschieden. Das Ganze wird immer unentschiedener. Ich dachte immer, es gibt keinen Superlativ für unentschieden. Aber 76 Prozent der Bevölkerung wollen den Heitmann nicht. Sie wollen keinen Präsidenten, bei dem sie immer Angst haben: Mein Gott, gleich sagt er was Dummes, und das Dumme ist, dann sagt er's auch. Jetzt hat man ihm eine Dame beigegeben als Wortbildungshilfe. Eine Art Verbalfeuerwehr, die immer, wenn er drohend den Mund aufmachen will, sofort den Kopf schüttelt.

Da sieht man mal, was so eine infame Information anrichten kann. Man hat einfach notiert, was dieser nette Mensch aus Dresden gesagt hat. Und das, sagt Kohl, ist das Gemeine!

Denn, sagt der Chefredakteur der *Süddeutschen Zeitung,* man hat infamerweise nicht dazugeschrieben, was er damit *meint,* der Heitmann. Tja, nun ist das für einen Bundespräsidenten ziemlich problematisch, wenn er erst was sagt, was er gar nicht meint, und dann erst eine Erklärung abgibt, was er denkt. Entweder läuft so ein Mann dann als seine eigene Fußnote rum, oder er braucht einen Dolmetscher fürs Deutsche.

Vor allem soll er ja gerade deswegen so geeignet sein, weil er sagt, was er denkt.

So ein Wirbel aber auch. Warum haben die nicht kurz entschlossen das Grundgesetz geändert? Fällt ihnen doch sonst auch immer zuerst ein, wenn es ihnen in den Arm fällt.

Würde heißen: Weizsäcker bleibt noch fünf Jahre. Und der braucht keine Schüttelschwester.

Allerdings, er hat den Kanzler immer verärgert. Fuhr ins Ausland, und dann entstand dort immer der Eindruck, in Deutschland hätten die Intellektuellen was zu sagen. Dann musste Kohl unverzüglich hin, um den Eindruck wieder zu verwischen.

Mir kommt da ein infamer Verdacht. Jetzt, wo plötzlich Wolfgang Schäuble ganz harmlos andeutet, niemand würde sein Gesicht verlieren, wenn man den Kandidaten gaaanz unauffällig von ganz oben wieder runterfallen lässt ... vielleicht war das Ganze ein fabelhaftes Täuschungsmanöver? Kohl sagt: Ich wollte ja einen aus dem Osten, aber diese Pöblizisten ... steht er besser da als vorher. Der Mann aus Dresden als Verheizmann. Und in letzter Not ziehen sie dann einen Seiteneinsteiger aus der Manschette. Ernst Jünger. Sie bringen einen auf so was!

3. Februar 1994

Haben Sie sich auch schon mal Gedanken gemacht, warum die Fernsehleute dauernd Zeit sparen? Wofür? Für wen?

Da muss doch irgendwo ein Stau sein.

Oder ist das schon eine Währungseinheit? Schenkt ein Intendant dem anderen zum Geburtstag zehn Minuten?

Eine ganz neue Art von Korruption. Eine Sendeminute kostet inzwischen wahrscheinlich um die 50000 Mark.

In Talkshows klingt das schon durch, wenn ein Teilnehmer schamlos fordert: »Schenken Sie mir eine Sekunde.«

Das sind 4998 Mark. Unversteuert!

Unglaublich, was da heute noch für Zeit hinausgeworfen wird im Programm. Lillehammer!

Da fahren stundenlang Menschen mit ihren Skiern den Berg hinunter. Nach dem ersten Fahrer kennt man die Gegend. Kein Informationswert! Und dann 70 Fahrer hintereinander! Wutsch-wutsch-wutsch … Und jedes Mal ärgert es einen wieder, dass diese Samaranchisten für 14 Tage eine ganze Landschaft auf Ewigkeit ruinieren. Samaranchist klingt ein bisschen … ich weiß, da hatte der Herr Stolte schon Schwierigkeiten, als man den Herrn Samaranch als francophil bezeichnet hat. Nach dem Verursacherprinzip haben sie schon Gemeinsamkeiten, der Faschistenanführer Franco und der Präsident des Internationalen Olympischen Korruptions-Komitees Samaranch. Franco hat Guernica zerstört, Samaranch Albertville. Aber es gibt noch so viele wunderschöne Bergdörfer, die sich um ein ähnliches Schicksal bemühen.

Und in Lillehammer haben sie jetzt auch so einen wunderschönen Eiskanal, wo die Bobs dann runtersausen … Wutschwutsch-wutsch … Der Fernseher kennt jede Kurve … der Unterhaltungswert ist mäßig, denn jeder Eiskanal sieht aus wie ein Eiskanal, und unten kommt immer einer an, der etwas früher da ist als der eine oder andere, und der wird dann interviewt – 20 Minuten lang –, warum er glaubt, dass er früher unten gewesen ist.

Er kann sich's auch nicht erklären, sagt er dann, aber er sei sehr froh, und der Reporter sagt auch, dass er froh ist, und dann fahren sie alle wieder nach Hause, und der Berg hat die Bobbahn im Bauch. Und er ruft auch gar nicht mehr, wie damals zu Luis Trenkers Zeiten – er rülpst. Und irgendwann, frei nach Kästner, deckt er die blöde Bande zu. Und für dieses Ereignis hat das Fernsehen dann genau 52 Sekunden Zeit. Länger darf eine Nachricht nicht dauern.

Es gibt Sender, die daran arbeiten, Nachrichten dem Informationsbedürfnis ihres Publikums anzupassen.

Etwa so: Sarajewo: »Tja.«

Palästina: »Man wird sehen.«

Brüssel: »Eujeujeu.«

Das Wetter.

Je mehr Zeit der Zuschauer hat, um beispielsweise aus dem Fernsehen zu erfahren, warum es immer weniger Arbeit gibt, umso mehr Zeit verwendet das Medium dafür, ihn davon abzulenken.

3. März 1994

(Dieter Hildebrandt tritt auf mit einem ganz kleinen, weißen Fetzen Papier.)

Das hab ich mir von Christo, dem Verpackungskünstler, abgeschnorrt. Ich habe ihm versprochen, damit das Kunstverständnis unserer Parlamentarier zu verpacken. Der Fetzen langt. Es ist ja nicht zu glauben, was die Damen und Herren abgesondert haben, bloß weil der Herr Christo den Berliner Reichstag ein bissel einpacken möchte.

Der Herr Schäuble hat tatsächlich Angst gehabt, es könnte ihm dabei was passieren. Ihm, dem Reichstag. Kucken Sie sich das Gemäuer doch mal an. Sonst hat der Schäuble vor nichts Angst, vor Kunst offenbar doch. Es könnte ein Symbol geschändet werden! Da ist sie wieder, diese immer nicht ehrlich eingestandene Herablassung. Hat sich nichts geändert in 100 Jahren. Im Land der Dichter und Denker.

Dass da trotzdem eine Mehrheit für die Verpackung zustande gekommen ist im Parlament, sieht wie ein Wunder aus. Ist aber keins, weil die Angst, sich lächerlich zu machen, immer größer ist als die Erfahrung, die man mit Kunst hat.

Und jetzt will ich überhaupt nichts über Kunst sagen oder darüber, was sein könnte. Eins ist aber sicher, und wenn man deutsche Dichter und Denker befragt, ist diese Erkenntnis abgesichert, dass Symbole Kunst sind.

Untertänigst gefragt, Herr Schäuble: Kann Kunst Kunst schänden?

Aus dem deutschen Reichstag einfach ein Symbol zu machen … ist keine Kunst. Dass da Kurt Schumacher den Nazis zugerufen hat: »Was Ihnen gelungen ist, ist die totale Mobilmachung der menschlichen Dummheit«, dass dort das Zentrum, die Deutschnationalen, die Liberalen dem Hitler'schen Ermächtigungsgesetz zugestimmt haben, dass dort zwölf Jahre lang das Pack gesessen hat, das Demokratie zum Witz gemacht hat, das muss doch einen gelernten Demokraten wie Schäuble vernunftfähig machen.

Es gibt Symbole, die verpackt werden müssen. Ob das jetzt Kunst ist oder nicht? Wer weiß das? Selten in unserer Geschichte hat sich ein Deutscher darüber rückhaltlos geäußert.

Heidegger natürlich: »Die Kunst ist das Ins-Werk-Setzen der Wahrheit.«

Und dieser gar nicht so deutsche Picasso sagt: »Kunst ist eine Lüge, die uns die Wahrheit erkennen lässt.«

Verdammt, verdammt. Das ist ein Dissens.

Ich fürchte mich schon vor dem Tag, an dem Theo Waigel erklärt, was Kunst ist und warum er sie streicht, wenn kein Geld mehr da ist. Sein Parteifreund Peter Gauweiler, der so erfolgreich zurückgetreten ist … im Münchner Pschorrkeller hat er nachgewiesen, dass die Pressefreiheit in Bayern gleichzusetzen ist mit der wachsenden Kriminalität, und einer, der ihm, dem Meister der Corruptio sine qua non, hinterrecherchiert, damit rechnen muss, dass er unter den Klängen des bayerischen Liquidiermarsches aufgemischt wird. Nur außerhalb von München nennt man das Lynchen.

Oh, Journalist, wer immer du bist, hüte dich vor dem Ayatolla Bavariä und äußere um Gottes willen nicht, du hättest den Verdacht, dass das, was Edmund Stoibers Reisenotizen betrifft, nur von einem kommen kann, der sich genau auskennt im Bayern-Gau, weil er in den seligen Zeiten, als Strauß der Privateigentümer von Bayern war, jede Spritztour mitgemacht hat. Der Mann hat seine Anhänger im Griff!

Der Bayertolla von München hat also über Kunst etwas ganz Wesentliches gesagt. Nur das ist wahre Kunst, hat er gesagt, was der kleine Mann auf der Straße begreift und *schön* finden kann. Da ist er sich einig mit einem Maler, der an seiner Kunst gescheitert ist. Der meinte auch: »Das noch nie da Gewesene ist noch kein Beweis für die Güte einer Leistung, sondern kann genauso gut der Beweis für ihre noch nie da gewesene Minderwertigkeit sein. Durch bewusste Verrücktheiten sich auszuzeichnen und damit die Aufmerksamkeit zu erringen, das zeugt aber nicht nur von einem künstlerischen Versagen, sondern auch von einem moralischen Defekt.« Na bitte!

Und das hat ein Mann gesagt, dem das Volk für diese Worte zugejubelt hat, nämlich Adolf Hitler, und man ahnt ja nicht, was der heute für Einschaltquoten hätte. Und er steht nicht allein mit dieser Meinung. Einer der berühmtesten Kunstsammler hat das auch so gesehen. »Kunst kann nicht nur für sich selbst irgendwo irrlichtern. Auch sie ist beheimatet im Volk und ist mit dem Volke verwurzelt.«

Und das hat *nicht* Hitler gesagt. Nein, das hat Hermann Göring gesagt.

Ich habe gehört, dass Christo als Nächstes den Pschorrkeller, das Hofbräuhaus, die Feldherrnhalle und das Erzbischöfliche Ordinariat verpacken will.

Auf geht's!

Und die Wahlkampfstrategen auch gleich mitverpacken.

Manchmal denke ich mir, die schämen sich vielleicht ein bisschen. Wenn sie gerade noch treuherzig fordern, man soll doch die Stasiakten wegschließen, nachdem sie aber die wichtigsten Stellen abgeschrieben haben. Auge um Auge – Gauck um Gauck! Und es wird sich rauskriegen lassen, dass irgendein Sozi dem Honecker mal 'ne Tüte Appelsinen mitgebracht hat. Der einzig Aufrichtige, sagt Kohl, war Kohl.

Der hat den Honecker mal mit einem Auge strafend angeblickt!

Im Wahlkampf werden sie kindisch. Da patschen sie in die Pampe, da quatschen sie sich um den Verstand.

Und die Pöbelmacker unter den Journalisten immer feste mit. Boenisch, der Schreibtisch-Peter, führt sie an. Der Zotenwart der Massenblätter.

Berät den Kanzler!

Ein Mann, der pfeiffersüchtig darauf achtet … hab ich Pfeiffer gesagt? Wissen Sie noch? Der Barschel-Pfeiffer. Der hat's geschafft, sich von allen Seiten bezahlen zu lassen. Und es gibt inzwischen viele Pfeiffers … durch Zellteilung vermutlich. Und Boenisch, der Oberpfeiffer, ist ihr Prophet. Harte Zeiten für die Kandidaten.

So einer muss gaaanz vorsichtig leben. Nicht mit Mädchen fotografieren lassen – auch wenn's die eigene Tochter ist. Hüten muss sie oder er sich vor dem anderen Geschlecht!

Vor demselben noch mehr … das ist ja bei uns noch schlimmer. Aber er darf auch das andere Geschlecht nicht so auffällig meiden, sonst ist er impotent.

Ganz schlimm wird es, wenn er dabei überrascht wird, wie er eine Grünglasflasche in den weißen Container schmeißt.

Als Volker Rühe damals seine siegreichen Truppen in Somalia besuchte – die Jungens hatten dort eine schwere Aufgabe. Mussten Wasser holen für die Inder – das scheiterte daran, dass die gar nicht da waren, aber bei dieser Tätigkeit mussten sie wiederum von thailändischen Soldaten geschützt werden.

Das erste Mal, dass Soldaten Soldaten vor Soldaten schützen müssen.

Und weil ihnen so langweilig war, hat sie ihr Minister besucht. Dabei fiel er irgendwie hin, und seitdem heißt es, er habe seine Soldaten kniefällig um Verzeihung gebeten.

Ach ja, und noch was Wichtiges: *Nicht* mit Geld fotografieren lassen! Der Wähler könnte denken, es sei seins.

21. April 1994

(Dieter Hildebrandt tritt auf mit einem langen schwarz-rotgoldenen Schal, einer schwarz-rot-goldenen Mütze und einer schwarz-rot-goldenen Brille mit ebenso bemalten Gläsern. Dadurch kann er nichts sehen und tastet sich ans Publikum.)

Ich war so gut vorbereitet. Auf gestern.

Da wäre endlich wieder mal was los gewesen in Berlin. Die ganze Welt hätte auf diese Stadt geschaut, die Fetzen wären geflogen, aber Diepgen hätte die Sache im Griff gehabt.

Na ja, man weiß ja nie, was in so einem kleinen Fäustchen alles drin sein kann. 20 000 Polizisten!

Sehen Sie eigentlich was? Ich sehe nix.

Und der DFB ... falsch übersetzt Deutscher Fußballbund, richtig Die fast Blinden ... hat gemeint, dass er die Sache übersieht, und dabei haben sie dann alle immer diese Brille auf. *(Nimmt sie ab.)* Deutschland, Deutschland übe alles – nur keine Vernunft.

Kleine Ursache, große Wirkung. Ein lächerlich kleines Fußballländerspiel, wo elf deutsche Sportartikelvertreter gegen elf englische gemeinsam versuchen, den Ball aus dem Spielfeld zu grätschen. Sollte erst in Hamburg stattfinden, aber da fiel dem

Senat auf, dass gestern vor 105 Jahren der Grömaz, der größte Massenmörder aller Zeiten, in einer österreichischen Eisenbahnhütte geboren worden ist und die ganze zugenebelte europäische Idiotenelite der Neonazis sich dort treffen könnte. Da war der DFB ganz überrascht, weil der Fußball doch so unpolitisch ist, und der Berti Vogts auch. Das ist auch nicht sein Ding, sagt er, er sei nach seiner Zeit geboren. Wer Hitler war, weiß er, aber nicht, warum. Oder so ähnlich.

Sagten doch die Hamburger tatsächlich: Spielt, wo ihr wollt, aber nicht bei uns! Und da beschloss Diepgen, ein großer Antifaschist zu werden, und warf Berlin in die Bresche. Olympiastadion!

Viel unverfänglicher. Und die Berliner Polizei kann endlich wieder mal von sich reden machen. Ausnahmezustand verhängen. Wer eine Eintrittskarte hat, wird unter Polizeischutz ins Stadion gebracht, alle andern rein in die Häuser, Fenster schließen – und dann hinein in den Straßenkampf.

Das hätte alles so schön werden können, und man hätte auch bei der Gelegenheit ein paar Fernsehteams verprügeln können ... aus Versehen natürlich, und da sagen die Engländer, sie wollen lieber an Helmut Kohls Geburtstag spielen. Und der Bundeskanzler ist ganz vernünftig und sieht das ein. Und der Franz Beckenbauer, der Spielverderber, meint auch, dass der Diepgen seine Schwierigkeiten mit den Neonazis nicht unbedingt bei der Gelegenheit ...

Nur der DFB, ausgerechnet! – diese Ansammlung von deutschnationalen Biedermännern, wo ein Mayer-Vorfelder dem anderen auf die Hacken tritt, weint jetzt am lautesten, dass an dem Tag nicht die Republik gerettet werden konnte. Sie wollten gern als Sieger aus dem Stadion reiten. Auf dem Rücken der Polizisten.

Da kann ich nur sagen, die Leute haben eine Schramme am Chassis.

Aber inzwischen ist der Herr Kanther aufgewacht, von dem immer wieder behauptet wird, er sei der amtierende Innenminister. Eigentlich ist das ja sein Problem. Anstatt nun dazu was richtig Falsches zu sagen, sagt er auch nichts Richtiges. Bei den Indianern hieß er: »Der mit dem Wischi waschelt.« Jetzt macht ihm der Ober-Rep die Sache immer einfacher, gräbt sich Gruben, fällt auch rein ... man müsste dem Jungen auch wirklich mal sagen, dass er im Dritten Reich keine Karriere gemacht hätte. Das langt hinten und vorn nicht. Der wäre SS-Unterscharführer geblieben.

Aber die, die ihn an der Leine haben, denen kann man nicht nachweisen, dass sie Volksverhetzer sind? Die *Nationalzeitung* kann man nicht verbieten? Oder können die Leute beim Verfassungsschutz jetzt auch nicht mehr lesen? Das Analphabetentum wächst, das ist richtig, aber ... einer wird doch bei diesem Haufen dabei sein, der wenigstens die Schlagzeilen entziffern kann! Und was haben wir da? Rassismus, Volksverhetzung und Antisemitismus. Oder zahlt der Frey Schutzgeld an den Verfassungsschutz?

Und das Blatt ist das Herzblatt für NPD, DVU, und die Reps schreiben fleißig mit. Also eine kriminelle Vereinigung.

Aber der, der mit dem Waschi wischelt, lässt seine Eingreiftruppen lieber bei den *Stuttgarter Nachrichten* einbrechen, weil die irgendein Dienstgeheimnis verletzt haben sollen.

Ein Staatsanwalt und acht Beamte! Schwer bewaffnet wahrscheinlich. Aber um Gottes willen, dass da nicht ... Bonn ist nicht Weimar! Bonn ist nicht Weimar! Ich weiß das – Sie wissen das – *Der Spiegel* und die *Zeit* und die *SZ* und die *FAZ* wissen das ... aber ob unsere Gerichte das wissen ...

Richter müssen richten, jaja. Aber manchmal weiß man nicht, wonach. In Neumarkt in der Oberpfalz wird man bestraft, wenn man Republikaner Arschlöcher nennt.

Es kann natürlich sein, dass der Richter selber ...

Es sollen ja auch viele Polizisten Replöcher sein.

Der Bundesgerichtshof hat das Urteil von einem Landgericht aufgehoben, das den NPD-Vorsitzenden Deckert bestrafte, der gesagt haben soll, »der Gaskammer-Mythos sollte das deutsche Volk erpressen, damit es Wiedergutmachung bezahlt«.

Nein, hat er nicht gesagt, sagte der Deckert, sondern er habe gesagt: »Mit dieser *Legende* sollen wir in Schuld gehalten werden.«

Das darf er sagen, meint der Bundesgerichtshof. Freigesprochen. Gaskammer sagt man nicht. Legende klingt besser.

Man darf übrigens auch Richter nicht Arschlöcher nennen ...

19. Mai 1994

Was ich hier in der Hand halte, ist ein absolutes Innovationswunder in der Metaphernlandschaft. Stammt von Herrn Joffe – *Süddeutsche Zeitung*. Das ist der »Tiegel des guten Willens«. Neu. Wirklich neu und ausbaufähig. Die Pfanne der Verschmelzung von Westei und Ostei – das gesamtdeutsche Rührei im Tiegel des guten Willens. Da wird man mutig und fabuliert weiter und sagt: Ich befinde mich in der Satteltasche des Trojanischen Pferdes, aus dem lauter rechtsradikale Magdeburger purzeln. Und die müssen jetzt in den Tiegel des guten Willens. Und da sagt der Polizeioberste von Sachsen-Anhalt: Peanuts! Und wieder war sie nicht da, die Polizei. Wie in Rostock. Langsam kommt der Verdacht auf, dass die Polizei gezielt nicht da ist, damit Ausländer merken, sie haben keine Chance. Das wäre so was wie ein Konzept.

Die kurzhaarigen Totmacher werden benutzt. Dann kommt die Polizei, und was macht sie? Sie entwaffnet erst mal die Sympathisanten der Verprügelten. Na jaaa... das mögen die Leute.

Vielleicht mögen sie nicht einmal diese dumpfen Denkbeulen, die das ausführen, aber das Endergebnis mögen sie. Und das heißt: Geh nicht nach Deutschland, da kriegst du die Fresse voll. Ich will damit nicht sagen, dass die Polizei voller Republikaner ist, die erst mal abwarten, ob nach einem Sturmangriff der Skinheads noch was zu regeln ist, aber dass so was denkbar ist, das sage ich schon.

Politiker können das Problem der deutschen Ausländerfeindlichkeit nicht lösen, aber wenn sich herumspricht, dass die neonazistischen Dumpfbacken hier machen können, was sie wollen, kommt keiner mehr. Vielleicht kommt die Polizei deswegen immer zu spät.

Es muss nicht hinter allem was ganz Dummes oder Böses stecken. Es könnte auch ein Prinzip sein. Nämlich: Das Volk regelt alles unter sich – die Polizei greift erst ein, wenn die Falschen gewinnen. Wer die Falschen sind, bestimmt die Polizei.

War schon mal so.

Wir sind vier Tage vor der Wahl des Bundespräsidenten. Keiner von uns kann ihn wählen. Aber wenn ich einer wäre, fiele es mir schwer, die Frau Hamm-Brücher oder den Johannes Rau nicht zu wählen. Oder den Jens Reich.

Bei dem vierten fiele es mir leicht. Roman Herzog nicht zu wählen kann nicht so schwer sein. Was wollen wir denn mit einem Bundespräsidenten, der seine ganze Zeit damit verbringen muss, Fragen abzuwehren, die er nicht beantworten kann! Er weiß zum Beispiel nicht, dass er der Assistent von einem Nazi namens Maunz war, der wesentlich dazu beigetragen hat, dass die SS im Dritten Reich Polizeigewalt bekam. Dass Maunz Kultusminister in Bayern gewesen ist nach 1945, das wusste Roman Herzog natürlich, aber er ist jetzt ganz entsetzt, dass er nicht gewusst hat, dass er das wusste. Nämlich, dass dieser Maunz die ganze Zeit über auf der Gehaltsliste von *Nationalzeitungs*-Frey gestanden hat.

Was weiß ein Assistent schon von seinem Professor!

Aber wenn ich die Wahl hätte …

Roman Herzog ist nicht Heitmann, aber beide haben doch etwas Gemeinsames: Hätten sie im richtigen Augenblick geschwiegen, wüsste man erst viel später, wer sie sind. Eins hebt den Herzog natürlich weit über seine Vorgänger und seine Kandidaten: Es wäre der erste Bayer!

* * *

Bairisch ist Poesie. Stoiber ist ein Gesamtkunstwerk. Er ist die siebente Strophe von Strauß. Oder, sagen wir, er ist die fünfte Jahreszeit. Oder noch anders: Unter Strauß war Bayern so was wie eine Force de Frappe in Deutschland.

Unter Stoiber ist es mehr eine Farce de Floppe.

Bayern war immer ein Widerstandsnest gegen diese zunehmende Liberalisierung. Diese Deformation des Heiligen Römischen Reiches … ja, es war das Land der Gegenformation. Wenn man noch hoffen konnte, dass überhaupt noch einmal Hexen verbrannt werden, dann war das in Bayern. Irgendwie ist jetzt das Holz nass geworden.

Wieso ist das, was Oskar Lafontaine jetzt im Saarland durchgesetzt hat, nämlich die Metternichisierung des Pressewesens, nicht in Bayern gelungen? Da dürfen Journalisten immer noch schreiben, was sie wissen. Im Saarland könnte jetzt Monika Hohlmeier gegendarstellen, dass es falsch ist, dass sie Schalck-Golodkowski für den ADAC geworben hat, damit sie Papas Geld … sie mögen das nicht in Zürich, wenn man mit Kaufhaustüten kommt.

Im Saarland könnte sie schreien, dass sie diesen Schalck gar nicht kennt, und die Zeitung muss das so schreiben ohne Kommentar. Und ob sie oder die Herren Waldenfels, Tandler und Wiesheu den Herrn Zwick kennen und ob der Herr Stoiber diesen Namen überhaupt buchstabieren kann, also da bin ich mir sicher, da hat der Stoiber einfach zu wenig Kontakt zu Oskar.

Dass der Sohn von dem Steuerflüchtling Zwick jetzt doch 45 Millionen übrig gemacht hat, um aus der Untersuchungshaft rauszukommen, das sind ja wieder Peanuts … aber gegendarstellen würde ich sofort, wenn ich Bayern persönlich wäre, dass der alte Zwick im Jahre 1983 den Bayerischen Verdienstorden verliehen bekam, aber ohne ihn umhängen zu können, weil er da schon flüchtlingsmäßig in der Schweiz saß, und dass man den Orden dem damaligen Minister Dick gegeben hat, damit der Dick dem Zwick … das darf man in München alles schreiben!!

Es handelt sich ja schließlich um einen Verdienstorden und nicht um einen Nebenverdienstorden.

Ach ja, das hängt ja auch noch rum, dass man Strauß nachsagt, er habe überall Prozente eingesackt – zum Beispiel zwei Prozent bei dem Milliardenkredit an die DDR. Also wenn das schon die ehemalige DDR war, dann ist das auch eine ehemalige Provision! Und die Gegendarstellung wäre fällig, dass das Unsinn ist, denn unter vier Prozent hat Strauß überhaupt nicht angefangen. So sieht's aus.

Außerdem: Die paar Millionen, die der Papa für die Kinder vor den Sozis in Sicherheit gebracht hat … Peanuts!

Und das kommt nicht alles von diesem Verräter, diesem Zwick. Als ob's in Bayern nur einen Zwick gegeben hätte. Strauß war finanziell gesehen mit Sicherheit eine Mehrzwickwaffe! Und recht hat er behalten: Die Sozis kommen nicht ran.

Ach wie gut, dass niemand weiz,
was übrig ist, liegt in der Schweiz.

11. März 1995

(Dieter Hildebrandt schiebt den Rückzahlungs-Automaten auf die Bühne und stellt ihn zunächst verkehrt herum hin.)

Ich geb's nicht auf. Nachdem meine Erfindung des »Hände-wasch-in-Unschuld-Sets« für korruptionsanfällige Gebrauchs-politiker kein Erfolg war – oder der Beichtcontainer für Steuer-hinterzieher, auch ein Flop – dann das eingebaute Rotlichtsig-nal für Schwarzgeld – der Asbesthandschuh für Parteispenden – das Blinklicht »Besetzt« für Vorgesetztenhintern … alles abge-wimmelt vom Patentamt. Aber jetzt, wo alle diese verdammten 60 Milliarden der Aktion Notgroschen-Ost, die versickert sind, suchen, hab ich's noch mal versucht.

Es ist ja schon viel Geld verschwunden, aber so ein Haufen? Und da kommt ja noch diese berühmte Dunkelziffer dazu, meis-tens 100 Prozent! 120 Milliarden.

Da ist ja der Herr Zwick ein Peanut unter den großen Ge-heim-Nüssen.

Normalerweise kommen die Steuerfahnder sofort mit Blau-licht, wenn bei mir tausend Mark fehlen.

Ab fünf Millionen ist die Kriminalität bei uns privatisiert. Wird auch gedeckt, also abgedeckt. Wie soll da so ein armer Steuerfahnder zuschlagen, wenn so viel Solidarität in den Mi-nisterien … das hat jetzt nichts mit dem Solidaritätszuschlag zu tun. Ein bisschen schon, denn irgendwie muss das Geld, das falsch raus ist, richtig wieder rein. Die zuschlagende Solidari-tät trifft immer die Falschen. Keiner weiß, wo das Geld hin ist. Sicher ist nur, dass es hin ist. Manche wollen es im Osten ver-schwinden gesehen haben. Und zwar in den Taschen derer aus dem Westen.

Der Wirtschaftsminister verwaigelt jede Auskunft.

Waigel hat aber eine Lösung, nämlich die freiwillige.

Zwischen Hof und Frankfurt-Oder sollen große Auffangbecken aufgestellt werden mit Schildern dran: »Im Namen eines gezielten Solidaritätsrundschlages: Legt es wieder zurück!«

Dann wird es im Triumph dorthin gebracht, wo es ursprünglich hinsollte, ins flache Land.

Vorneweg der Chor der Investoren mit dem fröhlichen Lied: »Ossidenn Ossidenn zum Städtele hinaus«, womit dann die Schuldfrage endgültig geklärt wäre.

Es wissen ja alle: Mit einem Trick-Schneider fing es an, mit einem Flickschuster hört es auf, aber wir haben eine Aufgabe!

Und so geben wir in Gottes Namen das blöde Geld eben auf, aber nicht die Hoffnung, denn siehst du im Osten ...

Ich weiß ja nicht, ob irgendeiner im Osten noch das Morgenrot sieht – wer dort lebt, sieht jedenfalls den Mond. Denn die Rechnung, die diese Regierung aufgemacht hat, wird schwerlich aufgehen – der Mond immer!

(Dreht den Automaten um.)

Und weil das mit diesen Auffangbecken so ausgehen wird wie mit der Kollekte in der Kirche – die Leute nehmen sich was raus –, habe ich den Geldrückgabe-Automaten erfunden für den Solidaritätsrückschlag.

Wem das schlechte Gewissen schlägt, steckt zurück, was er noch übrig hat. Bei Beträgen über eine Million wirft der Apparat eine Ehrlichkeitsprämie von D-Mark 30 aus.

Bei der Verwendung von Falschgeld ertönt eine Sirene ...

(Schiebt ein Blatt hinein, die Sirene ertönt.)

Tschuldigung, das war die Regierungserklärung vom vergangenen Herbst.

Das Ding steht dann an jeder Straßenecke, in jedem Dorf, besonders in Liechtenstein.

Einen Haken hat diese wundervolle Erfindung: Die Produktion kostet 65 Milliarden.

Sie werden sagen, es ist paradox, um 60 Milliarden reinzukriegen 65 rauszuschmeißen. Falsch. Nix mehr ist paradox bei uns. So läuft fast alles.

Früher war noch paradox, wenn es hieß: Man kann einem nackten Mann nicht in die Tasche greifen.

Waigel kann.

Was heißt das, paradox? Nicht einmal die Hoffnung, dass sich ein Glatzkopf an den eigenen Haaren aus dem Sumpf … Halt! Da fällt mir ein … eins ist noch paradox: Wenn ein Skinhead ungeschoren davonkommt. Nachdem er gezündelt hat. Und das könnte passieren, wenn man den furchtbaren Juristen und Richter Orlet zum fliegenden Gerichtshof ernennt, der über alle armen verfolgten Immernoch-Nazis seinen schützenden Arm hält *(Hitlergruß)* oder anders ausgedrückt: Justitia non orlet. Oder: Unser Richterstand stinkt nicht – es riecht nur danach.

* * *

Es ist nicht alles so musikalisch, was aus der Bergwelt der Hirschhornknöpfe zu uns dringt. Aus so manchem Trachtenkopf kommen Sätze raus … manchmal denkt man besorgt … ich meine jetzt nicht den neuen Generalsekretär der CSU, Herr Protzer … der Mann nimmt einem mit jedem Satz das Vertrauen in die jugendlichen Schwellköpfe … Protzner heißt er … er meint, dass man Tiefflieger spielend überhören kann, wenn man an seinen Schlagbohrer geht. Er hat wahrscheinlich einen kleinen Mann im Ohr, der ihm das zuhält.

Nein, ich meine ein anderes ärgerliches Geräusch aus dem wilden Süden.

Die Vorgeschichte noch mal in Erinnerung. Seit fünf Jahren jagen islamistische Fundamentalisten den Dichter Salman Rushdie, der die *Satanischen Verse* … Sie wissen: Millionen, die das Buch nie gelesen haben, sind dringend aufgefordert, den Rushdie mit Messer, Revolver oder Bombe umzubringen. Egal wie.

Laut *Süddeutscher Zeitung* hat dazu Otto Habsburg gesagt: »Das öffentliche Gewinsel des Salman Rushdie ist unerträglich!«

Wenn ich mir diese beiden öffentlichen Erscheinungen, um die es sich handelt, vor Augen führe, kommt es mir doch so vor, als ob der Habsburger hier seine Hose ein wenig zu weit herunterließe, sodass man auf ärgerliche Weise gezwungen wird, einen Arsch zu entdecken.

Abgesehen davon, dass Otto sich gegenüber Rushdie immer in permanenter Notwehr befinden wird, denn er weiß, gebildet, wie er ist, dass Rushdie einmal mindestens drei wichtige Bücher hinterlassen wird, der Habsburg dagegen nicht ein vernünftiges Wort ... er gehört nicht einmal zu den wichtigsten Ottos im deutschsprachigen Land, wenn wir alle einmal in der Reihenfolge ihres Wirkens aufführen: Otto der Große – Otto der Bismarck – Otto der Blödler – Otto der Rehhagel ... während Otto der Habsburg sich nur durch derartig dahingewuselte Sätze in Erinnerung bringt ... man kann auch sagen, dass es sich dabei um einen kontraproduktiven Entladungsvorgang handelt. Ins Deutsche übersetzt: Der Schuss geht nach hinten los ... abgesehen davon muss man doch Angst haben, dass an manchen Orten Bayerns dieser Satz heftig beklatscht wird. Habsburg, emsiges Mitglied der CSU auf dem äußersten rechten Rand, den er partout nicht halten kann ... nicht direkt Stahlhelmfraktion, mehr Klerikalhelm ... überall, wo der rechte Kehricht sich zusammenfegt, ist er der Eimer ... führt hier einen Anschleimversuch an die Ayatollahs vor.

Die Frage muss erlaubt sein: Ist er bei seiner Partei im Wort oder in Teheran im Geschäft?

Auf Salman Rushdie ist eine Kopfprämie von 5000 Dollar gesetzt! Und das in einer Zeit, in der Menschen schon für 100 Mark umgebracht werden. Er soll, meint der Habsburg, dorthin, wo das Gras drüberwächst.

Selbstverständlich wendet sich da der Außenminister mit Abscheu ab und dem iranischen Botschafter zu. Es steht zu viel auf dem Spiel.

Milli – ar – den!

Unsere Super-Manager aber werden Otto auf die Schulter klopfen. Endlich kommt mal einer und sagt, was wir alle denken: Wann stürzt sich dieser ekelhafte Rushdie endlich vom Matterhorn? Eine krasse, weltweite Aufforderung zum Selbstmord!

Mein Gott, Otto.

Der liebe Gott oder Allah, wer weiß, wird sich gnädig seiner Beschränktheit annehmen.

Aber … wie alles sein Gutes hat: Durch Habsburg ist wieder einmal der Beweis geliefert worden, dass unsere Entscheidung von 1919 richtig war, nämlich die Monarchie auf den Acker zu schicken. Man ist doch allzu sehr auf den Nachwuchs angewiesen.

21. Oktober 1995

Das hat mich jetzt richtig erschreckt an mir. Ehe man sichs versieht, ist man Polizist. Dabei kenne ich sie nur ganz sanft.

Einer hat mich sogar beim Parken eingewiesen – ganz geduldig – und hat mich dann aufgeschrieben wegen Falschparkens.

Ganz schlimm haben sie mich in Mutlangen behandelt. Wir saßen da draußen drohend vor dem Pershing-Schuppen, und die Polizisten standen da einfach rum – tatenlos. Keiner hat uns weggetragen! Eine Nichtachtung meiner Protestbereitschaft!

Die gefährlichste Demo war neulich die vor der Feldherrnhalle. Wo der Kardinal Wetter, entschlossen wie Rudi Dutschke, in die Kameras vom Bayerischen Fernsehen gerufen hat, dass er für das Kreuz sofort an der Spitze seiner Lämmer von der Feldherrnhalle aus den Marsch nach Karlsruhe ... hat er nicht, nein, aber an die Verfolgung im Dritten Reich hat er erinnert, wo besonders die katholische Kirche an der Spitze des Widerstandes sich der Bewegung angeschlossen hat. Mit zusammengebissenen Fäusten! Um dem völlig verjudeten Kommunismus das Hakenkreuz auf die ungläubigen Schädel zu hauen. Wenn das gelungen ist, haben sie sich gesagt, montieren wir die Haken wieder ab und exkommunizieren die Nazis. Die werden schauen!

Also irgendwie war der Platz an der Feldherrnhalle nicht so geeignet. Weil man dauernd dran dachte.

Die Demonstranten nicht. Die schauten trotzig und haben die Unterlippe vorgeschoben, als würde gleich die Polizei mit den Wasserwerfern kommen.

Das ganze Drohpotenzial des bayerischen Staates stand da. Die Minister mit sämtlichen Stoibers, die Verbindungsstudenten in ihren Karnevalskostümen, zwei- bis dreihundert Nonnen, Abgeordnete, die Spitzen des Bayerischen Roten Kreuzes, die auch für dasselbe Partei ergreifen.

Und das Bayerische Fernsehen hat das von vorn bis hinten direkt übertragen. Das hat noch keine Demo geschafft.

Zum Schluss sagte eine Stimme: «Die Sendung wurde Ihnen präsentiert von Klosterfrau Melissengeist!»

Das war jetzt gelogen. Aber die Bemerkung ist nahelügend. Aber so war es auch wieder nicht, dass die Demo nicht von Polizei umstellt war! Hätte ja eine Gegendemo geben können.

Nicht in München natürlich. Aber, so warnt der Bischof Dyba in seinem bistümlichen *Bonifaziusboten,* in den fünf neuen PDS-Ländern schon.

Die Kruzifixentscheidung, so schreibt er, habe »wie ein Blitzschlag die deutsche Landschaft erhellt«.

Und weiter: »Wir sollten uns da keine Illusionen machen: Die neuen Bundesländer zum Beispiel sind weder christlich noch abendländisch, sondern nach einem halben Jahrhundert staatlich verordneter Gehirnwäsche mehrheitlich heidnische Länder. Das ist zunächst einmal nüchtern festzustellen ...«.

Das kann er nicht nüchtern festgestellt haben. So einfach nicht. Das müssen ein paar Doppelte gewesen sein.

Da muss jemand vergessen haben, ihm zu sagen, dass der Widerstand in der DDR aus den Kirchen gekommen ist.

Na ja, aus der evangelischen mehr ...

Und zum Schluss schreibt er:

»Löscht den Geist nicht aus!, mahnt uns der heilige Paulus.«

Richtig. Und ich sage:

Dyba – hör mit dem Saufen auf!

18. November 1995

Damit hatten wir nun gar nicht gerechnet. Plötzlich, aus heiterem Himmel, kinkelt sich diese Regierung eine Niederlage im Parlament an den Hals. Kinkel darf nicht mit Teheran kunkeln. War so gut ausgedacht. Mit der schönen Hand eine israelische drücken und mit der anderen unter dem Tisch die Aufträge einsammeln aus dem Iran ... für die Industrie. Hat er selber gesagt, unser heimlicher Stresemann: Außenpolitik ist in erster Linie Wirtschaftspolitik. Das hat uns groß gemacht. Den einen haben wir die Raketen verkauft und den anderen die Lazarette. Jetzt war er ganz verstört, der Kinkel, dass das Parlament ihn aufgefordert hat, eine Haltung einzunehmen. Seine Wirtschaftsfreunde haben immer gesagt: Haltung ist o.k., einnehmen ist erst recht o.k. Doch jetzt kommt was viel Schlimmeres. Führende Vertreter von deutschen und österreichischen Konzernen sind jetzt sauer und hetzen die befreundeten Botschafter in Syrien und im Iran auf gegen den kleinen Kinkel! Uralte antisemitische Wirtschaftskampfbünde sind verunsichert. Die deutsch-arabischen Freundschaftsverbindungen wackeln. Die vielen, vielen alten Nazis, die in den Botschaften im Nahen Osten untergekrochen waren, werden nachdenklich.

Dann hören sie, dass zwei deutsche Kasernen nach 40 Jahren umbenannt werden. Na gut, dass es keine Skorzeny- oder General-Remer- oder Hermann-Göring-Kasernen gab, war ja noch zu verstehen, aber nun keine Generaloberst-Dietl-Kaserne mehr. Dieser Mann, Hitlers Hackebeil Nummer eins, soll nun kein Vorbild mehr sein für den deutschen Offiziersnachwuchs? So lange haben sie nichts gemerkt. Alle haben gedacht, dass der Dietl der Onkel von Stauffenberg war. Da muss doch jemand gepetzt haben!

Man soll doch, sagen sie, endlich diese Leute, die nur ihre Pflicht getan haben, in Ruhe lassen. Bis jetzt ging alles gut.

Hören Sie die rührende Geschichte des SS-Hauptsturmführers Brunner. 1987 erst sagte er in Damaskus:

»Ich bereue nichts. Und würde es wieder machen. Sie alle, die Juden, hatten den Tod verdient, weil sie Agenten Satans und menschlicher Abfall sind.«

Brunner, verantwortlich für den Tod von mindestens 50000 Menschen, lebt in Damaskus recht angenehm. Ein österreichischer Neonazi berichtet:

»In all den Jahrzehnten, da der überzeugte Burgenländer, vom Heimweh geplagt, in Kairo und Damaskus lebte, war ihm nicht nur die Freundschaft der Syrer sowie die Herzlichkeit der dort beruflich stationierten Botschafter Baron von Waldstetten und Filz, die sich, wenn auch ohne offiziellen Auftrag, rührend um den SS-Offizier kümmerten, ein Trost.

Die geselligen Abende, an denen Hauptsturmführer Brunner im Hause der österreichischen Botschafter weilte, waren gesellschaftliche Ereignisse, bei denen führende Vertreter österreichischer, aber auch bundesdeutscher Konzerne zusammentrafen.«

Und das soll womöglich jetzt alles aus sein? Das habe ich mir nicht etwa ausgedacht. Das ist Realität. Ausgewogene Politik.

Einer besucht Yad Vashem – der andere tröstet die Verursacher über das Heimweh hinweg. Und küsst die Hand unserer österreichischen Waffenbrüder. Und wenn der Haider Bundeskanzler geworden ist, hat der Hauptsturmführer Brunner sicher sein Grüß di Gott im Burgenland.

Auch Mörder haben ein Recht auf Heimat. Und außerdem: Nichts ist eine Frage der Moral. Alles ist nur eine Frage der Arbeitsplätze!

Hauptsache, es zahlt sich aus.

Wir geben jährlich zehn Millionen Mark für die Minenräumung aus. Und 400 Millionen für die Entwicklung neuer Minen.

Auge um Auge – Zahn um Zahn – aber die Beine nicht vergessen. An deutschen Prothesen soll die Welt genesen!

9. Dezember 1995

(Dieter Hildebrandt zieht eine große Muschelschale aus der Hose.)

Es haben mich nach der letzten Sendung empörte Briefe erreicht, weil ich Theo Waigel quasi als einen Finanzpolitiker dargestellt habe, der dort, wo andere eine Gewissensbeule haben, ein Loch hat. Ich nehme das zurück. Nicht einmal das hat er. Was er hat, ist eine Lücke. So ist es richtig. Denn ein Loch hat ja einen Grund. Eine Talsohle. Eine Lücke führt total ins Freie.

Er steuert unser Geld in die Lücke. Und wir, das Volk, berühmt für seine historisch gewachsenen Essig-Sätze ... kennen Sie nicht?

Was immer geschieht – er lässt *es sich* gefallen.

Widersprechen gildet nicht, weil essig nicht gehört!

Schnell noch die Antwort auf einen Brief mit der Frage, ob ich denn gar nicht unter Selbstzweifeln litte.

Selbstverständlich!

Ich würde auch gern Blut spenden, aber ich weiß nicht, ob es sich da nicht um eine heimliche Förderung des Volksalkoholismus handelt. Ein Belustigungspluspunkt. Ein BP.

Und schnackeldibumm ist es gewechselt, das Thema!

Weinessig … Weil es sich … Himmel! Weil es sich von nun an um dieses klebrige blöde Scheißzeug handelt, dessentwegen zwei Weltkriege entstanden sind.

Der dritte ist vor ein paar Wochen verhindert worden, weil der iranische Außenminister in letzter Sekunde gesagt hat: »Kinkel, hör auf, in der Nase zu bohren – es *kommt* kein Öl!«

Es geht um die Muschel.

Symbole sind verräterisch. Muschelkenner wissen: Man kann sich den Tod holen. Vorsicht, wenn sie nicht offen sind. Der Schwarzgoldkonzern, Öl ist ja bekanntlich »schwarzes Gold«, der Goldbohrerclub Shell, der Muschel-Konzern, steht moralisch unter dem Verdacht der Beihilfe zum Mord.

Allerdings nur moralisch, und Moral lässt sich nicht in alle Währungen der Welt umrechnen. Moral ist nicht kompatibel. »Die Muschel«, ich nenne sie jetzt mal so … die Muschel stand geschlossen hinter sich, als neun nigerianische Gegner ihrer Landverölungskultur von dem General Sani Abacha, dem nigerianischen Diktator und Muschel-Komplizen, hingerichtet wurden. Und es heißt, dass der General und seine Killerkinder sie zwar aufhingen, dass Shell aber ihnen den Strick gedreht hat.

Ungeheuerlich. Ich meine, der Vorwurf!

Nur weil die Muschel das früher fruchtbarste Land Afrikas so angebohrt hat und eingeölt hat, dass nichts mehr wächst, außer dem Konto des Henkers Abacha, kann man doch die Muschel-Leute nicht zu Friedensverbrechern machen.

Greenpeace bringt da so Bilder heraus ... schauen Sie sich das an ... danach sieht ganz Nigeria aus wie eine explodierte Shelltankstelle!

Man hätte doch auch den Palast des Diktators zeigen können. Mit Springbrunnen, aus dem das schwarze Gold sprudelt. Unterschrift: Black is beautiful. Armes Volk – wirklich. Dass das Volk daran keinen Pfennig verdient ... mein Gold! ... wer redet über Pfennige! Audiatur et altera pars. So heißt es. Zu Deutsch: Lass mal den reden, der Anteile hat.

(Dieter Hildebrandt zeigt eine Shell-Annonce.)

Der Muschel-Konzern hat in vier großen deutschen Zeitungen eine eindrucksvolle Annonce aufgegeben. In der steht, dass an der Hinrichtung der neun Nigerianer nur die schuld sind, die so laut dagegen protestiert haben. Dadurch wurde der Diktator böse und hat sich »verhärtet«. Das steht hier drin.

»Stille Diplomatie« wäre besser gewesen. Das heißt bei Shell immer abkaufen. Warum hat sie nicht einem so korruptionsfähigen Banditengeneral einen Koffer voll Dollars ... Quatsch, sagt die Muschel. Erstens sind die neun Querulanten noch am Leben. Zweitens hätte er sie sowieso umgebracht, und drittens sind Annoncen wie diese, wo wir dann unsere Unschuld von der Steuer abschreiben können, billiger. Das steht nicht drin.

So eine Seite in der *Süddeutschen Zeitung* kostet genau 62 000 Mark. In der *FAZ* war sie auch: 54 980 Mark. In der *WELT* 39 000 Mark und in der *Frankfurter Rundschau* 32 600 Mark. Also 188 580 Mark für einen Tag der »Wahrheit«. Für eine Wahrheit wie diese: »Was würde geschehen, wenn sich Shell völlig aus Nigeria zurückzöge? Das Öl würde ganz sicher weiterfließen, die Geschäfte weiterlaufen. Der größte Teil der Beschäftigten bliebe an seinem Arbeitsplatz ...«

Bisher alles gut. Also? Man hält den Atem an, und weiter geht's: »Aber die verlässlichen und einwandfreien Geschäftsprinzipien, wie man sie mit Shell verbindet, gingen ebenso verloren wie die Investitionen in die Umwelt und die vielen Millionen Dollar für Gemeindeprogramme.«

Da biegen sich die Pipelines vor Lachen.

Es gibt Menschen, die ein Leben damit zubringen zu verstecken, was für Müll in ihren Köpfen ist. Shell inseriert ihn! Was hat die Muschelköpfe zu diesem Tritt in den eigenen Hintern veranlasst?

Ein Ausnahmeeinfall.

Entschuldigung, ich meine natürlich der Einnahmeausfall.

13. April 1996

Bei mir um die Ecke, in München-Neubiberg, ist ein Neonazi-Nest. In der Bundeswehr-Universität. Dort gibt es einen Professor Franz W. Seidler, der seinen Studenten anhand seines Buches erklärt, dass der eigentliche Schöpfer Europas Adolf Hitler war. Der Herr Seidler ist Professor für Neuere Geschichte, und seine Schüler werden einmal die jungen Soldaten informieren, dass die Wehrmacht nur aus ganz ganz schlechten Friseuren bestanden hat, die dem Feind nicht *ein* Haar gekrümmt haben. Und dass die KZs eine Erfindung von Stalin waren und dort niemand anders umgekommen ist als die verketzerten Nationalsozialisten, das alles wird der Pädagoge Seidler in die Leutnantköpfe drücken, und aus denen wird sich dieser ganze Kopfmüll wieder über die Soldaten schütten, die diesen Schwachsinn ihren Kindern erzählen, die dann wieder zum Militär drängen und als Offiziersanwärter in Neubiberg landen, wo der Sohn von Professor Seidler inzwischen erzählt, dass Hitler, weil er so verteufelt genial war, von einem schwulen, jüdischen Sozialdemokraten erwürgt worden ist.

Im Führerbunker!

Und das war der Unterstand des Abendlandes!

Bei anderen Anlässen steht der Verfassungsschutz immer ganz früh auf und räumt den Verlag aus. Dieses Idiotikum aber darf weiter verkauft werden. Auf der Rückseite des sehr dicken Buches steht unter dem Bild des Autors ausdrücklich, dass zu seinen Forschungsgebieten die »historische Legendenbildung« gehört.

Hermann Kant, der ideologische Ausputzer des DDR-Schriftstellerverbandes, versucht auch gerade, seine schneeweiße Weste aufzubügeln. Aber jeder wusste: Der Schlimmste im Land, das ist der Denunziant, und der heißt Kant. Der Kunstschnitzler. Inzwischen wird der verbreiten, dass er der Erfinder des Spruches »Wir sind das Volk!« gewesen ist. Seine Stasiakten hat der Wolf. Aber nicht der Markus, sondern der Reißwolf. Seine Erinnerung hat ihn schnöde verlassen und ist völlig im Eimer. Im Alz-Eimer.

Ach wie gut, dass Rumpel weiß,
dass ich Hermann Stilzchen heiß.

Putzig ist das alles.

1. Juni 1996

Der deutsche Mann ist eingeschüchtert – verunsichert. Hie und da versucht er noch, das Beste aus sich herauszuholen, aber dann denkt er wieder an die Folgen.

Das Karlsruher Orakel gibt ihm auch keine Hilfe. Abtreibung ist nicht strafbar … aber es ist verboten. Und da weiß er nicht … und jetzt kommt Bayern und bringt ein Gesetz ein, das die Uhren auf 1896 zurückdrehen soll, wonach eine bayerische

Frau, die an so was denkt, mehrere Male offiziell Ärzte fragen muss und am Schluss dann noch den Edmund Stoiber persönlich, und dann wird ihr Entschluss noch am Gemeindeamt ausgehängt, und der Pfarrer verkündet den Mord von der Kanzel. Und sie sind sicher, die Herren in München, die aufgrund einer Fundamentalistenwahl bombensicher wieder auf ihren Stühlen landen, dass bayerische Landesgesetze mühelos Bundesgesetze brechen. Die Bayertollahs regeln die Liberalitas Bavariae eben so, wie sie ihnen passt.

Aber warum gehen sie nicht noch einen Schritt weiter?

Warum sollen sie nicht die volle Verantwortung übernehmen?

Warum nicht Beratungsstellen für Paarungsbereite?

Haus-, Hof- und Bettüberwachung als Leibesfruchtentstehungsverhinderungs-Prophylaxe?

»Wenn Ihnen so ist, rufen Sie an. Wir geben Ihnen den Wetterbericht, Luftdruckverhältnisse, Alkoholtest, Blutdruck, Stellungshinweise und geistlichen Beistand. Danach melden Sie uns den Vollzug und die genaue Produktionszeit.«

Selbstverständlich ist bei Zuwiderhandlung eine kostenlose Beichte mit eingeschlossen.

Sollten sich bei gefühlsüberbetonten Monaten Antragstaus ergeben, ergehen dementsprechende Weisungen an die Paarungswilligen. Vielleicht in der volkstümlichen Art: »Heute bleibt die Hose zu – mit frohem Gruß – die CSU.«

Oder mehr politisch aktuell:

»Machen Sie in Ihrem Bett eine Nullrunde.«

Das ist das Wort der Stunde. Es heißt: Nullen machen eine Runde und sind dann wieder dort, wo sie angefangen haben.

Nein, falsch. Es soll bei den Tarifpartnern lohnzuwachsmäßig eine runde Null vor dem Komma stehen.

Die aber sagen: Über allen Nullrunden ist Ruh – warte nur, Waigel, bald nullst auch du.

Aber dann wollen die Bürger das Flaschenpfand zurück, und das reißt wieder woanders im Haushalt ein Loch auf, das mit der Senkung der Vermögenssteuer gestopft werden kann, weil die auch wieder ein Loch aufreißt, das mit der Streichung der Erbschaftssteuer wahrscheinlich nicht kleiner wird.

Sagen Sie jetzt nicht, dass das nicht gerecht ist!

Als der Kohl 1982 noch nicht ganz dran war, das war ... mein Gott ... da war Nelson Mandela für die christdemokratische Sozialunion noch ein Terrorist, wenn ich dem Moderator des Bayerischen Fernsehens bei dem Mandela-Befreiungs-Konzert richtig zugehört habe.

Bei seinem Deutschlandbesuch hat der Mandela schon eine ganze Reihe von Gedächtnis-Nullrunden machen müssen. Da standen viele bei dem Empfang in Bonn, die dem Mandela damals gern die Gurgel zugedrückt hätten ... nun mussten sie ihm die Hand drücken.

Also, als der Kohl noch nicht ganz dran war ... das war ... mein Gott, da gab's fast 1,8 Millionen Arbeitslose, und die Wachstumsquote war auf drei Prozent gesunken!!

Da saß die damalige Hälfte des heutigen Körperumfangs auf dem Kanzlerstuhl Probe und versprach, aus allem das Doppelte zu machen.

Das ist ihm nur bei sich selbst gelungen – und bei den Arbeitslosen.

»Kassensturz!«, hat er immer gefordert. »Kassensturz!«

Hat er geschafft. Die Rentenkassen sind gestürzt, die Krankenkassen.

Er noch nicht. Das unterscheidet ihn von Otto Rehhagel. Der musste gehen wegen erwiesener Erfolglosigkeit.

Otto *macht* eine Nullrunde. Kohl *fordert* sie.

Ich versteh's ja nicht, aber in den klugen Leitartikeln der Zeitungen für Besserdurchblickende steht immer, man müsse doch bei diesem bedeutenden Staatsmann, dem sogar ein Clinton sein leeres Lächeln leiht, müsse man doch anerkennen, in wie kluger Weise er *gar nichts* gemacht hat.

Seit 13 Jahren sitzt er da, grinst, sagt Lari und wenn's hochkommt auch mal Fari, als ein Körperteil für das Ganze.

Als Arsch pro Toto.

Und jetzt plötzlich sollen wir ihm raushelfen.

Mit Nullrunden! Die einzige Nullrunde, die wirklich gelaufen ist, ist die von Schumi auf Ferrari. Und der kann, nach unserer Steuerregelung, sein Kilometergeld von der Steuer absetzen. Ein Bigstar braucht nur mit einer Braue zu runzeln, schon funktioniert Herr Waigel.

Michael Jackson kommt nun doch, weil er seine Liftkosten absetzen kann.

Siemens setzt die Umzugskosten nach Indien ab.

Und was können wir? Wir können nicht einmal diese Regierung absetzen. Jedenfalls nicht von der Steuer.

Aber große Zeiten für die Opposition ... vergehen und vergehen und vergehen ...

Also wissen Sie, ich weiß gar nicht, warum die Sozialdemokraten, wenn sie schon kalte Füße haben, sich so dagegen wehren, dass man ihnen rote Socken anziehn will.

20. Juli 1996

(Dieter Hildebrandt hat Werbesticker auf dem ganzen Hemd, auch am Hemdkragen, auf der Stirne – zusätzlich die herkömmlichen Dopingmittel, also Anabolika und schwere Gifte.)

Seit heute Nachmittag heißt es wieder: Höher – weiter – schneller: höhere Bestechungssummen, weiter mit dem Doping und schneller mit den Athleten in die Gruft. Sicher ist es nicht bei Anabolika, ob die hübsche zierliche Dame den Speer dann am weitesten schmeißt, aber den Falstaff kann sie für eine Weile singen. Irgendwie haben es die Amerikaner vergessen, dass die Spiele in Atlanta jetzt schon sind, haben aber ganz neue Dopingkontrollen erfunden – in acht Wochen ist es so weit. Und so hat die berühmte Chinesin Do Ping ... *nicht* machen, Hildebrandt!

Und das mit der Bestechung ... wie viel zahlt man jetzt so einem Senilitas Gerontologicus, also einem Mitglied des Olympischen Komitees, damit ... Berlin müsste es ja wissen, was es im Moment kostet. Na gut – Samma weltoffen – Samma korrupt – Samaranch.

Da ruft man alle vier Jahre die Jugend der Welt. Und wer kommt? Lauter abgezockte, hochgenudelte pharmazeutische Sonderangebote. Mit frühem Verfallsdatum.

Die Einzigen, die sich an die Dopingkontrollen gehalten haben, waren wer? Na, wir natürlich. Wo unsere Läufer sowieso schon hinterherlaufen – hab ich neulich eine Staffel gesehen – wollten die gar nicht, die Jungs. Sah so aus: Der Startläufer geht ab – trifft den zweiten Läufer, der etwas verträumt herumsteht. Er stößt diesen mit dem Staffelstab an, worauf der zurückfragt: »Worum handelt sich's bitte?« »Nun«, sagt der Startläufer, »um den 4 x 400-Meter-Lauf. Würden Sie so nett sein und diesen Stab dem Herrn dort vorn überbringen? Es wäre natürlich schön, wenn Sie das *bald* ...«

So schlimm wird's nicht werden, aber ein gewisser Trotz wird schon aufkommen, wenn diese schwarzen Rennsemmeln mit den Schwarzeneggerbeulen alle Zielbänder zerreißen.

Immer wieder beeindruckend der Einmarsch, wenn die Mannschaften ... ja, das soll's noch geben bei den Olympischen Selbstwertvermehrungsspielen und völlig unbekannte Sportler!

Weil es ja schon wieder viele neue Sportarten im Programm gibt. Strandball, Beach-Schach, Synchron-Knobeln und Cola-

Dosen-Weitwurf. Ist ja egal. Ein bisschen soll der Sport ja auch ein bisschen eine kleine Nebenrolle haben. Aaaber. Die größte Entscheidung fällt nicht zwischen dem schwarzen und dem weißen Erdteil, zwischen den Gedopten und den Ungedopten, zwischen Gut und Böse und Arm und Reich, sondern zwischen Coca und Pepsi. Und bei der Schlussfeier wird eine riesige Welle brauner, klebriger Soße den ganzen Zirkus wegspülen. Das wird eingehen in die Geschichte.

Meinen Werbespruch biete ich diesen Leuten schon 30 Jahre lang an, aber keine Reaktion. Er ist wirklich schön:
»Dir is wohler
mit 'ner Cola,
Doch Sie Depp, Sie
trinken Pepsi!«
Und jetzt sage ich zu diesem Thema niiiichts mehr!

Wer das Thema zu einem gemacht hat, möchte ich auch mal wissen. Ich glaube, da ist irgendjemand reingefallen darauf. Das war plötzlich so westerwellenartig als Vorschuss auf das Sommerloch im Spiel, und sofort dachte man sich: Welche wirkliche Schweinerei soll da wieder dahinter versteckt werden?

In der *Münchner Abendzeitung,* aber nur dort merkwürdigerweise, las ich vor kurzer Zeit einen bisher unwidersprochenen Artikel, der, wenn er stimmt, genau diese langfristige Schweinerei sein könnte. Wenn es nicht stimmt, bin ich sicher, dass es eine schubladisierte Munition ist.

Für die Hauptschüler soll es bald das Fach Geschichte nicht mehr geben. Zunächst soll daraus eine Mischung aus Geschichte und Erdkunde, also Gescherdkunde werden, dann kommt Sozialkunde auch noch dazu, und zwar einmal im Monat, die kann man wahrnehmen oder auch nicht, kann man auf Basteln, Malen oder Turnen verrechnen ... *nicht* auf Religion. Spätere Arbeitgeber brauchen das alles nicht. Sie brauchen ver-

schiebbare, abschiebbare Arbeitsmöbel, die sie verrücken können. Schafft endlich diese Teilgebildeten ab, sagen sie! Sie wissen nichts richtig, aber mit dem machen sie sich wichtig. Schafft
diese saublöde Chancengeberei aus den 60er-Jahren wieder ab.
Die neue Ehrlichkeit ist angebrochen.

Wir hängen die Schwachen ab.

Nicht nur sozial. Auch bildungsmäßig. Ausbildungsmäßig.
Zu teuer!

Wenn du jemandem dreimal sagen musst, dass er dämlich ist
und einfach zu dämlich ist, um zu begreifen, dass er's ist, wirst
du als Kultusminister einfach ungeduldig. Auf ein bisschen Entgegenkommen hätte man gehofft. Der in der Wirtschaft ver-
wendbare Mensch der unteren Einkommensklasse *muss* nicht
wissen, dass Perestroika *kein* russischer Schlitten ist mit Pferden
dran. Dass die Intelligenz des Herrn von Hindenburg für einen
Feldmarschall ausreichte, aber nicht … muss er das wissen?
Nein.

Durch den Schüttelrost der Ereignisse fällt notgedrungen
so was Schmales, Schlankes wie der Ungarnaufstand, der Pra-
ger Frühling, der 17. Juni, der 20. Juli. Heute zum Beispiel haben wir ihn. Nun fällt er gerade mit dem Beginn der ummum-
mummfigsten Sommerspiele der Neuzeit zusammen. Also keine Chance.

Die ersten Entscheidungen sind heute Nachmittag gefallen.
Im Schießen. Ein Zusammenhang ist da. Aber die wirklich pein-
lichen Daten unserer Geschichte werden zunehmend medial zu-
geschissen werden … zugeschossen. Zum Beispiel durch Elfmeterschießen. Das wird vom ersten bis zum letzten Moment live
übertragen. Es gibt da echt überführte Schuldige.

Bei dem Zehnzentimeterschießen, also Genickschüssen, ist
nie etwas live übertragen worden. Mladic und seine Massenmörder haben das perfekt gemacht. Dabei hatten sie es nie gelernt oder abgesehen von der SS.

Man braucht also Geschichte als Erfahrung nicht. Außerdem macht Wissen unnötig erpressbar.

Die uns sehr verbundene Baronin Wex-Wieberon zu Hohenleuchten, entrüstete Ablehnerin jedweden Attentats, deren Schäferhund Mitglied bei der österreichischen Hunde-SA gewesen ist, hat das Wort »Elfmeterschießen« gar nicht auf den Fußball anwenden wollen. Sie meinte steif und beharrlich, es handle sich dabei um die vorgeschriebene Entfernung beim standrechtlichen Erschießen.

Eine sehr humane Vorschrift, meint sie, damit der Erschossene noch eine Chance hat. Das standrechtliche Erschießen ... jetzt vergessen wir mal diese lächerlichen Anekdoten aus dem österreichischen Kulturkreis, wonach eine Art Schwejk bei dem Kommando »Feuer!« dem Pelotonchef ein Streichholz gereicht haben soll.

Eins aber ist nachgewiesen ... Es hat bei solchen Totschießkommandos immer wieder Soldaten gegeben, die darübergeschossen haben. Man soll die Hoffnung nicht aufgeben.

Als es einmal rauskam, hat man den Drüberschießer vernommen. Er wollte treffen, aber er war hemmungslos besoffen. Junge Menschen können sich das gar nicht mehr so richtig vorstellen, dass ein Tyrann einfach so ein paar tausend Menschen an die Wand stellen lässt, weil sie ihn nicht lieben.

Ob noch jemand weiß, dass sie die Hitlergegner nach dem 20. Juli an Fleischerhaken aufgehängt haben? Generäle, Feldmarschälle. Darunter auch solche, die Hitler mit in den Sattel gesetzt hatte. Sie und die Herren mit dem Schornstein im Wappen und der deutsche Hochakademikerstand wollten den Hund aus dem Käfig lassen, damit er die Sozis und die Kommunisten beißt, aber sie haben die Sau *rein*gelassen.

Peinlicher Irrtum. Aber leider Geschichte.

Also weg damit. Ich kann mich hineindenken in einen Kultusminister ... da wird es etwas überfüllt sein ... gut, in einen seiner Staatssekretäre, der versprochen hat, die Geschichte zu reduzieren – für Hauptschüler, wohlgemerkt.

Also: Hinaus aus dem Gestern!

Hinein in den Morgen!

Man soll nichts und niemandem hinterherjammern … aber so ungern ich damals diesen *Erlkönig* gelernt habe … man wusste, dass zwischen den ersten zwei Zeilen:

»Wer reitet so spät durch Nacht und Wind?

Es ist der Vater mit seinem Kind«

und den letzten zwei:

»Erreicht den Hof mit Mühe und Not

In seinen Armen das Kind war tot!«

ein großes und langes Drama stattgefunden hatte.

Heute würde das lediglich heißen:

Erlkönig:

Er rast wie ein Blöder zu seiner Schnalle

In seinen Greifern das Kid war alle.

Aber noch kann man sich ja verständlich machen. An solchen Tagen wie heute, an so einem 20. Juli, fällt einem immer wieder ein, dass deutsche Gerichte immer noch nicht so weit sind, Deserteure zu rehabilitieren, die den Eid auf Hitler nicht halten wollten, das heißt, sie bleiben dabei, dass diese Soldaten zu Recht erschossen wurden. Und das bleibt so, da kann man einen Filbinger gegen einen Roland Freisler verwetten.

Verhindert das geschriebene Recht die Bekämpfung des Verbrechens oder die Bekämpfung der Idiotie?

Der Stahlhelm-Dregger und der Narrenkappen-Geis, Norbert Geis, CSU, sagten: Fahnenflucht bleibt Fahnenflucht. Es muss ein einleuchtender Grund für die damalige Desertion nachgewiesen werden. Die beiden Herren sollten sich die blöde Fahne in den Schlund stopfen, damit nicht mehr so viel Müll aus ihren Mündern kommt. Unsere Fahne flattert uns voran.

So mussten wir singen. Die Berliner »Stachelschweine« haben es einmal richtig gesungen, nämlich: »Unsre Frechheit flattert uns voran.«

Und sollten diese Dumpfbacken einmal zur Rechenschaft gezogen werden, haben sie sofort einen Anwalt. Kennen Sie einen Vorfall, bei dem ein befehlsverweigernder gemeiner Soldat im Felde gesagt hat: Ohne meinen Anwalt mache ich keine Aussage? So einen deckt niemand und nichts. Nur der Rasen.

Der Friede sei mit Ihnen. Gute Nacht.

7. September 1996

Er wird es nie verstehen. Bei uns deutschen Männern ist das alles eine Frage der Ehre. Davon ist immer die Rede in den Leserbriefen von Oberstleutnants … so richtig blöde Briefe. Das Tröstliche daran ist, dass hinter dem Oberstleutnant immer steht: a.D.!

Ich habe mich unbeliebt gemacht bei einem bayerischen Schuldirektor, der zu mir sagte: »Ich habe die Ehre«, und ich sagte: »Ach, *Sie* haben sie!«

Jeder meint bei Ehre was anderes. Wo hat man die?

Nach deutscher Meinung hat man die Ehre in den Knochen. In welchen?

Und: Männer haben die Ehre ganz woanders als Frauen. Wenn ein Mann zu einer Frau sagt: »Hier geht es um meine Ehre!«, wittert sie sofort ein Intelligenz-Defizit.

Ich habe im Duden nachgeschlagen. Da gibt's die Ehre als Grundwort erst später, dafür fängt es gleich an mit »Ehrabschneider«.

Wo schneidet man die Ehre ab? Tut das weh?

Hängt sie irgendwie irgendwo raus?

Und wie so ein Wort auch verkommen kann. Durch *einen* Mann!

Es gibt Leute, bei denen sie, die Ehre, offenbar leicht abzuschneiden ist, weil sie sie überall raushängen lassen.

Die SS wusste genau, wo sie die Ehre hatte.

Auf dem Koppelschloss.

Und da stand sogar eine philosophische Deutung mit drauf. Und wie sie heißt mit Nachnamen.

Sie hieß Treue und war der Persilschein für die Gehirnwäsche. Im Gehirn ist die Ehre also nicht. Wahrscheinlich ist sie im Arsch.

Es war damals irgendwie eine andere Poesie gefragt.

Der Blut- und Wundendunst der Reichsschrifttumskammer.

Eine Kostprobe?

»Der große Marsch ins Dritte Reich,

Die Wunden, die sich blutig bäumten,

Die Toten, die den Kampfzug säumten,

Sie segnen uns verklärt und bleich.«

Interessant. Der Dichter muss nie eine Wunde gehabt haben.

Meine haben sich nie blutend gebäumt. Und es wäre mir auch nie eingefallen, einem Toten zuzurufen:«He, Kamerad, was säumst du den Weg!« – Unterwerfungslyrik.

Darum verstehe ich die Aufregung um das Buch von David Goldhagen nicht. Victor Klemperer lesen, Freunde, und ihr wisst:

Hitler hatte weniger ein großes Herz, weniger einen großen Geist, er muss lediglich einen großen Hintern gehabt haben, denn fast das ganze deutsche Volk ist ihm dort hineingekrochen. Von Ost bis West!! Das war das letzte Mal, dass zusammenpasste, was zusammenwohnte.

2. Februar 1997

Vor 14 Tagen saßen bei »Talk im Turm« einige Menschen, die aus ganz verschiedener Sicht den Hilferuf der verfolgten Scientology diskutiert haben. Mitten unter ihnen Frau Weber, die deutsche Pressesprecherin, die besonders durch ihr selten wegzuwischendes Lächeln nervte. Ein stark geschminkter Haifisch. Sie klagte, dass die Verfolgung ihrer Scientology durchaus mit der Verfolgung der Juden in Deutschland gleichzusetzen sei. Die Dame muss nicht mehr alle Pillen in der Dose haben. Wir werden verfolgt, verprügelt, erschossen und morgen ganz bestimmt vergast, hätte sie noch sagen müssen. Sie trug ihr Leiden bewegt vor, und selbst wenn sie schwieg, schwieg sie wie am Spieß. In Deutschland darf man so etwas alles sagen, denn wir nehmen das locker hin. Wir behandeln ansonsten Geisteskranke schlecht, aber Menschen mit einer derart dreist vorgetragenen kruden Ignoranz werden bei einer solchen Talkrunde eingeladen, die dann gemeinsam mit einem Blödsinn redenden amerikanischen Journalisten die fehlende Meinungsfreiheit in Deutschland heftig beklagen. Sie war nicht vorbereitet, sie hatte kein Material, sie konnte nichts zitieren, jede andere Firma hätte sie sofort rausgeworfen. Diese Kirche, die eine Firma ist, vermutet ihren Gott in der Nähe von Buddha. Da schau an. Ihre Leute müssen lang nichts von ihm gehört haben, denn Buddhisten verachten Geldstreben und Karrierismus. Ihr Hohepriester Hubbard aber hat in seinen mehreren Testamenten von seinen Anhängern energisch gefordert, eines Tages diese Welt zu beherrschen. Macht man Scientologen darauf aufmerksam, sagen sie mechanisch und ganz schnell: »Lüge!« Woran man erkennt, dass das Ableugnen ihrer wahren Absichten trainiert ist. Ihre Rache an ihren Gegnern ist meist klein und gemein. Sie zerstechen Reifen, schreiben Drohbriefe, denunzieren, schwärzen an, suchen nach Delikten in der Vergangenheit. Haben sie irgendwo ein Bein in der Tür, besitzen sie irgendwann einmal das ganze Haus. Ihr Besitzstand in Deutschland ist beträchtlich. Man muss sie besser beobachten als die PDS. Und man sollte dieser Menschenfängergang auch einen passenderen Namen geben. Ich schlage vor, die Monetarier. Und wie wäre es mit einer Sektensteuer, Herr Waigel?

Gute Nacht!

20. Juli 1997

(Dieter Hildebrandt mit Merkmalen des Euromarketing: Eurowimpel, Euroschale, eine Euromütze, ein aufgeblasener Euroluftballon.)

Es muss jetzt endlich losgehen mit dem Euro. Man muss den Leuten die Wahrheit versagen zu suchen … versuchen zu sagen, 'tschuldigung. Man braucht jetzt für jeden Groschen, der fallen soll – zwei.

Wer weiß überhaupt Genaueres über diese Halbmark? Die Banken sagen nix, die Politiker wissen nix, die Bürger erfahren nix, aber alle Journalisten wissen alles. Wo geht's lang?

Das weiß nur der Kanzler. Da lang!, sagt er.

(Er breitet die Arme aus.)

Ganz gleich, wo ich mit meinem Finger hinzeige, überall kommt der EURO!

Will ihn eigentlich irgendjemand außer Kohl? Die ganze andere Politik ist ihm egal. Wenn er das nicht schafft, sagt er sich, kann er sich nächstes Jahr duschen gehen, und sein ganzes Lebenswerk wird Lafontaine dann zerschrödern. Der Pastor Hintze hat schon ein dickes Pfund in der Wahlkampftasche: Oskar wird die Ostmark wieder einführen.

Ja, der Euro wirft einen Riesenschatten, und in dem treiben die Blüms und die Seehofers teuren Unfug. Blüm hat in aller Verschwiegenheit laut gesagt: Wer vor dem 65. Lebensjahr in Rente geht, also sagen wir mit 60, bekommt für die fünf Jahre einen Rentenabzug, weil jeder nach dem Gesetz einen Arbeitsplatz hätte. Er ist zwar nicht da, aber theoretisch hat er einen.

Seehofer setzt durch, dass die Apotheken mehr Geld vom Patienten verlangen, damit er über die Angst vor dem Preis der Arznei schneller gesund wird. Auch Krücken werden dann weniger gekauft. Das ist Seehofers Lourdes-Effekt.

Die privaten Krankenkassen ziehen übrigens fein nach. Meine hat mir mitgeteilt, dass sie meine monatlichen tausend Mark leider nicht mehr für die Rückerstattung von Arztkosten verwenden könne, weil dieser Betrag gerade noch die erhöhten Verwaltungskosten der Kasse deckt. Fällt alles nicht so auf, weil alle Angst vor dem Euro haben, wie Hongkong vor den Chinesen.

Aber der Erfinder der Eurovision sagt unerschütterlich: Wenn den Menschen in diesem unserem Lande nicht wohl ist in ihrer Haut, dann brauchen sie eben eine neue Haut. Die alte ziehen wir ihnen ab. Vom Lohn.

Weil wir gerade beim Abziehen sind. Der Pflegeversicherung wird zwar kein Geld abgezogen, aber Pflegezeit. Der Pfleger zieht auch ab – und zwar unverrichteter Dinge. Er hat gerade noch Zeit, um dem Pflegepatienten zu sagen: »Guten Tag, wie geht es Ihnen?« Die Antwort kann er gar nicht mehr abwarten, dann muss er zum nächsten. Das ist Nächstenliebe. Vor der Sommerpause wollten sie alle Reformen auf den Weg bringen.

Da stehen sie jetzt, der Weg ist zugestellt, es kommt nichts voran. Eigentlich müssten sie sich jetzt den Urlaub streichen und nachsitzen. Aber das geht nicht, weil sonst die vielen Parlamentarier-Reisegruppen platzen, die auf Kosten des Parlaments die Hotelsituation in Las Vegas studieren müssen oder in Hongkong rauskriegen sollen, ob die chinesische Armee irgendwas braucht.

Es merkt also kaum jemand, dass diese Regierung in den letzten Jahren nichts instand gesetzt hat, sondern so gut wie alles in den Sand.

Die bange Frage ist jetzt eben: Wenn sie sich in fast allen Einschätzungen geirrt hat, wieso nicht bei diesem Euro?

Warum sollte dieser Eurotomane aus Oggersheim ... der ja merkwürdige Antworten gibt, wenn man ihn fragt ... zum Beispiel: »Drei ist Drei« ... Waigel sagt doch: »Drei kann auch dreikommadrei sein« ... und Stoiber meint: Kohl ist Kohl und Waigel ist Waigel und nächstes Jahr sind in Bayern Wahlen und sagt: »50 plus x ist CSU minus Waigel.«

Und *ich* meine: Quatsch ist Quatsch, und ein harter Euro kommt nicht aus einem weichen Keks.

18. September 1998

Ich schaue die Voraussagen für diesen Wahlabend an, sehe, wie sie sich um die Poleposition streiten und wie sie sich wie ein multiplizierter Schumi gegenseitig die Karosserien abfahren, und rechts außen rutscht ihnen der Neonazimob über die Ziellinie.

Wie konnten sie bloß auf die Idee kommen, dass das alles nicht wieder passieren kann?

Es kann.

Da haben die Deutschen damals ihre ärgsten Ausgeburten zu Staatsmännern, Gauleitern und Obersturmführern gemacht, haben sich aufgeregt und angeregt und völkisch bewegt und sich jauchzend in die Glieder eingereiht, wurden dann hart bestraft und zusammengebombt, zusammengeschossen, sind zu bettelnden Hausmeistern gemacht worden, und es hat alles nichts genutzt. Sie sind wieder da, die geisteskranken Völkischen.

Es hat nicht ausgereicht, uns Deutsche zu zweiteilen. Man hätte uns vierteilen müssen.

Es ist schon mal schiefgegangen, als Deutschnationale Christbierokraten die Braunhemden mit ihrem Gesinnungsrattenschwanz umarmen wollten. Die Kröte ist ihnen hinten aus dem Hugenberg wieder herausgekrochen und hat sie mit Haut und Haar gefressen.

Interessant übrigens, dass die Deutsche und die Dresdner Bank jetzt doch so weit sind, den Naziopfern das Zahngold zu ersetzen. Viel ist es nicht, was sie angeboten haben. Es kommt mir so vor, als wären sie drauf und dran, den Vorschlag zu machen, ihnen die Reisekosten nach Auschwitz zu ersetzen.

Ein paar Leute bei den Christsozialen sehen das anders. Michael Glos von der CSU zum Beispiel unterstützt alles, was neonazihafte Beziehungen anbietet.

Da kann man noch was abzocken. Ein bisschen Ostpreußen muss wieder bayerisch werden – ein bisschen Volkstum mit Übers-Feuer-Springen und alte Soldatenlieder singen – ein bisschen Ausländer verprügeln. Glos steuerte ein Grußwort bei zu der Schrift: »Aktion Deutsches Königsberg.«

Als man ihn fragte, ob er denn noch wisse, was er tue, meinte er: »Wieso? Ich habe mich erkundigt. Das haben Heinrich Lummer, Jörg Haider und Steffen Heitmann auch gemacht.«

Wo haben diese Dünn- und Dickbrettbohrer eigentlich ihre Bretter? Na da, wo sie hingehören! Vor dem Kopf.

Und sie brauchen ums Verrecken wieder ihre linken Anpinkelpunkte. Und wenn niemand mehr da ist, dann malen sie sich welche.

Tiedtje, der Brutale, der sogar schon Hemingway umgeschrieben hat – zu lasch, hat er gesagt –, Boenisch, der vorderste Kohlkämpfer, und Sepp Nyary, der folgenden Satz unter die Leser gebracht hat gegen irgendwelche Linke:

»… und als die Deiche gegen die Dummheit brachen, fand sich die Vernunft auf unfugumtosten Inseln isoliert.«

Wo immer diese kauzigen, kratzigen Sprechblasenkranken auftauchen, keine Angst, sie haben am Hinterkopf ihr Verfallsdatum.

Außerdem: Welcher Hochmut, von Ausländern das Erlernen der deutschen Sprache zu fordern, wenn diese Leute eine Zeitung voll schreiben dürfen … Vielleicht sind die Maßstäbe inzwischen verrutscht.

Fußball gibt es mittlerweile täglich. Täglich werden Fußballspieler stundenlang über ihre Viererkettenprobleme ausgefragt. Es vergeht keine Stunde, wo die Leistungssportler der Nation nicht über Hirnschwächen befragt werden. Der Herr Effenbasler oder Faselberg erklärt mir die Kultur, die was nachlässt und die wo ihnen am Arsch vorbeigeht, und alles endet in dem erschütternden Fazit: Durch die deutsche Mannschaft zieht sich ein Muskelfaserriss, der was den Treter nicht so unbeschwert aufspielen lässt.

Fremder, der du einwandern willst, lass es bleiben.

29. Oktober 1998

(Dieter Hildebrandt hat in der Hand einen Tellerrand ohne dazugehörigen Teller.)

Dieses Gerät ist in Zukunft für den deutschen Bürger absolut ein must.

Sagt man so. Früher sagte man »ein Muss«. Heute ein must. You must ganz neu denken, yes!

Es handelt sich hier um den berühmten Tellerrand. Den Teller braucht man nicht mehr. Weil es um inhaltliche Fragen nicht mehr geht. Also keine Teller mehr. Wir fressen jetzt aus der Hand.

Aus der Hand der neuen Regierung. Es ist nur ungeklärt, was es gibt. Zunächst gab's erst mal Ärger.

Leute, die was werden wollen, fressen so was. Bei den Grünen heißt das jetzt Disziplin. Aber bis sie gemerkt haben, was sie fressen, haben sie es schon verdaut.

Was das sein wird, ist noch unklar. Schäuble weiß es schon und liebäugelt ... was man bei ihm nicht sagen kann ... zornäugelt wahrscheinlich mit einem Putsch.

Die klugen Zeitungen sind ganz durcheinander. Die einen sagen: Die Neuen machen nur rot-grüne Schleifchen an die alten Hüte. Die anderen meinen: Sie schlagen zu!

Und womit? Nein, nicht mit Recht. Mit Oskar. Wobei der Schröder sagt, dass Oskar mit seiner Hand zuschlägt, also mit Schröders. Zwischen ihn und Lafontaine, sie sind ja so eng miteinander zerfreundet, passt kein Blatt Papier. Nicht gut, denn das wäre gerade *das* Papier, auf dem sie sich gegenseitig informieren.

Alles findet in der Mitte statt. In der Mitte der Mitte befindet sich die neue Mitte ... nein, nicht der Stollmann, dem muss ein guter Freund gesteckt haben, dass die SPD sich unter einem Wirtschaftsminister aus Gewohnheit eine Mischung aus Möllemann und Rexroth vorgestellt hat. Die neueste Mitte heißt Hombach und ist Schröders persönlicher Hombach, der ein Buch geschrieben hat, in dem steht, dass die Zeiten vorbei sind, wo die Macht vom Volke ausgeht, sondern von ihm, meint er. Durch ihn bekommt der Schröder seine Hand lässig in die Hosentasche. Aber nicht in seine, sondern in unsere.

Nachdem ich am 27. meiner Wählerpflicht genügt hatte, habe ich erfahren, dass ich etwas getan hatte, was ich immer zutiefst vermieden habe. Ich habe in die Mitte gewählt. Selber blöd. Ich hätte ja glauben können, was sie im Wahlkampf erzählt haben. Das Wahlergebnis hat mir allerdings so schlecht auch wieder nicht gefallen. Die Freyschärler, also die Knallkörper des Herrn Frey, sind draußen. Gut gemacht haben wir das! Gescheit! Und das bei einem Volk, das schon so lange ferngesehen hat. Am nächsten Tag habe ich mich dann, weil ich dachte, jetzt fängt ein neues Leben an, in Richtung Allgäu verbeugt und gerufen:

»So, Waigel – und jetzt nimm sofort die Hand aus meiner Tasche!«

Gestern fasse ich rein.

War schon wieder eine drin.

Aber von wem oder was – keine Ahnung. Ich gehöre ja zum mittleren Mittelstand und dachte sofort: Jetzt geht's den Null-steuer-Multis, die überhaupt keine Steuern zahlen, an den höchstpersönlichen Kragen.

Nööö. Vorläufig nicht.

Weil die Konzerne gar kein Geld haben. Und wer kein Geld hat, kann keins hinterziehen. Basta.

Was ist los? Wer steckt dahinter? Im Moment steckt hinter *allem* Lafontaine.

Und Franz Müntefering, der so aussieht wie ein Provinzthe-aterintendant, aber ein gutes Händchen haben soll. Seine Par-teischauspie… –mitglieder loben ihn und sagen: Franz ist der Einzige, der seine Hand durch ein Schlüsselloch kriegt.

Und schon taucht von *taz* bis *FAZ* die Frage auf: Wer hat hier eigentlich wen in der Hand?

Sehen Sie, und für solche Augenblicke der Verwirrung ist der Tellerrand wichtig, damit man über ihn schauen kann. Ich schaue mal drüber. Schon weiß ich Bescheid. Es ist immer der Knöchel an der Hand von Oskar! Schon damals, als ihm das passiert war, Sie erinnern sich. Oskar wandelte ziellos durch Mannheim. Da kam ein Mann aus einer Halle, sah Oskar und sagte: »Bei uns drin ist es so fad. Können Sie eine flotte Rede halten?« Ahnungslos ging Oskar rein, hielt die Rede und war plötzlich völlig überraschend Vorsitzender der SPD! Sein Vorgänger Scharping war begeistert und gab ihm die Hand. Oskar hat sie genommen. Und bis heute nicht zurückgegeben. Vor Kurzem dann hat er völlig unabsichtlich Rudolf vom Rad gestoßen.

»Steh wieder auf, Rudolf«, hat er gesagt, »wenn wir drankommen, wirst du, was du willst.«

»Schön«, sagte Rudolf, »du mein Lieblings-Ossi, dann will ich Fraktionsvorsitzender bleiben!«

Seit zwei Tagen ist er, was er überhaupt nicht werden wollte: Verteidigungsminister.

Oskar soll gedroht haben: »Entweder Minister oder ein neues Fahrrad!«

Man ahnt schon, er hätte das neue Fahrrad nehmen sollen. Denn die Bedingung, die er stellte, war schon so merkwürdig: Keine Abzüge im Wehretat. Mein Gott, da hätte der Rühe ja gleich bleiben können. Die *BamS* hat ihn gefragt, ob er gedient habe. O jaaaa!, hat er gesagt. Freiwillig!

Na so was. Und 67 – kurz bevor er 68er werden konnte, ist er eingerückt und dann, sagte er, musste er wieder nach Hause – wegen seiner Brille!

Leider hat er gesagt.

Mensch, Rudi, ich hatte vier Brillen, und ich durfte nicht nach Hause! Er ist einfach zu gutmütig. Er wird ja langsam zum gerundiven Tätigkeitswort!

So wie suffering – waiting – sleeping – Scharping. Es geht los wie bei den Vorgängern auch. Wer mich vom Trog stößt – den liebe ich bis zu seinem bitteren Ende.

Als der Wahlsieg perfekt war, haben sie gejubelt: »JETZT GEHT'S LOOOS!«

Ein Schuss, der nach hinten losgeht, geht auch los. Schluss, ich verbeiße mich.

15. Mai 1999

Im Ersten Weltkrieg stopften die Großherzoginnen Strümpfe für die Front, gaben kleine Gesellschaften, wo für Kanonen, Minen und anderes gespendet werden durfte. Ist schon wieder da. Im größeren Stil. In München zum Beispiel. Man bekommt eine Einladung zu einem Come-together … im Ernst, heißt so. Die großen Partylöwen schmausen für den Kosovo – der Kardinal kommt für einen Schluck vorbei – der Autokönig Karl Derschloch war auch on stage und lud gleich zu einem See-another ein, wo Edmund Stoiber von dem Großgastronomen Käfer für seine Bemerkung, er, Stoiber, sei ein Leberkäsbayer und kein Schampuspräsident, mit dem großen Leberkäsorden mit Brezel und Brillanten ausgezeichnet wurde. Zu diesem Zweck wurde an nichts gespart. Die Münchner Philharmoniker unter Lorin Maazel wurden extra für *einen* Tusch engagiert. Das Ganze soll in einem Kampfflugzeug der Nato stattfinden, mit einem Jump-with-me, und bei einer gefakten Notlandung soll das Ganze zu einem Go-auseinander führen. Anschließend gemeinsames Absingen von Fallschirmspringerliedern.

Bei einem großen Speech-with-you diskutieren, unter Leitung des Fallschirmspringers Möllemann, 17 Talkmaster die Metamorphose des Fallschirmjägers. Vor dem Absprung ist er noch Bomber, wenn er abgesprungen ist, ein schwebendes Verfahren, und sofort nach der Landung Bodentruppe.

Am Schluss ein Undertabledrinking, und alles endet mit einem gewaltigen Aufwand an Fernsehkameras in einem furiosen fuck you everybody.

Good night.

26. Januar 2000

Ich muss mich entschuldigen, ich bin gar nicht der Richtige für diese ... es sind so laute Zeiten. Eigentlich hatte ich mir vorgenommen zu Beginn des neuen Jahrtausends ... sehen Sie, schon sagt jeder: »Tausend, mein Gott, wenn's nur um Tausende ginge«, und schon fühlt sich der Kohlist angegriffen und wedelt heftig mit den Armen, was heißen soll: »Na, und die Sozis? Fliegen auf Staatskosten nach Sylt!« Wenn die allerdings das Geld verfliegen müssten, was die CDU alles veruntreut, verschwindelt und hinterzogen hat, bekämen sie kein Bein mehr auf die Erde.

Bei den Überlebensversuchen der CDU sieht's tiefschwarz aus. Kohl ist unschuldig auf Bewährung, lässt in Abständen einen um den anderen Parteiuntertanen hochgehen. Nach der Hip-Hops-Methode. Er bleibt hip, seine Partei geht hops. Ich habe die Ehre, sagt er, und ich behalte sie auch. Ich bin der Sultan von Oggersheim, und ihr seid die Handschellenpartei. Das ist kein Gaul, der da mit ihm durchgeht – das ist ein ganzes Gestüt. Und jetzt sitzt er breit und grinsend und weiß auch, warum: Als er sich hinsetzte, sind alle jene, die ihm in all den Jahren in den Hintern gekrochen waren, nicht mehr rechtzeitig rausgekommen!

Und er versteht die ganze Aufregung nicht. Mein Gott, das hat er von Adenauer gelernt und von Strauß. Adenauer hatte einen Gaul im Stall, der Millionen geschissen hat. Das Pferd hieß Menges. Äh – Pferdmenges hieß er und nannte sich später Abs. Keiner hat gemeckert. Aber damals gab's bloß einen Fernsehkanal, und dem hat man das Maul gestopft. Heute stürzt die Geldverwertungsunion, die CDU, über die vielen Kanäle, die sie selbst erfunden hat. Schicksal! Ausgerechnet Kohl, der Journalisten wie Kakerlaien behandelt hat, der immer nur verächtlich »Schreiber« zu ihnen gesagt hat, stürzt über einen solchen. Ein Waffenmakler, ein mieser, gieriger Macker aus dem

Straußspezialmilieu namens Schreiber, sitzt händereibend in Kanada und lässt die Demokratie über sein schmutziges Geld stolpern.

Früher war alles besser. So was wie in Hessen, wo Scheitel-Manni, also Manfred Kanther, der ja bloß eine Fortsetzung von Alfred Dregger mit anderen Mitteln ist – mit Waschmitteln –, der mir immer vermittelt hat, er könnte traurig darüber sein, nicht in eine Zeit geboren worden zu sein, wo er hätte Obergruppenführer werden können, … hat, ein perfektes Dorfrichter-Adam-Modell übrigens, doch tatsächlich das Gesetz selbst geschaffen, mit dem er jetzt bestraft werden müsste. Aber er bekommt seine Strafe für die Tätigkeit als Schwarzgeldganove, immerhin, 30 Millionen am Fiskus vorbeischwindeln ist Leistung. Leistung muss sich wieder lohnen. Er kriegt seinen Lohn, 28 000 Mark Pension – monatlich. Andere kriegen Gefängnis.

Da hat, glaube ich, sein Schwarzgeldschmuggelobermeister, der Casimir Prinz zu Sayn-Wittgenstein und noch was, voll in die Suppe gehauen mit der Erfindung von jüdischen Emigranten, die ausgerechnet der CDU Millionen gespendet haben sollen. Ich glaube, der Casimir hatte sie nicht mehr alle beisammen. Kunststück: Man hat den Prinzen, als er noch ein Frosch war, zu oft an die Wand geworfen! Kanthers Anlernling Koch ist schon klüger, er lässt seinen väterlichen Kaltschnauz Kanther ins eigene Messer laufen und weiß selbst überhaupt nichts. Gar nichts! Also wenn dieser vor Unschuld dampfende Yuppieschlumpf überhaupt nichts wusste, muss er sofort als Parteichef verschwinden, und wenn er alles wusste, auch.

Eigentlich wollte ich das neue Jahrtausend gaaanz leise beginnen. Ich wollte anfangen mit dem Satz: Der Stand unserer Volksbildung hat sich im Laufe des letzten Jahrhunderts stark verändert. Früher kam auf die Frage: Hermann und Dorothea? die Antwort: Goethe, heute würde vermutet werden: eine Schönwetterfront und ein Sturmtief.

Wir haben uns länger nicht gesehen. Wir schätzten uns glücklich, dem dafür ausgestrahlten Fußballspiel zwischen Winsen und Grützenzell weichen zu dürfen. Die ARD will auch ein paar Krümel vom Fußballkuchen haben. Das ist rechtlich, und zwar öffentlich.

Bruno Jonas verspätet sich, er schreibt noch ein Leben um. Sie wissen, über unseren Schreibtisch laufen die Ereignisse dieser Welt. Und weil wir beim Fußball sind ... er hat den Rudi Völler ins Unglück geschrieben. Nehme ich ihm übel. Ich habe ihm gesagt ... lass den Rudi nach Rom gehen und eine Pizzeria aufmachen.

Er lässt ihn über Mayer-Formfehler, diese Fortsetzung des Ägidius Braun mit allen Mitteln, Bundestrainer werden! Das ist gemein, Bruno, das hat er nicht verdient, der Rudi. Was soll er jetzt machen? Eine bessere Mannschaft haben wir nicht zum Verlieren. Die Jungs haben getan, was sie konnten. Hässlicher kann man's nicht ausdrücken.

Haben Sie gehört? Der Ball, mit dem unsre Mittelfeldmurkser und hängenden Doppelspitzen gegen Portugal gespielt haben, ist im Labor. Er wurde nach Fußspuren von deutschen Spielern untersucht. Waren keine zu finden.

Die deutsche Mannschaft kam erst wieder in Ballbesitz, nachdem der Schiedsrichter abgepfiffen hatte.

Als Auszeichnung für den Triumph ist jetzt Mayer-Formfehler noch einen aufgerückt. Auf den Chefsessel des DFB, dort führt er das große Wort. Das ist so, als wenn bei der Beerdigung des deutschen Fußballs der Sargnagel die Grabrede hält.

Ist alles nicht mehr so schlimm. Inzwischen hat, so Helmut Kohl, »Deutschland die Fußballweltmeisterschaft 2006 gewonnen«. Dann darf das Wunderteam wieder mitspielen. Weil der Rasenpapst Beckenballer jahrelang mit dem neuseeländischen

Delegierten Golf gespielt hat. Es ist allerdings nur ein Gerücht, dass jedes Mal in Loch sieben eine Message von Kirch gesteckt hat, mit der Mahnung: »In Dubio pro Leo.« Als der Neuseeländer dann bei der Abstimmung ratlos fragte: »Wo bin ich denn?«, sagte Beckenballa: »In Dubio.«

Zugegeben, ein bestechendes Argument. Aber es hat nicht einmal den Anschein von Bestechung … wenn man auch sofort an Scheine denkt.

Ganz andere Frage: Wenn man Fußballspielern ein paar prächtige Gene in die Beene … ist das dann Doping?

Und damit sind wir in medias.

Wir stecken mitten in einer Revolution. In der gentechnischen. Die Baupläne des Menschen sind gefunden. Wir können nachgebaut werden. Der Roboter hat ausgedient. Der NANO-BOTER ist da. Nano heißt klein, zwergenhaft – ein Milliardstel. Also von einer Milliarde Mark eine Mark, das ist ein Nano.

In zehn Jahren kann man, wie Möbel bei IKEA, sich einen Menschen bestellen. Da muss man sich natürlich beraten lassen. Lieber mit den Bauteilen TATAG oder GACCT? Ehepartner holt man sich in Zukunft aus dem Katalog. Angestellte und Putzkräfte, die man dann in- und auswendig kennt. Das Problem mit Abhören und Überwachen können Sie abhaken. Es wird ein Geld verdient werden, dass Kohls Ehrenwortmillionen dagegen Nano-Peanuts sind.

Wer das Geld hat, zieht dem Volk die Ohren lang. 40 Jahre lang haben wir gerätselt: Wer hat recht: Huxley oder Orwell?

Es ist entschieden: beide. Ein totes Rennen.

The winner is: Huxwell.

Der arme Kohl. Es kommt zu spät. Es wird dann wahr, was er irrtümlicherweise annahm, dass man die Demokratie hemmungslos verarschen kann. Man möchte ja Kohl und seine langsam öden Wahrheitsverräumungen endlich zu den Akten legen. Aber die sind ja weg.

Na, Hauptsache, es geht ihm gut, und er bringt gute Leuna … Laune unter das Volk.

Aber das muss man Kohl lassen: Er bemüht sich so sehr um Aufklärung, dass er sogar die Mitglieder des Untersuchungsausschusses berät, welche Fragen sie ihm stellen sollen.

Und Kraft hat er. Er rüpelt sich so durch die antwortarmen Fragestunden, dass seine Partei schon wieder in Respekt verharrt. Kohl war immer dafür, die Mitarbeiter an der kurzen Leine zu führen. Man sieht ja, dass viele noch seine Schnur um den Hals haben.

In 25 Jahren können sie sich einen neuen Kohl bauen lassen. Dann können sie die Angela Merkel in Zahlung geben und aus dem Herrn Merz zwei Feuermelder machen.

Irgendwann werden wir von unseren Computern entlassen. Ohne Sozialplan, Rente, Alterssicherung. Die Computer werden persönliche Beziehungen miteinander aufnehmen … später werden sie heiraten. Wenn nicht der eine oder andere schwul ist.

Die Kirchen können schön langsam abwickeln. Vielleicht macht das die Frau Breuel. Der Mensch der Zukunft braucht keine Kirchen mehr. Niemand glaubt mehr an Gott, wenn man es selbst ist.

(Falscher Abgang durch die Schleuse – es piept.)

Ach ja. Das ist unser Gen-Check-Point. Wenn einer noch Restbestände aus der Altzeit hat, also noch nicht reparierte Bausteine, sagen wir Gefühl, Glauben, Mitgefühl … irgendein Restrisiko hat jeder … dann piept der Gen-Check.

Ich glaube zum Beispiel noch an die Demokratie. Bei mir piepst es also.

Was messen wir sonst noch mit diesem Genometer?

Aktuelle Krankheiten – sexuelle Vorlieben. Alles.

Nehmen wir mal an, Ihr Genom hat die Sequenz ACAA. Das heißt: Sie sind lügenscheu – Sie könnten also nie Ministerpräsident von Hessen werden.

Nehmen wir an, Ihre Kreisverwaltungsbehörde will wissen, ob Sie für Kampfhundhaltung geeignet sind, also da muss schon eine Brutalität im Genom sein. Wir vergleichen deshalb Ihren Gen-Code mit dem von Ernst August von Hannover, und wer am nächsten an den rankommt, der hat gewonnen.

Wichtig ist es für Personalchefs. Es gab ja immer wieder Fehlbesetzungen in den Führungsetagen der Konzerne.

Leute, die Gedichte lesen! Einmal soll sogar jemand, der die Vierte von Brahms liebte, bei Siemens ganz oben ... Wahnsinn!

Wird nicht mehr vorkommen.

Solche Leute werden mit dem Checker ausgecheckt. So eine Kraft muss vielseitig sein, nicht nur die 1000 wichtigsten Börsenkurse auswendig können, so einer oder eine muss jeden Tag das *Handelsblatt,* die *Financial Times* und *Focus Money* auswendig lernen, damit umfassende Bildung gewährleistet ist!

11. Oktober 2000

Das haben wir davon. Von unserer erfolgreichen Kinderernährung. Beim Anblick dieser dumpfdämlich blickenden Nazinachahmer, die Synagogen anzünden und mit der tapferen Überzahl von zehn zu eins Ausländer tottreten und, wenn sie das Maul aufmachen, Blödsinn abstottern, kommt einem schon mal die Idee, für die ich mich sofort entschuldige, dass die Prügelstrafe ... Ist ja gut.

Diese potthässlichen, vollgefressenen Youngsterbanden sehen den Sturmkolonnen der SA von damals immer ähnlicher, nur hatten die ja damals diesen wirklichen Revolutionär an der Spitze. Diesen Bayern – den schwulen Ernst – den Röhm meine ich. Allerdings haben sie jetzt neben den Neo-Nazis auch die Deo-Nazis. Das sind die geputzten und gestutzten Halbintellektuellen aus den rechtsradikalen Zeitungen, die sich, interessant, als die SS in dem Haufen betrachten. Das sind jetzt alles Heydrich-Kopien. Das Internetwork dieser Verbrecherorganisation.

Ihr volldebilen Hirnvortäuscher werdet nie das Original erreichen. Ihr seid zu klein und zu dumm. Und ich hoffe, dass sich die jüdischen Gemeinden in diesem Lande nicht verjagen lassen. Und allen sei gesagt, die es immer noch nicht glauben wollen: Als die Mörder in diesen kackbraunen Hemden die jüdische Bevölkerung, die deutsche Bevölkerung, umbrachten, haben sie das deutsche Intelligenzpotenzial um mindestens die Hälfte verringert.

Wie kommt's zur Veränderung? Wir sind doch ein durchinformiertes, nahezu gläsernes, voll durchregierbares Volk. Die Polizei muss doch inzwischen wissen, wo jeder wohnt. Irgendwann muss doch mal einer erwischt werden, der anzündet, beschmiert.

In Weiden in der Oberpfalz passierte es: Ein Pflasterstein flog in das Fenster der jüdischen Gemeinde. Die Polizei sah sich das an und meinte, sie sehe keine Beweise für rechte Gewalt. Vielleicht suchten sie nach arabischen Verdächtigen, die sie dann gleich ausweisen könnten.

Weil nichts passierte und es immer heißt: Der Bürger muss spontan reagieren, tat das einer und rief zu einer Demo gegen rechts. Die Weidener sind nicht rechtsradikale Sympathisanten, es kamen 40 Personen. Das muss für den Weidener Polizeichef Wittmann eine gefährliche Bedrohung der Sicherheit der Bevölkerung gewesen sein – er ermittelt jetzt gegen den Initiator der Demo gegen die Rechten.

Es war immer so und überall: Linke sind gefährlich, die ballen immer die Faust. Da weiß man nie, was sie drinnen haben. Bei den Neonazis? Die strecken die Hand aus … Halten sie ganz offen hin, Handfläche nach unten.

In anderen Ländern kommt man besser aus mit den Polizisten. Da kann es sogar vorkommen, dass auch der Polizist die Faust ballt. Hoppla, denkt man, das sieht ja nach Gesinnung aus. Dann macht er die Faust auf und sagt: Ja, wo kommt denn der Tausender da her?

Wichtig ist, man muss immer unbestechlich sein. Das bedeutet, dass man korrupt sein muss, damit man für die Unbestechlichkeit genug Geld hat. Der Jonas hat gesagt, es gebe jetzt für jeden die Chance, ganz, ganz reich zu werden. Es gibt Geld in Hülle und Fülle. Es gehört aber meistens anderen. Mir haben sie gesagt, der Bund der Steuerzahler und der von Armin, dass hier in Berlin, in den Ministerien, täglich das Geld aus dem Fenster geworfen wird. Da bin ich hin mit einem Korb – nichts war's. Warum?

Es war das falsche Fenster!

13. Dezember 2000

Vor ein paar Jahren habe ich das Rauchen aufgegeben. Dann habe ich aufgegeben, über Helmut Kohl nachzudenken. Wer immer sein Buch geschrieben haben mag ... ich hab's gelesen. Er lässt es Tagebuch nennen. Ich glaube ihm keinen einzigen Tag. Erst habe ich's gerade gelesen, dann kreuz und quer. Erst vorne reingekuckt, dann hinten. Es stimmt hinten und vorn nicht. Und was seine Vornehmheit betrifft: Sie verliert sich in diesem Anrempelbuch spurlos. Seine Anhänger hoffen ja immer noch, dass auch Kohls Tagebuch gefälscht ist. Aber vergeblich. Kujau ist ja tot.

Die Literatur ist um eine Memoire ärmer.

Was habe ich noch aufgegeben?

Das Essen, ja.

Na ja, was kann man noch? Wo geht man hin? Na klar, zum

Italiener, zum Chinesen, zum Thai – zum Engländer ist man sowieso selten gegangen. Aber jetzt haben die Bakterienkommissare, also die Lebensmittelermittler beim Japaner … in den Fischen Leben entdeckt. In einem Gästebuch habe ich neulich gelesen:

»Mensch, bedenke, dass dich die Bakterien von der anderen Seite des Mikroskops aus betrachten!«

Am besten ist es wahrscheinlich, wenn man das Essen vergisst und es versäuft.

Aber wer weiß, ob der Wein nicht mit Reblausmehl … weiß man's?

Huhn kann man ja schon lange nicht mehr essen. Warum?

Weil die Fische zu Fischmehl gemahlen werden und dann … seit Langem essen gute Katholiken am Karfreitag Huhn, weil das sowieso wie Schellfisch schmeckt.

Noch ist es nicht so weit, dass Hühner Hühnermehl zu fressen kriegen. Vielleicht essen wir uns seit Längerem schon selber?

Kannibal est ante portas!

Und wo ein Kalauer leben kann, lebt auch ein zweiter:

Als Vermehlte grüßen …

Schon das Wort Mehlsuppe konnte ich nie ohne Schaudern hören!

Was auch in Zukunft aus uns wird … keine Panik!

Es wird Gras über uns wachsen.

Irgendein Landwirtschaftsminister wird wieder ein Rind vor unseren Augen mutig verspeisen, aber das wird nicht die Ursache seines Todes sein. Er wird an Dummheit sterben. »Beef is safe.«

Und wir? Vielleicht am Altenheim?

In über 4000 kontrollierten Pflegeheimen war die Ernährungs- und Flüssigkeitszufuhr nicht sichergestellt. Es ist so weit: Wir sind reich – wir können uns vor allem Möglichen schützen – aber Altwerden ist bei uns lebensgefährlich.

Gestern war der Tag der Menschenrechte.

Es sollte vielleicht mal klargestellt werden, welche Menschen dabei gemeint sind.

Die Würde des Menschen ist unantastbar.

Warum? Weil sie so weit oben hängt.

Und im Nebel. Im verbalen Nebel.

Die neueste Nebelkerze der Regierungsverklärer: »Die vorübergehende Abflachung des Rentenanstiegs.« Da handelt es sich eindeutig um den Versuch der Verarschung der Rentner.

Es ist ein Gerücht, aber ich muss es unterbringen. In Frankfurt soll jemand auf der Straße zu unserem Außenminister gesagt haben: »Waren Sie nicht mal der Joschka Fischer?«

Er hat sich ein Denkmal gewünscht zu Weihnachten. Sehr originell – gleich neben einem Hohenzollern unter den Linden. Joschka als Reiterdenkmal – rittlings sitzend auf Madeleine Albright.

Dass er nicht den Bambi bekommen hat, hat mich verwundert. Für seine Lebensleistung: zwei Jahre lang ein bedeutendes Gesicht machen – sine causa. Ohne Grund.

Die Regierung hat jetzt Halbzeit.

Die Grünen haben bewiesen, dass sie die Decke verdienen, unter die sie mit Schröder gekrochen sind.

Man konnte ihre Anpassungsfähigkeit gar nicht hoch genug unterschätzen.

Die Sprache verrät es.

Fraktionschefin Kerstin Müller sagte nach einem erfolglosen Gespräch: »Das war ein sehr lösungsorientiertes Gespräch.« Mit so einem Satz könnte sie ein Geschäft aufmachen, den Mund sollte sie lieber …

Man ist lösungsorientiert voll ins Messer gelaufen. Die Entfernungspauschale ist da. Das heißt, die Grünen haben sich genügend weit von sich entfernt. Sie dürfen mitmachen. Wer sich ganz schnell und ganz weit entfernt, soll 20 Pfennig mehr fürs Benzin bekommen. Zurückkommen soll keiner, denn es gibt keine Zurücknäherungspauschale.

Das Ganze ist für die Bauern gedacht. Die sollen sich mit ihren Traktoren ganz schnell entfernen von ihren Feldern, weil man das, was sie erzeugen, nicht mehr braucht.

Das Lösungsorientierteste wäre: Boden versiegeln – 18 Löcher reinbohren und Beckenbauer als Bundesgolfberti engagieren. Der Bettenhuber … 'tschuldigung den Versprecher, aber *BILD* hat die Spermaschleuder von der Säbenerstraße so niedergemacht, wegen *einem* Kind, das er in seiner Zerstreutheit … der Mann ist gefordert!

Kann jedem passieren. Jetzt soll er entschädigt werden, der Christkindlmacher … es passiert immer bei Weihnachtsfeiern! Jeder Firmenchef kennt das mit den Punschkindern. Stoiber schenkt ihm jetzt ein ganz neues Stadion. Da können die Fans den Schweiß der Bayernspieler riechen. Den Angstschweiß.

Das Stadion soll in der Nähe vom Brotjackelriegel im Bayerischen Wald stehen. Aus mit der Kommunisten-Schüssel.

So nennt der Franz das Olympiastadion. Warum, weiß kein Mensch. Wahrscheinlich verwechselt er Kommunist mit kommunal. Mein Gott, Kaiser, den Ball hast du immer so gut gestoppt – deinen Redefluss solltest du versickern lassen.

20. Juni 2001

(Dieter Hildebrandt kommt mit einem Stapel Akten.)

Das ist ein Altberliner Stück. Wird immer wieder aufgeführt.
Der Täter und der Wolf.
Muss alles weg. Lauter alte Berliner Skandale.

Der Hessenkoch hat schon gedroht: Kein Hessenpfennig mehr, wenn das so weitergeht. Den kennen Sie ja. Das ist diese regierende Gedächtnislücke. Er vergisst immer mal wieder, dass er vergessen hat zuzugeben, dass er gelogen hat. Und hinter ihm verkriechen sich alle mit dem Stecken, wo was dran ist. Das ist die moralische Koch-Nische.

Der hat gedroht: Wenn die PDS in Berlin mit im Boot sitzt, ist der Länderfinanzausgleich im Eimer.

Niemand behauptet, dass das Erpressung ist. Warum eigentlich nicht?

War schon 'ne Menge los in Berlin. Aber immer heiter. Als der Bauskandal mit dem Antes lief, kam eine hübsche Nebengeschichte heraus. Wo man sich traf, um zu kungeln, das gehörte einem Eingeweihten. Das war ein Bordell. Und der, dem das gehörte, hatte einen berufsspezifischen Namen. Er hieß so wie das Ding, mit dem der Hund wedelt. Ganz Berlin lachte, und der Senat, der Kopf der Stadt, dachte heftig darüber nach, wie man den Schwanz köpft, während er den Kopf geschwänzt hat.

Alle politischen Karrieren in Berlin enden immer in Immobilien. Und eine ganze Zeit lang wusste man nicht, wie handeln die das mit den Auftraggebern aus?

Dann wusste man's. Man traf sich am Rande der Stadt auf einem großen Grundstück von einem Baulöwen … was heißt Baulöwen. Baulöwen waren das ganz selten. Meistens waren es Baudackel.

Also in dem Garten dackelte man um die Politiker rum, es wurde eine Schampus-Pipeline in den Garten gelegt und dann zwei Tage und zwei Nächte um die Palme getrunken. Wenn dann die ganze Anlage voller besoffener Säcke lag, kam der Herr vom Senat, und der, der als Einziger noch stehen konnte, bekam den Bauauftrag.

Am Schluss sang man dann, schwankend, aber patriotisch:
BERLIN bleibt doch BERLIN.

Solche Pfründen gibt man ungern auf. Wer soll in der CDU einmal das Diepchen beerben … dass die SPD nicht lange mitredet, ist ausgemacht.

Schäuble hat sich den Arm verletzt beim heftigen Abwinken. Unter seinem Niveau.

Ein paar wollen sie in dieser Partei loswerden. Vielleicht nominieren sie noch den Spargel auf dem Mofa … den Merz. Der sich ja auch geoutet hat. Anders, aber auch. Als der Wilde auf der Maschine. Ein ganz junger Wilder! Trank Bier. Und er hat zugegeben, dass er ein ganz wilder Pommesvernascher und Currywurstvernichter war. Und mit Mädchen hat er auch was gehabt! Wahrscheinlich Schwierigkeiten. Ein teuflisch gefährlicher ungezähmter Sauerländer!

Seine Partei sagt inzwischen: höchstes ein Hundertsassa.

Man kann ja die Fettnäpfe noch so weit verstreuen – er trifft sie alle gleichzeitig.

Schon bitter, wenn einer als Torpedo startet – und als Flaschenpost endet.

Die Merkel war auch im Gespräch.

Die ist wesentlich bescheidener. Sie hat gleich als Flaschenpost angefangen und hofft, dass sie mit einem Torpedo verwechselt wird.

26. September 2001

Es wird sich viel ändern. Koch, der Hesse, hat schon angekündigt, dass er den Wahlkampf führt mit der Idee, dass die Fahne wieder wert ist, gegrüßt zu werden.

Nach dem letzten Krieg war sie irgendwie in Verschiss geraten. Die jungen Leute haben sogar gelacht, wenn die Kapitäne mit dem sinkenden Schiff und der flatternden Fahne grüßend und Hymnen singend untergingen und das Schwimmen verweigerten.

Der deutsche Mensch soll wieder eine Identität kriegen, sagt der Koch. Er soll, wie früher, wieder der Fahne folgen, die ihm voranflattert. Und wo er eine sieht, soll er sie grüßen. Es gibt schon Kochkurse fürs Fahnengrüßen in Hessen.

Ich kenne das noch. Dieses Verkohlen mit Symbolen.

Zum Schluss haben wir alle gesungen: Denn die Fahne ist mehr als der Tod. Muss man sich mal vorstellen!

Text war von Baldur von Schirach. Der war gar kein Mensch. Der war Fahne.

Ich muss Ihnen sagen: Ich bin in den letzten vier Jahrzehnten spielend ohne Fahne ausgekommen. Ich brauche keine.

Das Einzige, was ich für nützlich halte, sind die Eckfahnen beim Fußball. Und wenn es Koch will, grüße ich die gerne.

14. Februar 2002

(Dieter Hildebrandt tritt auf mit einem Peanuts- oder Chipsbeutel, an dem er vergeblich zerrt.)

Erdnüsse machen nicht dick.

Weil man gar nicht rankommt. Das Zeug ist so verpackt, dass der Inhalt unberührt bleibt.

Nach drei Versuchen schmeiße ich das Zeug wütend weg.

Die Verpackungsindustrie wird immer perfekter.

Inzwischen kann sie auf den Inhalt eigentlich verzichten.

Das Zeug muss nur so ähnlich aussehen.

Dieses System ist jetzt von der Wahlwerbung komplett übernommen worden.

Die beiden Wähler-Vernasch-Zentralen von SPD und CDU/

CSU – Kompo und Arena – beherrschen es bereits glänzend.

Die beiden Kandidaten sind praktisch die Peanuts – die Verpackungen sind die Entertainments.

Was bei den Kandidaten drin ist, ist uninteressant.

Es gibt Regieanweisungen. Bei Schröder heißt es: Nicht schütteln, es ist sowieso schon so vieles durcheinander. Bei Stoiber: Nicht dran rühren. Nichts rauskommen lassen. Drinlassen. Auch wenn nichts drin ist.

Das Produkt, also der Kandidat, topfit – sauber – geglättet – entfaltet – beschlipst – geschminkt – entwurmt – gebrieft und geschlechtlich entschärft.

Beide also familiär angepflockt. Das wirkt immer wie ein Ovulationshemmer.

Wer traut sich noch an Edmund, wenn Karin ihre Trümmerblicke verschießt?

Wer hat noch Spaß an Gerhard, wenn Doris zornig an ihrem Halfter kaut?

Wichtig ist die Aura, die ein Produkt verströmt.

Schröder ginge meilenweit für eine Aura – Stoiber verzichtet bescheiden darauf und tritt in den Schatten, den ihm sein Meister Franz Josef Strauß geworfen hat.

Beide sind durchaus entwicklungsfähig.

Beide lächeln scheußlich. Schröder verwendet eine schrille Mischung aus Lächeln und Grinsen. Manchmal grächelt und manchmal linst er.

Stoiber lächelt mühsam wie Effenberg, wenn er ein Eigentor geschossen hat.

Alle beide sind Rumpelkandidaten.

Ihre Wählervernaschzentralsekretäre schicken ihre Produkte unbedenklich auf Tournee.

Setzen sie damit dreisten Fragen aus.

He, Herr Schröder! Hat sich Ihr Eichel jetzt total verriestert?

Was bleibt nach drei Jahren Regierung?

Besteht Ihre verkorkste Steuerreform tatsächlich darin, dass die großen Kapitalgesellschaften überhaupt keine Körperschaftssteuern mehr zahlen und der kleine Mann sich die Dividendenausschüttung an die großen Fettsäcke vom Munde abspart? Sind wir verschuldet und verschrödert, bis die Republik endgültig zerstoibert wird?

Kann es sein, dass der flache Bergland-Edi nicht alles genauso und schon gar nicht besser, sondern viel schneller machen möchte?

Bei wem kommt mehr raus?

Vorsicht beim Fragen! Schröder kann besser verbergen, was er nicht weiß.

Bei Stoiber verdoppelt sich's.

Freunde, Mitbürger, Mitwähler! Müssen wir uns alles das, was wir jetzt schon wissen, noch acht Monate lang anhören?

100 Millionen Euro für eine Wiederholung aus den 50er, 60er und 70er Jahren, und wir müssen's selber bezahlen?

Nein, nein, wir lassen uns das was kosten. Atemlos verfolgen wir das Projekt, wie man zwei Kandidaten zu einem verschlankt. Es ist ja auch nicht wahr, dass, wo Schröder oder Stoiber auf der Verpackung steht, auch Stoiber drin ist oder Schröder drauf, sondern Schröder dran und Stoiber drin ist und Stoiber drunter, wo Schröder drüber und ganz egal ob Schroiber oder Strüder oder Hasseröder ...

Kann das dann nicht eine Werbeagentur für die Hälfte der Kosten machen? Wieso sollen wir für zwei Elefanten bezahlen, wenn hinter der Verpackung nur eine Maus lauert?

18. Juli 2002

Herzlich willkommen in unserem Gipfelhotel.

Ich bin hier der Zahlkellner.

Ziemlich versiffter Schuppen. Aber ausverkauft. Wir sind nur von Kletterern zu erreichen. Oder mit Hubschraubern.

Ideal für Gipfelkonferenzen!

Seit Genua treffen sich die Bushens, die Putins, Chiracs, Berlusconis und Schröders nur noch an unerreichbaren Orten. Solche Leute dürfen die Volksnähe nicht übertreiben. Die Demokratie gewinnt dadurch an Höhe.

Ich kann Ihnen nicht verraten, wo das hier ist. Bayern hat viele Gipfel und alte, versiffte Hotels.

Heute tagt der deutsche Bildungsgipfel.

Koch, der Gipfelhesse, hat gerade verkündet, dass in einem Jahr der Hesse der Klügste sein wird.

»Wettbewerb« ist das Stichwort, sagt er. Schule als Super-Game.

Ich habe mir den Mann angesehen. Er hat wirklich eine beachtenswert große Fresse. Aber sein IQ-Verbrauch auf 100 Kilometer, wenn man ihm zuhört … ein echter Hirnschoner. Bayern in der Bildung einholen wollen, das ist genauso dusslig wie zwei, die ein Skirennen auf dem Skilift austragen wollen.

Die bayerische Bildungsinhaberin Monika Hohlmeier gehört zu dem schweren Erbe, das uns Strauß hinterlassen hat. Wenn man von seinen Söhnen absieht. Und von Edmund Stoiber.

Stoiber soll gesagt haben, das Parlament solle man nicht überbewerten. Das ist kein demokratischer Denkschaden, nein, das ist das Erbe.

Deswegen braucht er ja dieses merkwürdige Kompetenzteam.

Ich habe mich beworben. Das *Alter* hätte ich.

Da kommen ganz neue Gesichter! Späth – Schäuble – Filbinger lebt übrigens auch noch.

Schade, dass Ernst Jünger so unerwartet verschied.

Das wäre ein Klassekompetenzteam:
Ernst Jünger – Max Schmeling – Leni Riefenstahl.
Mein Gott, Stoiber! Frau Noelle-Neumann hat er vergessen!
Was jüngeres Passendes wäre Lothar Matthäus. Nein, dafür
hat er ja die Katherina Reiche in seinem Praepotenz ... Kompetenzdings. Die Frau Reiche hat alle überrascht. Sie hat neue
Ideen!
Sie tritt jetzt, glaube ich, für die Abschaffung der Todesstrafe ein.
Stoiber verspricht sich was davon. Er verspricht sich überhaupt ganz allerliebst. »Gludernde Lot« statt lodernde Glut.
Nett. Schlechter wäre, wenn er sagen würde »Gesprochene Verbrechen« statt gebrochene Versprechen.
Kommt noch, in der Hitze der Macht.
Ich wünsche mir einen Versprecher im Bayerischen Fernsehen: »Leo Kirch erhielt durch das gnädige Abnicken des Ministerpräsidenten Stoiber verängstigte Kredite der Bayerischen
Landesbank ... Verzeichnung ... vergünstigte ...«
Man bekommt nie, was man sich wünscht: das bisschen
Wahrheit.

(Dieter Hildebrandt kommt mit leerer Platte.)
Sie essen. Sie sind abgefüttert.
Als sie mit dem Käse fertig waren, habe ich so eine Runde
rumstehen sehen. Ganz wichtig. Joschka Fischer, Schröder, zwei
Fernsehintendanten und ein Kardinal aus dem Rheinland.
Ganz erregt haben sie diskutiert, und ich dachte, sie streiten
über Maßnahmen, wie man Ministranten vor Würdenträgern
schützt, oder über hohe Dinge, Bildung, Gott, die Welt, Philosophie, und ich höre gerade, wie der Schröder sagt: »Natürlich
hätte der Kahn den halten müssen!«
Und da sehe ich einen, der gar nicht eingeladen ist. Wen? Natürlich Westerwelle.

Gestern gab's schon Ärger in Berlin. Der Kanzler hatte den russischen Botschafter zum Essen eingeladen.

Wollte Westerwelle sich einklagen.

Und noch eine Klage hat er eingereicht. Er besteht darauf, dass er nach dem Bundespräsidenten auch eine Neujahrsrede hält. Jetzt nennen sie ihn Silvesterwelle. Aber der Herr lässt sich nicht aufhalten. Nicht einmal das Gerücht, er habe sich in beide Gesäßbacken eine 18 tätowieren lassen, stört ihn. Oder dass man ihn für den Bauchredner von Möllemann hält.

Der wird langsam zur reinen Luftnummer. Er wollte in Coburg mitten rein in ein Volksfest mit dem Fallschirm springen. Sie lassen ihn nicht, weil sie fürchten, dass er die Liebe der Leute, in die er reinspringt, nicht übersteht.

Die Mösterwelles und Hampel-Liberalen machen viel Wind mit ihrem Turnhemdchen. Immer forsch, wellness-beladen, aufdringlich wohllaunig, diese Westerwellness. Mein Gott. Welcher Aufwand für eine kleine Tüte Juckpulver!

Irgendjemandem ist vorhin im Speisesaal was aufgefallen, was ich beachtlich fand. Es war dieser Blatter, glaube ich, der Fußballweltboss, diese Super-FIFA-Pfeife, Korrumpi-Sepp nennen sie ihn. Der Mann ist nach allen Seiten hin offen.

Neulich wollten sie ihn abwählen. Nichts zu machen.

Blatter hat seine Meier-Vorfühler ausgestreckt, wie viel Stimmen so fehlen. Dann muss irgendein Fan von ihm einen Eimer Scheine auf den Tisch geblattert haben, und nach der Wiederwahl hat er jetzt, wie ein afrikanischer Diktator, seine Gegner liquidiert.

Das war es wohl, was gemeint war, als anlässlich der Weltmeisterschaften einer von diesen Fußballsamaranchis sagte, dass die Jugend im Fußball ihre Vorbilder sucht. Prost, Sepp und alle deine schleimheiligen Abhängigen.

Einer von ihnen sagte aber ganz richtig, so an der Havanna

vorbei: »Wir bezahlen 100 Millionen, dass wir einen Fußball-star kriegen, und meine Bank zahlt 110 Millionen dafür, dass sie ihren Superpleitemanager loswird.«

(Grauenhaft lautes Hubschraubergeräusch.)

Stoiber kommt.

Wussten Sie eigentlich, dass das große Duell zwischen Schröder und Stoiber im Fernsehen in Form eines Elfmeterschießens stattfindet? Ist populärer. Näher an den Fans. Dran am Ball.

Die Herren stellen sich auf in einer Entfernung von elf Metern und schießen. Face to face. Mit Luftgewehren – Luftpistolen.

Mit allem, was bei ihnen drin ist.

Also mit heißer Luft.

Schiedsrichter ist Rudi Völler.

»Es gibt nur ein Rudi Völler!«, hat das Volk geschrien. Nur ein Rudi Völler. Gibt es. Und vier Akkusative. Aber nur ein ist richtig.

Multipel gefragt: Was ist ein Akkusativ?

Was zum Aufladen?

Was zum Entschuldigen?

Was fürs Deklinieren?

Oder was zu essen?

Auf jeden Fall, auf Fälle ist geschissen. Wer von ein Dativ nicht weiß, is ein Mensch, der wo kein Genitiv nich brauchen tut. Und noch was: *Es gibt nur ein Stoiber!*

Zwei würde keiner aushalten.

12. Dezember 2002

Immer wenn ich mit dem linken Auge eine traurige Schlagzeile erwische zum Thema Grab, Bestattung oder so was, assoziiere ich sofort FDP, ob Westerwelle jetzt die Asche mit nach Hause nehmen darf ... oder wie war das? War was anderes.

Nein, ich meine die Schlagzeile von Dieter Bohlens Werborgan, von Diekmanns Gülleschleuder. Die Schlagzeile des Jahres hat natürlich *BILD*. Hier: Ausgehend von der fröhlichen Mitteilung:

HIER KOCHT DER CHEF PERSÖNLICH oder

DAS FAMILIENPROGRAMM VON RTL: HIER KÖNNEN TÖCHTER MÜTTER BESPUCKEN!

Die absolute Spitze: HIER WEINT DIE WITWE AM SARG.

Witwe zündet Sarg an und betet vor der Asche ... oder so ähnlich.

Aber so ganz langsam prägt sich dieser Stil auch unseren Parlamentariern auf.

Es war absolute *BILD*-Spitze, als am Nikolaustag ... das ist der Tag, an dem man seinen Mitmenschen gerne etwas in die Schuhe schiebt ... Michael Glos ... das ist der Pöbelmacker vom Dienst, Vorsitzender des CSU-Pöbelcenters ... als Glos den Finanzlochvogel Eichel bekübelte. Ich warte immer darauf, dass der Adler über dem Katheder mit einem gezielten Meisterschiss ... es kommt noch.

Die politische Kultur im Lande hat ihre Tage, ihre Feiertage.

Es wird viel gelacht, gegrinst, gejuxt. Dabei soll doch die Stimmung so mies sein.

Immer mehr Schlimmes erfährt der deutsche Bürger über sich. Jetzt wissen wir, dass der Deutsche stoffwechselmäßig – also im internationalen Verdauungswettbewerb – an 24. Stelle hinter Kakmandu und den Südost-Antillen steht!

Unser Unterwäschewechselquotient hat sich drastisch verschlechtert. In der Frischwäschetabelle stehen wir hinter Tadschikistan! Die Schweiz hat uns im Sauerkrautverzehr eingeholt!

Einen internationalen Spitzenplatz halten wir nur noch in schlechter Laune.

Die Bundesregierung denkt über eine prävisionäre Katastrophensteuer nach.

In der amerikanischen Beliebtheitsliste stehen wir bei dem Präsidenten gaaanz unten, knapp vor Nordkorea und dem Irak.

Und da findet *BILD* die passenden Worte. Lothar Loewe schreibt wirklich: In der Wärme der hingehaltenen Bushhand liegen wir hinter Dänemark und Tschechien. Noch schlimmer: In puncto eigener Handwärme liegen wir elf Grad unter Putin!

Als sich Putin und Bush neulich trafen, um die Killerquoten in Tschetschenien und Irak abzusprechen, da hat man sofort gemerkt, da kommt der Schröder nicht mehr dazwischen. Da drängt sich höchstens noch die Merkel auf. Also dazwischen.

Um Gottes willen, ich möchte hier nicht den Eindruck erwecken, als würde ich meine Meinung sagen … Eins ist sicher noch möglich … damit unsere Aktien wieder steigen. Wenn sich die Bundeswehr an der Endlösung der Tschetschenienfrage aktiv beteiligt … darf sie sich vielleicht an den Aufräumungsarbeiten im Irak beteiligen. Ob dann der Schröder endlich die Hand kriegt von dem texanischen Warlord, ist auch nicht sicher. Aber er darf vielleicht die Ölrechnung bezahlen.

Die Wahrheitverbreitungszentralen von CDU und CSU wollen unbedingt einen Wahllügenuntersuchungsausschuss. Wir sind begeistert!

Und sie möchten, dass die überführten Wahllügner ins Gefängnis kommen. Bravo!

Haben wir schon mal vorgesorgt. Das Haus ist bereits gut besetzt. Viele sind sofort freiwillig eingerückt. Beim Mittagessen habe ich schon Theo Waigel gesehen. Helmut Kohl ist hier mit seiner ganzen Mannschaft. Edmund Stoiber ist gerade zum Missvertrauensmann seiner Partei gewählt worden.

Man ist guter Dinge. Es wimmelt von Angehörigen, Psychiatern, Anwälten, und jetzt vor zehn Minuten ist Roland Koch eingeliefert worden. Der Mann ist ausgebucht. Er gibt im Knast bereits Kurse für politische Weiterbildung.

Sein Motto wird weitererzählt:

»Wer einmal lügt – dem ist's egal,

dem glaubt man auch ein zweites Mal.«

Und er weiß bereits, was er sagen wird, wenn er noch vor den Wahlen in Hessen im Februar aussagen müsste:

Koch: »Ich weiß noch nicht, was ich alles wissen werde.

Aber wenn ich weiß, was ich alles noch nicht gewusst haben darf, weiß ich auch, was ich wissen muss,

wenn ich gefragt werde, was ich alles gewusst habe,

als noch keiner wissen wollte,

was ich alles gar nicht wissen *konnte*.

Kurz: Ich weiß *nichts*.

Das weiß doch jeder.«

20. März 2003

(Es raucht aus dem Orakel.)

Wenn Sie glauben, dass hier ein Papst oder ein neuer Bundeskanzler gewählt wird: Nein.

Seit der letzten Woche weiß ich: Solange Schröder redet, passiert nichts.

Es war eine Ruck-Rede. Ja. Doch.

Mit einem Ruck war die Spannung raus.

Hat's bei Ihnen geruckt? Bei mir nicht. Der kam erst, der Ruck, als ich den Pastor Hintze plötzlich am Rednerpult wiedererkannte. Das gab mir einen Ruck. Mein Gott, hab ich gedacht, wenn das alles ist, was sie aufzubieten haben, wird der Schröder alt in seinem Job.

Dann kam die rhetorische Steigerung, die gefährliche Einstiegsdroge Merkel, darauf das Sandmännchen Friedbert Pflüger. Und dann war mir klar: Wo immer Deutschland den Superstar suchen mag – hier war er nicht.

Die Debatte war angekündigt als eine Sternstunde des Parlaments. Es war eine Schlafmittelmesse.

Ich weiß, dass der Parlamentariernachwuchs dünn gesät ist, aber irgendwie müssen sie auch noch vergessen haben zu gießen.

Die Personaldecke wird dünner, sagen sie.

Pflüger ist aber schon ein Loch.

So werden sie uns nicht ablenken können vom drohenden Bush-Krieg. Die Firma Bush – Rumsfeld zittert schon vor Ungeduld. Die Beweise türmen sich. Inzwischen ist es sicher, dass Saddam der Großvater von bin Laden ist.

Früher waren die Kriegstreiber vorsichtiger, bevor sie losschlugen. Da hatten sie ein Orakel, und die waren im Fälschen viel geschickter als der CIA.

Erst wurde Nebel gemacht, dann hat eine Geisterstimme irgendwas gerufen, und dann wurde der Blödsinn enträtselt.

Also das, was heute *n-tv* macht oder die *New York Times* oder die *FAZ* oder das Leitorakel von der *ZEIT*, der Joffe Josef. Und diese Orakel hinterlassen deutliche Spuren bei den Merkels, den Westerwelles, den Springerfuzzis ... deutliche Spuren. Schleimspuren bis nach Washington.

Im ganz alten Griechenland, in Didyma, Dodona, Olympia oder Delphi, gab's ein Orakel. Da ging man fragen, bevor man Kriege anfing. In Delphi saß eine Dame, eine Pythia, auf einer Felsspalte, aus der Rauch kam. Göttlicher Rauch. Wahrscheinlich haben ganz unten ein paar antike Ministranten gestanden ...

Eine Wiedergeburt gab's übrigens. Das war die Noelle-Neumann aus Allensbach, die heute noch raucht und orakelt.

Aus der Pythia sprach aber nicht sie selber, sondern aus ihr heraus ihr Chef, der Gott Apoll.

Apoll war im Zeus-Kabinett der Fachminister für Kleinasien. Mesopotamien. Babylon. Troja.

Sie sehen, der Bush weiß gar nicht, was er für Feinde hat. Denn Apoll lebt. Bush tut nur so.

Wenn der doch mal so ein Orakel fragen würde. Wie früher die Hasardeure alle.

Na ja, ich gebe zu, dass die Bumsfelds, also Bush und Rumsfeld, enorme Schwierigkeiten hätten, diese intellektuellen Orakeltexte zu verstehen.

Dafür hätten sie doch die Indianer. Die können Rauchzeichen mühelos entschlüsseln.

Aber diese Schießprügelheinis wittern hinter Rauch immer die Wirkung ihrer Raketen, nie Geheimnisse.

Eine Sensation wäre es ja, wenn Bush sich plötzlich vom Öl-Saulus zum Ölzweig-Paulus wandeln würde. Ja, ja, das ist Blödsinn, ich weiß.

Man hat in Bagdad kein Damaskus-Erlebnis.

Das Unbestechlichste in unserer Republik ist die Justiz. Sie lässt sich nicht von der unbestechlichen Tatsache beeindrucken, dass es in diesem Lande eine Nazipartei gibt. An ihrer Spitze ein Horst Mahler, der es bedauert, dass er nicht selbst in die Twintowers in New York fliegen durfte und Hakenkreuze auf seinen Fortpflanzungsorganen tätowiert hat. Das sind Leute, die ohne Wärter frei herumlaufen dürfen in diesem Lande und als Partei gezählt werden.

Unsere Verfassungsrichter verbieten das Verbot dieser Partei. Aus formalen Gründen.

Ein paar von den Spitzenschrumpfköpfen der NPD waren eingeschleuste Verbindungsmänner zum Verfassungsschutz. Und jetzt habe ich einen furchtbaren Verdacht. Wieso hat man das so spät rausgekriegt? Weil man die Nazis und die Verfassungsschützer nicht mehr auseinanderhalten konnte.

Um Leute, die Hitler und seine Bande lautstark verehren, zum Schweigen zu bringen, muss man ganz geschickt vorgehen. Das Beste wäre, wenn die Opfer aus dieser Zeit aus den Gräbern steigen und sich öffentlich entschuldigen für die Mühe, die sie unseren Gerichten machen.

Gute Nacht.

15. Mai 2003

Diese Abrissbirne soll ab sofort in die deutsche Fahne eingearbeitet werden. So wie das Handwerkszeug in die DDR-Fahne.

Später wird es einmal in den Geschichtsbüchern stehen, wenn es darum geht, wer endlich den Mut gehabt hat, diesen aufgeblähten Sozialstaat abzureißen, einzureißen, und man wird lesen: Wer hat einst dazu geraten?

Sozialdemokraten.

Vor ein paar Tagen hat der Berliner Sozialdemokrat Heinz Giese ein Glückwunschfax bekommen mit folgendem Text: »Seit einem halben Jahrhundert oder länger hast du diese Ideale durch dein Wirken verwirklicht und dazu beigetragen, die Partei zu dem zu machen, was sie heute ist.«

Und er hat geantwortet: »Das ist eine Unverschämtheit, nehmt das sofort zurück!«

Das ist natürlich ungerecht, denn die SPD hat nun mal kein Glück. Wenn das Geld da ist, regieren immer die anderen. Und wenn eins da ist und sie regieren, können sie damit nicht umgehen. Das ist bekannt. Jetzt aber ist das Geld, mit dem sie nicht umgehen können, auch nicht da.

Und die Aufgabe ist, das Geld, das nicht da ist, gerecht zu

verteilen. Das fordert die Genossen von der semantischen Abteilung heraus. Rürup, ein Name, der als Ankündigung in Fernsehprogrammen inzwischen jähe Veränderungen im Einschaltbereich verursacht, hat diesen Spagat zwischen Verkopfung und Verarschung des Bürgers mit seinen Texten komplett geschafft.

Niemandem wird etwas weggenommen, sagt er, allen wird gegeben, und zwar von dem Überfluss, der uns fehlt. Und darum müssen wir runter. Runter vom Pferd.

Wenn einer drei Reitpferde hat, vom dritten muss er runter.

Wenn einer, der der Bank, die er leitet, geschworen hat, ihr zu schaden, wo er nur kann, und ganz oben ist mit seinem Gehalt, bei sechs Millionen, der muss, der müsste, aber wer sagt ihm das?

Wenn einer sieben Villen hat, aus einer muss er raus.

Und wenn sieben Kassenvorstände zusammen 14 Millionen Euro im Jahr verdienen, der hat doch recht, wenn er immer wieder sagt, dass der soziale Missbrauch ungeheuer ist …

Wo ich hinhöre, sind die Leute empört über die Kosten von diesem Scheißsozialstaat … der Zuwachs an verkauften BMW-Superlimousinen nimmt bedrohlich ab … die allgemeine Verarmung im Land ist deutlich zu spüren.

Den letzten Hinweis für die schockartige Erkenntnis, dass der kleine Mann immer mehr über die Verhältnisse der Reichen lebt, haben wir nun von dem Schreibmaschinenschänder Ätzenberg oder Effzenberg bekommen. Es hat tatsächlich einen Verlag gegeben, der diesen Riesenhaufen Schwachsinn zwischen zwei Buchdeckel gezwängt hat, und es gibt 80 000 unerschrockene Leser, die das gekauft haben. Ich vermute, dass aus den unerschrockenen erschrockene werden.

Der fußballernde Labersack fordert: Stütze runter! Der hat für eine Ballberührung 5000 Euro bezogen. Ihm im Niveau wenig nachstehend: CSU-Generalsekretär Goppel forderte eine

Strafsteuer für Nichtkinderkrieger, weil die ihre Nichtkinder auf dem Rücken der gekriegten Kinder austragen.

Goppel hat die deutsche Sprache schon so oft verschreckt, dass sie sich ihm nicht mehr zur Verfügung stellt. Wem sich bei Goppel nicht die Haare aufstellen, hat keine mehr.

So viel ist sicher: Nach der Verkündung, dass die Sozialbirne eingeschlagen hat, wird es kein Heulen und Zähneklappern geben. Kann gar nicht.

Die Kassen zahlen die Zähne nicht mehr, mit denen die Betroffenen klappern können.

Der Krieg hat zu einem siegreichen Durcheinander in den arabischen Ländern geführt.

Bush ist groß geworden, ist eine Erektion seiner selbst, hat einen Flugzeugträger als Bühnenbild … und man gönnt es ihm richtig.

Mein Gott, hätte das schiefgehen können.

Gut, man hat den Anlass für den Krieg nicht gefunden. Den Saddam auch nicht, und das liegt daran, dass er sich verbirgt. Wahrscheinlich unter dem Geld, das sie in Dollarnoten lastwagenweise auf ein Schiff geschafft haben. Es war ein Triumph. Einer unserer großen Dichter, Hans Magnus Enzensberger, hat in der *FAZ* eine große Hymne verfasst auf diesen Triumph … wird jetzt gerade ins Englische übersetzt und dann von Udo Jürgens vertont.

Es ist vorübergehend vorbei mit der amerikanischen Ostpolitik. Bush wartet noch mit der gewaltigen Aufgabe, aus den Nah-Ossis Wessis zu machen – Cola für Allah.

Es ist noch gar nicht so lange her, dass ein großer Herrscher das Land zwischen Euphrat und Tigris erfolgreich neu geordnet hat. Das war Nero. Danach ging alles furchtbar schief.

Ohne Scholl-Latour soll man gar nicht erst anfangen, den Versuch zu machen, irgendetwas zu verstehen, wenn man im Weißen Haus nicht einmal einen hat, der eine von den vielen arabischen Sprachen spricht. Da hätte sogar Karl May noch helfen können. Aber wenn rauskäme, dass das ein Deutscher war …

Immer, wenn jetzt ein Schröder-Emissär sich in Washington anschleicht, um einen dieser verkniffenen Lächelansätze von Bush zu erhaschen, damit endlich mal wieder ein German arsehole in den Vorhof der Gnade gerät … wussten Sie, dass das deutsche Wort Hinterhalt auf englisch *ambush* heißt? In den müsste sich unser Verteidigungsemissär Struck legen, um Bush mitteilen zu dürfen, dass ihm Gerd Schröder verziehen hat.

Das ist doch die Situation: Schröder – Fischer – Struck … sie alle würden Bush in die Hand versprechen, dass alles ein Versprecher war, ein Missverständnis … aber sie kriegen sie nicht. Die Hand.

Mein Gott, Amerika hat gesiegt. Und Polen.

Die Polen haben mit 200 Soldaten einen Krieg gewonnen. Grandios. Polen gehört zu den Siegermächten.

Und das ist nun ein echter guter Polenwitz.

Und was vielleicht nur noch wenige wissen:

Die Polen waren es in Wirklichkeit, die Europa vor Wien vor den Türken gerettet haben.

Jetzt besetzen die Polen im Irak den kurdischen Norden, den die Türken sofort besetzen, wenn die irakischen Kurden den Norden verkurden, dann müssen die Polen zum zweiten Mal die Türken vertreiben, weil sonst die persischen Schurken mit den Kurden die Turken vergurken.

Und wieder haben die Polen Europa vor den wilden Völkern gerettet.

Und was bedeutet das für uns?

Jaa: Struck kennt den polnischen Verteidigungsminister. Durch seine Fürsprache bekommt er eine Hand von Bush. Nicht das Original. Die von Rumsfeld. Eine second hand.

Ist das nicht schön?

Scheibenwischer-Finale

2. Oktober 2003

Das haben wir ja noch vergessen bei der Aufzählung unserer Erfolge: Wir können Bayern sozialdemokratenfrei melden. Es sind übrigens nicht alle Sozialdemokraten in Bayern ausgewandert. In Balderschwang im Allgäu muss sich noch einer versteckt halten.

In Balderschwang gab es bei den Landtagswahlen ein böses Erwachen. *Einer* im Ort hatte SPD gewählt. Eigentlich kannte man den. Das gelbe Haus auf der rechten Seite. 96 Jahre alt, und die Heimleiterin, eine allseits beliebte Klosterschwester, konnte glaubwürdig versichern, dass sie das persönlich in die Hand genommen hatte. Der ganze Ort ist unterwegs, um den Täter ausfindig zu machen. Der Bürgermeister hat gesagt, er sei über diesen unvorhergesehenen Linksruck sehr besorgt. Es geht das Gerücht, dass der ganze Ort zur Sühne eine Wallfahrt zu Stoibers Wohnort Wolfratshausen machen will. Auf den Knien.

Die bayerische Regierung ist von ihren Wählern schon ermutigt worden, aus dem Verband der Bundesrepublik auszusteigen. Es ginge. Mit einer Zweidrittelmehrheit geht alles. Das wird die Justiz in Bayern sehr stärken.

Junge aufrechte ... wobei das Wort aufrechte so gemeint ist, dass sie auf Rechte besonders viel Sympathie verwenden ... nicht so sehr auf Rechte von politisch Andersdenkenden.

Ein ehemaliger KZ-Insasse ... Münchner *Abendzeitungs*-Abonnenten schrieben KFZ-Häftling ... wurde wegen Widerstands gegen Nazigewalt zu einer Strafzahlung verurteilt. Der Richter nickte den Antrag ab und urteilte ... ich zitiere, damit niemand glaubt, ich hätte diesen Schwachsinn erfunden, nein, das wurde original von dem Richter Martin Hofmann so formuliert:

441

»Das ist ... also die Gegendemonstration, eine Aufforderung zur Straftat.« Und weiter: »Wir leben in einem Staat, auf den man sich verlassen kann. Löwenberg stellt sein eigenes Handeln über die Rechtsordnung. Folgen wir seiner Maxime, wird es der Mob auf der Straße genauso machen und bestimmen, wer seine politische Meinung frei äußern darf.«

Der Nazi Martin Wiese muss also frei äußern dürfen, dass er ein Verehrer von Adolf Hitler, dem größten Massenmörder der deutschen Geschichte, ist. Das Opfer, Martin Löwenberg, muss schweigen.

Erstaunlich, mit welcher Offenheit ein junger deutscher Richter so etwas aus dem Schrank herausbläst, in dem er vermutlich schon seit Längerem seine Tassen vermisst.

Und es ist auch noch die Frage, was bei ihm offen ist. Vermutlich der Körperteil, auf dem er sitzt. Den hat er mit Sicherheit offen. Auf dem Stuhl, den man von ihm schleunigst befreien sollte.

In einem Amtsgericht, in dem die Stühle von einer Partei besetzt werden, die die Zweidrittelmehrheit hat in einem Land, in dem jeder zweite Wähler nicht wählt und jeder dritte Jungmanager so aussieht wie Richter Martin Hofmann. Bis vor Kurzem habe ich immer gedacht, dass diese Supermanager auf Flaschen gezogen werden, wie edler französischer Wein, jetzt habe ich den Verdacht, dass sie nicht der Geist in den Flaschen sind, sondern die Flasche.

Golf mit dir, du Land der Bayern.

Geben Sie mir bitte noch eine Minute für den Abschied.

Danke für die Freude, die ich entwickeln durfte, weil Sie sie von mir verlangt haben.

Es gibt schlimmere Berufe. Die Tatsache, dass ich für etwas, was mir Spaß macht, auch noch Geld bekomme, hat mich immer erheitert.

Irgendwie werden wir uns wiedersehen. Vielleicht in Ihrer Heimatstadt, oder ich sitze unter Ihnen, wenn sie diese Sendung weitermachen, nämlich

Bruno Jonas

Mathias Richling

Georg Schramm.

Und es wird dieser oder jener auftauchen, zum Beispiel

Richard Rogler,

Konstantin Wecker,

Volker Pispers.

Danke euch allen.

Und es kommt der Moment, wo wir alle Jürgen Knieper und seiner Band danken und allen, die daran gearbeitet haben, zum Beispiel unserem Regisseur Rudi Bergmann, unserem Redakteur Uwe Römhild und allen, die gleich auf dem Fernsehschirm erscheinen werden und denen ich sagen muss: Wir haben uns gegenseitig verdient!

Zum Schluss noch zwei Worte, die ich nicht vergessen darf: Gute Nacht.

Gegner, Neider, Ignoranten

Es gab Personen, die sich ungern mit Dieter Hildebrandt beschäftigten, weil er das mit ihnen tat: die Macher in den Medien, Politiker an den Schaltstellen der Macht und Newcomer in den Parteien, die Oberen in der katholischen Kirche, Missgünstlinge aller Art. Man sollte sie nicht vergessen.

Der völkische Franz

Sie kennen doch das: Irgendwann sagt man schon mal: »Also, wenn der was wird – fresse ich einen Besen.«

Ich müsste jetzt eigentlich zum Verzehr schreiten.

Denn vor Kurzem bekannte einer, Wettschulden seien Ehrenschulden, auch Pflicht – Treue – Pünktlichkeit seien Grundwerte! Völkische!

Wenn ich das nicht schon mal gehört habe, fresse ich einen ...

Nicht schon wieder. Einer langt. Ein Besen.

Als ich ihn vor 30 Jahren kennenlernte, den völkischen Franz, hat er noch versucht, die Internationale auswendig zu lernen. Dann wechselte er in der SPD in neuer deutscher Rekordzeit vom linken auf den rechten Flügel, weil da eine Lücke war, und eines Tages war wieder eine Lücke in einer Münchner Zeitung als Chefredakteur ... es war schon mehr ein Loch.

Und das wurde er dann auch. Und dann habe ich wieder zu mir gesagt: Also, wenn der was wird, dann ...

Dann hat er eine Zeit lang im *Münchner Merkur* kolumniert als christlich-sozialer Chef-Denunziator, das heißt, er brandtmarkte jeden Liedermacher, der Kritik auf Republik reimte, als Kultur-Radikalen, der irgendeine mongolische Räterepublik in München ausrufen wolle, und als ich dem völkischen Franz damals sagte: »Schönhuber, du bist eine rechtsradikale Petze auf Zeilenhonorar«, war er überhaupt nicht beleidigt, sondern richtig stolz, dass ich den Mist gelesen hatte.

Diese Erfolge aber und diese Fähigkeiten müssen es just gewesen sein, die der Bayerische Rundfunk dringend benötigte.

Er pumpte sich also auf und hob ab – wie jeder Ballon – und heftete sich an die Fersen von Franz Josef Strauß, das muss dann aber so aufdrängend gewesen sein ... vermutlich wollte er gleich in die Schuhe rein oder woanders, wo schon alles besetzt war ... der Feller hat schon dringesessen und das Schild

»Geschlossene Gesellschaft« hinten rausgehängt, und das hat den völkischen Franz verdrossen ... diese, sagen wir mal, diese »Lückenlosigkeit« im Gefolge.

Mein Gott, warum hat ihn der Bayerische Rundfunk damals nicht hochbezahlt auf die Reservebank gesetzt?

Damit hat man schon viele Wichtigmacher unschädlich gemacht. Und so hat ihn der BR auf Dauer schädlich gemacht.

Denn jetzt ... jetzt sah der völkische Franz plötzlich eine Lücke: eine eigene Partei. Aber mit der brauchte er rein programmatisch wieder eine Lücke.

Und die fand er. Nämlich dort, wo der Zimmermann noch ein Loch gelassen hatte: in den zweieinhalb Zentimetern nach rechts, die der CSU noch zur Wand fehlten!

Und in der, so fand der Franz heraus, tummeln sich eigentlich mehr als zehn Prozent der Bevölkerung.

Und nach langem Nachdenken fanden sie gemeinsam das Etikett für den falschen Inhalt der Flasche: Republikaner.

Füllen Sie eine Flasche mit flüssigem Fliegentod und nennen Sie es Mönchsheimer Krötenbrunnen oder Weimarer Spätlese, dann haben Sie den Vergleich, der so hinkt, wie es sich gehört.

Jeder Vergleich hinkt. Jeder dritte Türke ist eigentlich ein Jugoslawe. Jeder dritte anständige Deutsche ist ein zehnter.

Natürlich sind die Republikaner keine Nazis.

Dazu sind sie gar nicht hungrig genug.

Man könnte sie lediglich die Partei der National-Polizisten nennen.

»Die Völkischen«, wie Lion Feuchtwanger sie immer genannt hat.

Ständig umkreist von diesem frech-feisten Volksvernetzer Frey, der mit seiner *Nationalzeitung* das Völkische beobachtet, um dann den einzusammeln, der ihm eine Weile den Hanswurst spielt.

Wenn man's so sieht, kann er einem vielleicht sogar leidtun, der völkische Franz. Der Lückenhuber.

Schließlich ist er ja ein durchaus zutraulicher Typ. Jedenfalls traute er sich zu, ein Buch zu schreiben. Als unreflektierter Unterscharführer, der stolz behauptete: »Ich war dabei.«

Ich habe das gelesen.

Jeder SS-Mann, der wirklich dabei war, kann nur sagen: Der war nicht dabei.

Das Schlimmste, was Sie dem Lückenhuber antun können, ist, Sie lesen das Buch wirklich.

Also: Man zog ihn ein. Er kämpfte kurz in Korsika, wurde dann sofort Ausbilder, so schreibt er, nicht ohne zu erwähnen, dass er unglaublich viele Mädchen von seinem strammen Unterschied überzeugt hat – hier stellt man schon eine leicht störende Schwanzlastigkeit seiner Ideologie fest –, damit verbringt er ein paar Kriegsjahre, dann wirft ihn ein Lückenproblem doch noch an die Front, nämlich die Lücken, die in der Ostfront entstanden waren. Da war aber gerade Ruhe, weil die Russen sein Auftauchen nicht sofort als Drohung begriffen haben. Diese Kampftätigkeitslücke nutzte er, geriet in ein Bordell, wurde dort verwundet, er kämpfte also weder bei Stettin noch bei Schneidemühl, noch bei Berlin, sondern in der Nähe von Gonorrhö und endete wie alle, die dabei waren, in der Gefangenschaft.

Ich habe das jetzt mal auf das Wesentliche verkürzt. Dazwischen steht noch mächtig viel Unerwähnbares.

200 000 verkaufte Exemplare. 200 000 sorgfältig von Fleissner gebundene und mit purer Scheiße gefüllte Wort-Container.

Daraus ergibt sich: Man muss die Bücher *vorher* lesen … von denen, die man wählt.

Danubia sei's Panier!

Deutsch sein
heisst, eine Sache
um ihrer selbst
willen tun.
Wilhelm II.

Burschenschaften machen mobil

Sogar der Verfassungsschutz merkt langsam, was sich da in der akademischen Szene zusammenbraut. Das wird das intellektuelle Dach werden für die Neonaziszene. Die braune Suppe köchelt schon eine Weile. Und ein paar löffeln sie bereits.

Die Burschenschaften machen mobil: Askania – Frankonia – Germania – Danubia – Thuringia – Mecklenburgia. Radikal völkisch wollen sie sein.

Der Stuka-Rudel und der SS-General Sepp Dietrich und überhaupt das Soldatentum im letzten Weltkrieg werden verherrlicht.

Der deutsche Soldat im Kampf gegen den Bolschewisten, das Symbol für den »ethischen Wert einer beispiellosen Hingabe und Opferbereitschaft«.

Hart soll er sein, der Student.

Tapfer, heldenmütig.

Wie damals schon.

Hatten wir doch gelernt. Konnten wir im Schlaf hersagen:

Flink wie Leder,

Krupp wie die Windhunde

und zäh wie Baldur von Schirach.

Und immer eine Fahne, die mehr ist als der Tod, dem man ins brechende Auge sehen sollte, damit das Vaterland ruhig bleibt, wenn es dich ruft, und du kommst nicht und wenn, dann höchstens »um 6 nach dem Krieg im Kelch«. Schwejk gibt einen aus.

Aber was wäre wirklich tapfer?

Himmlers Tochter vögeln, Freunde!

Laudatio für einen Ahnungslosen

In der *Berliner Zeitung* bemerkte heute ein Kritiker innerhalb eines Verrisses der Sendung »Neues aus der Anstalt«, die Protagonisten Priol und Barwasser-Pelzig machten das Hildebrandt-Kabarett der 70er-Jahre. Da täuscht er sich, denn das war das der 60er, und das der 60er war in Wirklichkeit das der 20er, weil das 30er in den 40ern verboten war, da war ich ja noch ein 10er und der Kritiker, der das jetzt in den 12ern schrieb, noch ein Nuller und konnte noch gar nicht wissen, wie schnell man einen Fünfer in Kabarettgeschichte kriegen kann, wenn man nur für einen Sechser Ahnung hat.

Die Zukunft von gestern: Brettl am Stock?

Heute Nacht wieder in die Kissen gebissen. Nachgedacht über unsere kühnen Visionen von damals. Alle übrig gebliebenen Nazi-Massenmörder nicht entlarvt. Die besudelten Bluthunde, gerade eben noch SS-Gruppenführer, Mitglieder des SS-Freundeskreises Heinrich Himmler und schon in den ersten Stunden der neu gegründeten Bundesrepublik in den Chefetagen von Flick, Mercedes und Thyssen und und und … nicht umgebracht. Keinen Minister gestürzt, keinem Kanzler wehgetan. Stattdessen von einem wohlgesinnten Publikum mit Beifall willkommen geheißen und mit Lachen entlassen. Mit pazifistischen Gedanken belastet, waffenlos, hie und da witzig, den Ordnungskräften folgend nichts angezündet, umgestürzt. Und wir wussten damals schon, dass wir in Zukunft keine Vergangenheit haben werden. Und täglich starb das Kabarett, manchmal zweimal täglich.

Gestern war es schon wieder mal tot. Mit einem übel riechenden Laut, einer Blähung ähnlich, fuhr es aus dem Feuilleton einer großen Münchener Tageszeitung. Ein offenbar verärgerter Kulturwächter namens Burkhard Müller, dessen Aufgabe es ist, Maßstäbe zu setzen und diese auch zu überwachen, setzte wieder mal so einen. Schon die Überschrift ein Keulenschlag: »Dumm zu sein bedarf es wenig«. Die Fortsetzung im schlesischen Dialekt: »Und wer dumm is, is a Keenich.« Müllers erste Sentenz: »Ein politisches Kabarett, das keinen Mut mehr braucht, hat sein Verfallsdatum längst überschritten.« Er hat recht. Das erste Gespräch zu diesem Thema führte im Jahre 1957 Werner Finck mit mir, einige Tage nach dem ersten Todestag des dritten Ablebens des deutschen Kabaretts. Viel konnte ich nicht beisteuern. Respekt, Verehrung, Jugend und die Hemmschwellen des Anfängers haben keine Gegenargumente aufkommen lassen bei mir. Sie fehlen mir heute noch. Die Vorstellung, dass Finck im Jahre 1934 – also ein Jahr nach der Machtübernahme Adolf Hitlers – vor einem ängstlichen Publikum, das genau wusste, wie viele SA-Leute und Parteibonzen im Parkett der »Katakombe« saßen, frech und unbekümmert erklärte, dass sein erhobener rechter Arm nichts anderes zu bedeuten habe als »Aufgehobene Rechte«, machte mir deutlich, dass wir kleinen Nachkriegsnarren so viel wie nichts riskierten.

Diese Gespräche führen wir nun seit über 50 Jahren miteinander. Niemand von den Kolleginnen und Kollegen – deren Intelligenz und Können ihnen verböte, diesen berühmten, törichten Verschwörerblick auszusenden, der andeuten wollte, sie wüssten um die Gefährlichkeit ihres Tuns – würde behaupten, dass Mut dazugehöre, einem Politiker Unfähigkeit zu attestieren. Man kann sich trauen, ganz schlechtes, schlecht recherchiertes und schlecht riechendes Kabarett – und zwar auf den größten Bühnen des Landes – zu veranstalten. Es wird nichts passieren. Es kann nur sein, dass dieses Programm immer ausverkaufter wird. Etwas mehr Mut gehört schon dazu, einem gefürchteten Feuilletonisten einer der führenden Zeitungen mitzuteilen, dass man seinen Artikel – und das ist zurückhaltend formuliert – für wenig hilfreich in der Diskussion um den Trauerfall Kabarett hält: schon deswegen, weil es sich nicht um einen Trauerfall handelt. Im Gegenteil, das Kabarett ist mopsfidel.

Vielleicht weiß Herr Müller darüber einfach zu wenig. Seine Feststellungen sind in ihrer apodiktischen Unbarmherzigkeit manchmal sogar amüsant. Interessant zum Beispiel die Mitteilung, ab wann und wodurch das Kabarett Glanz und Feuer verlor und der Amüsierbranche zum Opfer fiel: als Marlene Dietrich ins Exil ging. Darauf wäre ich nur schwer gekommen. Und dann wagt Müller etwas, was seinem Mut Glanz verleiht, er formuliert es jedenfalls mit warnender Vorankündigung – soll heißen: »Jetzt sage ich aber mal was!« – und zieht auch seine Leser mit dem vertraulichen »wir« mit in die Verantwortung: »Sagen wir es ungescheut: Richtig gut war das Kabarett nie.« Da geht ein Weinen durch Deutschlands Kabarettisten. Hatten sie sich doch immer etwas darauf eingebildet, dass nach Jahren der Bühnenarbeit etwas älter gewordene Menschen zu ihnen kamen, um ihnen anzuvertrauen, dass sie sich durch die Kabarettisten im Lande, mehr als durch politische Informationsarbeit im Fernsehen, zur Politik hingezogen fühlten. Müller meint, einer habe wohl die Qualität gehabt und den hohen Ansprüchen genügt, das war Frank Wedekind (1864–1918). Und das bis zum heutigen Tag! Es gibt bei Müller keinen Werner Finck, keinen Ernst Busch, keine Kate Kühl, keinen Eckart Hachfeld, auch Lore Lorentz und das Kom(m)ödchen gibt es nicht. Nichts von Wolfgang Neuss und Wolfgang Müller. Erich Kästner fehlt und Martin Morlock. Von der Münchener »Kleinen Freiheit« ist nicht die Rede, nicht von den Berliner »Stachelschweinen« in ihren besten Zeiten, kein einziges DDR-Ensemble. Dass nach Wedekind außer Finck auch Walter Gross, Rudolf Platte und Günter Lüders unvergessliche Texte von Kurt Tucholsky – den er als Dichter nicht anerkennt –, Alfred Polgar und Egon Friedell, von Max Colpet und Friedrich Hollaender gesungen und gespielt haben, kommt in diesem Artikel nicht vor. Welch traurige Bilanz. An ihrem Ende steht unter dem Strich gar nichts mehr. Merken wir uns: Seit Wedekind und Marlene nichts mehr.

Wedekind und Marlene sind tot. Das Kabarett auch. Und, was schmerzt, es ist dumm ins Grab gesunken. Denn, so der Verfasser: »Aber wenn man gar zu genussvoll die Dummheit der anderen verhöhnt, wird man selber dumm.« Reich des Geistes und des Witzes ob dieses Satzes, verweise ich mich verstört und »vermüllert« des Platzes. Halt! Noch ein letzter Satz: Müller sieht einen Hoffnungsschimmer und eine Wiederauferstehungschance in der blühenden Schlagfertigkeit des politischen Personals Bayerns. Er zitiert mit Wohlwollen einen Satz von Horst Seehofer: »Da wackeln die Alpen, da schäumt der Chiemsee – doch nur keine Nervosität, meine Damen und Herren, das war kein Tsunami, sondern bloß eine Westerwelle.« Da wird die Kanzlerin aber schäumen wie die Alpen bei diesem »Mutanfall« des bayerischen Ministerpräsidenten! Nun aber der allerletzte Satz: Die Grabrede des Herrn Müller wurde ausgelöst durch eine Werbeveranstaltung für ein Starkbier. Prost!

Ein Comedy-Gigant auf dem Kabarettglatteis

Manchmal, abends, im trüben Licht der Energiesparbirnen, erfasst mich die Melancholie. Vielleicht ist es richtig, was der Comedy-Gigant Thomas Hermanns in dem medienkritischen Heft *tv diskurs* über das rechthaberische Kabarett gesagt hat. Dass es im Gegensatz zur Comedy von oben kommt, das heißt Comedy, sagt er … Hermanns, das ist dieser gutgelaunte Herr, dessen Lachen über das, was er komisch findet, schon so komisch ist, dass ich aus dem Lachen gar nicht rauskomme. Vor allem über das, was er zum Besten gibt. Also noch mal: Im Gegensatz zum Kabarett, das nicht auf Augenhöhe mit den Menschen ist, kommt der Comedian von unten ... das ist wahr, die prallsten Lacher stammen vom unteren menschlichen Problembereich, von den Potenzkalamitäten, die dann zum Gipfel der Schadenfreude führen. Aber er meint es, glaube ich, anders, er sagt, dass die Comedy von unten, vom *Erleiden* kommt.

Das hat mich überrascht. So habe ich das noch nie gesehen. Aber er bleibt dabei. Der Komiker, sagt er, ist jemand, der etwas erlitten hat, bei dem der Status unten ist – Originalzitat – und der sich über den Humor da herausarbeitet.

Also wie ein Boxerschicksal, meint er, ein Slummy, der dann zum Mario Barth aufsteigt. Der seine schwere Jugend in leichte Kunst umsetzt. So weit habe ich das alles verstanden. Dann aber kommt der Analytiker Hermanns zu einer verblüffenden Auflösung. Zitat: »Ich habe den kabarettistischen Ansatz ›Wir wählen alle SPD und wissen, wie es geht‹ nie verstanden ...«

Dass diese Betrachtungsweise von ihm stammt, kann schon sein, denke ich mir, aber nicht sein kann, finde ich, dass so eine Broschüre wie *tv diskurs* der Boshaftigkeit so viel Platz einräumt, nur um dem armen Hermanns zu schaden.

In diesem Heft stehen ein paar hervorragende Artikel, die sich mit dem Thema Humor befassen, und mittendrin plötzlich solch ein Schwachsinn?

Dass das Kom(m)ödchen, dass die Kleine Freiheit, dass Kästner, Morlock, Hachfeld, Neuss, Lore Lorentz den »kabarettistischen Ansatz« hatten: »Wir wählen alle SPD und wissen, wie es geht«, will er das den Lesern mitteilen? Dann hat er nicht den Hauch einer Ahnung von diesem Kabarett, dann weiß er nicht um die Geschichte der Bundesrepublik. Das muss der Gigant einfach noch mal durcharbeiten. Er muss zur Kenntnis nehmen, dass mit dem Beginn der Adenauerregierung es für das Kabarett gar keine andere Möglichkeit gab, als die Hoffnung auszudrücken. Dass die SPD übrigens die einzige Partei war, die nach dem Dritten Reich ihren Namen nicht ändern musste, die nicht dieses verheuchelte christliche große C in Anspruch nehmen musste, was in einem laizistischen Staat eigentlich gar nicht erlaubt sein sollte. Und er weiß nicht, dass diese Partei von Frauen und Männern wieder aufgebaut wurde, die Verfolgte des Naziregimes waren.

Der ARD-Chefkoordinator und andre GOAs

Meine Damen und Herren, hier drinnen, draußen an den Kriegsschirmen der ARD, bitte nehmen Sie meine Entschuldigung an für die letzte Scheibenwischer-Sendung im März. Die Damen und Herren von der ARD-Koordination waren durch den einbrechenden Krieg, der ja plötzlich einbrach wie … wie eine zu erwartende neue Jahreszeit … also völlig unerwartet … völlig …

Der mit Recht so unbekannte Chefkoordinator Struve hat einfach im Strudel der mesopotamischen Kriegsereignisse vergessen, sich bei Ihnen zu entschuldigen, dass unsere Sendung nicht kam … wäre nicht so schlimm gewesen, wenn er unten auf dem Nachrichtenband mitgeteilt hätte, wann sie kommt oder warum sie nicht kommt … macht er sogar, wenn eine winzige Expertenblähung erst zwei Minuten später …

Ich entschuldige mich hiermit in aller Form für Herrn Struve, der gar nichts dafür kann … er ist so. Die ganze ARD ist inzwischen so.

Er hat ganze Kulturen von kleinen Struves um sich herum gezüchtet. Die meinen es gar nicht so. Aber sie wissen auch gar nicht, was wir meinen, wenn wir das sagen.

Es saßen halt einfach ein paar Millionen da und hatten auf dem Programm unsere Sendung, und die kam nicht. Aber wer uns zuschaut und hört, gilt als Minderheit. Drei Millionen.

Mit den drei Millionen könnte er, der Struve, mehrere Wahlkreise bestechen, damit sie ihn wählen. Ich würde abraten.

Er kommt, wie viele im Fernsehen ... im Radio weniger ... aus dem ungelernten Bereich. Es wimmelt in den öffentlich-rechtlichen Anstalten von GOAs: Geisteswissenschaftler ohne Abschluss. Sie schleichen sich als Kaffeeholer mit auswendig gelernten Sloterdijk-Zitaten ein, sitzen dann bei Drehbuchbesprechungen mit eingeübten Gesichtern herum, seufzen, werfen dann mal ein, dass sie da ein Problemsplitting vorschlügen, und sind dann feste Redakteure. Von dem Moment an sehen sie den Nachweis ihrer Existenzberechtigung darin, möglichst viele Sendungen zu verhindern.

Weil keiner was mit ihnen anfangen kann, werden sie befördert. Zwei-, dreimal. Und dann setzt der Peter-and-Hull-Effekt ein. Zwei Professoren, die herausgefunden haben, dass in jeder Hierarchie fast jeder Zweite nach zwei Beförderungen seine Kompetenzschwelle erreicht und überschreitet.

Nach 50 Jahren ist es so weit, dass in den öffentlich-rechtlichen Anstalten jeder Sender von Menschen geleitet wird, die ihre Kompetenzschwelle überschritten haben.

Struve hat mehrere Schwellen überschritten. Darum noch einmal: Ich entschuldige mich im Namen des Verantwortlichen der ARD für diese Unverschämtheit. Er kann nichts dafür.

Es gibt Menschen, die sind da, fehlen aber ganz woanders. Und auch da kann man sie nicht brauchen.

Späte Erfolge
oder
Texte aus den letzten zwanzig Jahren

Mit dem Aus für den »Scheibenwischer« endeten Hildebrandts regelmäßige Auftritte im Fernsehen. Und es begann eine neue Karriere: die des Vorlesers. Seit 1986 waren im Abstand von drei bis fünf Jahren seine Bücher erschienen, er hatte Texte für das neue »Lach- und Schieß«-Ensemble, Würdigungen für Kollegen, Philippika gegen Politiker und andere unliebsame Zeitgenossen und vor allem ein Programm geschrieben, »Ich kann doch auch nichts dafür«, mit dem er auf Lesereise ging. Und diese Auftritte waren, wo immer er gastierte, ausverkauft, seine Lesungen von lebhaftem Beifall begleitet. Es lief alles unspektakulär ab: Er setzte sich an einen Tisch, brachte eine Stunde aktuelles Kabarett, unterbrach sich ab und zu mit dem Hinweis, er würde gleich lesen. Und nach der Pause las er dann wirklich aus seinen Büchern vor. Und dann signierte er sie. Ein volles Programm für einen Autor!

Zielscheiben des Spotts

Ein begnadeter Entertainer

Mir versucht mein Freund und Kollege Werner Schneyder seit vielen Jahren einzureden, dass ich musikalischer sei, als ich mir einzureden versuche. Das hat er vermutlich nur getan, weil er hin und wieder einen Partner für ein Duett brauchte. Ich weiß aber, was es kostet, um einen ganz bestimmten Ton zu treffen – und zwar so, dass der Betroffene zu Tode getroffen ist. Da muss man mit Anlauf hinsingen.

Das kann man auch in Prosa. Einen Ton anschlagen, und zwar so, dass der Angesungene, wie ein Boxer, schwer angeschlagen ist.

In dieser Beziehung gibt es Meister.

Einen davon möchte ich mal beschreiben. Er ist im besten Sinne ein Entertainer. Schwer zu übersetzen, das Wort. Einer, der sein Publikum in Atem hält, es in der Hand hat, ihm keine Gelegenheit zum Nachdenken gibt. Einer, der immer irgendwas macht, singt, geht, spricht, tanzt. Einer, der schnell vordenkt, damit niemand nachdenkt, weil der Nachdenker mit dem Vordenker nicht mehr ankommt. Und dann mitdenkt.

Ohne nachzudenken.

Das ist der Entertainer. Der hat sein Publikum. Der füllt alle Säle. Der will gar nichts Besonderes. Der will nur sein Publikum. Der will Applaus, der will Liebe, der will, dass man ununterbrochen von ihm redet – egal wie, wie gut oder wie schlecht. Ein Mann, dessen Tournee-Agent ich sein möchte, denn ich würde in jedem Kaff ein Bierzelt für 5000 Personen hinstellen, und es wäre ausverkauft – ein Mann, der singen kann, ohne je die Absicht zu haben, es zu erlernen. Und außerdem, wie die Bayern sagen: »A Hund is er scho.«

Der Entertainer Franz Josef Strauß.

Taschengeld

Manchmal beginne ich mein Gedächtnis zu hassen, was es alles nicht mehr leistet. Wenn ich in der Absicht nach oben gehe, mir Schuhe anzuziehen, um damit in den Garten zu gehen und den Rasen zu mähen, stehe ich oben und stelle mir die Frage, was ich denn jetzt oben wolle, gehe wieder hinunter, sehe eine Zeitung, vertiefe mich in sie und vergesse den Rasen.

Klingt schon etwas senil. Aber auf der anderen Seite habe ich in Dingen unserer res publica, unserer öffentlichen Sache, ein nahezu nachtragendes Gedächtnis.

Und bei dem Wort Taschengeld funktioniert es besonders gut.

Und eine gewisse Schadenfreude kommt auf, wenn ich daran denke, dass es viel jüngere Menschen gibt, die bereits unter diesem bedenklichen Schwund leiden.

Ich denke an den bemerkenswerten Fall Schäuble.

Bis zu jenem Zeitpunkt, an den ich jetzt denke, funktionierte sein Gedächtnis blendend, ja, es wurde sogar in Kreisen seiner, aber nicht nur seiner Partei bewundert. Der Mann konnte Zahlen, Namen, Gesetze, Zitate aus dem Schlaf hersagen! Und mit Recht hatte er den Vorsitz der CDU inne.

Seine Kanzlerkandidatur war nur eine Frage des dafür zu wählenden Termins, und niemand hätte nur den Hauch eines Zweifels gehabt, dass er auch zum Kanzler gewählt worden

wäre. Bis zu diesem Tage, als er, aus welchen Gründen auch immer, sein Gedächtnis total verlor.

Ein kleiner mieser Waffenhändler, der seine beste Zeit zu Lebzeiten von F. J. Strauß gehabt hatte, ein notorischer Steuerhinterzieher und Anwanzer, den man nur mit der Kneifzange ins Gefängnis setzen würde, war der Anlass für die absolute und abrupte Amnesie des Schäuble. Schreiber hieß der Anlass, aber auch die Tatsache, dass es den Verdacht gab, in Schäubles Büro wären 100 000 Mark von diesem Herrn als Parteispende notgelandet.

Ein Taschengeld, wenn man an die zweistelligen Millionenbeträge der Parteikollegen denkt!

Genau über dieses Taschengeld, das aber in einem Koffer, wie seit Langem üblich, transportiert worden sein soll, ist der völlig bewusstlose Schäuble gefallen.

Schäuble hat, in der Gefolgschaft von Strauß, den Schreiber kennengelernt, so behaupten einige Journalisten, die als nicht ganz unglaubwürdig gelten.

In meiner Vorstellung spielte sich die Pressebefragung ungefähr so ab:

SCHÄUBLE: Schreiber? Nie gesehen. *Wie* hieß er?

PRESSE: Schreiber.

SCHÄUBLE: Nie gehört. *(Er dachte noch einmal sichtbar nach.)* Flüchtig, doch, ja.

PRESSE: Bevor der Schreiber flüchtig war? *(Schreiber hatte sich dem polizeilichen Zugriff nach Kanada entzogen.)*

SCHÄUBLE: Jaja, aber nicht gewusst, wer das ist.

PRESSE: Aha. Dann hat man Ihnen doch gesagt: Das war der Herr Schreiber aus Bayern. Der die Panzerfabrik will für Kanada.

SCHÄUBLE: Vielleicht hat man so was gesagt, aber ich habe es überhört.

PRESSE: Weil Sie ihn ja gar nicht kannten.

SCHÄUBLE: Richtig. Am nächsten Tag stand er plötzlich in meinem Büro.

PRESSE: Obwohl ihn keiner kannte? Wie kommt ein solcher Mann so einfach in Ihr Büro? Wer hat ihn denn reingelassen?

SCHÄUBLE: Keine Ahnung. Wahrscheinlich Leute, die ihn auch nicht kannten.

PRESSE: Wie bitte?

SCHÄUBLE: Na ja, wenn sie ihn gekannt hätten, würden sie ihn doch nicht reingelassen haben.

PRESSE: Und der Mann, den keiner kannte, hat Ihnen Geld mitgebracht?

SCHÄUBLE: Weiß ich nicht mehr.

PRESSE: Wie viel Geld war das?

SCHÄUBLE: Geld? Welches Geld?

PRESSE: Wo war denn das Geld drin? Im Koffer?

SCHÄUBLE: Keine Ahnung. Vielleicht auch im Kuvert.

PRESSE: Vielleicht war das Kuvert im Koffer?

SCHÄUBLE: Ja, oder umgekehrt.

PRESSE: Also wie viel?

SCHÄUBLE: Keine Ahnung. Ich habe nicht nachgezählt.

PRESSE: Aber Sie haben es eingesteckt.

SCHÄUBLE: Ich habe die 100 000 Mark unverzüglich unserer Schatzmeisterin übergeben!

PRESSE: Frau Baumeister.

SCHÄUBLE: Ach, hieß sie so?

PRESSE: Und wo befinden sie sich jetzt? Die 100 000?

SCHÄUBLE: Keine Ahnung. Vielleicht auf dem Wege der Besserung?

PRESSE: Und diesen Fehler bereuen Sie jetzt?

SCHÄUBLE: Ich weiß nicht, wovon Sie sprechen. Welchen Fehler?

Zum Schluss hat man Schäuble noch gesagt, dass er Mitglied der CDU ist.

Hat ihn sehr überrascht.

Zeltmeister

Es gibt Spontanspucker unter den Politikern. Sie treten gern in Bierzelten vor ein paar Tausend Bürgern auf, die alle schon ein bisschen betrunken sind, lassen sich einladen von Dentistenkongressen, jubilierenden Großfirmen, von den Berufsfeuerwehren oder dem Gesamtverband der deutschen Sargnagelhersteller und treten routiniert als Zeltkomiker an. Sie wissen, dass sie laut, zotig und witzig sein müssen. Strauß wird auf diesem Gebiet keiner mehr erreichen, aber sie eifern ihm nach. Wenn sie so richtig auf den Putz hauen – Lafontaine ist in dieser Kunstgattung unter den Top Ten in Deutschland –, wissen sie genau, dass sie auf die erste Seite der *Bild am Sonntag* kommen können. Ob sie puren Quatsch verbreiten oder glatte Verleumdungen, ist völlig egal. Hauptsache, es gibt Standing Ovations. Manchmal ist es anders. Dort wird viel Bier getrunken, und viele müssen ständig raus. Sehr oft sind es deshalb Walking Ovations.

Einer, der diese Kunst mit großem Selbsteinsatz betreibt, ist der stellvertretende FDP-Bundesvorsitzende Brüderle. Der Mann holt aus seinem Kopf heraus, was drin ist. Wenn er spricht, entsteht regelmäßig eine ungeheure Begeisterung. Manchmal kommt der Verdacht auf, dass er ein, zwei Busladungen Anjubler, Hochjubler und Unterjubler mitgebracht hat. Macht aber nichts. Das Warm-up hat sich auch im politischen Leben durchgesetzt.

Ein bisschen Spaß muss sein. Wenn man bei der richtigen Veranstaltung ist, tritt der Spaßvogeltenor Roberto Blanco sogar persönlich auf. Meist redet erst der Vorsitzende, dann der Bezirksvorsitzende der jeweiligen Partei, und dann hebt sich das Zelt fast ein wenig in die Höhe, bricht lauter Jubel los, die Blasmusik dröhnt, der Superstar erscheint, drückt Hände, küsst Kinder, streichelt Omas, umarmt Krankenschwestern oder strahlt in die Kameras. Wer dann ans Pult tritt und leise, sachlich, argumentativ zu reden beginnt, kann seinen Senf gleich wieder in die Tube tun. Da muss es losgehen!

Brüderle kann das. Und ich glaube auch, dass er den folgenden Satz gegen die Große Koalition wirklich geschleudert hat: »Die Warmduscher und die Vorwärtsparker mit den feuchten Hosen werden den Weg in die Zukunft nicht finden!«

Bravo! Aber jetzt mal eine Frage. Ich wollte immer schon mal wissen, warum ein Warmduscher so was Schreckliches ist: Ich habe diesen Kaltduschern, die das Eis aufhacken und in das Eiswasser tauchen, diesen Fitness-Fuzzis gegenüber tiefstes Misstrauen. Wer duscht denn kalt, wenn er sauber werden will?

Und Heißduschern, die sich vorsätzlich ihr Hirn verbrühen, traue ich schon gar nicht. Und wieso, Brüderle, sind eigentlich Warmduscher mit Vorwärtseinparkern zu vergleichen? Warum will Brüderle überall rückwärts rein? Und wieso hat ein vorwärts einparkender Warmduscher feuchte Hosen? Vom Duschen oder vom Vorwärtseinparken? Und was, zum Brüderle, hat das alles mit der Großen Koalition zu tun? Hat Müntefering feuchte Hosen? Vor Lachen, wenn die Merkel vorwärts parken will? Und warum werden sie den Weg in die Zukunft nicht finden? Weil sie warmparken oder weil sie vorwärtsduschen? Was will er mitteilen, der Herr Brüderle? Dass das alles nicht aus seinem Kopf kommen kann, sondern aus rückwärts geparkten feuchten Hosen?

Dann sollte er wirklich mal ordentlich kalt duschen.

Die Traumkämpfer

Jene, die davon träumen, als Kämpfer in die Geschichte der politischen Dampfredner einzugehen, die es aber nicht im Blut haben, sondern im Manuskript, tun sich am schwersten. Dazu gehört der langjährige Stoiber in der ewigen CSU. Sein Traumziel war es, einmal wie sein Idol Strauß eine rhetorische Dampfwalze zu werden und große Hallen zum Kochen zu bringen. Im besten Falle ist er ein Mini-Strauß für kleinere Räume geworden. Rührend war der Aufwand, die Anstrengung, der lange Weg der Leidenschaft.

Schon in seinen ersten Ministerpräsidentenjahren versuchte er, seinen Meister zu kopieren. Der Einmarsch in die Halle mit dem Imperatorengruß in die Menge. Zu groß die Gesten, zu andienerisch. Strauß schaute streng und krümmte gerade mal großzügig zwei, drei Finger. Stoiber ruderte.

Eines Tages probierte er den Wipper seines Idols. Der Pultwipper, den auch die Strauß-Tochter Monika einigermaßen beherrscht, sah bei Stoiber mehr wie ein Einknicken aus. Strauß ging erst in die Knie, um dann auszuholen, nach vorne zu stoßen, um eine Beleidigung in den Saal zu schleudern. Als er Frau Hamm-Brücher »Krampfhenne« schimpfte, benutzte er den Doppelwipper. Erst nach oben – dann nach vorne und: »Krampfhenne!« Der intellektuelle Aufwand war nicht groß, die Wirkung ungeheuer.

Stoibers intellektueller Aufwand war immer ein wenig zu bemüht, seine Wirkung wurde eingeschränkt durch das Nachdenken in der unten sitzenden Bierdeckelsociety. Nur ein Beispiel: Als sein über alles geliebter Gerhard Schröder den verblüffenden Vorschlag machte, Neuwahlen zu veranstalten, wagte Stoiber eine schwierige Metapher. Er griff zur griechischen Mythologie und formulierte: »Schröder will durch das Damoklesschwert der Neuwahlen …«

Das Damoklesschwert der Neuwahlen. Da muss er damals im Geschichtsunterricht gerade Mumps gehabt haben. Also noch mal: »Schröder will durch das Damoklesschwert der Neuwahlen das Ausmaß der fehlenden Gemeinsamkeiten eindämmen.« Da weiß man nicht so richtig, über wem eigentlich dieses dämliche Damoklesschwert überhaupt hängt. Über ihm selbst oder über dem Schröder? Und was macht es dann?

Es fällt. Wieso fällt es? Wenn ich das richtig verstanden habe, fällt es doch erst, wenn der Faden reißt oder abgeschnitten wird. Ist das denn passiert? Auf alle Fälle fällt es, und zwar auf die fehlenden Gemeinsamkeiten. Die dadurch eingedämmt werden. Wie dämmt man Gemeinsamkeiten ein? Noch dazu, wenn sie fehlen. Oder ist es noch schlimmer? Hängt das Damoklesschwert über dem Trojanischen Pferd, aus dem heraus die fehlenden Gemeinsamkeiten sich auf die Sau stürzen, die rausgelassen wird und sich an die Fersen der Merkel heftet?

Es ist zu kompliziert. Klarer wird es, wenn er Sätze sagt wie: »Ich verspreche im Wahlkampf nicht nur das Blaue vom Himmel herunter, ich halte mich auch daran.«

Nachdem er sich entschlossen hatte, endgültig zurückzutreten, soll er ein völlig anderer Mensch geworden sein. Genau diese Schuld müssen wir Wähler auf uns nehmen: Sobald wir Politiker zu dem machen, was sie dann eine Weile sind, werden sie Menschen, die sie vorher nicht waren. In der Monarchie hatten es die Bürger leichter. Da hatte man keinen Einfluss.

Der Schwachsinn blieb in der Familie.

Die Verantwortung bleibt immer an den Kleinen hängen, wenn die Gewalt vom Volke ausgeht.

Wenn Herzog plaudert, hält die Vernunft den Atem an

Der Altbundespräsident Herzog hat mich tief getroffen mit dem Vorwurf, ich würde die Jungen ausbeuten. Weil die Renten erhöht werden. Es handelt sich umgerechnet um drei Euro. Bei mir ist es noch komplizierter, weil ich gar keine kriege. *Ausplündern* hat er gesagt, der Herr Herzog. In der *Bild-Zeitung*.

Das ist ein passendes Verbreitungsinstrument. Zeugt von Volksnähe, aber ich bin erschrocken, habe mir sofort zwei, drei Gedanken gemacht, wen alles ich nicht ausplündere.

Kaum habe ich dem Altpräsidenten geglaubt, erfahre ich aber aus einer anderen Zeitung – am selben Tag! –, dass die Alten bei uns verarmen. Jetzt habe ich zwei Möglichkeiten … entweder ich glaube *das,* aber das ist mir zu nahe an der Realität, oder ich glaube dem Altherzog, dass die Alten sinnlos die drei Euro verprassen und die Neugeborenen ausplündern.

Beruhigt bin ich in seinem Falle, dass er versorgt ist. Bundespräsidenten beziehen ja bis zum Lebensende das volle Gehalt mit Büro-Dienstauto-Sekretärin, also den haben wir von der Straße, den plündere ich nicht aus. Ich mache mir jedoch Sorgen um ihn.

Man weiß inzwischen: Wenn Herzog plaudert, hält die Vernunft den Atem an.

Und: Ein bisschen plündert er auch.

Ein Politiker, der gar nicht merkt, dass so etwas mithilfe der *BILD* aufhetzend wirkt, muss zu lange in der Sonne gewesen sein.

Immer noch treibt es deutsche Urlauber in die Länder, wo die Sonne scheint. Die muss man warnen.

Auf Dauer kann zu viel Sonneneinstrahlung gefährlich sein. Wenn man daran denkt, dass die Italiener diesen Berlusconi jetzt schon zum dritten Mal gewählt haben.

Abschiedsrede Herbert Wehners vor dem Parlament

Wenn einige Damen und Herren dieses Hohen Hauses heute draußen und in den Gazetten, die man hierzulande Zeitungen nennt, mit dem Schein, der sie in all den Jahren geheiligt hat, über meinen Abschied von diesem Bundestag ihre Lobhudeleien über mich ausgießen wie einen Eimer Schmutzwasser und glauben, dass dieses Land vergessen hat, wie diese Herrschaften mich zum Lohnabhängigen des Stalinismus gemacht haben ...

Ich will Ihnen was sagen, Herr Spranger, oder welchen Namen Sie auch immer missbrauchen ... ich will Ihnen was sagen: *Ich bin nicht nachtragend – aber ich vergesse nichts!*

Wenn diese Herrschaften heute eine Laudatio nach der anderen herunterfaseln, dann will ich Ihnen gerne mit der mir eigenen Gelassenheit entgegnen: *Ihr Lob trifft mich in keiner Weise!*

Sie ekeln mich nicht heraus aus diesem Hohen Haus mit Ihrem Larifari. »Hier geht ein Mann der ersten Stunde.« Ich kenne viele, die in diesem Haus schon 25 Jahre ihren Mangel an Phantasie absitzen und ihre erste Stunde noch nie *gehabt* haben.

Sie wissen genau, dass ich mit meiner ganzen Kraft darauf hingearbeitet habe, dass dieses Parlament eine Versammlung der besten *Köpfe* dieses Landes zu sein hat und nicht eine Pflichtveranstaltung für die strapazierfähigsten *Gesäße*.

Es kann mir niemand vorwerfen, dass ich in all den Jahren mit meiner Meinung zurückgehalten hätte, und ich will Ihnen heute nicht verhehlen, dass ich diese Schleiflack-Rhetorik ... die hier zum Stil des Hauses erhoben worden ist, diese ganze Nierentisch-Semantik, dieses blutarme Juristengeseich, für den Tod des Parlamentarismus halte.

Was *heißt* denn das, wenn einem Parlamentarier vorgeworfen wird, er treibe *Polemik*?

Schauen Sie einmal nach in Ihren Wörterbüchern, was Polemik *heißt,* und dann stecken Sie sich diesen Satz wieder dort hinein, wo er Ihnen herausgekommen ist! Ach, Herr Kollege Schmutzler aus Fulda, was regen Sie sich so auf? Sie können ja gar nicht gemeint sein. Bei Ihnen ist doch noch nie was herausgekommen! Sie wissen doch, dass Sie sich in jeder Minute einer Debatte in akuter Notwehr befinden.

Sie sind doch den Mostrich nicht wert, den ich gebraucht hätte, um die Würstchen genießbar zu machen, die ich in diesem Hohen Hause schon verspeist habe. Herr Präsident, Sie werden mich nicht zwingen können, noch deutlicher zu werden.

Niemand in diesem Hause wird mich in meiner Gutmütigkeit beirren. Und wenn Sie, meine Herren von den Regierungsparteien, die sich nicht einmal selbst regieren können, immer von dieser *Erblast* sprechen, die Sie zu tragen die Unbedenklichkeit auf sich genommen haben, dann sollten Sie daran denken, dass *wir* es waren, die *den* Lebensstandard des kleinen Mannes geschaffen haben, den zu verteidigen er Sie gewählt hat.

Wenn Sie aber, wie Sie es getan haben, das auf Ihrem Konto verbuchen, dann verdienen Sie die Bezeichnung:

Erbschleicher!

Wissen Sie, immer wenn man in diesem Hause die Wahrheit sagt, entsteht Unruhe. Aber *Sie* wollen ja Ruhe!

Wenn Sie Ruhe wollen, dann missbrauchen Sie dieses Parlament als Garderobe für Ihre alten Hüte, die Sie in unverschämter Weise Ihren Wählern über die Ohren ziehen wollen. Ihr Bundeskanzler – eine herausragende Persönlichkeit, wenn er zwischen Blüm und Barzel steht –, dieser Herr, der mit *einer* Rede die deutsche Sprache weit hinter die Gebrüder Grimm zurückwirft, der sich hinstellt und öffentlich auf seinen eigenen Optimismus hereinfällt, der da immer behauptet, er habe die Dinge im Griff, und der immer, wenn er eingreift, anschließend etwas ganz anderes in der Hand hat, dieser Herr hat doch offenbart, dass er sich für den Enkel Konrad Adenauers hält!

Ich habe diesen Mann auf meine Weise geliebt, und ich möchte hier vor diesem Hohen Hause eine Aussage machen, die Sie nicht überraschen wird:

Es bestehen zwischen diesen beiden Herren *keinerlei* verwandtschaftliche Beziehungen!

Aber wenn Sie, meine Herren von der Sozialdemokratie, die Sie hier als beschämender Bruchteil der Fraktion herumsitzen wie domestizierte Dackel, wenn es donnert, sich das gefallen lassen und bei jedem offenen Wort, das in diesem Hause fällt, zusammenzucken und mit den Wölfen heulen, die sich die Kreide, die sie täglich fressen, von der Großindustrie bezahlen lassen und dann noch von Würde faseln, die diese Leute nur als Konjunktiv kennen ... dann haben Sie nicht begriffen, was ich in den vielen Jahren der Opposition gelernt habe:

Jede Opposition ist schuld am Zustand der Regierung.

Herr Präsident, ich komme zum Schluss:

Ich hoffe, das Hohe Haus wird mir meine Leidenschaft verzeihen. Ich hätte Ihnen die Ihre auch gern verziehen.

Literatur und Medien

Dankesrede anlässlich der Verleihung des Waldemar-von-Knoeringen-Preises 1995

Guten Morgen, sehr verehrte Damen und Herren. Ich habe Gerhard Polt gefragt, was man denn an einem so frühen Sonntagmorgen einem eigens aufgebrochenen und angezogenen Auditorium erzählt, um es für den Entschluss hierherzukommen zu entschädigen. Er sagte: »Geh hinauf, sag Danke schön und geh wieder ab, das wird sie alle sehr erleichtern.«

Es hat mich überzeugt, aber ich habe einfach nicht den Mut, mich so widerspruchslos loben zu lassen.

Man hat so Strähnen. Mal bekommt man ununterbrochen Ärger, dann sind es nicht abreißende schlechte Kritiken oder Autopannen oder schlechte Karten und nun – plötzlich Preise!

Das kann durch eine nicht selbst verschuldete Dauerpräsenz ausgelöst werden, die mit Alter oder Jubiläen zusammenhängt und die bei Gremien, die Jahr für Jahr Preisträger suchen müssen, Einstimmigkeiten oder Mehrheiten hervorruft, die sonst nicht so leicht herzustellen wären. Möglich wäre, dass so eine Mehrheit denkt: Nimm doch den – der hält es auch. Oder wie Polt in »München leuchtet« sagte:

»Preise suchen ihre Träger unerbittlich.«

Aber es handelt sich ja bei diesem Preis nicht um die Goldene Kamera oder den Bambi oder um die Honig-Melone von Burdas *Bunte* oder um die Silberne Weißwurst am Bande mit Senf und Puderzucker für integrierte Vertriebene ... das wäre ein Preis, den sich der *Münchner Merkur* einfallen lassen müsste ... da hätte ich wenig Chancen. Das traue ich mir einfach zu.

Den würde Helmut Zöpfl bekommen, der heimatgetriebene katholische Feuermelder, der seinen Reimen kleine Trachtenanzüge anzieht und in seiner Kolumne im *Merkur* ... Kolumnen sind Periodika, die, wie Serien, immer wiederkommen und bei denen der Inhalt ... oder kennen Sie den Zöpfl gar nicht?

Der hat in einer seiner letzten Kolumnen den Konstantin Wecker einen »Kaffeehaus-Caruso« genannt. Das ist ungefähr so, als würde Heino den Placido Domingo zum Vorsänger der Fischer-Chöre machen wollen.

Ja, jetzt bin ich mitten hineingeraten in die bayerische Kulturpolitik, aber man muss ja befürchten, dass so ein blutarmer Tintenschwitzer wie Helmut Zöpfl eines Tages im Bayerischen Fernsehen als Bereichsleiter »Bayern-Poesie« auftaucht und den Geschmack für vier Generationen verdirbt.

Dass die bayerischen Sozialdemokraten ihren Anspruch, dabei mitzureden, aufgegeben haben, kann man nicht direkt behaupten, aber sie haben aufgegeben, darüber nachzudenken, ab wann diese Medien voll und ganz ihren Gegnern gehörten, und befinden sich jetzt in der Lage, in der ich mich als alternder Fußballspieler sehe: Vor zehn Jahren haben meine Gegner, wollten sie mich umspielen, noch den Versuch gemacht, mich mit einer Körpertäuschung oder irgendeiner List auszutricksen, heute laufen sie einfach an mir vorbei – ohne ein Wort des Trostes!

Vor zehn Jahren noch hat die staatstragende Partei in Bayern ihre Medienläufer auf verschlungenen Wegen ins Ziel gebracht, also auf die Sessel der Chefs von Funk und Fernsehen. Da musste so einer erst mal sein Parteibuch einige Jahre lang vergessen, musste sich tarnen, ja, sollte sich sogar gegen die Wünsche der Bayerischen Staatskanzlei wehren und liberalen Biss zeigen. Viel später erst durfte erkennbar werden, dass seine

Schritte und Schnitte auf einen Schnittmacher zurückzuführen waren, der seinen Stuhl in der Münchner Lazarettstraße hatte.

Heute geht das auf direkterem Wege. Sollte einer der Portiers des Bayerischen Rundfunks seine Pensionsgrenze in Kürze erreichen, ist das im Hauptquartier der medienlenkenden Partei in der Nymphenburger Straße bereits Jahre vorher bekannt und der Nachfolger schon ausgesucht. Da hat Edmund Stoiber drei Briefe an die Intendanten abgeschickt und ausführlich dargelegt, wie er sich einen Portier an diesem Hause vorstellt, der selbstverständlich seinen Job einige Jahre lang in der Hanns-Seidel-Stiftung geprobt hat und durch mehrere Gesinnungsprüfungen gegangen ist, dessen Konfession stimmt und der täglich drei Seiten des *Bayernkurier* auswendig lernt.

Selbstverständlich haben auch die Sozialdemokraten hie und da Glück, schaffen es hin und wieder, über verschlungene Wege einen gelernten Redakteur in das Tonarchiv zu schleusen. Der aber meldet sich gewöhnlich erst zwölf Jahre später gelegentlich bei seiner Partei zurück. Und da kann man noch von Glück sagen. In der Regel betrachten die bayerischen Sozialdemokraten den Bayerischen Rundfunk als eine Art Bermudadreieck für Genossen aller Art.

Es ist auch etwas schwierig geworden, in den Medien Flagge zu zeigen. Ein Abteilungsleiter, der es zulässt, dass ein Mitarbeiter Reflexionen über die Auswirkungen eines Evangelischen Kirchentages anstellt, oder gar einem Polizisten gestattet, ohne Genehmigung seiner Vorgesetzten in das Mikrofon zu husten, gilt im Allgemeinen als linksradikal.

Die SPD hat das in diesem Lande etwas spät gemerkt, ähnlich wie Boris Becker, wenn ich das richtig gelesen habe, der nach dem dritten verlorenen Satz realisiert haben soll, dass das zum Ausscheiden aus dem Turnier führt.

Ich möchte damit nicht behaupten, die SPD in Bayern sei bereits aus dem Wettbewerb, aber langsam sollte man ihr schon sagen, dass das, was ihr um die Ohren pfeift, die Matchbälle des Gegners sein könnten.

Zum Schluss … es ist heute ein schöner Tag … möchte ich mich dafür bedanken, dass Sie mich, durch die Verleihung dieses Preises, mit dem höchst ehrenwerten Namen des Waldemar von Knoeringen in Zusammenhang gebracht haben. Ob ich es verdient habe, weiß ich nicht. Eins weiß ich: Ich bin sehr stolz darauf.

Dichter-TÜV

Ein paar Mal im Jahr sitzen drei Herren und eine Dame zu Gericht. Richtiger: Das Quartett besteht aus einer Dame und *zwei* Herren, ist ein Trio, das sich von Mal zu Mal um eine Dame oder einen Herren komplettiert.

Sie sprechen vor drei Prozent der Fernsehzuschauer über Bücher, die noch niemand gelesen hat, von Autoren, von denen man nichts weiß, erwähnen Zusammenhänge, die unbekannt sind, und fällen Urteile, die einem ziemlich egal sind, weil – siehe oben – das exekutierte Werk bislang an einem vorübergegangen ist. Und doch gehört das Ganze zum Unterhaltendsten, was im öffentlich-rechtlichen Fernsehen angeboten wird.

Man muss das einfach gesehen haben, wie Reich-Ranicki, die direkt aus dem Himmel herabgestiegene große Sense des Buchmarkts, die zeitgenössischen Romanautoren aberntet!

Neben ihm die Frau Löffler aus Österreich, allzeit bereit, dem Meister die vernichtenden Worte vom Munde abzulesen, sie dann zu zerpflücken und ihm wieder hineinzustecken, wo sie ihm herauskamen. Das gelingt so selten wie kaum einmal.

Der Meister ist Herr seiner Worte, er lässt sie heraus, aber nicht wieder hinein.

Momente, in denen es schwierig wird für ihn, bewältigt er spielend und beiläufig dadurch, dass er seine Sätze nicht mehr als sein Eigentum betrachtet. Er begreift sich, während er noch spricht, als Zitat.

Irgendwann haben die drei der Viererbande den Vierten eliminiert. Der wird ausgelost, wird zwar vor der Sendung geschminkt, aber nicht informiert.

Wissen sollte man vielleicht, ob vor diesen Gesprächen über Existenz oder Nichtexistenz eines Dichters ein Vorgespräch stattgefunden hat, das die Abwärts- oder Aufwärtsdaumenhaltung des Quartetts spontan beeinflusst. Weiß der Karasek vorher, dass der Reich-Ranicki den Günter Grass in den literarischen Ruhestand schicken wird?

Will der Karasek da widersprechen?

Oder sind die Widersprüche des Karasek nur dramaturgisch gesetzte Doppelpunkte für die Pointen des Spielleiters R.R.?

R.R.: »Der Mann schreibt seit der *Blechtrommel* mit jedem weiteren Buch sein Testament.«

»Es gibt Autoren, die einmal in ihrem Leben etwas zu sagen haben, dabei sollten sie es belassen und uns nicht weiter behelligen.«

Dann nicken alle und bereiten die Ermordung des nächsten Autors vor.

Der hat nur 424 Seiten geschrieben.

R.R.: »Unter 600 Seiten ist ein Roman kein Roman.«

Karasek: »Ja, aber …«

R.R.: »Die Hauptfigur in diesem Roman ist ein Mann, dem ich das nicht glaube.«

Löffler: »Was erwarten Sie von ihm?«

R.R.: »Dass er geil ist, Verehrteste. Aber das sagt er nicht. Er macht sich Gedanken um die Transparenz des göttlichen Zeugungswillens, aber er sagt nicht, dass er was in der Hose hat, das rauswill.«

Frau Löffler lässt sofort erkennen, dass sie diese Aussage von R. R. für blödsinnig hält, Karasek kann sich noch nicht entscheiden, welches Gesicht ... er hat drei: knuddelig, kritisch-kauzig, skeptisch-aufmüpfig ... er dazu machen soll, und sagt: »Das kommt aber dann auf Seite 423 raus. Unübersehbar!«

R. R.: Wissen Sie, Herr Karasek, wenn Sie das, was auf Seite 423 passiert, für die Beschreibung einer elementaren Erektion halten, dann versetze ich mich einmal in die Rolle der Frau und halte das für übersehbar. Das ist keine Drohung. Das ist eine Friedenserklärung mit der Bitte um mildernde Umstände.«

Frau Löffler ist empört. Karasek grinst, R. R. setzt zum Schlusswort an:

R. R.: »Kafka ist tot, Wolfgang Koeppen schreibt nicht mehr, die Zahl der ungeschriebenen Meisterwerke nimmt zu ...«, und dann: »Der Vorhang zu und alle Meinungen offen«, oder so ähnlich.

Wie wird man Abteilungsleiter im Rundfunk

Mein Herzenswunsch war immer, einmal Abteilungsleiter in einem Rundfunk zu sein.

Auf meiner Visitenkarte stand das schon drauf, bevor ich es wurde.

Es gibt ja Menschen, die lassen erst die Karte drucken und versuchen dann, das zu werden, was draufsteht.

An irgendetwas muss sich der Mensch hochziehen, wenn er keinen besonderen Ehrgeiz hat. Beamte haben's da leichter, die brauchen keinen besonderen Ehrgeiz zu entwickeln. Ein Beamter entkommt nur durch frühzeitigen Tod seiner gerechten Beförderung.

Meine Frau hat zu mir gesagt: Du musst mit dem Kopf arbeiten, und wenn sich das Handwerkszeug abgebraucht hat, musst du eine leitende Stellung haben.

Zuerst, habe ich mir gesagt, musst du Kontakt bekommen zu den Kreisen, die so etwas manipulieren.

Das ist nicht schwer. Man zieht sich einen Smoking an, lässt sich zu einem kalten Büfett einladen, und wenn man dann widerstandslos zu sich nimmt, was da liegt, und es trotz der Kreise, in denen man sich da bewegt, bei sich behält, dann …

Ich habe gleich einen Rundfunkrat aufgerissen. Ein Rundfunkrat ist immer gut, denn er achtet nicht so sehr auf seinen Sachverstand, sondern mehr auf den Einfluss, den er dadurch hat, dass er jemanden kennt, den er selber hineinmanipuliert hat. Außerdem bin ich Schlesier und er Pommer – so etwas verbindet.

Also hat er mich auf eine Liste gesetzt. Was er nicht wusste, war, dass ich offenbar schon auf einer war. Natürlich auf einer anderen.

Und dann musste ich vor ein Hearing.

Ein Hearing ist ein Gremium. Klingt nur so schwierig, sind aber bloß Leute, die da vor einem im Dunkeln sitzen. Vor so einem Hearing muss man dann sagen, was man für einer ist und was man freiwillig für einer zu werden bereit ist, wenn man den Job bekommen möchte.

Und dann prasseln die Fragen!

Die Erste lautete: Was halten Sie von einer öffentlich-rechtlichen Anstalt?

Ich habe gesagt: Diese öffentlich-rechtliche Angelegenheit wird immer mehr zu einer Gelegenheit für rechte Öffentlichkeit … das kam nicht so gut an.

Die zweite Frage: Was nehmen Sie dem Staat gegenüber für eine Haltung ein?

Ich sagte: So – auf jeden Schlag gefasst.

Und da machten sie Striche. Ich habe erfahren, dass es nicht so gut ist, wenn unten einer Striche macht.

Und dann kam die Frage: Was ist für Sie Staatseigentum?

Da habe ich gesagt: Staatseigentum ist das, was die Regierung dem Volk vom Munde abspart.

Da hat kaum einer gelacht.

Dabei hätten die da unten doch wissen können, was ich so für Ansichten habe. Ich hatte ja ein Buch geschrieben, wo das alles drinsteht.

Das Buch war auch ein Flop.

Mein Verleger hatte gesagt: Das Buch wird eine Rakete.

Aber es gibt ja bekanntlich Raketen, die gleich nach dem Start wieder landen.

Jetzt liegt mein Buch in allen Buchläden … wie ein Stein!

Aber mein Verleger hat gesagt: Ihr Buch ist on a recycling way!

Recycling. Tja. Was ist das?, habe ich zuerst gedacht. Jetzt weiß ich es. Recycling? Das ist das Produkt einer Erzeugung, das nach der Verwertung und Ausscheidung wiederum etwas düngt, was wieder wächst, das man wieder essen kann.

Schlicht gesagt also: Scheiße. Mein Verleger hat also gesagt, mein Buch wäre on a recycling way.

Und das ist gut. Denn auf der Frankfurter Buchmesse gab es in diesem Jahre 200 000 Neuerscheinungen. 200 000!

Aber das beweist, dass es im deutschen Volke einen deutlichen Hang zum Zweitbuch gibt!

Und das ist klar, denn wer einen Simmel hat, will alle haben!

Und der Simmel schreibt und schreibt, weil er Angst hat, dass ihn die Leser einholen.

Ich muss nicht eigens erwähnen, dass ich bei dem Hearing durchgefallen bin. Am Schluss vom Hearing hat mich einer noch gefragt, ob ich glaube, dass die parteipolitische Unabhängigkeit in den Medien gewährleistet sei, und weil ich Angst hatte, dass ich den Job nicht bekomme, habe ich Ja gesagt, daraufhin hat sofort einer gerufen: Er lügt!

Zum Schluss hieß es, ich könne kein Abteilungsleiter werden, weil die parteipolitische Unabhängigkeit … das heißt die Ausgewogenheit … ausgewogen ist, wenn man drei Seelen in der Brust hat und diese zu gleichen Preisen an die drei Parteien verkauft.

Daraufhin habe ich es über die Parteien versucht.

Und jetzt bin ich Abteilungsleiter!

Zuerst habe ich was Überflüssiges versucht. Ich habe mich bei der SPD eintragen lassen und ging auf einen Listenplatz los … aber bis da mal einer … und die werden alt!

Ein Listenplatz bei der SPD – das ist wie eine Eintragung im Grundbuch. Plötzlich habe ich aber innerhalb der SPD angefangen zu arbeiten.

Ich habe Plakate geklebt, habe dem politischen Gegner böse Gesichter geschnitten. Plötzlich haben die Genossen gesagt: Moment, der will Karriere machen, und sie begannen mich hinter meinem Rücken hochzuloben. Und jetzt bin ich Abteilungsleiter.

Als ich zum Rundfunk kam, stellen Sie sich vor, war gar keine Planstelle frei!

Aber das macht nichts. In solchen Fällen schafft man halt eine.

Ich bin jetzt Abteilungsleiter in der Hauptabteilung Blasmusik.

Ich leite die Abteilung für Flöte.

Weil aber noch so ein Fall von der anderen Partei vorlag, wurde die Abteilung noch einmal unterteilt, und jetzt bin ich Abteilungsleiter für Querflöte, streite mich im Moment mit dem Kollegen Abteilungsleiter Blockflöte, in welchen Kompetenzbereich die indonesische Nasenflöte fällt. Wir haben sooo einen Aktenberg erarbeitet.

Das hat zur Folge, dass man das Unwichtigere eben abstellen muss.

Um Konzerte – um Flötenkonzerte kann ich mich gar nicht

kümmern. In der Öffentlichkeit habe ich mich zu der Äußerung entschlossen, dass es im Moment eben keine Flötisten gibt.

Sie können sich vorstellen, wie viel Geld ich in diesem Jahre gespart habe.

Man hat mir auf die Schulter geklopft und gesagt: Sie sind auf dem richtigen Wege. Und so fühle ich mich auch.

Ich bin on a recycling way!

Das Fernsehen vergisst seine Vergangenheit

Meine Frau Renate und ich regen uns immer wieder über Methoden der Fernsehanstalten auf, beispielsweise dass bei einer Wiederholung der legendären TV-Aufzeichnung von *Der Widerspenstigen Zähmung* mit Klaus Maria Brandauer und Christine Ostermayer am Schluss nicht mehr gelesen werden konnte, wer neben den beiden Hauptdarstellern noch mitgespielt hatte, wer an der Kamera war, wer Regie geführt hat. Es gab praktisch keinen Abspann mehr. Die Stabliste rutschte durch, nichts war mehr zu erkennen.

»Es ist eine Frechheit und eine Rücksichtslosigkeit den Zuschauern gegenüber, den Schauspielern gegenüber, der Technik gegenüber, allen denen gegenüber, die dieses wirkliche Kunstwerk einmal hergestellt haben. Welcher Sender auch immer dafür verantwortlich ist, er sollte sich für diese Banausenhaltung zu Tode schämen. Es ist kulturlos, es ist dumm, es ist rücksichtslos, und es ist ein Beweis dafür, welche Rolle das Fernsehen im Geistesleben freiwillig zu spielen gedenkt. Man sollte den Fernsehapparat sofort durch das Fenster auf die Straße schleudern. Ich habe dabei nur die Angst, dass man den einzigen Menschen auf den Kopf trifft, der noch Bücher liest.«

Renate vergisst, dass das Fernsehen mit Kunst nichts mehr

zu tun haben will. Es zeigt die Zeugnisse früherer geistiger Verirrungen nur noch verschämt. Man hatte sich getäuscht: Die Fernsehspiele von Egon Monk, Rolf Hädrich oder Axel Corti waren Bestrebungen in der falschen Richtung.

Am grünen Strand der Spree, Die Sendung der Lysistrata (eine Kortner-Inszenierung mit Romy Schneider und Wolfgang Kieling) oder *Der Schlaf der Gerechten* (nach Albrecht Goes) mit Hilde Krahl, *Die Geschwister Oppermann, Im Westen nichts Neues, Bauern, Bonzen und Bomben,* viele Meisterwerke der Fernsehspielkunst werden selten oder gar nicht wiederholt.

Auf der anderen Seite entkommt man keinem noch so öden UFA-Lustspielfilm aus den Dreißigerjahren.

Das Muhen der Almkühe aus den verstaubtesten Heimat- und Bergmelodramen mit Hansi Knotek und Viktor Stahl dröhnt sonntags durch die Räume, der albernste Rühmann-Film darf nicht im Archiv seine wohlverdiente Ruhe behalten. Quatsch, Kitsch und Tralala rauschen durch die Räume, aber die *Lysistrata* ist es nicht wert, ins Programm gestellt zu werden. Das politische Drumherum damals war spektakulär. Die CDU und natürlich auch die CSU entfachten eine Kampagne gegen dieses Fernsehspiel. Aristophanes, der böse Autor, war der Schuldige.

Unter der Leitung der verschwörerischen, staatsfeindlichen Lysistrata verweigerten die Athener Frauen ihren Männern die Liebe im Bett, als diese in den Krieg ziehen wollten. Sie streikten körperlich!

Der damalige Fernsehdirektor des BR, Dr. Clemens Münster, hatte ärgste Bedenken gegen dieses plump-pazifistische Stück: »Nicht fernsehtauglich!« Auch der CSU-Kultusminister Theodor Maunz, der als bekennender Nationalsozialist nach 1945 sein Damaskus-Erlebnis hatte und streng bekennender Katholik wurde, erregte sich in lächerlicher Weise. Einer Wiederholung dieses Werkes werden wir wohl nicht entgegensehen können. Kommt ja nun auch darauf an, wem es heute gehört. In solchen Fällen liegt die Antwort immer nahe: In dubio pro Leo. Kirch hin, Kirch her – es war natürlich auch zu obszön für diese prüde Zeit.

Die gnadenlose Beichtshow im TV

Kriegt man als Fernsehzuschauer nicht endlich mal einen Dank fürs Aushalten? Meinetwegen ein Verwundetenabzeichen.

Ich könnte ausschalten, aber ich darf nicht, weil zwischen all der Unterhaltung Information, Aufklärung und Kultur vertikal in mich hineinfahren. Ich erfahre täglich unglaubliche Dinge. Dass Katzen Whiskas kaufen würden. Da wäre ich nie draufgekommen!

Und immer sind alle so jung und schön. Sogar die dritten Zähne verkauft mir ein 30-Jähriger, der gerade erst seine Milchzähne losgeworden ist! Ein Mensch in einer grellen Jacke will mir unbedingt einen Toyota ans Bein binden, und das macht er gemeinerweise immer in den Tennispausen, und alle drei Spiele versucht er's wieder. Und ich werde immer bockiger … Nein, du Blödmann, denk ich mir immer und nehme es sofort zurück. Der Junge ist arm, sage ich mir, der braucht das Geld, kann sich nicht mal was Vernünftiges zum Anziehen kaufen. Und ich klammere mich fest an meinen Stuhl und denke mir: Fasten your feedback, es kann nicht schlimmer kommen, aber dann kommen wieder diese Ärzte, die miteinander kochen … nein, die schneiden herum und rufen »Tupfer«, und ich bin schon so erledigt, dass ich aufstehe und sie holen will, aber gerade noch rechtzeitig erkenne ich, dass es Fernsehen ist und der Pfitzmann den Wussow operiert und der … nein, es ist der Entwicklungsminister, und das Ganze spielt auf Hawaii, und der Wussmann sagt: »Exitus – der Mann gibt keine Milch mehr!«

Aber Wontorra ist zur Stelle, rüttelt den Exitierten und schreit: »Bitte melde dich! Melde dich! Es gibt kein letztes Öl mehr auf Hawaii!« Und wie aus dem Boden gewachsen steht der Pastor an der Bahre, der diese gnadenlose Beichtshow exekutiert, der … Dings … mit dem Titel: »Spuck's aus, Baby!«

Und siehe da, der Patient wacht noch einmal kurz auf und murmelt: »Um Gottes willen, Fliege!«, und setzt zum letzten Atemzug an. Das wird verhindert. Die entsetzte Stimme des Moderators: »Um Himmels willen, warten Sie – es kommt Werbung.«

Fernsehen – ein Tränenmedium

Man darf nicht reinschauen. Egal welcher Kanal.

Kanal ist endlich mal richtig. Es handelt sich in diesen Tagen um ein Feuchtgebiet.

Schröder weint, weil ihm der Struck einen Zapfenstreich eingeredet hat, Doris weint, weil sie nicht mehr Kanzlers sind, der Waigel weint, weil er sein Finanzloch verlassen muss und umzieht. Die Wiecorek-Zeul weint – da weiß keiner mehr, warum –, die Nahles weint, weil der Münte so anständig war, und die *Bild-Zeitung* weint, weil die Mutter von der Merkel nicht geweint hat, als sie gekürt wurde. Und die größte Träne der Zeitung, die schreibende Zahnlücke Wagner, der Blattpoet, schrieb mit tödlichem Ernst:

»Liebe Kanzlerin-Mama Herlinde Kasner,

es flossen keine Tränen aus Ihren Augen. Sie zeigten keine Gefühle für Presse/TV.

Was für ein Typ Mutter sind Sie?«

Und dann untersucht er den Fall:

»… sie ist SPD-Mitglied.« Aha. Eine kalte Rote.

»Frau eines Pastors«, schreibt Wagner. Aha. Evangelisch. Cool wie Luther! Und eine Ossi-Oma.

Und weiter: »Nun ist sie alt, über 70. Ihr Kind, winzig klein geboren, ist nun Kanzlerin. Machen Mütter diese Kinder oder der Himmel – das frage ich mich.«

Mutter Merkel soll ihm ein paar Tränen eingepackt und geschickt haben. Lachtränen.

Wagner schrieb auch an Ängie!

(Ein Gedicht!! Ein Krönungsgedicht!!)

»Ich hab den sechsten Sinn

morgen bist du im Kanzleramt drin

O Rose German Rose

Schröder war eine tote Hos

O German Rose du hast ein Gesicht

das nach Rosen riecht und wie Rosen sticht.«

Was denkt man sich da? Da denk ich mir: Der Mann muss zum Arzt. Oder es ist eine böse Parodie von der *taz*. Aber wie nahe an der Wirklichkeit.

Kohl – ein Vermächtnis

Dass ein Mann wie Helmut Kohl Deutschland 16 Jahre lang regiert hat, also *viermal* gewählt wurde, beweist, dass wir als Demokraten zugelernt haben.

Dass unsere Toleranz grenzenlos ist und unsere Leidenschaft für die deutsche Sprache beispielhaft.

Wir verdanken ihm Beispiele von hinreißender Formulierungskunst.

Er war es, der die Mantel-Metapher erfand. Niemand wäre außer ihm auf die Idee gekommen, dass die Geschichte einen Mantel hat, und er war es, der den Mantel der Geschichte im Winde der Ereignisse flattern ließ.

Ganz zu schweigen von dem Tellerrand des morgigen Abends.

»Eine gute Politik sieht über den Tellerrand des morgigen Abends«, rief er aus, und man sah ihn, im Teller stehend, mit wehendem Mantel über den Tellerrand sehen, und dann *die* Warnung an sein Volk und die Sozialdemokraten insbesondere aussprechen:

»Was nützt die beste Sozialpolitik, wenn die Kosaken kommen.« Wie prophetisch! Sie sind da. Ohne Pferde. Mit Ferraris und Koffern voller Geld, mit breiten und satten Frauen, vielen Kindern, und sie liegen an den Stränden Europas.

Und wie hat er der deutschen Dichtung gedient, wenn er seine Reden mit klassischen Zitaten geschmückt hat.

Da er den Dichtersätzen nie so recht getraut hat, reicherte er sie mit eigenen Gedanken an.

Was sich dann so anhörte:

UND AUS DEN WIESEN STEIGET
DER WEISSE NEBEL
WUNDERBAR.

Matthias Claudius: Abendlied

DER MOND
meine Damen und Herren, liebe Freunde, und das möchte ich
hier in aller Offenheit sagen,
IST AUFGEGANGEN
Und niemand von Ihnen, meine Damen und Herren, liebe
Freunde, wird mich daran hindern, hier in aller Entschlossen-
heit festzustellen,
DIE GOLDNEN STERNLEIN PRANGEN
Und wenn Sie mich, meine Damen und Herren, liebe Freunde,
fragen: Wo?
Dann sack ich es Ihnen:
AM HIMMEL!
Und zwar, und das sei hier in aller Eindeutigkeit gesackt, so wie
meine Freunde und ich, meine Damen und Herren, liebe Freun-
de, uns immer zu allen Problemen geäußert haben:
HELL UND KLAR.
Und ich scheue mich auch nicht, hier an dieser Stelle ganz konk-
ret zu behaupten:
DER WALD STEHT SCHWARZ
Und lassen Sie mich hinzufügen
UND SCHWEIGET!
Und hier sind wir doch alle aufgerufen – gemeinsam –, die uns
alle tief bewegende Frage an uns gemeinsam zu richten:
Wie geht es denn weiter?
Und ich habe den Mut und die tiefe Bereitschaft und die Ent-
schlossenheit, hier in allem Freimut zu bekennen, dass ich es
weiß!
Nämlich:
UND AUS DEN WIESEN STEIGET
Das, was meine Reden immer ausgezeichnet hat:
DER WEISSE NEBEL WUNDERBAR.

Deutsche Befindlichkeiten
im In- und Ausland

Politiker und andere Schwachstellen

Vor Kurzem konnte man Müntefering sehen, wie er die Merkel ansah und dabei verbissen um ein freundliches Lächeln rang, als sie sich die Lorbeeren des Erfolges selbst aufs Haupt setzte.

Das ist Müntes Kabinettstück in dieser Großen Koalition, wie er lächelt und mit den Augen seiner Kanzlerin die Zähne zeigt.

Früher war ihre Anmut nicht das Herausstechende an ihr – heute hat ihr Hosenanzug bereits die führende Rolle von des Kaisers neuen Kleidern angenommen.

Man ist mit ihr zufrieden und wartet auf das nächste Brandenburger Traumschloss. Irgendwann wird Münte ihr ein kleines Krönchen in den Pony flechten.

Ich persönlich bin von ihr begeistert, und zwar wegen eines Satzes, den sie in unnachahmlicher Weise sagte.

Auf die Frage: »Werden Sie wieder Physikerin, wenn sie keine Kanzlerin mehr sind?«, antwortete sie: »Wer 16 Jahre in der Politik war, ist für andere Berufe nicht mehr zu gebrauchen.«

Es ist doch zwischendrin mal ganz schön, stolz auf seine Kanzlerin sein zu können.

Schröder hätte gesagt: »Wer einmal Kanzler war, kann auch Erdgas-Pipelines unter Wasser reparieren.«

Was seinen Hang zu russischen Politikern betrifft, so könnte das in absehbarer Zeit zu Problemen führen.

Ich bin ja ein notorischer Zeitungszeilenhinterleser. Ich versuche, hinter der Zeile die Wahrheit zu erlesen.

Jetzt aber passierte es, dass die gleich vorne in der Zeile war. Der russische Generalstaatsanwalt Tschaika, so las man, hat den Mord an der Journalistin Politkowskaja brutalstmöglich aufgeklärt. Das hat keiner mehr für möglich gehalten.

Und er sagte tatsächlich, was wir alle schon vermutet hatten: Dahinter steckten Feinde von Putin! Nur um ihm zu schaden, hat sich die Politkowskaja selbst einen Mörder gedungen.

Putin ist rehabilitiert.

Das Problem ist nur: Keiner glaubt es ihm.

Kurz zuvor war unsere Außenministerin Merkel bei ihm in Moskau … ja, natürlich ist sie Kanzlerein, aber seit sie das ist, ist sie eigentlich nur als Außenministerin unterwegs.

Es kann passieren, dass sie plötzlich den Steinmeier in Peking trifft und erstaunt sagt: »Was machen *Sie* denn hier?«

Gott sei Dank war sie schon wieder weg, als das zu lesen war …

An diesem Tage war sie schon in China, bei den Freunden der Menschenrechte.

Da war ich besorgt.

Man weiß ja nie, ob die Chinesen nicht gerade eine Kopie von ihr machen und das Original behalten.

Eins machen die Chinesen geschickter als die Russen: Sie eliminieren ihre Regimegegner spurloser.

Und sie lernen im Moment auch alle die Menschenrechte auswendig. Bei den Olympischen Spielen müssen sie sie können.

Für ein paar Wochen.

In Deutschland hat man auch schwere Entscheidungen zu treffen. Was machen wir mit diesen Nazis, wenn sie jetzt überall aufmarschieren und Menschen verprügeln?

Unsere Regierung hat entschieden: Sie dürfen vorläufig weiterprügeln.

Die Regierung ist gegen einen neuen Versuch, die Urzelle der Gewalt, nämlich die NPD, zu verbieten. Sie hat weniger Angst davor, dass Inder, Afrikaner, Vietnamesen halb totgeprügelt werden, sie hat Angst, dass sie ein zweites Mal gegen das Verfassungsgericht verliert!

Das, sagt sie, also die Regierung, würde ein Rückschlag für die Demokratie sein. Dass diese Neo-SA-Horden weiter durchs Land ziehen und öffentlich mitteilen, dass sie unsere Verfassung abschaffen wollen und nicht verboten werden können, weil das die Verfassung nicht zulässt, das muss mir einer erklären. Vielleicht sollte man mal fragen, ob die Verfassung überhaupt noch gilt, die doch zulassen müsste, dass Leuten, die sie abschaffen wollen, das Handwerk gelegt wird.

Stattdessen bezahlen wir diese kriminellen Vereinigungen auch noch als zugelassene Partei und entschuldigen uns womöglich noch dafür, dass wir sie beleidigt haben.

Ich weiß nicht, wo ich mir da hinfassen soll, der Kopf ist mir zu schade.

Ein Bürokrat als Entbürokratisierungsmanager

Der oberste Brüsselboss Barroso hat einen Jahrhunderteinfall gehabt: Er will Brüssel entbürokratisieren lassen.

Das ist ein so sinnvoller Job wie der des neu eingesetzten Korruptionsbeauftragten bei Siemens.

Wer soll das machen? Nein, nicht der Sarkozy, der Rambo aus Frankreich. Obwohl der das sofort erledigen würde.

Der geht morgen mit seiner Frau aus dem Haus und sucht persönlich den bin Laden. In zwei Tagen hat er ihn.

Egal, wer es dann ist.

Nein, der Chef der Entbürokratisierungszentrale in Brüssel

wird ein Mann sein, der die Bürokratie in Bayern zur Hochblüte gebracht hat: Edmund Stoiber.

In kurzer Zeit wird es dort ein großes Haus, Planstellen, Sekretärinnen, Dienstwagen, Pressesprecher und viele Bürokratieermittlungsbeamte geben. Und alles ehrenamtlich!

Herr Sinn macht seinem Namen alle Ehre

In Rüsselsheim und Bochum stehen schon wieder 25 000 bis 40 000 Menschen vor dem Jobverlust. Die Mama von Opel in Amerika hat den Konzern in Grund und Boden spekuliert und stößt den Laden in Deutschland ab. Das ist wie bei den Eisbären: Wenn Mama und Papa nichts zu fressen haben, fressen sie ihre Kinder.

Jetzt kommt aber unsere Kanzlerin Merkel und verkündet, sie rettet Opel. Angel Ängie kommt mit einem Sack voll Geld und rettet Rüsselsheim. Wo hat sie das her?

Wenn sie Rüsselsheim gerettet hat, kommen die anderen 100 dran. Druckt sie heimlich Geld? Oder ist das womöglich Steuergeld? Müssen wir jetzt die Mama in Amerika auch retten? Und die Oma und die vielen unehelichen Töchter und Neffen und Nichten von General Motors? Vielleicht als Notopfer Wallstreet? Fragen wir Hans-Werner Sinn vom IFO.

Der weiß alles, der ist Chef vom größten Informator Deutschlands. Wird in nahezu allen Talkshows verwendet. Und zwar immer dann, wenn der Sender die Zuschauer teilen möchte. Das heißt, die Spreu vom Weizen trennen möchte.

Immer ein großer Erfolg. Wenn Hans-Werner Sinn auf der Scheibe erscheint, schaltet der Weizen sofort aus.

Als kürzlich wieder mal jemand den Verdacht äußerte, dass Manager zur Spreu gehören, löste das bei Sinn einen geistigen

Ausstoß aus, der sofort bestätigte, was man immer vermutete: Er scheint nicht ein Idiot zu sein, er *ist* einer. Die Manager, sagte er, werden verteufelt wie die Juden in den 30er-Jahren, und die, ließ er durchscheinen, hätten ja die Wallstreetkatastrophe verursacht.

Da muss ihm der Geschichtsunterricht aus den 50er-Jahren, in denen der Entnazifizierungsgedanke sich noch nicht durchgesetzt hatte, in den Sinn gekommen sein.

Und folgerichtig formulierte er, dass die Managerverfolgung ihn an ein Pogrom erinnere.

Man müsste ihn fragen, ob er den Schrank noch hat, in dem die Tassen fehlen.

Der Jahrestag des Katholischen Männervereins Tuntenhausen

Im *Spiegel* lese ich, dass der Nachfolger von Friedrich Zimmermann, Schäuble, als neu gepriesener Innenminister alles genauso machen wird wie sein Vorgänger. Er sieht keinen Grund für irgendetwas.

Stoltenberg will die Politik als neuer Verteidigungsminister genauso machen wie sein Vorgänger Scholz. Waigel will wie Stoltenberg. Der neue Verkehrsminister Zimmermann hat noch gar nicht gesagt, ob er überhaupt was machen will.

Sein Vorgänger Warnke will die Politik *des* Entwicklungsgehilfeministers machen, der vor dem jetzt ausgeschiedenen Minister in diesem Amt war. Das war er selber.

Blüm sieht keine Veranlassung – Töpfer sieht sowieso nichts – der Justizminister wirkt wie ausgewechselt, nachdem er nicht eingewechselt worden ist, und Genscher wäre sowieso nicht da gewesen, wenn etwas gewesen wäre.

Nur in Bayern tut sich wieder Entscheidendes:

Der Jahrestag des Katholischen Männervereins Tuntenhausen dortselbst. Meldet die *Abendzeitung*.

Hier werden die wirklichen Richtlinien der bayerischen Politik verkündet. Hier ist der Mann noch was wert – hier bleibt die Frau draußen. Hier übt der Tandler so lange Strauß, bis der Streibl draußen ist – die Anfangserfolge sind beachtlich: Gorbatschow, sagt er, verschrottet bloß oids Glump – seine Abrüstung ist Riesenpropaganda – das hat schon was – die Herren da drüben, sagt er, müssen immer wissen, was ihnen blühen würde, wenn …

Da kommt bei denen da drüben der Furor bavaricus auf – und im Parkett jubeln die Trachtenfuzzis – endlich mal einer, der sagt, wie mir zumute ist!

So soll Politik sein! Und dann noch den Satz drauf:

»Unsere Bauern gehören zu Bayern.« Es gehört Mut dazu, diesen Satz zu sagen, wenn man genau weiß, dass der eigene Kiechle hinter der Hand ganz was anderes sagt.

Vorderhand natürlich noch nicht.

Dann fällt ihm noch ein, dass an den Morden im Lainzer Krankenhaus die Kommunisten schuld sind und die Atheisten. Da jubeln die Bischöfe in Tuntenhausen und patschen in die Hände. Irgendwie beseelt sie ja immer noch der Gedanke: Rache für Lenin! Und der nächste Zar wird Otto von Habsburg!

Der Gedanke liegt auch nahe, dass Memmingen zum Wallfahrtsort erklärt wird. Denn hier zum Exempel ist eins statuiert worden. Und wenn im *Spiegel* herauszulesen ist: Hier hat der Arm der Justiz voll in die Scheiße gegriffen – macht nichts. Hauptsache, es bleibt was übrig, nämlich die Angst vor dem nächsten Schlag.

Und was unsere Richter und Staatsanwälte betrifft: Lieber ein Strohkopf mit der richtigen Gesinnung als ein falscher Fuffziger mit einem liberalen 68er Sockenschuss.

Jetzt habe ich doch glatt den Tandler weitergedacht.
Na gut, dann sage ich auch seinen Schlusssatz:
Hier weht nicht der Geist der Revolution,
der Geist von Godesberg,
der Geist von Camp David,
hier weht auch nicht der Zeitgeist –
hier weht der Geist von Tuntenhausen.

Der GAU-Ableiter

(Ein Betroffener am Telefon.)

Ich wiederhole noch einmal: Es ist in Biblis etwas passiert, aber
es ist nichts passiert, was in die Nähe dessen kommt, was hätte passieren können, wenn überhaupt etwas passiert wäre. Ob
Sie das so schreiben sollen? Mein lieber Mann, wenn Sie schon
so fragen, dann weiß ich doch schon, dass Sie überhaupt keine
Ahnung haben, überhaupt keine Ahnung!
　Lassen Sie mich ausreden! Keine Ahnung! Sie haben keine
Ahnung! Waren Sie dabei? Na bitte! Ich auch nicht. Mein Minister auch nicht. Wir versuchen alles, um herauszubekommen,
wer *überhaupt* dabei war. Und wenn wir den nicht finden, kann
doch keiner behaupten, er wüsste was. Und so wie ich die Sache übersehe, weiß niemand genau, was genau passiert ist, aber
je länger unsere Nachforschungen andauern, umso größer wird
die Wahrscheinlichkeit, dass nichts passiert ist.
　Bitte? Was heißt Windscale, was heißt Harrisburg, was heißt
Tschernobyl? Es geht um unser Biblis. Ja, lieber Freund!
　Natürlich muss nachgedacht werden, und wir sind nach längerem Nachdenken entschlossen unserer Meinung.
　Wie die lautet? Nach wie vor ist ein deutscher Reaktor je-

dem anderen deutschen Reaktor an Sicherheit überlegen. Und das ist eine Frage der Überzeugung.

Reden Sie doch keinen Unsinn ... da hat ein Mann abgeschaltet, weil er dachte, es könnte etwas passieren, aber wenn er nicht abgeschaltet hätte, wäre vielleicht gar nichts passiert.

Da haben Sie völlig recht. Das Restrisiko ist immer die Möglichkeit, dass da was rauskommt. Ach so ... Sie meinen radioaktives Wasser. Ja doch. Die paar Liter. Die trinkt Ihnen unser Bundesumwelt-Töpfer in einer Minute ex!

Was heißt denn schon wieder »Skandal«?

Ein Skandal ist es doch erst, wenn etwas passiert *ist*! Ist was passiert? Na also. Und wenn was passieren könnte, dann wissen wir das vorher.

Was? Na ja, das ist doch klar, dass da Unsicherheiten auftreten können, wenn der Umweltminister plötzlich erfährt, dass sogar der Direktor von dem Kernkraftwerk zu spät informiert worden ist, dass da was rausgekommen ist. Also dieses Wasser, meine ich ... lieber junger, unwissender Freund, melden *Sie* Ihrem Chefredakteur immer sofort, dass durch einen Artikel von Ihnen ein Informations-GAU im ganzen Lande, eine Panik entstehen ... hätte ... werden können, wenn Sie den Artikel nicht im letzten Augenblick zurückgezogen hätten? Na also!

Sie sehen doch, dass die eigentliche Panik immer erst dann entsteht, wenn was in der Zeitung steht. Davon weiß dann der Minister nichts und sagt dazu was, wovon der Kraftwerksdirektor wieder nichts weiß, woraufhin der etwas sagt, was der Staatssekretär sofort dementiert, worüber der Minister nicht informiert ist, wodurch bei Ihren Lesern der Eindruck entsteht, dass von den Verantwortlichen überhaupt niemand etwas Genaues weiß, und das wäre der Skandal, weil das ja nicht stimmt, denn jeder weiß was, aber jeder etwas anderes ... lassen Sie mich ausreden!

Wenn also etwas ausgeschaltet gehört, dann sind *Sie* das!

Denn *Sie* sind doch verantwortlich dafür, dass der Eindruck entstanden ist, in diesem Lande wissen die Verantwortlichen für diese gefährliche Materie genauso viel wie jeder Bürger! Da müssen wir zusammenhalten, lieber Freund. Ich weiß doch Bescheid, ich bin hier im Ministerium der GAU-Ableiter, und ich sage Ihnen, wenn diese Politiker die Gelegenheit kriegen, sich um Kopf und Kragen zu reden, ergreifen sie sie! Lassen Sie uns beide erreichen, dass der richtige Eindruck, der da entstanden ist, entsorgt wird. Schreiben Sie:

Wenn der Tod eintritt, ist nichts mehr lebensgefährlich.

WikiLeaks und die Folgen

Wenn man den Voraussagen des Buchhandels glaubt, dann wird unter jedem vierten Weihnachtsbaum das Werk des Zukunftsforschers Thilo Sarrazin liegen.

Da werden sich die Beschenkten aber freuen.

Jetzt müssen sie es lesen. Da müssen sie durch.

Thilo, die Spätgeburt eines Kreuzritters, der inzwischen in jeder Talkshow sein charmantes Wesen und sein bezauberndes Lächeln mit seinem Buch verkauft hat, will uns sagen, dass wir zu blöd sind, um zu begreifen, dass wir übertürkt werden. Der Eingeborene, also der deutsche Bürger, ist, schreibt er, satt, faul, infantil und viel zu betrunken, um sich fortzupflanzen. Der Türke, der genetisch bedingt noch dümmer ist, bekommt zu Recht keinen Job, sitzt zu Hause rum, und was macht er in seiner Langeweile? Kinder.

Und die werden alle schon mit einem Sprengsatz in der Unterhose geboren. Eines Tages werden wir eine gemeinsame Nationalhymne singen: »Deutschland, Deutschland unter Allah, unter aller Sau Inshallah.« Oder so ähnlich.

Und jedes vierte Kind wird Ösil heißen.

Die Kanzlerin, die einen neuen Bundespräsidenten gewählt hat, ist von Tag zu Tag stolzer, einen Wulff erwischt zu haben, der diese Zeichen der Zeit begriffen hat und gleich in seiner ersten Rede festgestellt hat, dass der Islam zu Deutschland gehört … was allerdings zu einem allseitigen Stutzen geführt hat, weil man sich sagt, dann gehört umgekehrt Deutschland auch zum Islam.

Da hatte ich den dringenden Verdacht, dass wir jetzt einen Bundespräsidenten haben, der seine Reden selber schreibt. Ich betrachte diesen aufrechten Mann, der als Alternative zu dem eigentlich vorgesehenen Gauck gar nicht schlecht ist … als Präsident muss man ja nun mal alle Länder mit einem Staatsbesuch behelligen, kaum hat man sich erklären lassen, wo man sich grade befindet, steht man schon vor Denkmälern, an irgendeiner der vielen Kranzabwurfstellen, und muss das passende Gesicht machen … aber den Kranz, den man spendet, darf man gar nicht selber niederlegen … man geht nur gemessenen Schrittes zum Ordnen der Schleife. Und das hat unser Präsident jetzt drei-, viermal ganz gut gemacht.

Als Adenauer mal Bundespräsident werden sollte, weil man als Kanzler genug hatte von ihm, hat er sich das angesehen, was er da machen muss. Ein Blick, und er wusste, mehr ist nicht als: Reden ablesen, Gesicht hinhalten und Schleifenordnen. Und was hat er gemacht? Er ist Kanzler geblieben.

Kann auch nicht jeder. Natürlich.

WikiLeaks, diese Weltwahrheitszentrale, hat ja über den amerikanischen Botschafter ausgestrahlt, dass die deutsche Regierung zu 50 Prozent aus geborenen Schleifenordnern besteht.

Der Knabe, der die Ungeheuerlichkeit begangen hat, diese schreckliche Wahrheit in der ganzen Welt zu verkünden, was Karl Kraus einst sagte: »Wie der kleine Moritz sich die Politik vorstellt – so ist sie«, dieser Knabe hat sich, quasi als Weihnachtsgeschenk für die Diplomaten Amerikas, selbst gestellt.

Das Gebet der CIA ist erhört worden:
»Komm, Herr Jesus, sei du unser Gast
und bring den Verräter schnell in den Knast.«
Wenn wir jetzt lange nichts mehr von ihm hören, sitzt er in Guantánamo. Verkauft ist er – geliefert ist er noch nicht. Überhaupt nicht überrascht war ich, als herauskam, dass die Amis unsere Regierung tatsächlich für eine Gurkentruppe halten und dass die Wahrheit ausgerechnet aus unserem Außenministerium herausgequollen ist, wo der Chef aller Schleifenordner sitzt und immer noch nicht so recht weiß, was WikiLeaks überhaupt bedeutet. Leak heißt Leck. Das heißt, es müssten doch ein paar auswärtige Amtsintellektuelle bei der Lektüre … da steckt's ja drin … das Leck … schon mehr ein Loch … Und bei dem einen bleibt's nicht. Das Amt ist quasi perforiert, was bedeutet, dass der Chef nicht ganz dicht ist.

Aber jetzt frage ich mich doch: Warum, wenn jemand Lecks in die Schiffe bohrt, bohrt er dort, wo das, was dann rauskommt, allen bekannt ist? Dass unsere Kanzlerin mit der Weltraumforschung in Verbindung gebracht wird … sie hätte, heißt es, die Vorzüge einer Teflonpfanne, an der nichts hängen bleibt, ist das doch nun wirklich keine neue Information.

Warum leckt dieses Wiki nicht dort, wo völlige Verwirrung aufkommt und man nichts, aber auch gar nichts weiß?

Wie kommen die Fußballweltmeisterschaften nach Katar?

Weil die einen Fußballfan haben, und das ist der Scheich, und der kennt unglücklicherweise den FIFA-Scheich Blatter, und der hat seinem Scheichfreund die WM zu Weihnachten geschenkt. Der Scheich hat sich erkundigt, was das ist, Weihnachten, und seine Weisen haben ihm erklärt, dass es sich dabei um den einzigen Fall handelt, wo die Jungfrau zum Kind gekommen ist, und so ist es auch mit der Fußballweltmeisterschaft.

Natürlich hat der Scheich seinen Freund Blatter gefragt: »Du musst immer 24 FIFA-Delegierte überzeugen, dass die Spiele dahin gehen, wo du willst?« »Ganz einfach«, sagt Blatter. »Schau dir die Wahlberechtigten an, die kommen in die Schweiz und fahren mit einem ganz anderen Auto wieder weg.«

Katar ist keine schlechte Wahl. Der Brockhaus schreibt über dieses zauberhafte Stück Wüste: 22 000 Quadratmeter groß … so groß wie Niederbayern … 16 000 Einwohner (die werden zu 60 Prozent als Ballbuben eingesetzt), klimatisch trocken – und ungesund. Steht drin.

Der Scheich hat aber versprochen, über das Land wird eine Riesenvoliere gebaut und das Ganze während der WM auf null Grad runtergekühlt.

Wenn der Blattersepp 2034 noch dran ist, womit zu rechnen ist, werden die Weltmeisterschaften von Red Bull Salzburg auf der Insel Malta ausgetragen.

Und die Eiskunstlaufmeisterschaften in Zentralafrika.

Lasst den zeremoniellen Hymnenquark sein!

Kein Präsident, kein Vorsitzender, kein Offizieller hat die WM 1990 in Mailand eröffnet, aber dennoch fing sie an und ist nicht mehr aufzuhalten.

Dreißig Minuten kurz waren sie, die Feierlichkeiten, und gut zu ertragen. Eine flotte Klamottenrevue mit herzzerreißend schönen Frauen, Musik vom Feinsten, das obligate Blasmusik-Ballett und noch ein bisschen Beiwerk – es war ausgestanden.

Die Mannschaften betraten ihren Arbeitsplatz, die Kugel rollte.

Hoffentlich wird der Stil dieser Show zum Vorbild für künftige Spiele. Es war ja zu befürchten, dass der Leidenschaft von Sportverbänden, aus ihrem Sport nationale Mammutopern zu machen, weiter nachgegeben wird. Hätten wir dann auf die geballte Kraft der Fischer-Chöre verzichten können?

Wäre nicht zu befürchten gewesen, dass man solche Feierlichkeiten dem Generalsupermanager Beierlein in die immer offenen Hände legt? Der dann höchstvermutlich Karl Moik an der Spitze von 27 Blastrachtenkapellen aufgeboten hätte. Mindestens zehn unvermeidliche Personen des öffentlichen Lebens wären an Pulte, Mikrofone oder Kameras getreten und hätten gebündelte Philosophien über den Zusammenhang zwischen Sportsgeist, Lebensmut und Bruttosozialprodukt abgelassen, und zum rauschenden Finale, sie müssen nun mal rauschen, hätten zehn Helikopter 100 Tonnen Mümmler-Milch über das ganze Stadion gegossen. Am Freitag trat aber nun etwas ein, womit keiner gerechnet hatte: eine Besserung.

Irgendjemand muss den beiden vorgesehenen Rednern Cossiga und Havelange den falschen Weg gewiesen haben, oder einer von beiden suchte den anderen und wollte nicht allein, oder beide haben das richtige Mikrofon verpasst, kurz, sie meldeten sich nicht zu Wort. Vielleicht hatte Herr Havelange doch noch reden wollen, aber dann hätte der unerbittliche Zeitplan des Fernsehens ihm das Wort abgeschnitten.

Verblüfft stellten viele Fußballfreunde fest, dass ihnen keine der beiden Reden gefehlt hat. Warum, so denke ich mir, soll mir ein Herr erklären, dass die Spiele nun begonnen haben, wenn ich selbst in der Lage bin zu erkennen, dass sie angefangen haben.

Ja, das fing gut an und legt die Bitte nahe: Lasst auch gleich den ganzen zeremoniellen Hymnenquark sein, das stürzt Spieler und Zuschauer immer wieder in die gleiche Verlegenheit. Und warum sollten die harten Burschen mit dem Knochenknackerfuß »Einigkeit und Recht und Freiheit« vor der Tat singen, wenn sie für die nächsten 90 Minuten genau das Gegenteil im Sinn haben?

Und wenn gesungen werden muss, dann lasst die Begabtesten irgendein lustiges Volkslied trällern und tanzen, das macht Stimmung und stößt endlich das abgenudelte Pathos vom Sockel.

Rückblick oder ein zweites Vorn

Immer will man von mir einen Rückblick. Ich mache das höchst ungern. Rückblicken, meine ich. Aus Sicherheitsgründen. Mein Bundeskanzler liegt mir seit Jahren in den Ohren, und zwar immer dann, wenn er den Standpunkt, also da, wo wir stehen, nicht erklären kann. Darum ruft er immer: »Nach *vorne* schauen.« Aber wo ist das? Denn eine Minute später sagt er, dass wir auf diesem Wege nicht weiterkommen und deshalb zurückkehren sollen zu einem vernünftigeren Standpunkt. Das heißt, ich soll mich umdrehen und zurückgehen und schauen, und zwar nach hinten. Ich habe den Verdacht, dass keiner mehr weiß, wo vorn und wo hinten ist, was aber eigentlich völlig egal ist, weil der Finanzlochverwalter Eichel gesagt hat: Es langt hinten und vorn nicht. Nun kommen aber Tausende von Beratern und Controllern, und die sagen, wir sollen mutig nach vorn marschieren. Am besten beides. Nach vorn laufen, dabei nach hinten blicken, weil hinten ja auch vorn ist, im politischen Neusprech würde man sagen: Es gibt ein zweites Vorn. Und wo ist das? Hinten.

Und jetzt mein Sicherheitsdenken. Wenn ich mit dem Blick nach hinten vorgehe, kommt zwangsläufig der Moment, wo ich voll gegen die Wand laufe.

Ein Rückblick ist also meines Erachtens nach ein Risiko. Noch dazu in einem Monat, der völlig politikfrei war.

Können Sie sich in dem Monat Juni an etwas anderes erinnern als an Fußball? Nachrichten, Unterhaltung, Werbung, Fernsehen, Gespräche worüber? Fußball.

Ich habe auf dem Weg hierher in eine Wohnung geblickt. Da saß ein erwachsener Mann starr vor seinem Fernsehapparat, ob er noch lebte, weiß ich nicht. Über seinen mächtigen Wanst hatte er ein Trikot der deutschen Nationalmannschaft gezwängt, eine schwarz-rot-goldene Schirmmütze auf dem Kopf, in der linken Hand eine Nationalfahne, in der rechten Hand ein Bier ... wahrscheinlich weiß er noch gar nicht, wie es ausgegangen ist.

Und wartet immer noch auf den ersten deutschen Sieg.

Verstörte Fans fragen sich verzweifelt: Wir sind doch die Besten – warum merkt man das nicht?

Und da kann ich nur sagen: Es liegt daran, dass das mit dem vorn und hinten nicht geklärt ist.

Nach dem Spiel sagen die Trainer immer: »Wir haben nicht genug nach vorn gespielt.«

Ja, wie? Wohin denn sonst?

Tja, so einfach ist das nicht. Inzwischen wissen wir ja, dass ein Trainer ganz komplizierte Aufgaben hat. Er muss zum Beispiel analysieren, wo vorn ist. Und es gibt im modernen Fußball vorgezogene Spitzen, Spitzen, hängende Spitzen und verstärkte Spitzen. Die verstärkte Spitze ist aber eigentlich schon wieder der vordere Rand der hinteren Deckung, also hinten, und sie wird von der linken Mitte und der rechten Mitte zur vorderen Viererkette, die aber nicht vorn ist, sondern als vorgezogenes Hinten bezeichnet werden kann, zur hinteren Viererkette gerechnet. Sicher ist, dass das eigene Tor hinten ist, aber nicht jedem Spieler ist es klar.

Erst durch diese Europameisterschaften in Portugal ist klar geworden, wie kompliziert Fußball ist und wie notwendig es ist, dass man nicht nur das Spiel überträgt, sondern auch die Gedanken und kostbaren Spielanalysen von Experten, die die doppelte Sendezeit beanspruchen wie das Spiel selbst.

Die totale Vernetzerung dieses Fußballmonats erlaubt kein anderes Thema mehr als die Frage vor dem Spiel: Wer wird das Tor schießen?

Nach dem Spiel: Wer hat es geschossen, wieso hat's ein anderer geschossen, wieso hat niemand eins geschossen?

Wie alt ist der Schütze? Was hat seine Mutter gesagt? In welchem Winkel schlug der Torschuss ein … sechsmalige Wiederholung – Schnitt. Kneipe in der Heimat des Torschützen. Was sagt der Bürgermeister?

Und wieder der Netzer, der uns erklärt, dass durch die Bestimmungen der FIFA die Trainer nicht mehr an der Linie entlanglaufen dürfen, um den eigenen Spielern zu zeigen, wo vorn ist.

Das nimmt er aber sofort zurück und erklärt, dass es im modernen Fußball eben ein zweites Vorn gibt.

Und dass Spiele hinten entschieden werden. Nur das Tor schießt man vorn.

Mir schwirrt der Kopf, und ich denke an das Jahr 2006. Dann sind die Narren alle bei uns.

Und dann weiß ich, wo vorn ist. Vorn ist dort, wo das ist, was man gern hinter sich hätte. Blicken wir nach vorn. Und ziehen uns vorsichtig zurück. Nach hinten.

Außerbilanzielle Zweckgemeinschaften

Man muss langsam damit anfangen, offizielle Sprachhilfe-Stationen einzurichten. Ich würde dann glatt dort hingehen, beispielsweise mit einer Nachricht, die mich über die Bankenskandale in Sachsen aufklärt. Aus den Sätzen, die ich in den Vorzeigeblättern gelesen habe, werde ich allein nicht klug.

Würde man die Sprache, die einem zur Verfügung gelernt

wurde, Verzeihung, die ich gelehrt wurde, einfach benutzen, dann würde ich sagen: Die Landesbank in Sachsen hat mit dilettantischen Geschäften 65 Milliarden in den Sand gesetzt. Langsam hat man in diesem Lande schon Angst, dass der Sand knapp wird. Auf die Frage an die Landesregierung: »Hat denn da keiner aufgepasst? Gibt's da keine Kontrolle?«, haben die öffentlich bestellten Kontrolleure geantwortet: »Wir haben ja *gefragt*: Wo sind die 65 Milliarden hin, wohin sind sie *weg*?«

Und da hat man geahnt: »Das Geld ist nicht weg – es dient nur anderen Zwecken.«

Aber geschrieben wurde dann Folgendes:

»Das Volumen der 13 festgestellten Außerbilanziellen Zweckgemeinschaften war nicht zu erfragen, weil die Banken uns die Antwort verweigert haben.«

Außerbilanzielle Zweckgemeinschaften. Das klingt besser als Räuberbanden.

Und ich muss sagen: »Wenn einer in der Scheiße rührt und dafür einen Silberlöffel benutzt, veredelt das den Vorgang in keiner Weise.«

Richter Feistmantel

Dr. Christian Fürchtegott Feistmantel erhielt im Jahre 1901 im kaiserlichen Reich die Richterwürde, nachdem er zuvor schon als Staatsanwalt für Aufsehen gesorgt hatte. Er beantragte für einen sozialdemokratischen Postbeamten die Todesstrafe, der beim Belecken einer Briefmarke, die auf der Vorderseite den Kopf Kaiser Wilhelms des Zwoten trug, gesagt hatte: »So Willem, und jetzt kannste mir auch mal, und zwar an derselben Stelle.«

Ungeachtet dieses Urteils trug der mutige Strafantrag des

Staatsanwaltes Feistmantel demselben neben höchstkaiserlichem Lob die Berufung zum Richter ein.

Richter Christian Fürchtegott Feistmantel bekam, nachdem er 81 Verurteile unter das Beil geschickt, 44 Delinquenten zum Strang verholfen und 22 000 Tage Zuchthaus ausgesprochen hatte, durch kaiserlichen Erlass die Unsterblichkeit verliehen. Und ob Sie es nun glauben oder nicht …

> Richter Feistmantel lebt
> und er richtet noch fleißig,
> er wurde im Januar
> einhundertdreißig,
> und was sich auch änderte,
> was auch geschah:
> Der Kaiser war weg,
> doch der Feistmantel da!
>
> Und er saß mit dem Arsch –
> mit dem Arsch auf dem Stuhl –
> mit dem eisernen Arsch auf dem Stuhl.
>
> Richter Feistmantel putzte
> die richtigen Klinken
> und stutzte voll Wollust
> die Flügel der Linken.
> Und wenn jemand fragt',
> was Ossietzky geschah:
> Dann war Gott sei Dank
> der Feistmantel da.
>
> Und er saß mit dem Arsch –
> mit dem Arsch auf dem Stuhl –
> mit dem eisernen Arsch auf dem Stuhl.

Richter Feistmantel sagte
im Jahr dreiunddreißig:
»Ich setze auf Braun,
auf Gesetzbücher scheiß ich«,
und mordete Stauffenberg,
Huber und Beck,
Hitlers Ende war da,
der Feistmantel weg.

Denn er saß mit dem Arsch –
mit dem konnte er fliehn –
in den östlichen Teil von Berlin.

Richter Feistmantel füllte
Gefängnisse fleißig
und wurde im Januar
einhundertdreißig.
Die Honeckers, Mielkes,
für die er's getan,
die führte er kühl
höchstselbst in den Kahn.

Und er sitzt mit dem Arsch –
mit dem Arsch auf dem Stuhl –
mit dem eisernen Arsch auf dem Stuhl.

Richter Feistmantel putzte
die Klinken in Wandlitz
und schaute, so sagt er,
dem Teufel ins Antlitz.
Ein richtiger Richter
vergisst, was mal war.
Die Bonzen sind weg,
der Feistmantel da.

Und er sitzt mit dem Arsch –
mit dem Arsch auf dem Stuhl –
mit dem eisernen Arsch auf dem Stuhl.
Und der Stuhl ist schon morsch,
doch kein Grund sich zu freu'n,
er bekommt sicher morgen,
schon morgen, schon morgen,
für den uralten Arsch einen neu'n.

Der Kurde – ein Unruheherd

Es haben sich schon Generäle auf den diversen Kriegsschau-
plätzen bitterlich beschwert, weil man in Tschetschenien, wie
vorher auch in Bosnien und im Kurdengebiet, gar nicht mehr
weiß, wo man hinschießen soll. Überall Kamerateams! Auf beiden Seiten. Das ist Kriegsverhinderungsstrategie der Infotain-
mentleute.

Früher undenkbar. Da hatte man Schussfeld frei! Ab *Herbst*.
Die großen Kriege – der Erste und der Zweite Weltkrieg fingen immer erst im Herbst an. Warum? Der Soldat hatte gelernt: Man schießt über Kimme und Korn. Wenn das Korn im
August sooo hoch steht – schießen Sie mal übers Korn. Wenn
das weg war – ging's los. Im September. Wenn das Korn in der
Scheune war.

Heute sind die Speicher überfüllt – alles andere tiefgefroren –
da kann der Tschetschenenkiller Jelzin sogar an Weihnachten
verbrannte Erde spielen.

Die Türken benutzen alle vier Jahreszeiten, um die Kurden
dem Erdboden gleichzumachen.

Nach deutscher Innen- und Außenpolitik sind Kurden in
Deutschland alle bei der PKK, und ihr Führer hat sie uns schon

als lebende Bombe angekündigt. Ihre größten Feinde sind die anderen Kurden von der Demokratischen Kurdenpartei und die Kurden, die hier leben, die dem Führer nicht folgen wollen.

Dass sie ihren Bürgerkrieg jetzt hier bei uns austragen wollen, ist keine gute Idee. Und dass ihr feister Führer Öcalan in Damaskus in Sicherheit sitzt und deutschen Zeitungen blödsinnige Interviews gibt, stärkt die Sympathie für Kurden auch nicht unbedingt. Unser Außenminister, gewitzt, wie er ist, sagt nun, man muss die Todfeinde der Öcalan-Terroristen unterstützen. Mit Geld und Waffen. Also die kurdische Demokratenpartei. Dass diese Waffen immer wieder bei den Türken landen, mein Gott, es kommt nicht alles dort an, wo es hinsoll.

Außerdem, sagt er, liefern wir überhaupt keine Waffen, und wenn dort deutsche Panzer gesehen werden, dann haben wir die als Behelfswohnungen für obdachlose Kurden hingeschickt.

Kanther und Beckstein sagen kurzerhand: Kurden, die Unruhe stiften, haben hier nichts verloren. Oder: Sie haben hier nichts zu suchen. Weiß ich nicht. Sie könnten zum Beispiel die Firmen suchen, die die Waffen verscherbeln. Und das mit dem Nichtsverlorenhaben ist auch komplizierter, denn wenn Kanther feststellt, dass ein Kurde grundsätzlich schon ein Unruheherd ist, ob PKK oder nicht, dann schiebt er sie alle ab zu den Türken – die Zusammenarbeit hat immer schon glänzend funktioniert –, und dann hat der Kurde theoretisch *hier* schon sein Leben verloren. Dann kann man nicht sagen, dass er hier nichts verloren hat.

Aber mal so gefragt: Was hat Herr Kanther in der Regierung zu suchen? Nein, besser: Was hat er dort verloren? Den Verstand? Die Übersicht? Wie immer – eins jedenfalls *nicht*: Die enge Verbindung zum deutschen Stammtisch. Kleine oder große Anfragen zur Türkenfrage helfen gar nicht. Die Bundespressekonferenz auch nicht. Denn dort beherrscht man die Kunst, aus einem Elefanten eine Mücke zu machen.

Die Lösung wäre, wenn Herr Kinkel endlich eine Fliege machen würde.

Neulich im Vorfeld

Neulich wurde darüber gesprochen, dass einige Angelegenheiten bereits im »Vorfeld« besprochen worden sind. Es werden immer mehr Dinge im Vorfeld entschieden. Das meiste geschieht eigentlich im Vorfeld. Fragt man sein Kind, ob es sich die Zähne geputzt hat, wird es antworten: »Das habe ich im Vorfeld bereits erledigt.«

Nun gibt es im Vorfeld des Vorfelds auch ein Nachfeld. Dass es ein Mittelfeld gibt, weiß ich, weil immer wieder behauptet wird, dass es schneller überbrückt werden müsste. Unter der Brücke, die über das Mittelfeld führt, liegen die Zwischenfelder. Um Vormittelnach- und Zwischenfelder herum befindet sich das Umfeld. Es gibt auch Nebenfelder. Von einem Hauptfeld ist weniger die Rede. Nur beim Radsport. Da sind es die Radfahrer, die immer später ins Ziel kommen als das Vorfeld.

Und im Zusammenhang mit dem Wort Webel. Das ist ein militärischer Dienstgrad, der für das Hauptfeld verantwortlich ist und deswegen Hauptfeldwebel heißt. Womit wir bei dem militärischen Feldbegriff sind. Das ist jenes Feld, auf dem so mancher Soldat fällt, der als kriegstauglich erkannt wurde, was aber im Vorfeld bereits entschieden wird.

Wobei hier das Wort Feld von fallen kommt. Es ist ein großer Unterschied, ob jemand *im* Feld ist oder *auf* dem Feld. *Auf* dem Feld ist der Bauer, der es bestellt. *Im* Feld ist der Soldat, der auf den Soldaten auf der anderen Seite des Feldes so lange schießt, bis der *umfällt*. Damit sind wir über das Wort Umfeld, das schon erwähnte, auf das Schlachtfeld gekommen. Dieses wird hie und da auch noch immer das Feld der Ehre genannt, hat aber mit der Ähre, die aus dem Feld sprießt, nichts zu tun. Wohl aber haben Ähren, die sich noch auf dem Halm befinden, mit dem Krieg zu tun. In der Geschichte ist nachzuweisen, dass kein Krieg früher als im August begonnen wurde. *Warum?* Erst, wenn das Feld bestellt, also das Korn geschnitten war, konnte es losgehen mit der Schießerei, weil der Soldat sonst kein freies Schussfeld hatte und ohne dieses über das Korn schießen musste, kimme, was da wolle. Wobei es sich keinesfalls um das Korn handelt, wohinein der Verzagte seine Flinte wirft, sondern um den schon erwähnten Roggen der Ehre.

Heute haben die Kriegsziele nichts mehr mit der Ähre zu tun, sondern mit Öl. Das Schlachtfeld befindet sich also auf dem Öl-feld der Ehre, und der Krieg kann jederzeit gebrochen werden, und zwar vom Zaun. Der Solldatt schießt nicht mehr über Kimme und Korn, sondern über das Leitsystem, das Raketen auslöst, wodurch eine ganze Stadt in Schutt und Asche fällt. Die Entscheidung fällt nicht mehr auf dem Schlachtfeld, sondern in den Hirnen von weit entfernten Feldherren, die von dort aus ein ganz anderes Gesichtsfeld haben und befriedigt feststellen, dass das Ziel nicht verfehlt worden ist und in Trümmer fällt.

Fassen wir zusammen: Umfeld – Schlachtfeld – Trümmerfeld. Wo passiert es? Im Vorfeld. Und wer sitzt im Vorfeld? RUMSFELD.

Gesetzt den Fall, er wäre nicht mehr das, was er ist, wenn Sie solches lesen, die Tatsache, dass er es gewesen sein durfte, genügt schon, ihn in den Geschichtsbüchern gebührend zu würdigen. Als er Deutschland besuchte, gab er sich rustikal, humorig, laut, populär, witzig, aber in der Sache rotzig und unverschämt.

Politisch sind diese Leute nicht aus der Macht zu drücken. Sie sind wie ein Spaghettisoßenfleck auf einer weißen Weste: nicht wegzukriegen.

Nur Popel sind unbestechlich

Deutschland ist das Land der ungenannt sein wollenden Millionäre. Es gibt nachweislich mehr Millionen als nachgewiesene Besitzer. Deutsche Millionen sind ausgesprochen mobil. Und sie kommen um die Ecke, wenn man gar nicht damit gerechnet hat.

Der frühere CDU-Schatzmeister mit Namen Leisler-Kiep zum Beispiel hat heute noch und immer wieder mit diesen umherirrenden Schreiber-Millionen oder diesen Leuna-Millionen zu tun, von denen man heute noch nicht weiß, wo sie herkamen, geschweige denn, wo sie hinkamen. Und Leisler-Kiep weiß immer schneller von nichts. Mal schlägt er die Hotelbettdecke auf, da liegt eine drunter, eine Million, wie ein Haufen ekliger Kakerlaken (deswegen heißen diese Tiere ja so, weil sie sich unter Laken verbergen) – pfui Teufel, sagt Walther der Leisler und verlässt fluchtartig das Hotel. Da fällt ihm eine Million auf den Kopf wie ein Vogelschiss, und er sagt: »Ja, wo kommst du denn wieder her?«

Wie eine christdemokratische Flugente stürzt sich eine Parteispendenquittung auf den armen Schäuble beziehungsweise auf seine Weste, die so weiß ist, dass sie aussieht wie ausgekocht. Und dann stürzt sich eine weinende Baumeisterin auf den Leisler, wirft ihm voller Ekel 100 Tausendmarkscheine ins Gesicht und zischt: »Leisler keep it!«

»Aber«, sagt der, »ich war damals ganz woanders, ich habe meine Hände ganz woanders hingehalten. Man kann als Schatzmeister einer ehrlichen Volkspartei doch seine Hände nicht überall haben!«

In der Tat, die Herren sind äußerst gefährdet, weil diese Partei mit ihren enormen Nehmerqualitäten so wahnsinnig beliebt ist und jeder halbwegs vermögende Mann oder diese und jene große Firma – ich möchte den Namen Siemens ganz bewusst nicht nennen –, sie alle, die Spenderinnen und Spender, denken nur daran, wie man die Bescheidenheit dieser Christdemokraten, die durch ihre permanente Mittellosigkeit am besten gehindert wird, belohnt.

Die Damen und Herren der Politik, die alle verfügbaren Mittel den armen Sachsen und Vorpommern geschenkt haben, wodurch diese Länder auch zu Mitteldeutschland gerechnet werden, wollen ja, und wir glauben ihnen das, nur unser Bestes.

Und das ist unser Geld.

Ich habe versucht mitzuhelfen und habe auf einer öffentlichen Toilette einem völlig abgemagerten CSU-Abgeordneten einen Hunderter in die rechte Hosentasche geschoben. Er konnte sich nicht wehren, er hatte keine Hand frei.

Heute weiß ich, dass das eine frevelhafte Handlung war. In den diversen Korruptionsuntersuchungsausschüssen, die offenbar nur angesetzt werden, um den bereits längst verschwundenen Belastungsakten nachzuweinen, verblüffen immer wieder die tiefe Ahnungslosigkeit und die Unschuld, verbunden mit einer rührenden Hilf- und Wehrlosigkeit, mit der die Beschuldigten ihre völlige Unerfahrenheit im Umgang mit Geld eingestehen müssen.

Der in diesen Dingen führende deutsche Geldpolitiker Kohl soll bis zum Tage der Aufklärung tatsächlich geglaubt haben, dass eine Milliarde 100 Millionen hat.

Fantastisch allerdings ist ihre Treue zur Gesundheit der Partei! Um sie zu schützen vor den Folgen der Wahrheit, opfern sie sogar den Ruf, einigermaßen intelligent zu sein.

Als der frühere Schatzmeister der hessischen CDU Prinz Casimir zu Sayn-Wittgenstein – er heißt wirklich so – bei einem flüchtigen Blick in die leere Parteikasse 40 noch nie da gewesene Millionen Mark entdeckte und ratlos davorsaß und fassungslos fragte: »Ja, wer hat euch denn erlaubt, hier in die Kasse zu schlüpfen? Ihr seid doch gar nicht im Rechenwerk verbucht?«, da ahnte er, dass das seiner Partei Unglimpf verursachen könnte, und tötete flugs eine Anzahl von reichen hessischen Juden, die kurz vor ihrem Ende, so sagte Prinz Casimir, ihr gesamtes Geld der CDU vermachten, damit sie Synagogen baue.

Man fragt sich: Wo hat dieser Prinz den Schrank, in dem er seine Tassen gar nicht haben *kann*? Es hat sich aufgeklärt.

Das Mondkalb von Christian Morgenstern verriet es mir im Stillen: Der Prinz ist, als er noch Frosch war, zu oft an die Wand geworfen worden.

Gut und schön, sagen die Bestochenen ... die Betroffenen meine ich natürlich, aber wie sagt man im Volksmund? »Wer mit dem Finger auf andere zeigt, hat die restlichen vier auch irgendwo drin.«

Richtig. Deutsche Sozialdemokraten haben das Riesentalent, mit dem falschen Hintern auf der falschen Hochzeit vom falschen Fotografen voll erwischt zu werden.

Die führenden Sozialdemokraten von NRW haben eine richtige Lusthansa betrieben.

Eine Bank hat sie mit ihren Nebenfrauen zum Höhepunkt befördert. Die Pöbel-Postillen von *Burda* haben monatelang die Geschlechtsteile der Bank jubelnd besprochen.

Und um bei der Verhältnismäßigkeit zu bleiben: Wenn diese Herren Sozis die Kohl- und Casimir-Millionen hätten verfliegen müssen – sie hätten kein Bein mehr zur Erde gebracht.

Putzig war der Wettbewerb aller spendengeldunterhöhlten Unschuldigen um die Krone des besten Lügners aller Zeiten, der seit diesen Tagen jährlich mit einer Kochmütze ausgezeichnet wird. Koch selbst hat vier.

Mit den Mützen soll ihm demnächst der Titel eines »Brutamölü« verliehen werden. Es ist kein türkischer Titel, sondern eine Abkürzung und heißt: brutalstmöglicher Lügner.

Es wird darüber nachgedacht, ob man in Zukunft einen Kandidaten für die Ministerpräsidentenwahl, der diesen Titel nicht erworben hat, überhaupt noch zulässt. Die CDU hat es noch offen gelassen.

Viele ehrwürdige Demokraten haben inzwischen in unzähligen Talkrunden, an der Spitze die geschwätzführende Vorsitzende Christiansen, darüber nachgedacht, wie man eine große, wichtige Partei an der öffentlichen Notschlachtung hindert.

Wie bestraft man die Bestecher?

Für mich ist das klar. Man muss sie daran hindern!

Und da muss man in Rechnung stellen, dass Joop und Boss, und wie diese Modefuzzis alle heißen, den Boden für die aktive Schmiergeldseuche bereitet haben. Sie entwerfen Anzüge, die bis zu 20 Taschen haben!!

Das mag angehen, wenn man sich in schmiergeldfreien Zonen bewegt, aber für Politiker, die täglich durch Zusteckbriefe gefährdet sind, ist es doch eine Zumutung, dauernd ihre Augen überall haben zu müssen. Schaut er links hin, schon hat er rechts ein Kilo Geld drin. Und weiß nicht, von wem! Auf die Idee gekommen bin ich, als ein Minister in den Ruf ausbrach: »Man müsste diesem grünen Arschloch alle Öffnungen, die er am Körper hat, untersagen! Verdammt und zugenäht!«

Das hat mich darauf gebracht. Zunähen. Alle Taschen zunähen. Und später die eng anliegenden, taschenlosen Antikorruptionsanzüge (AKA) vorschreiben.

Viel komplizierter wird es, wenn man den Aktionsradius von Akten in diesem Lande einschränken möchte. Laufende Akten sind besonders in Ministerien und vorzüglich in Bundeskanzlerämtern das große Problem für alle Brutamölüs.

Im Jahr 1998 sind zum Beispiel bei Herrn Pohl oder Mohl, egal, jedenfalls bei dem Herrn, der für die Akten von Kohl verantwortlich gewesen ist, über Nacht viele verschwunden. Mit deutlichen Fluchtspuren. Und man sagte, es handle sich eben um »laufende Akten«. Sie sind weggelaufen.

Sie haben sich dem Zugriff der Brutamölüs entwunden. Es findet da wohl, es ist noch im Gange, eines der größten Schurkenstücke in dieser Republik statt: »Helmut und der Reißwolf«.

Das heißt also, dass die entlaufenen Akten sich selbst beseitigt haben.

Erfahrene Juristen in diesem Lande haben Flüchtigen immer schon gelassen lächelnd nachgeschaut und gemeint: »Lass sie laufen. Weit werden sie nicht kommen.«

Stimmt. Um die Ecke lauert der Wolf.

Sie sind weg, die Leuna-Akten, die Fuchspanzer-Akten, die Airbus-Akten und die Belege für die Schweinereien mit den Eisenbahnerwohnungen.

Die Fluchtspuren sind gründlich verwischt. Es müssten denn ein paar unerschrockene Staatsanwälte … gibt es hierzulande wohl nicht. Die meisten sind erschrocken.

Bohl heißt er übrigens, der Herr im Kanzleramt, der die Akten laufen lehrte.

Ein Skandal? Vielleicht. Aber ich kann Richter und Staatsanwälte verstehen. Man sägt nicht an dem Stuhl, auf dem man sitzt.

Man müsste einmal nachdenken, ob viele Richter und Staatsanwälte ihr Barett nicht schon an den Nagel gehängt haben.

Und Kochmützen tragen.

Und seufzend, mit den Wimpern und auch mit den Achseln zuckend, erklären die Historiker, dass man es schon wieder mit einer neuen Zeitrechnung zu tun habe. Das Tempo nimmt zu. Erst die Achtundsechziger, dann die frühen Siebziger, darauf die späten Achtziger, und schon brach die DDR unter der Schuld ihrer Lasten, nein, unter der Last ihrer Schulden zusammen.

Von da an rechnete man »vor der Wende« oder »nach der Wende«. Und heute? »Vor der Spende« oder »nach der Spende« …

Wenn eine spätere Europaregierung eine parteispendenlose

Zukunft im Auge haben sollte, dann muss man meiner Idee mit dem spendenabweisenden Nulltaschenanzug nähertreten.

Bis dahin sollten sich Politiker, die einen gewissen Spendenmagnetismus als Grundleiden mit sich herumtragen, ein paar Angestellte als ständige Begleiter leisten, die nichts anderes zu tun haben, als ihnen die Taschen zuzuhalten. Zuhälter eben.

Ich stelle mich den Herausforderungen meines Alters. Üblicherweise heißt dann so etwas:

Ich habe mich den Herausforderungen meines Alters zu stellen, das in der Tendenz zunehmend ist, aber mich, der ich mich einbringe und einbinde in Verpflichtung und Verantwortung, begleitet, wobei ich davon ausgehe, dass beide Kräfte eine sinnvolle Synergiefunktion bis hin zur individuellen Globalisierung auszuüben haben sollten.

Statt einfach zu sagen: »Pass auf, Alter, du ziehst 'ne Kalkspur.«

Dieser Stil wird in die Umgangssprache der Bürger eindringen. Wie zum Beispiel dieses »Einräumen«. Jedes Mal, wenn ein Politiker wie der langjährige Fraktionsvorsitzende der CDU in Berlin, Klaus Landowsky, der ein Spinnennetz der Macht aufgebaut hat, wobei er jeder einzelne Faden persönlich ist, bei mehreren Unregelmäßigkeiten oder, sagen wir, bei seinen Regelmäßigkeiten ertappt wird, gibt er nicht zu, sondern er »räumt ein«.

Und das hat sich im Volke durchgesetzt.

Früher sagte ein Bankräuber vor Gericht:«Herr Richter, ja, ich gebe zu, ich hab' die Bank geknackt.«

Heute sagt er: »Herr Richter, ich räume ein – ich hab' die Bank ausgeräumt.«

Oder ein etwas feineres Beispiel: Politiker müssen ja bekanntlich Visionen haben.

Wird immer wieder gefordert.

Ohne Visionen werden sie nicht gewählt.

Aber das muss sich natürlich auszahlen.

Was einen Politiker von unsereinem unterscheidet, ist, dass wir bei einer Beteiligung an einem Geschäft ein Kapital einlegen müssen. Ein Politiker legt nur ein Wort ein, damit Panzer an Saudi-Arabien oder die Leuna-Reste an die Franzosen verkauft werden dürfen. Und dieses eingelegte Wort ist wie ein Kapital.

Und eben das ist die Vision, die der Politiker hat.

Pro Vision eine Million.

Daher kommt das Wort Provision.

Warum werden wir Deutschen sofort erkannt?

Seitdem bei uns Ausländer angepöbelt, geprügelt und in manchen Fällen auch umgebracht werden, von dumpfbackigen, hässlichen Glatzköpfen, die sich in Verbrecherbanden sammeln, »Heil Hitler!« brüllen und zum Entsetzen der Mehrheit auch noch stolz sind, Deutsche zu sein, obwohl sie nicht einmal ihren Namen schreiben können, fahre ich nicht mehr so gern ins Ausland.

Wenn ich es aber tue, versuche ich, nicht wie ein Deutscher zu wirken. Aber es kommt immer heraus!

Was zum Donnerwetter ist an uns Deutschen so deutsch, dass wir mühelos enttarnt werden?

Ich kann machen, was ich will. Beispielsweise in Italien. Ich setze mir eine Sonnenbrille auf, ziehe einen italienischen Anzug an, gehe in ein Café, schaue neapolitanisch, setze mich und sage mit rauer Stimme: »Una Grappa per vavore.«

Der Ober nickt und sagt: »Bitte schön, der Herr.«

Was ist es? Ist es die Körpersprache? Vielleicht ähnele ich den deutschen Offizieren, die wir aus amerikanischen Filmen kennen, die in das Lokal kommen, mit brutalen Augen einen Tisch fixieren, dann entschlossen auf ihn zumarschieren wie eine ganze Besatzungsarmee und die Stühle besetzen mit diesem Blick, der ausdrückt: »Hier verbringe ich den Rest meines Lebens!« Ist das so? Wenn das so ist, habe ich mir, als ich in Venedig war, gedacht, dann muss das anders gespielt werden. Ich bin in das Lokal hineingetänzelt, habe einen Wechselschritt eingeschoben, habe dazu Cha-Cha-Cha gesagt, dann plötzlich meine Richtung geändert und mich ganz woandershin gesetzt.

Da saß schon einer.

Ich sagte tiefsinnig und rau: »Scusi.«

Und er: »Arschloch.«

War ein Grieche aus Aschaffenburg. Hat ein italienisches Restaurant dort. Sein Vater ist Türke, seine Mutter kommt aus Holland. Sieht man ihnen nicht an.

Mich fragt im Ausland nie jemand, ob ich Deutscher bin. Man weiß es einfach. Wieso?

Ich glaube, man hat sich uns gemerkt.

Und in der Tat: In den Bäumen hocken schon wieder die Affen von früher und werfen ihre Parolen von der reinen Rasse runter. Dabei sehe ich ihn noch vor mir, diesen Hitler, der so aussah, als hätte ihn der liebe Gott voller Abscheu ausgespuckt. Und hinter ihm die Galgengesichter von diesem Göring, diesem Himmler, der mit seinem Aussehen ganze Hühnerhöfe erschreckt hat, und von den anderen aus dieser Mörderbande, die in der kurzen Zeit ihrer Macht nichts anderes getan haben, als sich die Beute unter den Nagel zu reißen. Und die, die ihnen jetzt so ähnlich sein möchten, sehen auch nicht aus, als wären sie der Schöpfung gut gelungen.

Nein, schön sind sie nicht, die Analphabeten von der braunen Bande. Mutig sind sie auch nicht. Sie zünden ihre Opfer im Schlaf an oder prügeln Behinderte, und das auch nur, wenn sie in der Übermacht sind.

Viele von ihnen haben wahrscheinlich Angst vor Frauen. Und das kompensieren sie mit diesem nationalen Überquark.

Und die Frage ist nur: Warum geht die Polizei so vorsichtig mit ihnen um?

Haben sie Angst, die Polizisten, oder Sympathie?

Wie viele Nullen haben 15 Billionen?

Täusche ich mich, oder nehmen die Versuche, uns zu verblöden, zu? Was jetzt auf uns zukommt: Steueroasen! Achtung!! Großreiche verstecken ihr Geld! Soll das was Neues sein? Mann Gottes, das wissen wir doch seit Franz Josef Strauß. Oase Zürich.

Es ist beweiskräftig. Empörte Artikel in großen Lettern: Die Offshore-Betrüger! Die Steuerdiebe, die ihre hinterzogene Beute ganz off von den shores in Sicherheit bringen. Also weg von der Küste. Die Superreichen verinseln ihr Diebesgut.

Karibik – Südsee – Cook – Kaimaninseln – Jungferninseln – Fidschis – Fudschis – Samoa und Tuamotu oder auf die 3000 Malediven-Atolle.

Das wussten wir doch alle schon jahrelang. Aus Büchern – Zeitungen – Fernsehdokumentationen.

Nur die Politiker wussten gar nichts. Wahrscheinlich wussten sie nicht einmal, wo die Südseeinseln überhaupt liegen. Vielleicht haben sie sie mehr im Norden vermutet.

Jetzt, wo alles rauskam, weil ein Leak entstand, schlagen die, die alles wissen, die Hände über dem Kopf zusammen, statt sie dort hinzutun, wo sie ihre Finger dringehabt haben, oder sie können natürlich nichts dafür, und Schäuble lügt nicht einmal verschämt, sondern unverschämt, wenn er behauptet, da könne die Politik nichts machen.

Wohlgemerkt: Es handelt sich hier um 15 Billionen! Vielleicht wissen die Regierenden gar nicht, um wie viele Nullen es sich dabei handelt.

Und keiner will das Buch gelesen haben von dem obersten Steuerfahnder Bayerns, von Wilhelm Schlötterer, der entlassen wurde, weil er als Haupteingeweihter wusste, dass nahezu sämtliche bayerischen Finanzminister ... alle! Huber – Streibl – Tandler ... durchaus was machen konnten, nämlich sich Gedanken machen, wie sie es zulassen könnten.

Dass sie es sogar veranlasst haben, ihren Lieblingen, den Volkshelden, mit denen sie sich gern schmücken, Schutz zu gewähren, wenn die so ein paar Millionen am Fiskus vorbeizielen, haarscharf an ihm vorbei mit zunehmender Geschwindigkeit über alle Grenzen hinweg ins Schweizer Schlupfloch.

Da bekommt der Satz einen interessanten Nebensinn: Beckenbauer hat Steuern gezahlt wie ein Weltmeister.

Strauß hat seinen persönlichen Freund, den »Bäderzwick«, in die Schweiz geschickt, bevor die Fahnder des Bayerischen Staates, dessen Ministerpräsident er war, dem Zwicki sein unverschuldetes Vermögen weggezwickt haben. Wie die 70 Millionen über die Grenze kamen, wissen sie nur selber.

Mein Gott, ja, wenn Geld reden könnte, dann würden sie den Satz wiederholen, den der Dichter Uli Rothfuß als Buchtitel gewählt hat: *Die Welt ist voller ungehenkter Galgenvögel.*

Und Zwicki, einer von ihnen, feierte dann im »Exil«, also in der Schweiz, seinen Geburtstag. Und wer war sein Gast? Sein Hinterziehungshelfer Franz Josef Strauß.

Stoiber, sein unabwendbarer Schatten, sein Soulguard, soll auch mit am Tisch gesessen haben. Stimmt nicht, sagt er, der sah nur so aus. Gut.

Da soll unsereiner noch überrascht sein? Ich bin nur überrascht, dass da was rausgekommen ist.

Vor 30 Jahren gab es schon die Gewissheit: Wenn alle deutschen Steuerhinterzieher einmal zu ihrem Geld ziehen wollen, und sie haben dann genug, dann wird es eng in Zürich und in Zug. Da kann die Politik überhaupt nichts machen.

Keinen Cent kriegen wir zurück von Milch-Müller, auch bekannt als Müller-Milch, keinen Cent von dem Weltmeister im Rundenbrettern oder von den Flick-Erben, die ihre Sore in den österreichischen Alpen verbuddelt haben. Der Staat muss sich seine Gelder woanders eintreiben.

Bei denen, die keine Anwälte haben oder Lobby oder Finanzminister, die geschworen haben, Unglück vom Volke abzuwenden, was sie schließlich auch tun, denn Geld macht nicht glücklich, wissen wir doch alle.

Bei den Hartz-IV-Beziehern geht's leichter. Da müssen sie nicht schüchtern anklopfen, da dürfen sie rein in die Wohnung, weil sie ja über den sozialen Missbrauch wachen sollen. Da stehen sie plötzlich drin mit einem Metermaß und messen den zustehenden Wohnraum nach. Ein Meter zu viel, und sie müssen umziehen, die Missbräuchler.

Man glaubt's ja nicht, aber es ist, ich hab's gelesen, tatsächlich passiert: Eine Familie wohnte in einer Vierzimmerwohnung, als eine Tochter auszog. Schon war der Missbrauchs-Controller drin und hat eins der vier Zimmer abgeschlossen und versiegelt. Wo greift man sich da hin?

Ein Börsenmoderator im ZDF hat den einzig passenden Satz gesagt: »Da fasst man sich an den Kopf und greift ins Leere.«

Die unbändige Lust in Bayern

Die unbändige Lust am politischen Leben in Bayern ist immer sichtbar.

Gloria, die entfesselte Fürstin von Thurn und Taxis zu Regensburg, entfesselt insofern, als sie sich ungehemmt in allen ihr zu Füßen fallenden Presseorganen äußert, hat einmal tapfer ihre Meinung zu andersfarbigen Ausländern formuliert, zuvor gründlich deren Wesensmerkmale studiert und gesagt, dass die Neger vor allem gerne schnackseln.

Menschen von Adel sagen das nicht in dieser Form, die sagen schlicht vögeln dazu, aber Gloria, die so etwas wie eine überalterte Paris Hilton des bayerischen Hochadels darstellt, darf das. Was die Fürstin verlautbart hat in der Öffentlichkeit, was Glaube, Liebe und Politik betrifft, lässt die Vermutung zu, dass in den Schränken der Fürstin der Tassenbestand dringend zu überprüfen wäre.

Sie sagte in einem Interview der Überbunten *Vanity Fair,* dass der Adel in Deutschland, genau wie die Kuhstallschwalben und der Gartenzwerg, zu den bedrohten Arten gehöre, den man vor dem Absturz in die Bürgerlichkeit schützen müsse. So was hätte auch eine Paris Hilton schwatzen können.

Aber die muss ins Gefängnis. Zur großen Bestürzung von Burdas *Bunte.* Schlagzeile: »Paris! Zerbrich nicht im Gefängnis!« Und da muss ich schon fragen: Wo bleibt *BILD?*

Warum schützt Glorias alter Freund Ratzinger nicht Gloria? Oder Diekmann, den *BILD*-Chef? Der hat doch den besten Draht nach oben. Jede Woche einmal kniet er im Vatikan – er hat schon deutliche Haltungsschäden – und betet: »Klerus, Klerus, gib mir meine Lektionen wieder.«

Und immer tut er Buße für die Pornos auf den Seiten 1 und 2 und 10 und die letzte Seite, quasi für den Vögelton von *BILD,* dem Blatt der Frömmler und Voyeuristen der Fast-Food-Fetischisten und Geschmacksmasochisten.

Aber im Herbst kommt er wieder nach Bayern, der Papst, und schaut nach den Rechten. Die Linken kommen schon alleine zurecht.

Der Berliner Flughafen

Als die klitzekleine Meldung durchkam, dass als rettender Schlaukopf an die Spitze des Berliner Flughafens ein gewisser Mehdorn, ich nenne ihn Blähdorn, berufen wurde, da ging ein Jauchzen durch die Presse.

Das kann doch nur der sein, der mit der Bundesbahn, also mit der Bahn AG, unbedingt an die Börse fahren wollte, wohin er sie nicht fuhr, sondern unter Zuhilfenahme seiner Genialität direkt an die Wand. Durch ein Loch in der Wand ist er entkommen und bekam als Entschädigung die airberlin in die Hand und fuhr sie genau dorthin, wo die Bahn AG schon klebte, an die Wand.

Und als man einen Wunderknaben suchte, der die schon an die Wand gefahrene Flughafengesellschaft von Berlin retten sollte, kam man auf Blähdorn.

Und sofort hatte er eine Idee, wie man die Spötter zum Schweigen bringt. Er eröffnete den Laden. An Weihnachten. Aber nur für zehn Flüge! Das sind Rundflüge, die den Leuten zeigen, wie die Katastrophe von oben aussieht.

Der Flughafen wird eröffnet, Blähdorn: fürs Erste als Segelflughafen, wahrscheinlich im nächsten Jahr. Das ist eine unumstößliche Gewissheit. Beim ersten Mal ging was schief.

Der regierende Wowereit und der regierende Platzek von Brandenburg hatten schon ihre Reden in der Tasche, da ging das Telefon. Stopp! Es fehlen noch zwei Feuerlöscher. Es gab sofort Alarm. Feuerwehr rückte aus, beim Überprüfen stellte sich heraus: Die Halle, wo die Feuerlöscher fehlten, stand auch noch nicht. Man fragt sich bloß: Jahre hindurch wurde schon an diesem Flughafen gebaut, wo waren denn in dieser Zeit die Wowereits und die Platzeks?

Wowereit: »Ich bin empört. Ich hatte keine Ahnung!«

Platzek: »Ich bin stinksauer. Mir hat keiner was gesagt.«

Und dann hat ihnen einer von der Presse gesagt, dass sie beide die ganze Zeit über im Aufsichtsrat waren. Wussten sie auch nicht.

Dann hat man den federführenden Verkehrsminister Ramsauer angerufen: »In Schönefeld wird ein Flughafen gebaut!«

Und Ramsauer: »Da schau her!«

Überall funktioniert die Geheimhaltung *nicht. Hier* schon!

Völlig geheim gehalten werden auch die Namen der Firmen, die sich hier blamiert haben. Wie heißt denn die, die nicht gemerkt hat, dass 50 Kilometer falsche Kabel verlegt wurden?

Welche Sub-Sub-Sub-Unternehmer haben hier unterbezahlte Murkser murksen lassen? Wer hat die engagiert? Welche Unternehmer haben so gebaut, dass fast alle Wände wieder eingerissen werden müssen, ganze Hallen?

Einer hat gemeldet: Die Betankungsanlage steht.

Ja, aber sie geht nicht.

Die Computerkühlung. Die könnte man, hieß es, bis zur Eröffnung hinkriegen. Dass sie kühlt. Wenn die Feuerlöscher löschen. Überhaupt die Brandschutzanlage. Wir können den Brand schützen. Aber wir können nicht verhindern, dass es brennt.

Der Verkehrspolitiker Ole Kreins (SPD) hat gesagt: »Alle anderen Probleme sind löschbar.«

Und dann spricht Wowereit: »Jetzt krempeln wir die Ärmel hoch. Jeder muss anpacken. Egal was. Kümmert euch nicht um die alten Probleme, es gibt genügend neue.«

»Wir sind Papst!« u. a.

Die neue Welt des Glaubens, sie ist da. Mit dieser sensationellen Papstwahl. Es war im April. Aber noch im Juli spüren wir die Folgen.

Was für ein Comeback des Vatikans!

Wenn Sie mich fragen: Es war ein bisschen viel. So viel fromme Musik habe ich überhaupt noch nie hintereinander gehört. Auf allen Fernsehkanälen gleichzeitig! Ich hatte schon eine leichte Papaphobie.

Zuerst die Bestattungswochen.

Der BR hatte einen eigenen Trauerkanal eingerichtet. Die Moderatoren hatten sich einen raunenden Bestattungston angewöhnt. Eine Art Trauer-Timbre.

»Und wir sprechen nun hier auf dem Petersplatz mit dem weinenden Pornofilmproduzenten Schleudermann …«

Dann ging auch noch der Fürst von Monaco von hinnen.

Und schon sah man die Trauerpromis am nächsten Tag wieder in Großaufnahme.

Also Harald Juhnke hatte mit dem Termin seines Ablebens einfach Pech.

Noch ärger war es für Prinz Charles. Der seine Seniorenhochzeit unbedingt in diese Woche legen wollte.

Immer wieder starb ihm jemand dazwischen.

Ein Glück für ihn, dass seine Oma schon tot war.

Die Mama sah auch schon halb tot aus.

Sie war not really amused, die Queen. Wahrscheinlich war sie mit der neuen Schwiegertochter nicht einverstanden. Vielleicht meinte sie, die Zeit sei zu kurz gewesen für das Brautpaar, um sich kennenzulernen.

Es waren große Wochen für das Fernsehen.

Zeitungen hatten keine Chance … Halt, doch! *BILD* hat die Gelegenheit genutzt.

Der Chefredakteur Diekmann hatte ja schon immer einen heiligen Draht zum Heißen Stuhl, nein, umgekehrt …

Und POST-WAGNER schreibt immer auf Seite 2 innen seine Briefe. Er hatte in diesen Wochen seine Hochform erreicht.

Als sie alle nacheinander von uns gingen, schrieb er:

WAS FÜR SARGBELADENE TAGE.

Das ist reine Poesie.

Über das Ableben des Fürsten von Monaco schrieb er:

DER FÜRST IST GESTORBEN IM AUFGEKRÄUSELTEN WIND DER MORGENBRISE

Da kann sich die Rosamunde Pilcher noch ein Würstchen davon abschneiden!

Und dann kam noch die Meldung:

WIR SIND PAPST

Ich weiß nicht, wie es Ihnen ging, aber ich möchte schon gefragt werden, bevor ich so was werde.

Aber die Begeisterung in Deutschland schwappte über.

Ein Deutscher ist Papst.

Der Chefredakteur des Bayerischen Rundfunks, Gottlieb, man muss schon Glück haben, dass man an einem solchen Tag einen solchen Namen hat, Gottlieb sagte diese Mitteilung an.

Er soll plötzlich aus der Kamera verschwunden sein, es heißt, er sei tiefbewegt auf die Knie gefallen.

Angela Merkel hauchte verzückt: »Ein Deutscher ist Papst«, und setzte hinzu: »Und dann noch ein Bayer.«

Und dabei sah sie aus wie eine uckermärkische Madonna.

Sogar Gerhard Schröder war tief bewegt.

Wahrscheinlich dachte er sich: Was für eine Karriere. Bis zum Lebensende!

Und vielleicht dachte er auch: Ich habe damals am falschen Gitter gerüttelt.

Es ging ein gewaltiges Frömmeln durch das Land.

Man dachte: Jetzt geht es wieder los mit der Gegenreformation. Seit dem Dreißigjährigen Krieg stockt sie. Mit dem Fernsehen ist es zu schaffen.

Im Bayerntext von B 5 standen zwei Schlagzeilen hintereinander.

Oben: JOSEF KARDINAL RATZINGER NEUER PAPST BENE-
DICT XVI.

darunter: TEUFEL HAT RÜCKTRITT ERKLÄRT.

Es ist mir um die Zukunft nicht mehr bange.

Die Tiefe des Problems liegt im Konjunktiv

Es mehren sich die Zeichen dafür, dass der Antisemitismus wieder eine Chance bei den Deutschen hat.

Wir hinken den Österreichern da ein wenig nach. Aber die
Österreicher hatten im Antisemitismus immer eine bessere Aus-
gangsposition, denn sie konnten nach 1945 nachweisen, dass sie
nie eine Vergangenheit hatten. Also mussten sie sie auch nicht
bewältigen. Zwischen 1938 und 1945 hat es Österreich nicht
gegeben. Aber nun, nachdem die Schulden finanziell ausgegli-
chen sind, können wir den Vorsprung aufholen in Deutschland.

Durch große Anstrengungen haben wir uns zum Mutterland
des Antisemitismus hochgearbeitet. Gemeinsame Anstrengungen von SS und Wehrmacht, die ganze Länder in Europa stolz
judenfrei meldeten, hätten fast dazu geführt, dass es nach 1945
einen Antisemitismus nie mehr hätte geben müssen.

Er scheint ein Comeback zu haben, was allerdings noch immer gewissermaßen verschämt vermutet wird. Die klare Frage
lautet: Sollten wir nicht dagegen sein, wenn irgendjemand behaupten würde, es könnte bei uns Menschen geben, die denken mögen, dass es in Deutschland noch möglich sei, Antisemit zu sein?

Die Tiefe des Problems verschieb sich ins Konjunktivische.

Wäre es denn möglich, dass es denkbar sein könnte?

Mögen wir denn glauben wollen, dass die Tatsachen dafür
sprächen, wenn wir sie zur Kenntnis nähmen?

Wir mögen nicht. Ja wo wären wir denn?

Gäbe es Politiker, die dieses als Gewissheit annähmen, zögen sie denn Konsequenzen und schüfen gemeinsam, ohne Rücksicht auf die, die sie nicht mehr wählen würden, Gesetze, die eine solche Entwicklung bei Strafe unterbänden?

Zöge man bei diesem Volk womöglich in diesem Bestreben den Kürzeren?

Ich würde glauben, man zöge.

Wenn wir nun glauben würden, der Meinung wären, unser Antisemitismus sei im Konjunktiv angekommen, könnten wir das glauben? Für das Wort Nein gibt es keinen Konjunktiv, aber gäbe es ihn, löge man nicht, verwendete man ihn.

Wir Deutschen haben die Welt beherrscht, fremde Völker, die Natur, fremde Sprachen. Den Konjunktiv nie.

Ein fulminantes Finale schrieb Dieter sich für sein letztes Programm »Ich kann doch auch nichts dafür«.

Er beendete seine Lesung, stellte sich neben den Tisch, entfaltete einen Spazierrückstock, klopfte damit auf den Boden und deklamierte

Der finale Rappungsschuss

Wo ich geh, wo ich steh,
was ich höre, was ich seh,
rappen Deppen diesen Schmäh,
den ich meistens nicht versteh.
Leise flehen meine Glieder,

singt doch wieder meine Lieder,
doch die widerlichen Brieder
rappen meine Lieder nieder.

Klopf, klopf!

Unten siehste Teenies hocken,
noch nicht hintern Ohren trocken,
die dich schrecken, die dich schocken,
dich mit dicken Lippen locken,
aufgespritzt und aufgeblasen,
zugepierct die Babynasen,
und am Bauch kommt's wabblig raus –
Baby, du siehst scheiße aus.
Jaaa!

Klopf, klopf!

Und daneben hocken Knaben,
die den Arsch voll Akne haben
und so blöde Hosen tragen,
die ein Jahr im Dreck rumlagen,
geile Röhren irgendwie,
nur der Hintern hängt im Knie,
und es kommt aufs Gleiche raus:
Bubi, du siehst scheiße aus.
Jaaa!!

Klopf, klopf!

Wo ich geh,
wo ich steh,
was ich höre,

was ich seh,
man hört's überall bloß rappen
– selbst in Heppenheim und Meppen,
und *warum*, frag ich mich Deppen,
muss ich mich bis Meppen schleppen,
weil sich Heppenheim und Meppen
ganz vorzüglich reimt auf Rappen.

Klopf, klopf!

Ja – oder nein?
Da muss keine Antwort sein.
Ich bin klein, mein Herz ist rein,
werd ich mal katholisch sein,
sag ich an der Himmelstür:
Ich kann doch auch,
ich kann doch auch,
ich kann doch *wirklich* nichts dafür.

Klopf, klopf!

Verbeugung, Abgang.

Standing Ovations.

Literatur zum Thema

Dieter Hildebrandt: Was bleibt mir übrig. Anmerkungen zu (meinen) 30 Jahren Kabarett, Kindler Verlag, München 1986
...: Denkzettel, Kindler Verlag, München, 1992
...: Der Anbieter, Verlag Volk & Welt, Berlin, 1994
...: Wippchen oder Die Schlacht am Metaphernberge, Knaur Verlag, München, 1991
...: Gedächtnis auf Rädern, Blessing Verlag, München, 1997
...: Tennis (in der Reihe Kleine Philosophie der Passionen), dtv, München 1999
...: Vater unser – gleich nach der Werbung, Blessing Verlag, München, 2001
...: Ausgebucht – Mit dem Bühnenbild im Koffer, Blessing Verlag, München, 2004
...: Nie wieder achtzig! Blessing Verlag, München, 2007
...: Letzte Zugabe, Blessing Verlag, München, 2014
Dieter Hildebrandt und Bernd Schroeder. Ich musste immer lachen. Kiepenheuer & Witsch Verlag, Köln, 2006

»Scheibenwischer« – und andere Programme in Taschenbuchausgaben:
Unser Rhein-Main-Donau-Kanal, Heyne Verlag, München, 1983
Krieger Denk Mal!, Knaur Verlag, München, 1984
Faria Faria Ho – Der Deutsche und sein »Zigeuner«, Knaur Verlag, München, 1985
Von Gau zu Gau oder die Wackersdorfidylle, Knaur Verlag, München, 1986
Scheibenwischer Zensur, Knaur Verlag, München, 1986
Schimpf vor Zwölf, Knaur Verlag, München, 1990
Wider den braunen Sumpf, Maulwurf Druckerei Uhl, Radolfzell, 1992

Sekundärliteratur:
Manuela Schwab: Dieter Hildebrandt und sein politisches Kabarett bis 1972. Dissertation, Allitera Verlag, München, 2014